区域发展能力研究丛书

西部发展的忖量

—— 基于区域自我发展能力的理论框架与实践探索

闫 磊　闫述乾　著

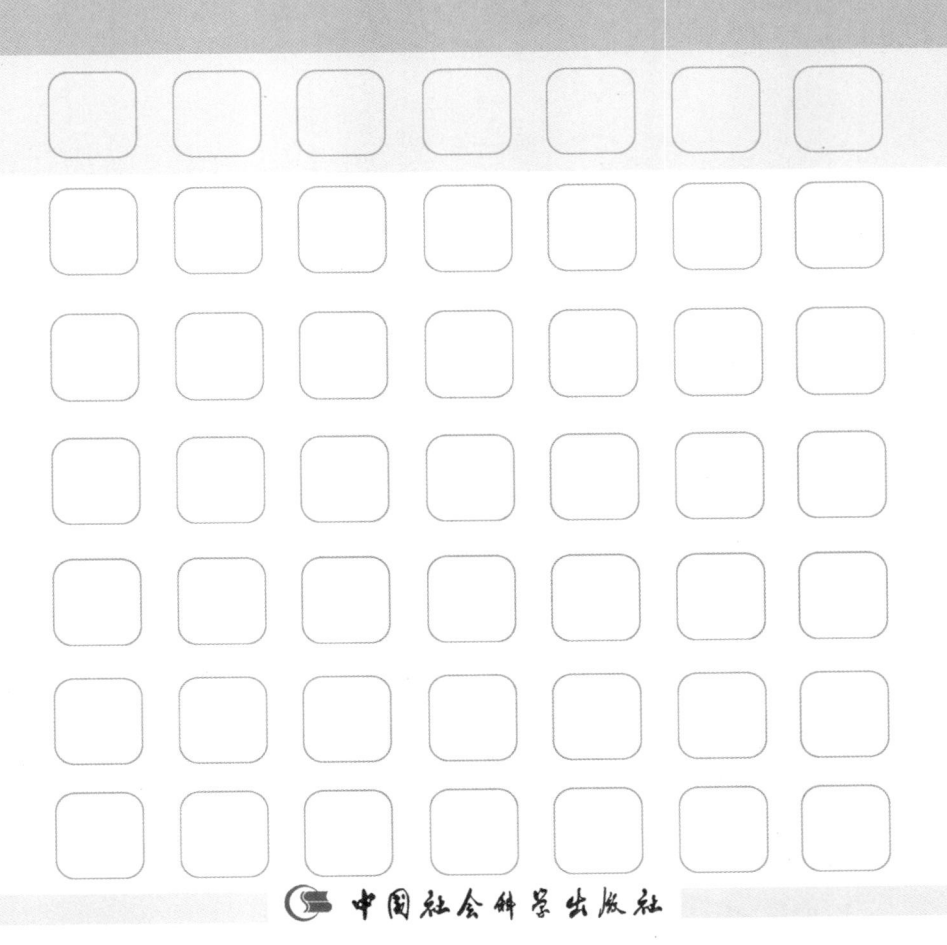

中国社会科学出版社

图书在版编目(CIP)数据

西部发展的忖量：基于区域自我发展能力的理论框架与实践探索 / 闫磊，闫述乾著. —北京：中国社会科学出版社，2015.5
ISBN 978 - 7 - 5161 - 6093 - 0

Ⅰ.①西… Ⅱ.①闫…②闫… Ⅲ.①西部经济 – 区域经济发展 – 研究 – 中国 Ⅳ.①F127

中国版本图书馆 CIP 数据核字(2015)第 094969 号

出 版 人	赵剑英
责任编辑	任　明
特约编辑	乔继堂
责任校对	季　静
责任印制	何　艳

出　版	中国社会科学出版社
社　址	北京鼓楼西大街甲 158 号
邮　编	100720
网　址	http://www.csspw.cn
发行部	010 - 84083685
门市部	010 - 84029450
经　销	新华书店及其他书店

印刷装订	北京市兴怀印刷厂
版　次	2015 年 5 月第 1 版
印　次	2015 年 5 月第 1 次印刷

开　本	710×1000　1/16
印　张	20.25
插　页	2
字　数	316 千字
定　价	68.00 元

凡购买中国社会科学出版社图书，如有质量问题请与本社联系调换
电话：010 - 84083683
版权所有　侵权必究

总　序

　　兰州大学经济学院长期致力于区域经济学相关理论问题的研究，在区域经济学领域开展了诸多具有创新性的研究和探索工作。怎样进一步提高学院的学术创新能力和研究水平，培育科研创新团队和高水平研究人才，打造研究区域经济问题的高层次学术平台，一直是我思考的一个主要问题。

　　西部大开发战略实施以来，学术界对区域发展能力的高度关注为我所思考的问题提供了一个可能的答案。我国西部地区土地辽阔，资源丰富，具有良好的发展前景。但是由于多种因素的约束，西部地区社会经济发展水平长期滞后于国内其他地区。怎样加速发展，缩小区域差距，不但是西部地区社会各界同时也是全国人民和中央政府关注的问题。1990年代末期开始，在西部大开发浪潮的推动下，西部地区社会经济发展取得了巨大成就，经济实力显著提升，社会事业长足发展，生态环境有所改善。可以认为，西部大开发已经取得了阶段性的成功。但同时由于多种因素的影响，西部大开发战略在具体实施过程中客观上也存在着一些问题。学术界在对此进行深入反思的基础上，从不同角度和不同层面出发，就相关理论问题进行了日趋系统的研究，普遍的观点是：西部地区的经济增长，客观上存在对中央政府投资的高度依赖，一旦政府投资减少甚至停止，西部地区能否依然保持现有增长速度值得商榷。而之所以如此，根本原因在于西部地区区域发展能力不强。

　　决策层关于西部地区经济社会发展显著滞后的主要原因在于自我发展能力不强的认识亦越来越明确。2002年党的十六大报告提出"西部地区要进一步解放思想，增强自我发展能力，在改革开放中走出一条加快发展的新路"；2004年《国务院关于进一步推进西部大开发的若干意见》明确提出"坚持把西部地区自力更生、艰苦奋斗与国家政策支持结合起来，……不断增强西部地区的自我发展能力"；2011年我国《国民经济和社会发展十二五规划纲要》中进一步指出："坚持把深入实施西部大开发战略放在区域发展总体战略优先位置，给予特殊政策支持。……大力发展科技教育，增强自我发展能力"。

可以认为，加快西部地区经济社会发展，不断缩小区域发展差距，必须以增强西部地区自我发展能力为主线，已经是社会各界的共同认识。所以，从区域发展能力的角度，系统审视西部地区经济社会发展中出现的新现象和新问题，提炼和总结西部地区经济社会发展的内在规律，寻求破解西部地区发展瓶颈的对策措施，不但是促进区域经济协调发展、让西部地区人民更好地分享改革开放成果的内在要求，而且也是区域经济学理论发展的逻辑必然。

正是在这样一种背景下，从2000年代初期开始，我校有一大批青年学者聚焦区域发展能力，从不同角度和不同层面，围绕区域发展能力相关问题展开了日趋深入的理论研究工作。特别是在国家社会科学基金项目、教育部人文社会科学研究规划基金项目、教育部人文社会科学研究青年基金项目、中央高校基本科研业务费专项资金重点项目和重大项目"（人文社科类）、甘肃省哲学社会科学规划项目等的资助和支持下，相关学者对"统筹区域发展战略背景下西部区域发展自生能力研究"、"区域功能完善与西部自我发展能力培育"、"西部欠发达地区自我发展能力研究"、"空间管制下区域自我发展能力研究"、"定西模式的经济学解析"、"中国贫困地区自我发展能力研究"、"提升区域发展能力：继续推进西部大开发战略的路径选择与对策研究"等，进行了专题性的研究，并公开发表了上百篇学术论文。这些前期研究工作，为这套《区域发展能力研究丛书》的研究和出版工作奠定了坚实的基础。

《区域发展能力研究丛书》的具体组织和协调工作，由曹子坚负责。由于多种因素的限制，该丛书将分期出版。作为丛书的先期四本著作，分别是曹子坚著《区域自我发展能力研究：兼论中国区域经济转型与路径分异》、姜安印等著《区域发展能力理论：推进新一轮西部大开发的理论创新》、汪晓文等著《中国西部地区区域发展能力研究：基于问题地区和对外开放的视角》、闫磊等著《西部发展的忖量：基于区域自我发展能力的理论框架与实践探索》。

通过对国内外相关研究成果的系统梳理，我认为该丛书在关于区域发展能力的理论研究方面具有一定程度的创新，部分研究成果取得了突破性进展。集中体现在：提出了区域发展能力理论研究的主体范式和客体范式，并对区域发展能力的科学内涵、构成要素、评估体系、生成机理以及提升路径等进行了系统和全面的论述，为后续研究工作奠定了良好基础；构建了衡量区域发展能力的指标体系和评估模型，并利用面板数据，从纵向和横向两个维度，对我国不同区域发展能力的演变进行了实证考察；从制度设计和政策措施两个方面，探讨了提升我国特别是西部地区区域发展能力的基本路径。

作为一种探索，该丛书的研究成果仍然比较单薄，并且存在诸多不足或欠缺之处。丛书研究的视野应当进一步拓展，研究的深度应当进一步挖掘。特别是，区域发展能力研究的两种范式，在分析方法和研究内容等方面还没有完全成熟，同时丛书相互之间的衔接和协调尚需进一步改进。我本人希望有关人员在现有研究基础上，继续《区域发展能力研究丛书》系列性专著的研究、写作和出版等工作，并且能够在以下几个方面有所突破：区域功能定位与区域发展能力之间的关系、区域资源开发与区域发展能力之间的关系、区域发展能力之间的耦合和协调增进、典型地区能力建设的微观透析、区域发展能力评估模型的进一步完善、对区域发展能力指数动态变动情况的长期跟踪观察等。

我希望《区域发展能力研究丛书》的出版，能够对学术界在区域经济理论的研究方面发挥促进作用。同时，我希望丛书的后续工作，研究方法不断改进，研究领域不断拓宽，研究内容不断完善，研究质量不断提高。我本人对此抱有足够的信心。

是为序。

高新才

2013年11月18日

前　言

西部大开发近十五年来，人们这样评价西部"西部富则中国富，西部绿则中国绿，西部强则中国强"。盘点历史，追忆往昔，秦汉时期，"关中之地，于天下三分之一，而人众不过什三，然量其富，什居其六"；到唐朝西部依然是"天下称富庶者无如陇右"。然而，到唐中叶，战乱频繁，路上丝路受限被海上丝路取而代之，西部发展被阻。而发轫于十五年前的西部大开发，及至今天的丝绸之路经济带，区位、资源禀赋、人力资本、基础设施和科学技术都为此作了精彩的注解。

仰望苍穹，西部还是一处生态家园，青藏高原、三江源头、黄土高原都让我们扪心自问——"西部价值几何"？苍凉的雪域、草原、戈壁，多彩的宗教、文化、文明，丰富的能源、资源、矿产都给我们留下无尽的思考，西部究竟是什么？西部的繁荣与萧条，历来都超越了西部本身，具有全局意义和国家视角。

区域发展是一个过程而不是目的，GDP 是留给外人看的，体味发展的幸福则是来自无数当地百姓。作为一个后发转型大国，中国区域经济的发展是迅速的，而西部以全国56%的国土、27%的人口，仅生产了全国GDP总量的19.8%（根据2013年国家统计年鉴核算）。

"爱之深，责之切。"党的十六届五中全会在总结我国社会主义现代化建设经验的基础上，提出我国区域发展总体战略，即"推进西部大开发，振兴东北地区等老工业基地，促进中部地区崛起，鼓励东部地区率先发展"。随后，十六届六中全会把"落实区域发展总体战略、推动各地区共同发展"作为构建社会主义和谐社会的重大举措。在国家"十一五"规划纲要中则专辟一篇对促进区域协调发展作出了全面规划。在"十二五"规划纲要中提出要充分发挥不同地区比较优势，促进生产要素合理流动，深化区域合作，推进区域良性互动发展，逐步缩小区域发展差距。

十八届三中全会重塑发展方式转变这一主题，意欲使中国经济的发展摆脱过度依赖资源消耗和污染环境，走到一条节约资源能耗、保护生态环境的正确道路上来，真正使中国经济的发展能最终惠及百姓的民生。然而，面对广袤无垠的西部，考虑到自然、历史、经济、社会等各种复杂的经济环境和自然条件，很难用一种大而化之的方式来处理西部发展的核心问题。这一核心问题作者认为就是西部的贫困问题，西部是我国贫困面最广、贫困人口最多、贫困程度最深的区域，城乡居民收入只有东部地区的70%和55%左右，全国11个集中连片特殊困难地区和已明确实施特殊扶持政策的3片中，有10片分布在西部地区。

"西岳峥嵘何壮哉，黄河如丝天际来。"2013年12月3日，习近平主席在主持召开中共中央政治局会议，分析研究2014年经济工作时强调，要落实和完善区域发展规划和政策，增强欠发达地区发展能力。然而，在解决这一核心问题时，西部还同时面临着"三道门槛"。第一道门槛是"资源基地"的纵深发展问题。虽然西部矿产资源、能源资源、旅游资源和生物资源丰富，但是人均资源的高占有率并没有给西部带来较高的人均收入。对此一些学者（邵帅等，2008；张红芳，2000；刘颖琦等，2003）提出了"资源诅咒"观点，即西部依据资源禀赋提供能源、矿产等初级产品，利润远低于工业发达地区，长期维持这种分工就必然导致传统优势的逐步丧失和生态环境的进一步恶化，致使经济社会长期贫穷和落后。第二道门槛是"生态高地"的横向保护问题。西部地区是我国长江、黄河、珠江等大江大河的主要发源地和主要集水区，是森林、草原、湿地和湖泊等集中分布区，自然保护区面积占西部地区国土面积的18%，是国家生态安全的重要屏障，促进经济社会可持续发展的重大举措。第三道门槛是担当"稳定基石"的民族认同和民族融合问题。西部是我国少数民族集中分布的地区，少数民族人口占全国的70.5%，5个民族自治区全部在西部地区，30个民族自治州全部享受西部开发政策，是全国老少边穷的集中地区。

回顾以往西部大开发战略的实施进程，不难看到，西部的发展有着自身的独特性，西部自我能力的提升绝不是靠简单的"大面积开发"、"大范围开采"所能解决。"十一五"以来，随着西部开发实践的进一步深入，国家对西部的政策已经有了一定的转向，主要体现在：一是在西部的空间价值认识上，已逐步开始超脱经济增长这一单一的一元评价认识，开始从资源基地生态高地和稳定基石三大主导功能来认识西部空间价值；二是在开发的路径上，开始重视空间结构的优化问题，把资源环境承载能力纳入政策变量，提出实施主体功能区战略；三是在制度创新方面，开始探索基于空间利益协调的公共服务均等化，以及区域生态补偿问题。这为我们梳理出这样一个主题，即以空间价值的深化来彰显区域主体功能，以区域自我发展能力的生成来看待发展。

当前，国家在未来制度顶层设计上提出："出台的每一项政策，既要对解决当前问题有针对性，更要为长远发展'垫底子'，努力打造中国经济'升级版'。"西部发展要进入提质增效的"第二季"，就需要在区域功能分区思想的主导下，解决西部自我发展能力的生成路径问题。本研究以"一方水土、一方人口与一方经济"的空间结构优化为核心，以国家主体功能区战略的实施为前提，通过对四大能力理论和区域要素理论的回溯，揭示了区域自我发展能力研究的主题应该是发展，而不是单纯的能力，构建了"空间价值—区域功能分工—区域自我发展能力—区域利益"的分析框架，阐述了西部区域自我发展能力的内生路径和外生路径，即构造一个内源式的"墙外开花墙内香"的市场方向，以及外源式的"酒好不怕巷子深"的政府治理模式。据此提出区域空间价值的认识是区域政策制定的基石，区域发展的能力导向是地方政府工作的核心，并细化出六条相关具体政策建议。

本研究的主要工作是：第一，根据生产要素的不完全流动性、区域价值的二重性和"区域主体"异质假定，构建了以"区域要素—区域功能—区域自我发展能力—区域利益"为研究路线的分析框架。第二，根据上述分析框架，结合西部自身特点，阐述了增强西部区域自我发展能力的内生路径和外生路径。内生路径是由区域主体受产业分工的利益激励产生的"自生"资源联结能力，可通过西部发展特色优势产业、提升企业技术能力、倡导企业家创新精神来实现；外生路径是着眼于国家对空间结构的优化，是由国家转移支付间接激励的"外生"资源联结能力，可通过区域合作、完善赋税结构、优化生态补偿机制来实现。第三，根据国家主体功能区战略的总体思路，探讨了四类主体功能区区域自我发展能力的评价指标、评价目的和评价方式，并以张掖市为例，进行了简要说明。第四，根据理论分析框架从实践探索的层面，从产业和区域两个方面，对西部发展作一探析。第五，根据理论分析和实践探索，提出区域空间价值的认识是区域政策制定的基石，区域发展的能力导向是地方政府工作的核心；并着眼于公共服务均等化，提出了加快制定与区域协调相关的法律法规；建立生态补偿机制；推进资源税收改革；明晰中央政府和地方政府职能；建立与区域差异相适应的财政体制；加强西部基础保障工作等六条政策建议。

目 录

第一章 引言 ……………………………………………………… (1)

  第一节 选题背景和选题意义 …………………………………… (3)

    一 选题背景 ………………………………………………… (3)

    二 选题意义 ………………………………………………… (14)

  第二节 研究思路、主要内容和研究方法 ……………………… (14)

    一 研究思路 ………………………………………………… (14)

    二 研究主要内容 …………………………………………… (15)

    三 研究方法 ………………………………………………… (17)

  第三节 研究重点、难点和主要创新 …………………………… (18)

    一 重点、难点 ……………………………………………… (18)

    二 创新之处 ………………………………………………… (18)

第二章 基于研究内容的文献述评 ……………………………… (19)

  第一节 能力理论简要述评：从研究对象到研究传统 ………… (21)

    一 阿玛蒂亚·森的能力理论 ……………………………… (21)

    二 企业能力理论 …………………………………………… (21)

    三 林毅夫的企业自生能力理论 …………………………… (22)

    四 王绍光、胡鞍钢的国家能力理论 ……………………… (22)

  第二节 区域功能理论简要述评：从空间价值到空间功能 …… (24)

    一 区域要素理论：空间经济价值理论的发展 …………… (24)

    二 主体功能区理论：空间生态价值的凸显 ……………… (26)

  第三节 关于区域自我发展能力研究的简要述评 ……………… (28)

    一 把企业能力视为区域自我发展能力核心的研究 ……… (28)

    二 强调区域自我发展能力内生的研究 …………………… (29)

    三 强调区域自我发展能力内生与外生相结合的研究 …… (29)

理论篇

第三章　区域自我发展能力理论分析框架 ……………………（35）
　第一节　区域自我发展能力的内涵和实现基础 ……………（35）
　　一　前提假设的提出 ……………………………………（35）
　　二　空间价值的重申：基于空间结构的梳理 …………（36）
　　三　区域自我发展能力的界定：基于区位租理论和空间
　　　　功能分工的认识 ……………………………………（38）
　　四　区域自我发展能力的实现基础：研究路线构建 …（40）
　第二节　区域自我发展能力生成机理的模型构建 …………（43）
　　一　区域自我发展能力生成的内生路径：资源—分工—
　　　　能力 …………………………………………………（44）
　　二　区域自我发展能力生成的外生路径：资源—功能—
　　　　分工—能力 …………………………………………（46）
　　三　区域自我发展能力生成机理模型建构 ……………（48）

第四章　中国西部区域自我发展能力的生成路径 …………（52）
　第一节　基于"能力缺口"认识的西部价值重构路径 ……（52）
　　一　西部空间价值的再认识：基于西部大开发的阐释性
　　　　评价 …………………………………………………（53）
　　二　"能力缺口"的提出：基于空间管制下区域自我
　　　　发展能力分析框架 …………………………………（55）
　　三　西部区域自我发展能力重构思路：基于"能力缺口"的
　　　　认识 …………………………………………………（57）
　第二节　西部地区自我发展能力的内在生成路径：市场深化 ……（60）
　　一　西部区域自我发展能力内在成长路径的起点：特色优势
　　　　产业的选择和发展 …………………………………（61）
　　二　西部区域自我发展能力内在成长路径的要点：企业技术
　　　　能力的持续提升 ……………………………………（72）
　　三　西部区域自我发展能力内在成长路径的重点：企业家创
　　　　新精神的嬗变 ………………………………………（78）
　第三节　西部区域自我发展能力的外在生成路径：政府治理 ……（83）

一　区域发展战略的转变与功能分区思想的形成：西部区域
　　　　自我发展能力外在生成的前提条件 …………………………（83）
　　二　基于"能力缺口"认识的激励机制：西部区域自我发展
　　　　能力外在生成的基础和动力 …………………………………（87）
　　三　中央政府的主导与参与：西部区域自我发展能力外在生成
　　　　路径的切实保障 ………………………………………………（95）

第五章　中国西部区域自我发展能力指标体系的构建与评价
　　　　方法 ……………………………………………………………（100）
　第一节　西部区域自我发展能力的评价指标体系的构建 ………（100）
　　一　区域自我发展能力的指标体系的设计原则 …………………（101）
　　二　西部区域自我发展能力指标体系的设计 ……………………（102）
　第二节　西部区域自我发展能力的评价方法探讨 ………………（119）
　　一　评价的目的决定着评价的方法 ………………………………（119）
　　二　具体的评价方法：模糊综合评判法 …………………………（120）
　第三节　西部区域自我发展能力的评价：以张掖市为例 ………（121）
　　一　张掖市区域发展的新导向：生态立市 ………………………（121）
　　二　评价过程和结果 ………………………………………………（121）

实践篇

第六章　西部发展的实践之殇：区域能力学派争鸣 ……………（133）
　第一节　西部发展的兴衰：一个宽泛的考察 ……………………（133）
　　一　西部自身的问题：区域自我发展能力的逻辑推演 …………（133）
　　二　价值前提与价值判定 …………………………………………（135）
　第二节　西部市场化进程的考察 …………………………………（137）
　　一　市场建设蛰伏的动力不足：基于"问题梳理"的角度 ……（138）
　　二　警惕"转型陷阱"：基于制度融合的角度 …………………（141）
　　三　西部市场化进程的动态判断 …………………………………（150）
　　四　结论 ……………………………………………………………（156）
　第三节　西部地方政府治理方略考察 ……………………………（157）
　　一　基于分利团体的思考 …………………………………………（158）
　　二　转型期地方政府的治理问题 …………………………………（159）

三　欠发达区域地方政府治理成本的调控策略 …………… (169)
第七章　河西新能源产业基地自我发展能力的实践探索 ……… (183)
　第一节　新能源发展趋势和河西新能源产业自我发展能力 … (184)
　　一　新能源产业发展趋势 ……………………………… (185)
　　二　河西新能源基地资源禀赋概况 …………………… (188)
　　三　河西新能源产业自我发展能力 …………………… (190)
　第二节　河西新能源基地自我发展能力的生成路径 ……… (195)
　　一　河西新能源基地建设的战略选择：基于 SWOT 分析 … (196)
　　二　河西新能源基地建设的技术支撑 ………………… (202)
　　三　河西新能源基地关联产业的发展 ………………… (210)
　　四　河西新能源基地建设的产业配套 ………………… (214)
　　五　河西新能源基地建设的制度创新 ………………… (222)
第八章　陇东传统能源基地自我发展能力的实践探索 ………… (227)
　第一节　陇东传统能源基地发展概述 ……………………… (227)
　　一　陇东传统能源基地的资源禀赋 …………………… (228)
　　二　陇东传统能源基地产业发展概况 ………………… (230)
　第二节　陇东传统能源基地自我发展能力的生成路径 …… (235)
　　一　陇东传统能源基地的战略选择 …………………… (236)
　　二　产业空间布局 ……………………………………… (241)
　　三　陇东传统能源基地建设的技术支撑 ……………… (245)
　　四　陇东传统能源基地建设的产业配套 ……………… (252)
　　五　陇东传统能源基地关联产业的发展 ……………… (253)
　　六　陇东传统能源基地建设的制度创新 ……………… (256)
**第九章　西部民族地区自我发展能力生成路径的探索：基于
　　　　　文化资源开发的层面** ……………………………… (261)
　第一节　文化资源开发的特质：基于文化价值取向的阐释性
　　　　　评述 ………………………………………………… (262)
　　一　文化资源和物质资源开发的差异 ………………… (262)
　　二　文化资源的识别 …………………………………… (263)
　第二节　民族地区文化资源开发路径的概念模型 ………… (264)
　　一　民族文化资源开发路径 …………………………… (264)
　　二　概念模型 …………………………………………… (265)

第三节　民族地区文化资源开发的实证分析 …………………（266）
　　　　一　样本说明 ………………………………………………（267）
　　　　二　变量的表征和样本统计 ………………………………（267）
　　　　三　分析方法 ………………………………………………（268）
　　　　四　实证结果 ………………………………………………（268）
第十章　西部贫困地区自我发展能力的实践探索 ………………（270）
　　第一节　中国西部贫困地区反贫困概述 ………………………（270）
　　　　一　西部贫困地区反贫困战略的发展演变 ………………（270）
　　　　二　西部贫困地区贫困现状 ………………………………（272）
　　　　三　当前西部贫困地区提升自我发展能力面临的问题 …（275）
　　第二节　西部贫困地区自我发展能力分析 ……………………（278）
　　　　一　理论分析 ………………………………………………（278）
　　　　二　实证分析：以甘肃贫困地区为例 ……………………（279）
　　第三节　中国西部贫困地区自我发展能力的培育 ……………（289）
　　　　一　内生路径建设方面 ……………………………………（289）
　　　　二　外生路径建设方面 ……………………………………（290）
第十一章　政策建议 …………………………………………………（292）
　　第一节　区域空间价值的认识：区域政策制定的基石 ………（292）
　　第二节　区域发展的能力导向：地方政府工作的核心 ………（293）
　　第三节　西部区域自我发展能力培育的政策建议：基于公共
　　　　　　服务均等化的认识 ……………………………………（295）
　　　　一　加强与区域协调、功能分区相适应的法律法规 ……（296）
　　　　二　推动资源税改革 ………………………………………（296）
　　　　三　完善生态补偿机制 ……………………………………（297）
　　　　四　明晰中央政府和地方政府的工作职能 ………………（297）
　　　　五　建立与区域差异相适应的财税体制 …………………（298）
　　　　六　加强西部基础保障工作 ………………………………（298）
参考文献 ………………………………………………………………（300）
后记 ……………………………………………………………………（307）

第一章 引言

"十一五"以来,科学发展观作为统领经济社会发展的指导思想已经牢固确立,统筹区域发展已成为我国区域经济社会发展的重要战略途径,国家步入了一个以协调区域发展为目标的新时期,确定了区域协调发展的目标是缩小区域发展差距,实现基本公共服务的均等化;明确了健全市场机制、合作机制、互助机制和扶持机制的区域协调互动机制。一是形成了推进西部大开发,振兴东北地区等老工业基地,促进中部地区崛起,鼓励东部地区率先发展的区域发展总体战略。二是着眼于西部发展的瓶颈,把西部基础设施建设、生态环境保护、科技教育和人才开发作为抓手,强调西部要充分发挥资源优势,大力发展特色产业,增强自我发展能力。三是提出推进主体功能区的基本思路和方向,即根据区域资源环境承载能力、现有开发密度和发展潜力的不同,确立优化开发、重点开发、限制开发和禁止开发的不同要求。四是力图为全国深化体制改革提供新经验和新思路,2005年以来,国务院相继批准了浦东新区、滨海新区、成渝、武汉—长株潭城市群、深圳、沈阳经济区等国家级综合配套改革试验区。五是国家以"规划、意见、批复"等形式出台多项特定地区的支持政策,如,北部湾经济区、海西经济区、图们江经济带等地区的发展规划,这表明基于国内区域分工的国家战略意图与地方发展思路相结合已成为实施区域协调发展的一种常态化区域发展机制。六是问题区域已成为区域政策关注的重点,既包括长期存在的老、少、边、穷区域,也包括近年来出现的资源枯竭型城市和生态退化地区等特殊问题区域。

在"十二五"规划的制定中,国家更加强调"以人为本"和"全面、协调、可持续发展"的高度统一,更为明确区域发展定位的重要。就以西部而言,国家提出:坚持把深入实施西部大开发战略放在区域发展总体战略优先位置,给予特殊政策支持,发挥资源优势和生态安全屏障作用,加强基础设施建设和生态环境保护,大力发展科技教育,支持特色优势产业发展。加大支持西藏、新疆和其他民族地区发展力度,扶持人口较少民族发展①。同时，将实施主体功能区战略与实施区域发展总体战略相并列，提出要按照全国经济合理布局的要求，规范开发秩序，控制开发强度，形成高效、协调、可持续的国土空间开发格局。对人口密集、开发强度偏高、资源环境负荷过重的部分城市化地区要优化开发。对资源环境承载能力较强、集聚人口和经济条件较好的城市化地区要重点开发。对影响全局生态安全的重点生态功能区要限制大规模、高强度的工业化城镇化开发。对依法设立的各级各类自然文化资源保护区和其他需要特殊保护的区域要禁止开发，基本形成适应主体功能区要求的法律法规、政策和规划体系，完善绩效考核办法和利益补偿机制，引导各地区严格按照主体功能的定位推进发展。②

区域发展中表现出的这些新趋势，预示着未来中国区域发展的方式、内容、重点都将发生重大变化，这些变化将是学术界对区域发展理论创新的出发点。结合本文研究对象，作者认为，这些理论创新的着眼点将突出如下方面：一是区域发展是一个"过程"。以理性假设为前提的古典主义、新古典主义实际上为我们构建了一套经济动力学分支，它以分工、交换、均衡、最大化构成了库恩式的研究范式，研究结果多为私有化和自由化摇旗呐喊。但是，在实践方面，对区域价值的认识，已逐步从经济属性向经济增长、生态高地、国家安全三重属性转变，进而决定了空间优化不能以极大化为目标，而要以空间利益协调为目标，以利益协调引致的空间结构转变过程为研究对象。二是在科学发展理念的指引下如何实现区域发展。即在国家对区域价值定位的前提下，如何通过协调区域自然条件、区域主体和区域经济增长来实现区域要素结构的优化。若单纯地强调区域自然条件，实现由区域主体功能确定的发展模式，会使原有管理层级发生总量式变革，进而带来极大的不确定性和不稳定性；而单纯地强调区域主体的核心地位，在政府主导的改革模式下，会由于目标责任的逐层落实和考核体系的垂直向上，造成地方政府的短视或不作为。三是在后金融危机时代，国际分工体系的变化、大宗商品的价格波动和各国汇率政策的变化，会使世界经济力量寻求新的平衡，带来区域经济资源的重新划分和区域利益的重新洗牌。中国作为全球最大出口国，中央政府是无法面面俱到、尽善尽美地完成各方的利益协调，那么，激励地方政府主动参与国际分工的

---

① 参见《中共中央关于制定国民经济和社会发展第十二个五年规划的建议》。
② 同上。

大谈判,将有利于我国这样的资源型大国的发展。

若要上述问题逻辑顺畅,需要解决好两方面的问题,一是国家对区域功能的定位如何体现,以及由功能定位引致的利益重新分配如何协调;二是通过对区域自我发展能力工具性特征的分析,以期对综合配套改革试验区、资源型富集地区、民族自治地区等类型区提供一种新的发展思路。相应地,理论研究的范式将发生如下转变:即从为区域争取国家倾斜性政策支持提供依据,向立足国家定位、塑造区域自我发展能力转变;从为传统的开放开发区域发展提供模式构建,向为新型的、以国内国际一体化联动发展提供模式支持,进而型塑区域发展能力转变。在这一主旨下,中国西部区域自我发展能力的研究将是一个振奋人心的研究领域,亦将是一个创新而富有挑战的尝试。

第一节 选题背景和选题意义

一 选题背景

(一)区域发展战略的转变是本研究展开的宏观背景

新中国成立以来,在高度集中的计划经济体制向社会主义市场经济体制转型的过程中,区域发展战略经历了由均衡发展向非均衡发展的转变、由效率优先兼顾公平向统筹区域发展的战略转变,呈现了由点到面,由试点(或示范)到大经济区、大都市群、泛经济区的区域发展格局转变,凸显了由经济主导到"五个统筹"① 的发展主题转变。

从时间维度上讲,新中国成立以来,区域发展战略大致划分为三个时期,作者将对这三个时期的战略目标、实施方式和实施效果作一阐述:

第一个时期为1949—1977年,是注重区域均衡发展的历史阶段。从战略目标上来看,这一阶段的区域发展战略从属于国防安全,是受国家地缘政治关系影响的,形成了努力平衡沿海与内地关系、缩小与内地差距的发展格局。

从战略实施方式看,计划手段是这一阶段资源配置的基本方式。总体特征是:资源配置由大一统的行政性配置方式决定,呈现出了一种带有目

---

① 即统筹城乡发展、统筹区域发展、统筹经济社会发展、统筹人与自然和谐发展、统筹国内发展和对外开放。

的性的组织秩序属性①。主要特征是：投资主体单一（以中央政府为主），统收统支，统购统销，由国家规划资源开发和国民经济的发展，各地区的国民经济计划为中央计划的延伸。

从区域战略实施的效果看，这一阶段，国家给内地投入了大量人力、物力、财力，内地经济实力显著提高，与沿海地区的差距明显缩小。但是，由于这一阶段实施的是高度集中的计划经济体制，地方区域经济战略部署多是中央计划的延伸，地方政府不能统筹安排部署本区域资源开发、产业布局等经济活动，区域自身的独立利益特性被抑制，区域缺乏自我发展能力，地区经济发展水平低，经济实力弱。

第二个时期为1978—1992年，是推行效率优先非均衡区域发展战略的阶段。从战略目标来看，这一阶段，国家基于增强国家综合国力、缩短与发达国家的差距的考虑，追求经济效率的迅速提高，对沿海一些地区采取了"开放"战略。②

从区域战略实施方式看，这一阶段，我国曾经高度集中的计划经济体制开始有所转变，实现了计划经济体制向有计划的商品经济、再到计划经济为主市场经济为辅的阶段的转变，这一阶段可称为市场化取向下的经济体制改革。从区域层面来看，1979年国家试办出口特区，③ 20世纪80年代初，国家总结了"三线"④ 建设时期生产力布局不当的教训，并进一步扩大了对外开放的区域和领域，开始对一些地区实行特殊的经济政策，在建设上以吸收利用外资为主，对外商投资予以优惠和方便，拥有着较大的经济管理权限。后来这一模式扩大到沿海开放城市及沿海开放区。1992年扩大到沿边、内陆开放城市，同时配套制定了相应的地区倾斜政策。

从区域战略实施效果看，这一时期，在经济体制市场化取向的作用

---

① 目的性是指在社会生产和相互交往过程中，实现预计结果的有意识行为。计划秩序是基于这样一种前提假设，某些政治主体有能力获取和运用制度恰当决策所需要的全部知识，还拥有强制他人服从命令的权利。参见柯武刚、史漫飞《制度经济学——社会秩序与公共政策》，商务印书馆2004年版。

② "六五"计划提出："充分发挥它们的特长，带动内地经济的进一步发展；加快内陆地区能源、交通和原材料工业建设，支援沿海地区经济的发展。""七五"计划进一步表述为："要加速东部沿海地带的发展，同时把能源、原材料建设的重点放到中部，并积极做好进一步开发西部地带的准备。把东部沿海的发展同中、西部的开发很好地结合起来，做到互相支持、互相促进。"当时，邓小平提出"继续鼓励一部分地区、一部分企业和一部分人先富起来。"

③ 1979年7月，中共中央、国务院同意在广东省的深圳、珠海、汕头三市和福建省的厦门市试办出口特区。

④ 三线地区：云南、陕西、甘肃、宁夏、河南、湖北、湖南、山西等11个省区。

下，商品市场开始逐步形成，逐步形成了"经济特区—沿海开放城市—沿海经济开放区—沿江经济区—内地中心城市—铁路公路交通沿线和沿边地带"这样一个多层次、有重点的、全方位的区域开发格局，东部地区的自我发展能力得到了快速的提升，也有效地提升了我国的综合国力和国际竞争力，但是，"依靠自然资源和传统产业的中西部地区，随着经济的进一步发展及东部地区较快的发展步伐，必然面临比较优势逐步弱化的问题"①。资金、人才、技术、资源在东部的快速聚集，使得中西部地区付出了巨大代价，也使得中西部地区自我发展能力明显受到抑制。

第三个时期为1992年至今，是推行区域协调发展战略的阶段。具体来讲，又可分为两阶段，第一个阶段是1992—1999年，是倡导效率为主、兼顾公平的区域协调发展阶段；第二个阶段是2000年以来，是推行区域统筹发展的阶段。从战略目标上看，这两个阶段区域战略目标都包含了缩小区域发展差距这一目标。但有所区别的是，前者所指的区域协调是以缩小区域经济差距为目标的一元目标；而后者则包含着缩小区域经济差距、构建人与自然和谐、构建社会发展和谐的多元目标。

从战略实施的方式上看，这两个阶段在经济体制的运行上是相同的，都是通过建立和完善社会主义市场经济体制来完成区域战略目标的，资源配置主要通过市场机制来完成，呈现出了一种"自发性"的秩序特征。②

从战略实施的效果来看，前一个阶段，战略的实施偏向于政策导向，强调要缩短区域之间的经济差距，但是在实践方面，由于缺乏与西部多元区域特征相对应的、具体的区域发展规划、产业政策、财税政策，所以区域发展并未取得明显的成绩。后一个阶段，将区域发展的目标具体定位于"统筹区域发展"，目前已取得阶段性的成果，比如，有代表性的有成渝综合配套试验区、关中—天水经济区、北部湾经济区、甘肃循环经济试点、青海柴达木循环经济试点，以及新疆和西藏的区域规划的出台。

总之，区域发展战略的变化，以及"十二五"时期，西部大开发的优先地位的确立和主体功能区战略的实施，将日益凸显西部空间价值、区

---

① 高新才：《与时俱进，中国区域发展战略的嬗变》，《兰州大学学报》（社会科学版）2008年第5期。

② 所谓的自发性是指在社会生产和相互交往过程中，可预见模式的出现与行动者的有目的的意愿无关。自发秩序是基于这样一种前提假设，世界是一个复杂演化系统，经济个体按照自己的意愿行事，去追求形色色不断变化的"自设"目标，而不是去考虑社会的"整体"目标。参见柯武刚、史漫飞《制度经济学——社会秩序与公共政策》，商务印书馆2004年版。

域主体功能和西部区域自我发展能力,在这样的宏观背景和区域特征下,厘清西部区域自我发展能力的培育路径,首先,不能脱离国家对当地区域价值的认识和区域功能的定位,不能就能力而能力,否则就混淆成了"区域经济增长"的研究;其次,不能脱离区域实际,否则会导致区域与发展能力的脱节,一定程度上须通过典型地区细化相关内容;再次,要将国家战略意志与区域实践相结合,以解决区域发展空间上的针对性和时间上的持久性。

(二) 区域差距认识的提升:分析角度的转变

地区发展不平衡,是中国的一个基本国情。审视中国当前的经济社会发展,东、中、西部发展差距仍然过大,欠发达地区发展仍面临诸多困难,城市化、工业化、基础设施建设、教育和卫生事业等方面的差距也很明显。区域协调发展不仅是局部问题,而且是全局问题。东西部区域差距的问题是"十一五"初期区域经济学研究较为集中的问题。总体而言,这些研究包括以下三个方面:

一是关于区域差距表征的研究。改革开放之后,非均衡发展战略的推行,一方面促进了中国经济的持续高速增长,但另一方面,由于东部占有了较多的发展优势,致使中西部地区发展相对落后了,使中国区域发展差距产生了新的变化。以 2012 年统计数据而言(如表 1-1 所示),从经济总量上来看,东部地区以全国 9.5% 的面积,38.2% 的人口,生产了全国 GDP 总量的 51.3%;而西部地区以全国 27% 的人口,仅生产了全国 GDP 总量的 19.8%。从人均上来看,东部地区人均 GDP 最高,2012 年,东部人均 GDP 是西部人均 GDP 的 1.84 倍,东部城镇居民可支配收入是西部城镇居民可支配收入的 1.43 倍,东部农村居民人均纯收入是西部农村居民人均纯收入的 1.79 倍,东部每万人占有学校数是西部的 1.60 倍,东部每万人占有卫生技术人员数是西部的 1.59 倍。

表 1-1　　2012 年全国各区域国内国民经济和社会发展指标对比

指标	东部地区		中部地区		西部地区		东北地区	
	绝对数	比重(%)	绝对数	比重(%)	绝对数	比重(%)	绝对数	比重(%)
国内生产总值(亿元)	295892	51.3	116277.7	20.2	113904.8	19.8	50477.3	8.8
人均国内生产总值(元)	57722	—	32427	—	31357	—	46014	—

续表

指标	东部地区 绝对数	东部地区 比重(%)	中部地区 绝对数	中部地区 比重(%)	西部地区 绝对数	西部地区 比重(%)	东北地区 绝对数	东北地区 比重(%)
固定资产投资总额（亿元）	151922.4	41.2	86614.8	23.5	89008.6	24.1	41042.6	11.1
社会消费品零售总额（亿元）	110666.7	52.6	42670.6	20.3	37359.1	17.8	19610.5	9.3
货物进出口总额（亿美元）	32710.8	84.6	1933.9	5.0	2364.0	6.1	1662.4	4.3
地方财政收入（亿元）	32679.1	53.5	10326.6	16.9	12762.8	20.9	5309.8	8.7
地方财政支出（亿元）	42093.1	39.3	22624.9	21.1	32269.1	30.1	10201.3	9.5
学校数（个）	955	39.1	644	26.4	595	24.4	248	10.2
卫生机构数（个）	307272	32.3	266086	28.0	300255	31.6	76684	8.1
卫生技术人员（万人）	273.1	41.0	163.0	24.4	171.6	25.7	59.2	8.9
城镇居民可支配收入（元）	29622	—	20697	—	20600	—	20759	—
农村居民人均纯收入（元）	10817	—	7435	—	6027	—	8846	—

对此区域差距问题，许多学者运用了不同的研究方法进行了细致的研究。如陈秀山、徐瑛（2004）通过计算基尼系数、变异系数、塞尔指标描述了1970—2002年中国区域差距变动状况，认为中国地区之间呈现了一种金字塔式的地区差距模式，具体来讲，落后地区构成了金字塔庞大的塔基，而最发达地区则集中于由三个直辖市构成的塔尖[①]。余军华、金荣学（2006）对通过对各省1978—2004年经济数据的分析，认为20世纪90年代之后，我国区域之间的差距扩大了；但进入21世纪之后，区域差距扩大的趋势开始渐弱[②]。许召元、李善同（2006）通过对2000年之后与20世纪90年代的对比分析，得出了我国区域差距扩大的速度有所减缓的结论[③]。王春超、余静文、胡继亮（2009）通过变异系数的测算，得出

[①] 陈秀山、徐瑛：《中国区域差距影响因素的实证研究》，《中国社会科学》2004年第5期。
[②] 余军华、金荣学：《我国地区经济差异的变化过程及其成因（1978—2004）》，《改革》2006年第9期。
[③] 许召元、李善同：《近年来中国地区差距的变化趋势》，《经济研究》2006年第7期。

了改革开放之后，中国区域差异处于大体增加的结论[①]。赵祥（2012）在对中国经济的区域差距进行考察之后，通过理论阐述，认为区域差距的阶段性变化特征体现了产业集聚、扩散与区域经济差距变动之间的内在联系，为区域经济发展"先趋异、后趋同"的倒 U 形假说提供了新的解释视角。[②] 王亭喜、苏旦（2012）研究表明：改革开放以来，从整体上说，我国各省区居民的收入和生活水平都得到了很大提高，但是由于各种原因，地区间经济发展的差距不仅存在而且有不断扩大的趋势[③]。周密、盛玉雪、刘秉镰（2012）运用变异系数变形及考虑空间横向和纵向联系的 Dendrinos – sonis 模型相结合的方法，对我国八大区域差距与空间互动的关系进行了实证分析，认为我国八大经济区域中的经济差距包括良性、中性与恶性三种基本类型；在非均质空间特征下，我国仍以计划空间为主导，根据纵向联系作用于横向联系带来的互动方式不同，多层次空间互动模式存在差异；恶性区域差距向良性区域差距的协调发展需要形成互补与竞争的适配性[④]。

二是关于区域差距产生原因的研究。关于区域差距因素的认识目前主要集中在国家发展战略、生产要素的不均衡投入、区位差异、基础设施建设等方面。如沈坤荣、耿强（2001）研究得出，不同区域外商直接投资的不均衡，加剧了区域间的不平衡[⑤]。杨晓光、樊杰、赵燕霞（2002）通过丹尼森要素分析法研究得出，20 世纪 90 年代的区域差异主要由全要素生产率的不同而造成[⑥]。林毅夫、刘培林（2003）研究得出，在中国重工业优先发展战略下，生产要素配置结构与比较优势的不匹配是导致各省发展水平差异的主要原因[⑦]。陈秀山、徐瑛（2004）根据区域差距测量的结

[①] 王春超、余静文、胡继亮：《中国的地区经济发展差距（1987—2007）：政府理念诱发制度变迁的视角》，《当代经济科学》2009 年第 11 期。

[②] 赵祥：《趋同还是趋异？——一个关于区域经济差距变动的新视角》，《江淮论坛》2012 年第 4 期。

[③] 王亭喜、苏旦：《我国区域收入差距与经济增长关系的实证研究——基于东、中、西部面板数据的协整分析》，《经济问题》2012 年第 3 期。

[④] 周密、盛玉雪、刘秉镰：《非均质后发大国中区域差距、空间互动与协调发展的关系研究》，《财经研究》2012 年第 4 期。

[⑤] 沈坤荣、耿强：《外商直接投资、技术外溢与内生经济增长——中国数据的计量检验与实证分析》，《中国社会科学》2001 年第 5 期。

[⑥] 杨晓光、樊杰、赵燕霞：《20 世纪 90 年代中国区域经济增长的要素分析》，《地理学报》2002 年第 6 期。

[⑦] 林毅夫、刘培林：《中国经济发展战略与地区收入差距》，《经济研究》2003 年第 3 期。

果，划分了三个阶段（1970—1978年、1978—1992年、1992—2002年）年区域差距形成的原因，研究结果显示：投入要素的质和量、要素配置效率、要素使用效率、空间格局变动是影响区域差距的主导因素。王小鲁、樊纲（2004）研究了资本、劳动力和人力资本等生产要素对区域差距的影响[1]。许召元、李善同（2006）研究得出，地理位置、经济环境差别、受教育水平、基础设施水平以及城市化水平等原因是导致区域差异的主要原因[2]。管卫华、林振山、顾朝林（2006）研究得出，区域差异的形成受从业人员和投资水平的影响较大[3]。余军华、金荣学（2006）研究得出，要素投入、地理区位和历史因素、政府政策、不平衡发展战略，以及经济一体化和全球化是导致区域差异的重要原因[4]。徐康宁、韩剑（2005）以及邵帅、齐中英（2008）则从资源禀赋的角度论述了中国地区经济发展差距的主要影响因素是"资源诅咒"[5][6]。王春超、余静文、胡继亮（2009）研究发现，政府理念及相应的政策差异是导致经济增长速度形成差距的原因[7]。郭将（2009）从比较优势的视角，提出过分依赖区域比较优势是造成区域差距扩大的主要原因[8]。这些研究暗含了一个基本的倾向，即研究者越来越多地开始关注导致区域差异的一些柔性因素，而不是一些不能改变的硬件条件。卢洪友、郑法川、贾莎（2012）采用1998—2009年中国30个省市的人均GDP与当年全国人均GDP的差值作为区域经济差距指标，运用核密度估计方法观察了我国区域经济差距的变动状况。研究结果表明，前沿技术进步能够显著的缩小区域经济差距，其中对于东部地区的效果较为显著，技术效率则能够扩大东部地区的经济差距，

---

[1] 王小鲁、樊纲：《中国地区差距的变动趋势和影响因素》，《经济研究》2004年第1期。
[2] 许召元、李善同：《近年来中国地区差距的变化趋势》，《经济研究》2006年第7期。
[3] 管卫华、林振山、顾朝林：《中国区域经济发展差异及其原因的分析》，《经济研究》2006年第7期。
[4] 余军华、金荣学：《我国地区经济差异的变化过程及其成因（1978—2004）》，《改革》2006年第9期。
[5] 徐康宁、韩剑：《中国区域经济的"资源诅咒"效应：地区差距的另一种解释》，《经济学家》2005年第6期。
[6] 邵帅、齐中英：《西部地区的能源开发与经济增长——基于"资源诅咒"假说的实证分析》，《经济研究》2008年第4期。
[7] 王春超、余静文、胡继亮：《中国的地区经济发展差距（1987—2007）：政府理念诱发制度变迁的视角》，《当代经济科学》2009年第11期。
[8] 郭将：《中国区域差距扩大与公平问题研究——基于比较优势的思考》，《经济问题探索》2009年第10期。

对于中部和西部地区的影响不显著①。张天舒、黄俊（2013）研究表明，在寻租越严重的地区，经济的集中度越高，表现为少数企业占据了地方经济的大部分比重；而基于资源禀赋的分析显示，当地区资源越丰富时，随着企业寻租动机的增强，区域经济集中的程度进一步提高。尽管集中的区域经济有助于降低市场交易成本和缓解企业融资约束，但由于我国区域经济的集中更多是寻租的结果，因此阻碍了地区经济发展。最后，高度集中的区域经济仅使少数人获益而减少了大多数人的竞争福利，从而扩大了地区收入差距②。

三是关于区域差距"价值范畴"的研究。对此的研究，可归纳为两个方面。一方面是主流思想，他们认为，应基于公平的角度，逐步缩小区域发展差距。这一思想与国家领导人的战略思想紧密相关的，总体贯穿了邓小平"两个大局"的指导思想，即"一个大局，东部沿海地区要加快改革开放，使之较快地发展起来，中西部地区要顾全这个大局；另一个大局，当发展到一定的时期，比如本世纪末达到小康水平时，就要拿出更多的力量帮助中西部地区加快发展，东部沿海地区也要服从这个大局"③。另一方面，也有学者（刘伟、蔡志洲，2009）提出，区域差异也是一国经济能够保持持续增长的重要资源，他们认为正是这种地区间发展的非均衡性，才使得国民经济的不同阶段可以获得不同地区进入快速增长时期的先后推动，使增长的可持续性增强④。当前，我们提出促进区域协调发展，是对历史经验的深刻总结，也是对基本国情的清醒认识，更是对我国发展阶段性特征的准确把握。世纪之交，贯彻"两个大局"的战略思想，推进西部大开发，振兴东北地区等老工业基地，促进中部地区崛起，鼓励东部地区率先发展，需要我们有一个清晰的认识：没有"第一个大局"，就没有中国经济今日的辉煌，没有可以在世界先进生产力舞台一展雄姿的中国。没有"第二个大局"，西部不开发，东北不振兴，中部不崛起，就没有经济持续发展、民族团结和谐的中国。现在，我们正站在新的历史起点，促进区域协调发展，条件具备，正逢其时。

---

① 卢洪友、郑法川、贾莎：《前沿技术进步、技术效率和区域经济差距》，《中国人口·资源与环境》2012年第5期。
② 张天舒、黄俊：《区域经济集中、经济增长与收入差距》，《金融研究》2013年第2期。
③ 《邓小平文选》（第3卷），人民出版社1993年版，第277—278、373—374页。
④ 刘伟、蔡志洲：《我国地区发展差异与经济高速增长持续能力——地区发展差异是提高反周期能力和保持持续增长的重要资源》，《经济学动态》2009年第4期。

现实的反思已促使我们的研究要基于上述观点，同时还要进一步认识到：缩小区域差距是解决东西部问题的重点，但并不是核心问题，东西部差距的形成，是由国家发展战略、生产要素的不均衡投入、区位差异等多重因素造成的，其中，区位、资源因素是不随外界条件而改变的，因而也就不可能存在绝对的"区域平等"。因而，作者在研究中认为，要正视区域差异，倡导"区域公平"，尤其是要强调机会公平，实现区域协调发展才是一条康庄大道。进尔言之，要实现区域协调发展，就需要达到如下几个标准：一是各地区优势能够得到充分有效的发挥，并形成合理分工、各具特色的产业结构；二是各地区形成人与自然和谐发展的局面；三是各地区人均居民收入差距逐步缩小，并保持在合理的范围内；四是各地区居民能够享受到均等化的基本公共服务和等值的生活质量；五是保持地区间人口、经济、资源的协调发展，以及地区人口分布与经济布局相协调；六是保持国民经济的适度空间均衡，即从大区域的角度看，要防止经济过密与过疏问题，避免某些地区出现衰退和边缘化。在这些诸多标准中，地区间居民收入差距的缩小和基本公共服务的均等化是最为关键的（魏后凯、邬晓霞，2010）[①]。

（三）国际经验与本国经验的比对：西部大开发以来国家关注西部重点的转变

纵观国际上关于公共服务均等化方面的实践，比较典型的是加拿大。加拿大既是世界上最早实施均等化的国家之一，也是世界公认的典型事实均等化政策国家之一。20世纪30年代世界经济大萧条和第二次世界大战促进了加拿大联邦政府均等化政策措施日趋正规化和制度化，并最终于1982年宪法正式确定下来。在加拿大宪法中，均等化包括了三层含义，即居民福祉机会平等、通过经济发展减少机会差别、所有加拿大居民享有质量适度的基本公共服务。[②] 在此内容的落实上，对于居民福利平等、机会均等和基本公共服务可及性这三项均等化目标，无疑要求了"机会公平"和"结果公平"这两项，前者强调了法律制度的健全和有效落实，后者则强调了：无论你居住何处，都可以享受联邦政府的公共服务均等化

[①] 魏后凯、邬晓霞：《我国区域政策的科学基础与基本导向》，《经济学动态》2010年第2期。

[②] 国家发展改革委宏观经济研究院课题组：《促进我国的基本公共服务均等化》，《宏观经济研究》2008年第5期。

项目。在具体的操作中，公共服务均等化并不是直接把个人放在更为平等的财政地位上，而是将省级政府的财政放在平等的地位上。通过联邦政府的收税和转移支付以确保省级政府有均等的财政能力提供具体的基本公共服务。

就我国而言，回顾西部大开发以来的变化，如，加大对西部地区基础设施和生态环保建设的投入，青藏铁路、"西气东输"、"西电东送"等事关西部大开发全局的重大工程，不难看到，西部的发展有着自身的独特性，西部地区自我能力的发展绝不是靠简单的"大面积开发"、"大范围开采"所能解决。相反这种"大面积开发"、"大范围开采"虽然短期内使西部的经济增长有所改善；但从长远来看，这种增长方式严重地损害了西部的"价值"和西部人民的"利益"。如，关于西部"资源诅咒"、"自然资源禀赋陷阱"的认识，西部虽然地域资源、水能资源、矿产资源、能源资源、旅游资源和生物资源丰富，且土地广阔、人口稀少，但是人均资源的高占有率并没有给西部带来高人均收入。对此一些学者（邵帅等，2008[①]；张红芳，2000[②]；刘颖琦等，2003[③]）展开了研究，其基本观念是依据资源禀赋提供能源、矿产等初级产品，利润远低于工业发达地区，长期维持这种分工就必然导致传统优势的逐步丧失和生态环境的进一步恶化，致使经济社会长期贫穷和落后。

"十一五"以来，通过国家支持、西部自身努力和区域合作，西部区域自我发展能力得到了一定的改善。同时，国家对西部的认识也发生了如下变化：

一是对西部价值的认识，已逐步开始摆脱经济增长这一单一的一元评价，开始从西部生态高地、资源基地和稳定基石三大主导功能方面认识西部。这意味着继续推进西部大开发将不能从开发引致的经济收益这一单一视角来认识西部大开发，而是从合成的角度、多维度地考察西部，把西部大开发视为"几种状况的集合"。

二是从开发路径看，西部大开发的实践是在我国计划经济向市场经济转型的过程中进行的，对市场配置的范围和政府调控的范围尚未

[①] 邵帅、齐中英：《西部地区的能源开发与经济增长——基于"资源诅咒"假说的实证分析》，《经济研究》2008 年第 4 期。

[②] 张红芳：《西部地区竞争优势刍议》，《陕西经贸学院学报》2000 年第 4 期。

[③] 刘颖琦、李学伟：《西部区域竞争优势分析》，《中国软科学》2003 年第 1 期。

真正界定清楚，故在西部大开发过程中，走了一条以效率为先导，"先开发、后补偿"的路径；但这条路径是否可以在改革开放30年之后，在国家综合实力得到显著提高之后，是否可以进一步优化，尚未对此进行全面的拓展。

三是从制度创新角度看，帕累托改进无疑是理想的方法，即在资源的配置过程中，如果制度创新能使一部分人处境更好，而没有使其他人的处境变坏，都可以视为制度创新达到了一种"改善"，但是这一改进标准只适合于"无矛盾冲突"的实例，无法应用于西部大开发过程中绝大多数的政策提案。为此，一种替代性的标准（补偿原则）显得尤为必要，即在一类资源配置之后，获益者能够在补偿受损者之后处境依然变好。这一标准称之为卡多尔—希克斯改进。但是将产生一个新的问题，可称为"价值判断无关论"，即卡多尔—希克斯改进在受益者补偿受损者时，暗含了一个能够被广泛接受的标准，这一标准忽视了个体价值判断的差异，可能会引起可能性与现实性之间的矛盾。对此，在基本生活水平较低时，往往可以通过"金钱"的补偿来实现，但当基本需求满足之后，根据马斯洛需求层次理论，将会引起多元的需求结构。为此，在西部大开发继续推进时，构建一个合适的社会福利函数为经济政策的制定提供依据将显得尤为必要。

可见，建立一种以"起点公平"和"规则公平"为思路的制度创新将是继续推进西部大开发的一种有益探索。此处的"起点公平"是针对西部的"能力缺口"[①] 而言，即倡导"先补偿"；"规则公平"突出了我国经济体制在向市场经济转型的过程中，"竞争机制"的运行是提高社会福利的最优方法的认识。这是区域协调发展追求的目标。促进区域协调发展，不是单纯要求缩小区域之间、各层次行政区之间经济总量的差距，而是要着力完善公共财政制度，使所有人享有基本公共服务的均等化，享有大体相当的生活水平。当然，公平不是简单地"拉平"，不是"经济发展无差距"，不是忽视自身发展条件"齐步走"，更不能助长"等"、"靠"、"要"思想。经济社会的发展，不能单纯理解为追求GDP速度的"率先"增长。那种把地方和小团体利益置于首位，违规上项目，暗中铺摊子，必将有损于区域的协调发展。

---

① 参看本书第三章。

二 选题意义

（一）学术意义

面临西部地区空间价值的"二重特性"（经济价值和生态价值），在主体功能区战略推进中，需要基于中国区域发展实践，构建一套融"区域要素—区域功能—区域自我发展能力—区域利益"为一体的分析框架。这一理论创新将为区域发展的研究提供了另一种研究范式，是区域经济学区域发展理论研究的重要补充。

（二）实践意义

西部地域广阔，区域间经济社会发展差异巨大，地理环境、资源基础、历史文化和经济实力水平悬殊。在这样一个差异很大的区域内，论文通过阐释西部区域自我发展能力的内生路径和外生路径，提出区域空间价值的认识是区域政策制定的基石，区域发展的能力导向是地方政府工作的核心，并细化出六条相关的具体政策建议。

第二节 研究思路、主要内容和研究方法

一 研究思路

阿玛蒂亚·森（2002）认为，"发展是拓展人们享有的真实自由的一个过程"[①]。在这一过程中，由于历史、经济、社会发展诸方面的原因，把能力看作一种发展所要求的功能性活动的条件时，能力便在空间上具有明显的区域特征。那么，如何从根本上扭转西部自我发展能力长期弱势的局面？

首先，主要的问题是应该对西部自我发展能力的生成现象有一个清晰的认识。作者认为，区域自我发展能力的生成主要包括两条路径，一是由区域主体受产业分工的利益激励产生的"自生"资源联结能力，通过区域主体对区域要素的匹配效率内在的反映区域自我发展能力的生成途径。二是着眼于国家对空间结构的优化，通过空间[②]价值建构、区域功能收敛

---

① ［印］阿玛蒂亚·森：《以自由看待发展》，中国人民大学出版社 2002 年版。
② 本书在写作过程中，多处使用了空间和区域这两个概念，作者力图使用"区域"去表述和区位相关的概念，用"空间"去表述和区域人口、经济、社会相关的概念。

和主体功能凸显外化了区域的功能，反映了区域自我发展能力的外在升化途径，如图1-1所示。

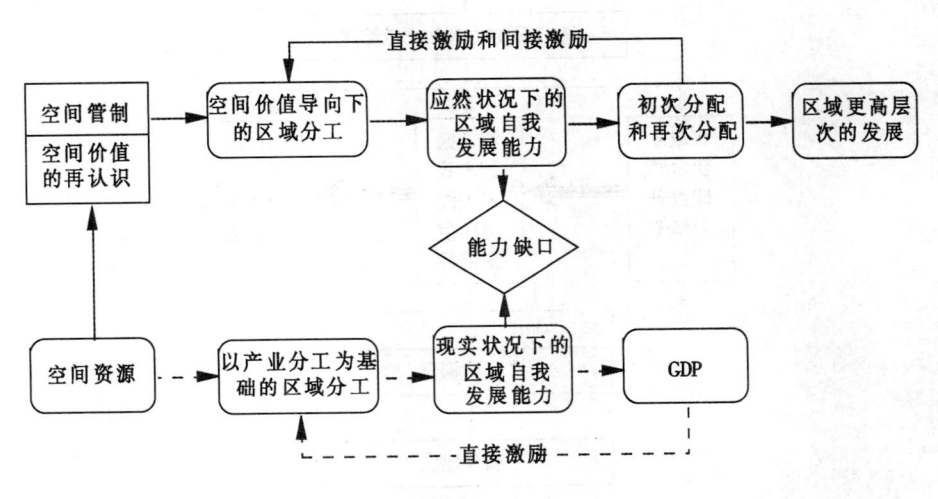

图1-1 研究思路

其次，解决"能力缺口"的落脚点是区域自我发展能力的利益激励问题。如图1-1中虚线所示，以区域空间价值为基础的区域分工，强调不同区域空间价值的不同。当区域的生态价值和安全价值纳入研究变量时，区域空间结构的优化就不可能通过市场机制来解决，而需要国家用生产成果再分配的方式来激励区域自我发展能力的提升。

再次，根据研究结果，通过对西部空间价值的认识，提出增强西部区域自我发展能力的具体政策建议。

二 研究主要内容

根据上述研究思路，作者设计了如下研究的基本框架，如图1-2所示。

第一章：阐述了本研究的研究背景、选题意义，以及研究思路、主要内容和研究方法等问题。

第二章：考虑到现有关于区域自我发展能力的研究尚不能支持本研究，故作者通过基于研究内容的文献述评，归纳出了本研究的主题和特征。

第三章：阐述了研究的前提假设是生产要素的不完全流动性、区域价值的二重性假设和"区域主体"的异质。通过对区域自我发展能力的界

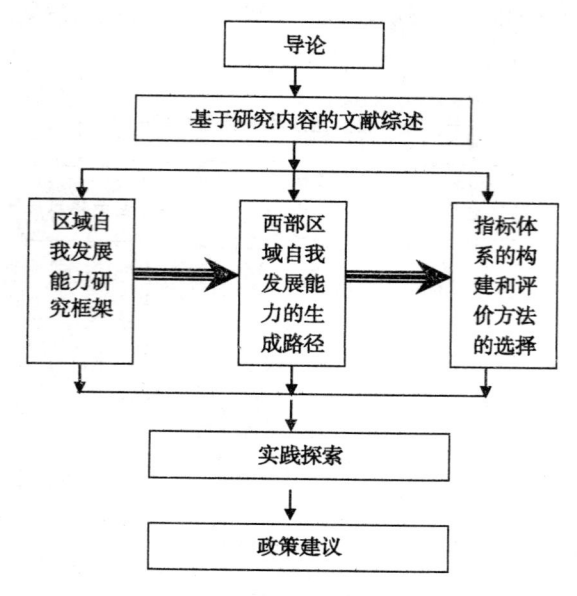

```
           ┌─────────────┐
           │    导论      │
           └──────┬──────┘
                  ↓
       ┌──────────────────────┐
       │ 基于研究内容的文献综述 │
       └──────────┬───────────┘
        ┌─────────┼─────────┐
        ↓         ↓         ↓
   ┌────────┐┌────────┐┌────────┐
   │区域自我 ││西部区域││指标体系│
   │发展能力 ││自我发展││的构建和│
   │研究框架 ││能力的生││评价方法│
   │        ││成路径  ││的选择  │
   └────┬───┘└───┬────┘└────┬───┘
        └────────┼──────────┘
                 ↓
           ┌──────────┐
           │ 实践探索  │
           └─────┬────┘
                 ↓
           ┌──────────┐
           │ 政策建议  │
           └──────────┘
```

图 1-2　研究的基本框架

定，提出研究能力的生成是区域自我发展能力研究的核心。并通过理论构建和模型分析，得出区域自我发展能力的生成存在两种路径，一种是以"资源—分工—能力"为路线的内在生成路径；另一种是以"资源—功能—分工—能力"为路线的外在生成路径。

第四章：在区域自我发展能力的研究主题是"发展"的思路指导下，根据区域自我发展能力的分析框架，结合西部的自身特点，阐述了西部地区自我发展能力提升的内在路径和外在路径。

第五章：根据国家主体功能区战略的总体思路，探讨了四类主体功能区区域自我发展能力的评价指标、评价目的和评价方式，并以张掖市为例，进行了简要说明。

第六章：从区域自我发展能力的角度，考察了西部发展的兴衰。尤其是从当前区域发展的两个主要倾向：市场深化和政府治理的角度，重新思考了西部发展中市场化和政府治理的思路和策略。

第七章：从区域自我发展能力的角度，考察了河西新能源产业基地的发展问题，着重分析了河西新能源基地在战略选择、技术支撑、关联产业、产业配套，以及制度创新等问题。

第八章：从区域自我发展能力的角度，考察了陇东传统能源产业基地的发展问题。并从战略选择、技术支撑、关联产业、产业配套,以及制度创新等方面,分析了陇东传统能源基地的发展问题。

第九章:在区域自我发展能力内生路径研究的基础上,通过对文化资源的形态、文化资源开发的内涵、文化资源开发的两种路径,以及文化资源"前台"、"后台"开发模式的分析,得出了文化资源开发的主要策略。

第十章:基于中国西部贫困地区的发展实践,通过阐释西部贫困地区自我发展能力的内生路径和外生路径,进而提出贫困地区增强自我发展能力的建议。

第十一章:根据理论研究结果,提出区域政策制定的基石是区域空间价值,地方政府工作的核心是培育区域自我发展能力,并具体提出了6点建议。

三 研究方法

本研究的主要方法为:

(一) 规范分析和实证分析相结合

对于区域自我发展能力的研究,目前尚未形成系统的分析框架,就本书的研究思路而言,要解决西部区域自我发展能力的培育这一核心问题,就既要有关于区域自我发展能力"是什么"的详细阐述,又要有结合中国西部区域发展的实践,探讨提升西部地区自我发展能力"应该怎么办"。

(二) 理论模型和计量分析相结合

区域自我发展能力的生成是一个相对抽象的概念,需要通过构建理论模型的方式使这一过程更为清晰;同时为了佐证本研究成果的合理性,需要通过计量模型进一步证实。

(三) 全面研究和分类研究相结合

研究区域自我发展能力,不能就能力研究而能力研究,要站在中国区域发展的具体实践中,以国家的区域发展战略为依据,根据当前的理论热点进行有意义的原创性研究。同时,西部又是一个复杂的区域,需要捋出头绪,分类研究。

(四) 问卷调查和理论推演相结合

对于西部区域自我发展能力的内在生成路径,在实践中已经有所体现,为此可根据具体的路径要素,使用结构方程进行研究。但对于区域自我发展能力的外在生成路径,由于是站在"十二五"时期实施主体功能区的角度考虑的,为此,要进行合理有序地推演,并作一有效地例证。

第三节 研究重点、难点和主要创新

一 重点、难点

本研究的重点、难点是构建"区域要素—区域功能—区域自我发展能力"的分析框架,并从西部区域发展实践中,提炼出增强西部区域自我发展能力的内生路径和外生路径。

二 创新之处

(一)研究视角上

国家区域协调发展战略的核心是区域利益协调机制的构建,重点解决的是空间开发秩序的重构;而各区域利益的诉求,尤其是西部一些地区经济利益的诉求,常会破坏国家区域发展的战略意志,可能导致区域功能的错位。为此,需要从区域自我发展能力的生成路径中,探索出符合当地实际和国家发展战略需要的区域自我发展能力的提升之路。

(二)研究思路上

区域发展愿景离不开合理的区域发展战略,合理的区域发展战略离不开区域自然禀赋和区域自我发展能力。其中,区域自然禀赋构成了区位租,是不可人为改变的因素;而区域自我发展能力是人为构成可改变的因素,它受人文环境的影响具有一定的稳定性和持久性。这启示我们:解决西部的区域问题,可将不可改变的区位租因素剥离,着眼于区域特质增强区域自我发展能力。

(三)研究内容上

一是用"区位租"表述空间价值的差异与区域利益的冲突。二是根据六类资本构建区域自我发展能力生成的内生路径与外生路径。三是基于区域功能的错位,提出区域自我发展能力的提升重点在于弥补"能力缺口",这是研究内容上的创新。

第二章 基于研究内容的文献述评

理论界关于区域自我发展能力的研究尚属一个全新的概念，目前还未形成统一的界定，故在研究对象的具体界定上，还存在着诸多差异。从大的层面看，目前涉及西部自我发展能力的研究包含了民族地区、少数民族自我发展的能力研究，如王芳（2012）[①]，郑长德（2011）[②]，孙美璆（2009）[③]，田官平、张登巧（2001）[④]，唐奇甜（1990）[⑤]，赵雪雁、巴建军（2009）[⑥]，周亚成、兰彩萍（2003）[⑦]，贫困地区、欠发达地区、贫困人口自我发展能力的研究，如杜青华、窦国林（2011）[⑧]，王科（2008）[⑨]，杨彬（2009）[⑩]，张瑞华、阴慧、徐志耀（2008）[⑪]，杨科

[①] 王芳：《援助与增强新疆自我发展能力的辩证思考》，《哈尔滨学院学报》2012年第6期。

[②] 郑长德：《中国民族地区自我发展能力构建研究》，《民族研究》2011年第11期。

[③] 孙美璆：《少数民族自我发展能力和乡村文化建设——以云南省乡村文化业为例》，《黑龙江民族丛刊》2009年第3期。

[④] 田官平、张登巧：《增强民族地区自我发展能力的探讨——兼对湘鄂渝黔边民族地区发展的思考》，《吉首大学学报》（社会科学版）2001年第2期。

[⑤] 唐奇甜：《增强民族地区自我发展能力的若干思考》，《中南民族学院学报》（哲学社会科学版）1990年第2期。

[⑥] 赵雪雁、巴建军：《牧民自我发展能力评价与培育——以甘南牧区为例》，《干旱区地理》2009年第1期。

[⑦] 周亚成、兰彩萍：《新疆牧区少数民族自我发展能力浅析》，《新疆大学学报》（社会科学版）2003年第2期。

[⑧] 杜青华、窦国林：《青海东部干旱山区扶贫对策研究——基于乐都县李家乡自我发展能力视角的实证分析》，《青海社会科学》2011年第1期。

[⑨] 王科：《中国贫困地区自我发展能力研究》，博士学位论文，兰州大学，2008年；王科：《中国贫困地区自我发展能力解构与培育——基于主体功能区的新视角》，《甘肃社会科学》2008年第3期。

[⑩] 杨彬：《西北欠发达地区自我发展能力研究——以甘肃省定西市为例》，博士学位论文，兰州大学，2009年。

[⑪] 张瑞华、阴慧、徐志耀：《落后区域自我发展能力提升研究——从承接产业转移、优势产业培植的视角》，《广西经济管理干部学院学报》2008年第3期。

(2009)[①],农村自我发展能力的研究,如李盛刚(2007)[②],孔朋,李英梅(2009)[③],沈茂英(2006)[④],张文斌(2008)[⑤]。在具体层面看,专门针对西部自我发展能力的研究有陈作成,龚新蜀(2013)[⑥],邵建平,苏小敏和张永(2012)[⑦],罗晓梅等(2012,2007,2005)[⑧],吴传钧(1997)[⑨],杜黎明(2007)[⑩],李林(2008)[⑪],鱼小强(2002)[⑫]等,这类研究有其现实的指导意义,但也存在着一个相似的认识,即过度强调区域主体在经济发展中的作用,而忽视了生态价值对区域发展的重要性。

为此,需要从更宽广的层面去研究区域自我发展能力,这一层面不仅要包括以往区域研究的基本规律,更要从中国区域经济发展的实践出发,将中国这一后发转型大国的典型性经验转变为现实的理论力量。如此一来,对于区域自我发展能力的文献述评,就不能单单从目前研究对象的限定上入手,而要着眼于研究内容。具体来讲,需要从以往能力理论的研究中,借鉴此类问题研究的传统;需要从既往区域研究的基本规律中,找寻命题假设的拓展方向,发现其研究的价值取向和研究方式的转变;需要从中国区域发展的实践中,找出中国区域发展所力图突破的瓶颈。

[①] 杨科:《论农村贫困人口的自我发展能力》,《湖北社会科学》2009年第4期。

[②] 李盛刚:《西部民族地区农村发展:基于自我发展能力研究》,博士学位论文,兰州大学,2007年。

[③] 孔朋、李英梅:《基于农村自我发展能力的新农村建设研究》,《河南机电高等专科学校学报》2009年第4期。

[④] 沈茂英:《试论农村贫困人口自我发展能力建设》,《安徽农业科学》2006年第10期。

[⑤] 张文斌:《农村自我发展能力与新农村建设研究》,研究出版社2008版。

[⑥] 陈作成、龚新蜀:《西部地区自我发展能力的测度与实证分析》,《西北人口》2013年第2期。

[⑦] 邵建平、苏小敏、张永:《西部自我发展能力提升对策研究——基于比较优势承接东部产业转移的视角》,《科技进步与对策》2012年第3期。

[⑧] 罗晓梅:《西部自我发展能力的载体:主体功能区的构建》,《公共论坛》2012年第10期;罗晓梅:《论生存方式的变革与西部自我发展能力的提升》,《探索》2007年第4期;罗晓梅、何关银:《西部自我发展能力的经济哲学理性视域:运用反对经济边缘化的理论与实践》,《重庆社会科学》2005年第11期;罗晓梅、何关银、陈纯柱:《从生存方式变革看待发展——西部生存方式变革与自我发展能力研究》,重庆出版社2007年版。

[⑨] 吴传钧:《增强我国西部地区自我发展能力是根本》,《学会月刊》1997年第11期。

[⑩] 杜黎明:《在推进主体功能区建设中增强区域可持续发展能力》,《生态经济》2007年第11期。

[⑪] 李林:《论信息服务与增强西部地区自我发展能力》,《经济体制改革》2008年第2期。

[⑫] 鱼小强:《对增强西部地区自我发展能力的思考》,《商洛师范专科学校学报》2002年第3期。

第一节 能力理论简要述评：从研究对象到研究传统

既往关于能力理论的研究主要包括以下四个方面：

一 阿玛蒂亚·森的能力理论

阿玛蒂亚·森的一个重要学术关注点是分配问题，尤其是贫困群体的分配问题。他呼吁倡导建立一种新的发展理念，即以追求自由为核心的发展范畴，其中，"可行能力"是这一理论的重要视角。"可行能力"就是指一个人能实现的、各种可能的功能性活动组合[①]，如体面的生活、受教育等，其中，"功能性活动"是指一个人认为值得去做或达到的多种多样的事情或状态[②]。这样一来，"自由"就成为在各种功能性活动组合中进行选择的机会。发展也就看成了更具有可行能力地去追求自己认为有价值的生活的过程。透过他的研究目的，可以看出他是将能力（可行能力）视为社会提供的，个人发展所具有的必要条件，即将可行能力视为了一种发展所需要的权利。

二 企业能力理论

在四种能力理论中，研究成果最为丰富的理论就是企业能力理论，包括技术能力理论、企业创新能力和企业核心能力理论。主要研究者有Garnt（1991）[③]、Amit和Schoemaker（1993）[④]、Prahalad和Hamel（1990）[⑤]等。总体而言，该理论研究的目的旨在解决行业结构学派所不能解决的企业绩效差异问题。为此，该理论研究路线是：在企业异质性的假设下，按照"企业资源—企业能力—企业竞争优势"的研究路径，把

[①] 杜黎明：《在推进主体功能区建设中增强区域可持续发展能力》，《生态经济》2007年第11期。

[②] ［印］阿玛蒂亚·森：《以自由看待发展》，中国人民大学出版社2002年版。

[③] Grant. RM. 1991. The resource – based theory of competitive advantage, *California Review*, 33 (3): 114 – 135.

[④] Amit, R., and Paul Shoemaker, 1993. Strategic Assets and organizational Rent, *Strategic Management Journal*, 14 (1): 33 – 46.

[⑤] Prahalad, C., Hmael, G., 1990. The core competence of the corporation, *Harvard Business Review*, May – June, 79 – 91.

企业能力视为企业组织化的知识，即将企业通过积累获得新知识的过程，通过企业将一组资源整合以完成一定任务来体现。可以看出，企业能力理论刻画出了能力这样两个特征：一是能力的生成是基于资源的；二是现实的能力是通过资源的生成效率来体现的。

三　林毅夫的企业自生能力理论

林毅夫作为中国渐进式改革的拥护者，在解释中国转型的成功以及被多数经济学家看好的苏联"休克疗法"的失败时，提出了企业自生能力这个概念。他认为，在计划经济体制之下，政府干预的目的是为了保护一些没有自生能力、不符合比较优势的重工业部门、企业，这是内生于赶超发展战略的。那么，建立在企业具有自生能力假设前提下的转型政策设计，将是不适合苏联和中国这样的计划经济转轨国家的。为此，在解决计划经济体制向市场经济体制转型时，就要放弃这一假设前提，而要把企业是否具有自生能力作为转型是否成功的参照系。在这一研究目的下，他定义企业自生发展能力为"在一个开放、竞争的市场中，只要有着正常的管理，就可以预期这个企业可以在没有政府或其他外力的扶持或保护的情况下，获得市场上可以接受的正常利润率"①。可以看出，他所研究的企业自生发展能力不仅是经济转型的参照系，还在一定程度上充当了转型的途径。

四　王绍光、胡鞍钢的国家能力理论

20世纪90年代，王绍光和胡鞍钢合作出版了《中国国家能力报告》，这一著作的目的在于通过阐述这样一种观点，即在经济发展与经济体制的双重转型中，只有依赖强大的中央财政（国家能力的体现）作为保障，才能弥补市场失灵造成的损耗，才能推动整个经济的健康发展和经济体制的顺利转型；从而有力地推动了当时的"分税制"改革。这一理论带来的现实生产力是通过中央财政的加强，极大地增强了中央政府的执政能力，从而可以有大量的资金去解决中国转型中出现的"三

---

① 林毅夫：《自生能力、发展战略与转型经济》，北京大学出版社2008年版；《中国的奇迹：发展战略与经济改革》，上海人民出版社1999年版。

农"问题、医疗制度改革等问题。为此,他们在研究中,把国家能力[①]定义为国家将自己的意志、目标转化为现实的能力[②],主要包括汲取能力、调控能力、合法化能力和强制能力。其中,汲取能力,即国家动员社会经济资源、汲取财政的能力,构成了国家能力的核心,主要通过财政占国民收入的比重,以及中央财政收入占国民收入的比重反映。汲取能力与调控能力(国家指导社会经济发展的能力)一同构成了衡量国家能力的重要指标。可以看出,他们所研究的国家能力理论,不仅仅是西方国家建设学派的理论发展,更是着眼于中央政府在改革中的地位,着眼于中国经济的成功转型。

从中可以看出,尽管四大能力理论研究涉及个人、企业、国家三个层面。但就其研究的方略而言,则存在着如下三个特征:

第一,研究对象虽各有差异,但都围绕着"发展"这一主题。阿玛蒂亚·森的能力理论围绕的是个人的发展权利问题,尤其关注的是贫困人口的发展权利问题;企业能力理论解决的是异质企业绩效差异的问题,其核心也是企业的发展问题;林毅夫的企业自生能力理论解决的后发转型大国的市场机制转轨问题,其核心是受跨越式发展战略影响的企业发展问题;王绍光、胡鞍钢的国家能力理论则将我们引入后发转型大国的发展保障方面,其核心是通过国家财政汲取能力的增强,以解决改革过程中出现的重大难题。

第二,从发展评价的两大范畴(效率和公平)而言,只有企业能力理论关注的是资源配置效率问题,而森的能力理论关注的是个人发展的权利公平问题;林毅夫的企业自生能力理论涉及了政府干预和企业转型问题,隐含的也涉及了国有企业和民营企业的公平问题;王绍光和胡鞍钢的国家能力理论则从国家发展大局入手,倡导发展保障的公平问题。值得一提的是,尽管国家能力理论有效地化解了中央政府的财力汲取问题,但也

[①] 胡鞍钢提出的国家能力理论侧重于解决国家财政的汲取能力,而本研究中的区域自我发展能力,突出于特定区域自身发展的问题。此外,从区域的角度考虑,国家能力应该是更为广阔的定义,它不是区域自我发展能力的简单加总,而是一个国家综合实力的体现,反映出的是国家层面的区域全面发展,以及国家层面的区域可持续发展;但是区域自我发展能力侧重于区域资源、区域功能和区域能力的协调发展,是一个结构优化的表现。

[②] 王绍光、胡鞍钢:《中国国家能力报告》,辽宁人民出版社1993年第1版。

无形中造成的后遗症是欠发达地区地方政府的财政汲取的不稳定困难①，使得当地在解决生态安全等非经济问题时存在着巧妇难为无米之炊的现象。

第三，从发展的要素来看，阿玛蒂亚·森的能力理论、林毅夫的企业自生能力理论、王绍光和胡鞍钢的国家能力理论都涉及了转型国家的发展问题，都旨归了转型国家发展面临的权利要素问题。此外，还有企业能力理论包含的资源、经验、知识等要素。

第二节　区域功能理论简要述评：从空间价值到空间功能

与广博的能力理论研究范围相比，区域发展理论的研究则显得更为紧致一些，其中五大研究传统②，不仅主题突出，还进行了模型化研究。最为重要的是能从农业区位论鼻祖冯·杜能处找出研究的基本轨迹，发现这类研究的价值取向和研究方式的转变。同时，国家"十一五"规划中主体功能区的提出，以及"十二五"规划将此上升为主体功能区战略，亦为区域自我发展能力的研究给力不少。

一　区域要素理论：空间经济价值理论的发展

185 年前，德国经济学家冯·杜能的农业区位论，开创了区域经济

---

①　这类财政汲取的不稳定包含当地资源税的流向问题、中央转移支付的不稳定、公共财政的不均等现象。此外，还可看彭浩熹《美国区域经济发展对中国的启示》，《湘潭师范学院学报》（社会科学版）2009 年第 6 期。他认为：我国在税收制度方面的不完善也一定程度上拉大了东部与中西部的差距。（1）分税制将 75% 的增值税和全部的消费税划归中央，把营业税划归地方，控制了地方发展第二产业，而支持发展第三产业。这一政策在一定程度上抑制了广大中、西部地区利用丰富的资源加快发展的积极性。（2）生产型增值税不利于以重工业为主的大量中、西部企业的技术进步和资本累积，而我国的消费税对烟酒等行业征收重税，虽然体现了对消费结构的调整，但由于大多烟酒产业集中在中、西部地区，也导致了这些企业税负过重。与此同时，我国目前消费税征收范围偏窄，对一些高档消费品的税负不够，目前，我国东部地区较中、西部地区而言是经济发达的区域，也是高档消费品和高档消费行为的集中地，由于消费税对相关行业的税负较轻，使这些发达地区获得了更多的收益，也进一步拉大了各地区经济的差异。

②　[美] 保罗·克鲁格曼：《发展、地理学与经济理论北京》，北京大学出版社 2000 年版，第 34—57 页；孙久文：《现代区域经济学主要流派和区域经济学在中国的发展》，《经济问题》2003 年，第 2—4 页；邵明：《区域经济学经典理论回顾与评述》，《世界经济研究》2007 年第 4 期。

学、经济地理学和空间经济学的研究先河。之后,才有了德国几何学派、社会物理学派、积累因果关系、当地外部经济等研究传统[①]。杜能在《孤立国》一书中,设想了一个农业平原向一个孤立的中心城市供应各类农产品的模型,所提出的问题是:"(1)如果向城市供给一定数量的食品,怎样分配周围的土地才能使生产和运输的总成本最小?(2)如果农民和土地拥有者之间存在着自发的竞争,且各方都是自利的,那么城市周围的土地实际上会怎样分配?"[②] 其研究的重要前提是"均质空间"[③] 假定,在此假定的影响下,空间的差异问题便迎刃而解,空间转变成了与中心城市距离相关的租金、冰山型运输成本[④]。保罗·克鲁格曼对此评价为"如果用一种思想激发了多少人去研究它来衡量它的重要性,那么冯·杜能的贡献远远超出了空间经济学中任何其他传统"[⑤]。在这一学术传统下,韦伯分析得出了工业品布局的理想区位,帕兰德研究提出了远距离运费衰减规律,克里斯塔勒揭示了城市与规模之间的关系并提出正六边形模型,廖什提出了生产者的目标是利润最大化,而不是成本最低。

在"非均质空间"[⑥] 分析假设方面,大卫·李嘉图的国际贸易理论则为我们开了先河。他先将空间差异简化为劳动效率的差异,即不同区域商品的交换价值是不同的(生产中所耗费的劳动量决定),然后,通过比较商品中所含劳动量的不同,来选择单位商品中劳动量低的产品进行生产。这种用机会成本的比较替代空间差异的表述,回避了对空间要素的分析。克鲁格曼则直接以流动性区域要素为研究重点,把贸易理论和区位选择理论相整合,有效解决了流动性要素生产的空间区位问题。[⑦]

"均质空间"和"非均质空间"假定,都进一步将流动性区域要素按收益率的不同配置到了不同的区域,形成了区域产业分工和产业集聚的基

---

① [美]保罗·克鲁格曼:《发展、地理学与经济理论》,北京大学出版社2000年版,第34—57页。
② 藤田昌久、保罗·克罗格曼、安东尼·J. 维娜布尔斯:《空间经济学——城市、区域与国际贸易》,中国人民大学出版社2005年版,第20页。
③ 郝寿义:《区域经济学原理》,上海人民出版社2007年版,第23页。
④ 这个概念最早是由萨穆尔森(1952)提出的,可参看S. 布雷克曼、H. 盖瑞森、C. 范·马勒惠特:《经济地理学》,西南财经大学出版社2004年版,第104—107页。
⑤ [美]保罗·克鲁格曼:《发展、地理学与经济理论》,北京大学出版社2000年版,第55页。
⑥ 郝寿义:《区域经济学原理》,上海人民出版社2007年版,第25页。
⑦ [美]保罗·克鲁格曼:《地理和贸易》,北京大学出版社、中国人民大学出版社2000年版。

础。姜安印则进一步将这种现象称为发展极化形式,并根据发展极化的空间深化,划分出了发展地区和不发展地区。[①]

通过区域要素理论的梳理,可以看到,对区域要素流动性假设的认识,为解决空间结构的优化提供了一种思路,对空间经济增长过程中的极化效应和集聚经济给予了相应的解答。但是,我们也看到,这一研究思路对区域发展过程中宏观层面的空间价值(包括空间的经济价值和生态价值两方面)的认识、空间利益(通过区域差距表现出来)的协调、区域主体功能的群体性认可等问题尚未给予有效的解释和回答。

二 主体功能区理论:空间生态价值的凸显

关于区域要素极化现象的研究回顾,可以看出,不论是"均质空间"假定,还是"非均质空间"假定,都从空间的研究中提取了生产要素这一类资源;但是对空间的认识,尤其是在中国区域发展战略的转变下,不能仅停留在提供资源这一维度;而要结合发展的需要从深层次进一步梳理出空间的属性。其一,就空间的自然属性而言,空间对于生命的存续而言,不仅仅是提供了吃穿住用行,更大的意味是我们的呼吸、更替繁衍、生活质量的提高。其二,就空间的价值取向而言,空间的价值是相对于空间的主体,即人类而言的,他的魅力在于给人类提供的价值,不同的空间会因价值的不同而不同,但是不同空间的价值是平等的,因为我们不可能真正度量出空间真正的价格。其三,在一国之内空间价值的二元属性,即经济价值和生态价值的划分不是僵硬的,而要根据具体的实践做出具体的划分。

在权衡中国区域经济发展总体进程的前提下,中共十六届五中全会提出了"优化开发区、重点开发区、限制开发区和禁止开发区"四类主体功能区战略定位。之后,"十一五"规划中提出推进主体功能区的基本思路和方向,即根据区域资源环境承载能力、现有开发密度和发展潜力的不同,确立对优化开发、重点开发、限制开发和禁止开发的不同要求。"十二五"规划建议中,进一步上升到战略高度,将实施主体功能区战略与实施区域发展总体战略相并列,提出要按照全国经济合理布局的要求,规

[①] 姜安印、谢先树:《空间价值二元化:区域发展的空间演进特征》,《西北师范大学学报》(社会科学版)2010年第1期。

范开发秩序，控制开发强度，形成高效、协调、可持续的国土空间开发格局。①

从实施主体功能区划的缘由上讲，高国力概括为四个方面：即缓解我国区域性资源环境约束日益加剧的必然选择，适度打破行政区划分割、加强国土空间管理的重大创新，统筹区域发展、落实科学发展观的客观要求，全面建设小康社会、构建和谐社会的战略保障。② 从实践原则上讲，主要体现在四方面，即贯彻体现国土部分覆盖原则、适度突破行政区划限制的原则、坚持自上而下的推进的原则、实现灵活动态调整的原则。③ 从具体操作的思路来讲，主要有五个方面，即构建国家和省两级主体功能区规划体系，国家和省两级均以县级单位（市、县、区）作为主体功能区规划基本单元，建立重点突出、目标明确、简明实用的指标体系，中央和省级政府分别制定两级主体功能区划分的标准，中央和省级政府分别承担两级主体功能区分类政策的设计和管理职责。④

此外，罗晓梅⑤新近的研究表明：为了尽快地增强西部自我发展能力，需要从理论与实践上弄清一个国家或区域其自我发展能力生长的实践逻辑起点是什么。实践证明，这是一个主体功能区问题。也就是说，当一个国家或地区，没有或主体功能区不能承担应有发展责任的时候，是谈不上自我发展能力的。因此，主体功能区的建设，是西部自我发展能力生成的逻辑起点，也是自我发展能力的现实载体。

上述关于主体功能区区划的目的、主要原则和主要思路均出自于国家发改委国土开发与地区经济研究所，在某种意义上讲，这是关于我国今后推进主体功能区战略最权威的注解。但是在实践上，仍有不解之处，比如，在国家、省级两级规划体系下，县级单位作为实施主体功能区区划的基本单位，那么，省级政府应该承担重要的管理职责，这样一来，在规避GDP崇拜的同时，主体功能区区划是不是一剂包治百病的神丹妙药，地

---

① 参见《中共中央关于制定国民经济和社会发展第十二个五年规划的建议》。
② 高国力：《如何认识我国主体功能区划及其内涵特征》，《中国发展观察》2007年第3期。
③ 宏观经济研究院国土地区所课题组：《我国主体功能区划分理论与实践的初步思考》，《宏观经济管理》2006年第10期。
④ 高国力：《我国主体功能区规划的特征、原则和基本思路》，《中国农业资源与区划》2007年第6期。
⑤ 罗晓梅：《西部自我发展能力的载体：主体功能区的构建》，《公共论坛》2012年10期。

方政府官员是否还能够依然去积极推动地方经济的发展。这样一来，若实现两种考核评价，是否能够避免这一问题的发生呢？

进而言之，西部地区在主体功能区划中大部分属于限制开发区或者禁止开发区，这些区域关系到了国家的生态安全，但是，在实行以经济价值和生态价值并举的"帕累托改进"中，势必会影响这些区域主体的生存权和发展权。为此，作者认为，从实践的角度看，主体功能区战略在"十二五"规划中的阐述，毕竟是服从于国家区域发展总体战略的。为此，在实践的操作上，不应仅仅是"两利相权取其重，两弊相权取其轻"，而应该给区域发展更大的权重。本书的研究贯穿了这一假定，以更有利于实际操作。

第三节 关于区域自我发展能力研究的简要述评

从研究对象上看，对于区域自我发展能力的研究可以从以下三个方面进行概括。

一 把企业能力视为区域自我发展能力核心的研究

这种观点在借鉴林毅夫[1]关于企业自生能力的基础上，提出企业是区域发展的主体，区域经济增长的实现即人均收入的提高均来自于具有"自生能力"的企业。如果该区域上的企业在遵循比较优势的自然禀赋选择下，能够正常经营且获得正常利润，那么，该区域就是具有自生能力的。若在资本稀缺的情况下，选择资本密集型产业或技术，该企业将在市场竞争中会丧失"自生能力"；若该区域存在大量这样的企业，则这类区域就不具备自生能力。持此相近观点的学者有李庆春[2]，赵建吉、王艳华、苗长虹[3]等。此外，李晓红、郭蓉[4]从生产函数的视角定义了"区域自我发展能力"，即一个地区利用自身现有资本、劳动等禀赋要素发挥比

---

[1] 林毅夫：《中国的奇迹：发展战略与经济改革》，上海人民出版社1999年版；林毅夫：《自生能力、发展战略与转型经济》，北京大学出版社2008年版。

[2] 李庆春：《基于区域自生能力的中部崛起战略》，《特区经济》2007年第2期。

[3] 赵建吉、王艳华、苗长虹：《基于区域自生能力的胶新铁路经济带构建》，《河南科学》2007年第6期。

[4] 李晓红、郭蓉：《"区域自我发展能力"的经济学界定及经验含义》，《经济问题》2013年第7期。

较优势，使生产函数连续发生变化的能力，并且从经验含义看，制度激励、技术改进都能增进区域自我发展能力。邵建平、苏小敏和张永[1]基于承接东部产业转移的视角来研究西部自我发展能力的提升。他从西部以比较优势对接东部产业转移和发展特色优势产业的视角出发，提出提升西部自我发展能力的模式，并从西部比较优势产业筛选、人才和资金现状改善方面探讨了保障这一模式实施的对策。

二 强调区域自我发展能力内生的研究

这类观点认为区域自我发展能力是区域自然生产力和社会生产力的总和，是区域自然资本、物质资本、人力资本和社会资本累积的结果。一方面，区域能够依靠自身，提高认识，发展自己；另一方面，区域能够提升自身与社会整体的融合能力，不断壮大自己。持此相近观点的学者有郑长德[2]、姜安印、谢先树[3]、成学真[4]、田官平、张登巧[5]、周亚成、兰彩萍[6]、王科[7]、李盛刚、畅向丽[8]等。

三 强调区域自我发展能力内生与外生相结合的研究

这类观点认为，区域自我发展能力是一个区域通过资源整合而凝聚出的产出能力，一方面，它要强调区域自身的造血能力，另一方面，也不排除外在力量的推动（如国家）。就以西部而言，不仅西部要提升自我发展的造血能力，国家还应在政策上予以倾斜，加大对西部的财政支持，加强

---

[1] 邵建平、苏小敏、张永：《西部自我发展能力提升对策研究——基于比较优势承接东部产业转移的视角》，《科技进步与对策》2012年第3期。

[2] 郑长德：《中国民族地区自我发展能力构建研究》，《民族研究》2011年第11期。

[3] 姜安印、谢先树：《空间价值二元化：区域发展的空间演进特征》，《西北师范大学学报》（社会科学版）2010年第1期。

[4] 成学真：《区域发展自生能力界定与评价指标体系构建》，《内蒙古社会科学》（汉文版）2010年第1期。

[5] 田官平、张登巧：《增强民族地区自我发展能力的探讨——兼对湘鄂渝黔边民族地区发展的思考》，《吉首大学学报》（社会科学版）2001年第2期。

[6] 周亚成、兰彩萍：《新疆牧区少数民族自我发展能力浅析》，《新疆大学学报》（社会科学版）2003年第2期。

[7] 王科：《中国贫困地区自我发展能力研究》，博士学位论文，兰州大学，2008年；王科：《中国贫困地区自我发展能力解构与培育——基于主体功能区的新视角》，《甘肃社会科学》2008年第3期。

[8] 李盛刚、畅向丽：《西部民族地区农村自我发展问题研究》，《甘肃社会科学》2006年第6期。

交通水利等基础设施建设等。持此相近观点的学者有朱凯、姚驿虹①、吴传钧②、鱼小强③等。在此基础上，陈作成、龚新蜀④基于自我发展主体视角，建立面板数据模型，分析了西部地区自我发展能力的影响因素。他们研究发现：西部十二个省（市、自治区）的自我发展能力呈现倒"U"形变动趋势，政府、企业、家庭以及区域整体协同性较差；工业化、城镇化、农业现代化会提高西部地区自我发展能力，但市场化水平的提高会在一定程度上抑制西部地区自我发展能力的增强；城镇化会抑制政府和家庭自我发展能力的提高，而市场化程度的提高会强化政府自我发展能力，但会抑制企业自我发展能力和区域学习创新能力；外商直接投资会强化企业自我发展能力和区域学习创新能力。

作者认为，区域发展就是一个复杂的系统性工程。从区域自身而言，需要凭借自身资源禀赋，发挥比较优势，促进区域发展；从国家的角度看，则要依据该区域在经济社会发展中所具有的一般及特殊功能，分清轻重缓急，从国家法规的角度去贯彻执行。关于区域自我发展能力的界定，作者将在下一章中进行阐述。

小　　结

①通过对四大能力理论的分析可以看出，区域自我发展能力研究的主题应该是"发展"，而不是单纯的能力。对区域自我发展能力的评价更应侧重于"公平"尺度，最为关键的是建立机会公平的激励机制。在影响区域自我发展能力的诸多要素（如权利、资源、经验、知识等）中，权利设计应该是后发转型大国增强区域自我发展能力的重要内生变量。

②在对区域经济理论的简要回溯中，基于区域要素的分析较好地解释了区域发展中出现的极化现象，但难于解决区域利益的协调问题；而基于区域功能分区的研究虽较好地解释了区域利益的协调问题，但是对于区域经济增长问题却难以解释。对此问题，基于功能分区的区域自我发展能力

---

① 朱凯、姚驿虹：《对自我发展能力理论的规范性研究》，《成都理工大学学报》（社会科学版）2012年第1期。
② 吴传钧：《增强我国西部地区自我发展能力是根本》，《学会月刊》1997年第11期。
③ 鱼小强：《对增强西部地区自我发展能力的思考》，《商洛师范专科学校学报》2002年第3期。
④ 陈作成、龚新蜀：《西部地区自我发展能力的测度与实证分析》，《西北人口》2013年第2期。

研究将是一个现实而富有挑战的尝试。需要我们进一步研究其前提假设、生成机理、模型构建、评价体系、配套措施等问题。

③基于中国区域发展理念和战略目标转变的现实，结合大国发展中的区域协调发展要求，作者认为，西部大开发的纵深推进亟须区域发展理论的创新，需要构建一套理论体系整合要素理论、功能理论、能力理论，并在此基础上研究如何增强西部区域自我发展能力。

理论篇

改革开放以来，中国经济的快速增长，在一些"特定的区域"引起了经济总量的急剧膨胀，加剧了我国原有的区域发展不平衡。同时，随着生态环境的日益恶化，人类生存的首要条件——生态问题正在受到越来越多的重视。可现实的状况是，一切在微观领域的努力，虽有一定的效果但并不理想，这就促使人们从宏观上思考一方水土、一方人口与一方经济的结构优化问题。当前，如何重构区域利益协调机制，把国家区域发展战略意志与区域自我发展能力相结合，将是未来一段时间实现区域协调、统筹发展的重点。

面临西部空间价值的"二重特性"（欠发达的经济特征和生态安全的自然特征），关于区域要素配置的理论侧重于解释微观层面上空间结构的优化问题，而关于区域功能的理论侧重于解释区域利益协调问题。为此，在解释特定的区域发展时，需要构建一套系统的"区域要素—区域功能—区域自我发展能力—区域利益"融为一体的分析框架。这一理论创新将为区域发展的研究提供一种新研究范式，是区域经济学区域发展理论研究的重要补充。

区域自我发展能力研究的出发点是基于中国区域经济的发展实践，把区域发展的客观性还原为先于主客分立的意识活动。区域自我发展能力不是区域实体性的存在与发展，而是区域主体内各微观主体必然指向谋求发展的意向性活动。这类意向性活动可以揭示区域发展的自组织，但并不派生出区域发展的形式因。即区域自我发展能力只能揭示，而揭示就是对区域微观主体有效率存在方式和发展方式的描绘和解释。区域自我发展能力把微观主体的谋求利润的理性因素，以及微观主体在回避风险时的畏惧等非理性作为区域发展的基本方式。因为只有揭示了微观主体发展的真正存在，才能实现微观主体的超越和创造活动，也就是获得发展的行动和实践。

以上为理论框架分析的意义之所在。

第三章　区域自我发展能力理论分析框架

我国著名区域经济学者李小建根据自己多年从地理学角度对区域经济现象研究的体会，以及对近年国际上相关研究状况的了解，提出应该重视区域发展空间格局的理论研究、产业集群研究、全球化与区域发展、城市化问题和区域可持续发展研究。在可持续发展研究方面，强调中国作为世界上第一人口大国，由于人口集中地区与资源富集地区在空间上的不一致，以及经济的高速增长带给环境巨大压力，致使中国的人口、资源、环境与经济发展之间的矛盾十分突出。在政府如何实现区域经济的可持续发展方面，还需要解决：①人口、资源、环境与经济协调发展研究中指标体系选定问题；②区域发展质量的科学认定；③区域生态型经济系统的建立等问题。[①] 作者认为，除此三点外，根据上一章的研究可以看出：一是区域自我发展能力研究的主题是发展；二是对空间假设的拓展是推动区域发展研究的重要线索；三是区域要素极化理论和功能分区理论各有利弊，在研究基于空间价值二元属性的区域发展时，需要将两种理论有机整合在一起。本章关于区域自我发展能力的研究遵循了"要素—功能—能力"的深化路径，构建了区域自我发展能力理论的分析框架。

第一节　区域自我发展能力的内涵和实现基础

区域自我发展能力并非区域主体经济产出能力的简单加总，对它的认识要站在整个理论研究假设基础上展开。从实践意义上讲，它将解决一方水土、一方人口与一方经济的结构优化问题，而非经济产出最大化问题。

一　前提假设的提出

既往相关研究的理论假设主要表现在区域异质性的认识上，主要以区

---

① 李小建：《新世纪中国区域经济学理论研究的重点领域》，《经济经纬》2004 年第 3 期。

域内生产要素的不完全流动性作为前提假设，此假设多通过流通成本、沉没成本[①]来说明空间结构的布局、区域的极化、人口的流动等问题。但是，关于区域要素不完全流动性假设，虽对空间经济增长过程中极化效应、扩展效应和回程效应[②]能够予以相应的解答，但对区域发展过程中空间价值（包括空间的经济价值和生态价值两个方面）的认识、空间利益（通过区域差距表现出来）的协调、区域主体功能的群体性认可、区域发展能力的培育等问题尚不能给予有效地解释和回答。为此，在区域自我发展能力理论的构建中，需要根据经济社会发展的实践，抽象出更能反映当前区域发展问题的理论前提假设。

第二章关于区域要素理论的回溯，暗含了这样一个认识：在模型构建中，既要破解区域的异质性问题，又要避免直接提出区域的异质性问题。因而在以"发展"为主题的区域自我发展能力的研究中，需要分类对区域相关因素的异质性和同质性进行专门划分，可从三个方面建构区域自我发展能力理论研究的前提假设：一是生产要素的不完全流动性。生产要素的不同是地域分工和贸易发展的直接原因，除了土地以外，劳动力和资本都是可以自由流动的生产要素，这将有助于解释区域增长中出现的极化现象。二是区域价值的二重性假设。区域经济增长中区域差距的日益扩大，生态安全的重要性日益凸显，迫使我们要从区域的二重特性（"经济增长"和"生态保护"）出发思考区域利益的协调问题，从而构建新的空间均衡关系。三是不同"区域主体"异质假设。在经济社会发展过程中，"人客体化"的特征，使得生活在不同区域上的人，会由于历史文化传承和区域发展水平的不同而具有了"异质"特征。

二 空间价值的重申：基于空间结构的梳理

关于空间结构的界定，最早是由德国人文地理学家施吕特尔（A. Schluter, 1906）景观生态学理论中提出。之后，克里斯塔勒、廖什都进一步发展了这一概念。对空间结构理论作系统的理论分析和模型推导的是德国学者博芬特尔（E. V. Boventer）。他力图将韦伯、冯·杜能、廖

[①] 沉没成本（sunk cost）用于代指已经付出且不可收回的成本。
[②] 极化效应作用的结果会是声场进一步向条件好的高梯度地区集中，扩展效应会促使生产向其周围的低梯度地区扩散，回程效应的作用则是会削弱低梯度地区、促成高梯度地区进一步发展。参见高鸿深《区域经济学》，中国人民大学出版社2002年版，第114页。

什的区位论综合起来，认为区位论要考察并尽可能深入地阐明不仅生产和货物，而且还要包括居住地、就业场所、流动性的生产要素的地理分布。我国经济地理学家陆大道[①]提出：空间结构是指社会经济客体在空间中相互作用及所形成的空间集聚程度和集聚形态。因为该理论概括的不是单要素的空间分布规律，而是综合了几乎所有社会经济客体，因此亦可称为总体区位理论。该理论最早由分析论证了社会经济各个阶段空间结构的一般特征，并详细分析了决定空间结构及其差异的最主要因素：集聚、运费及经济对当地生产要素土地的依赖性。[②]

进而，根据上述认识，可以将空间结构界定为社会经济客体在空间中的相互作用和相互关系，以及反映这种关系的客体和现象的空间集聚规模和集聚形态。但是，将空间结构表现出的结果（相互关系或积聚形态）界定为空间结构是不合时宜的。因为，空间客体的存在即意味着空间结构的存在，但是真正决定主体认知的，不是由客体组成的数量关系，而更多的是主体关于空间所能带来价值的认知。这种价值认知再辅以空间结构的认知，才能决定区域的主要行为方式。为此，本研究将这种由空间结构所表现，而由区域主体价值认同而决定的区域取向称为空间价值。它主要包括以下三个方面的内容：

一是空间价值和空间结构的特征及演化规律，有利于揭示区域变化的动力及演变趋势。无论是传统区域理论强调的积聚与分散问题，抑或是现代区域发展理论中强调的货物流、人流、财政流，以及信息和技术的扩散等问题，都反映出了空间价值的变化取向，及在区域发展中的表现形式。

二是以空间经济结构的疏密，虽然能够有助于解释区域的差异问题，但现代经济社会的演变，使得杜能理论中的地租问题不是以级差的形式而存在。在当前我国经济发展过程中，地租的决定多是于购置成本和发展预期为基础的，单位成本的产出效率递减仅仅是一种理想状态的假设。

三是空间价值的存在问题，才会演化出最佳的企业规模、居民点规模、城市规模和中心地等级体系。

---

① 陆大道：《区域发展及其空间结构》，科学出版社1995年版。
② E. V. Boventer. 1979. Standortentscheidung and Raumstruktur, S. 50–135, Hannover。

三 区域自我发展能力的界定：基于区位租理论和空间功能分工的认识

需要提前作一说明的是：本研究中关于区域自我发展能力的界定是基于陆大道界定的区域发展这一概念的。他当时提出：西方语言中，"区域开发"与"区域发展"是属同一个概念，其基本的内涵是，在宏观国民经济增长的背景下，区域经济总量获得增长，人口增加及人均收入水平提高，物质性和社会性的基础设施不断改善，地区间建立合理的经济关系，逐步缩小地区间社会经济发展水平的差距，以及为此目标而制定的区域政策。但在我国的计划部门和理论界，"区域开发"已广泛流行使用，而"区域发展"概念正在扩大流行范围。并进一步指出：首先，"区域开发"主要指地区内各类自然资源的开发包括开采（包括开采）利用（包括加工），而"区域发展"还包括区域内社会和经济及产业总量的增长，内部结构与对外经济、技术、社会联系的合理化，社会、经济要素的空间流动以及社会经济发展水平的地区均衡化、人们城镇化和教育文化水平的提高等。其次，"区域开发"概念基本上是针对地区经济发展的，而"区域发展"除经济发展外，在社会发展方面，还指人们生活条件和生产条件的改善、福利水平的提高、人口的合理发展等。再次，"区域开发"概念较多地体现为由一种状态、一个阶段到另一种状态、阶段的过渡，从无到有的过程，强调"开发"、"促进"、"突变"；而"区域发展"概念强调的是渐进的过程和提高的过程。最后，"区域发展"涉及的对象和目标，从根本上讲不仅仅是经济的发展，更为重要的是"人"的发展。这里包括物质、文化生活水平的提高，人的价值取向的实现。[①]

而区域开发在传统意义上讲，其产业分工理论构成了早期对区域分工理论的认识，但随着中国区域经济发展实践的不断深入，以"产业分工"为主要内容的区域分工理论已不能满足实践的需要。尤其是在空间价值和区域主体一致性的重新认识之后，需要从"区域发展"的角度增加区域分工理论的创新性研究内容。考虑到微观层面的企业优化配置理论虽取得了一定的效果，但并不理想，这就促使我们考虑一方水土、一方人口与一方经济的结构优化配置问题。即要在空间价值确定的前提下，研究区域

[①] 陆大道：《区域发展及其空间结构》，科学出版社1995年版。

"经济资源"的"联结能力",以及由此带来的空间结构的创生、采用和扩散,这种"联结能力"可简约为"区域自我发展能力",但具体界定时,需要区分以下几个方面:

首先,界定区域自我发展能力要将促进经济发展的区域自然条件相区别,尤其是区位因素。就以改革开放中涌现出的经济特区、三沿(沿海、沿江、沿边)开放区而言,由于享受了"先试先行"的特殊政策,使得区位优势得到了明显的释放,经济得到了快速的发展。在这一过程中,区位因素作为诱导经济快速增长的主导因素,促进了这些地区"超额利润"(区位租)的取得。而界定区域自我发展能力是要将区位租[①]剥离,留下区域发展人为因素去研究。

其次,界定区域自我发展能力不能脱离国家对当地区域价值的认识和区域功能的定位,否则就混淆成了"区域经济增长"的研究。也就是在界定区域自我发展能力时,要将国家战略意志与区域需求相结合,以解决区域发展空间上的针对性和时间上的持久性。目前,符合国家空间结构优化思想的空间功能分工理论做出了有益的探索。该理论根据区域资源环境承载能力、现有开发密度和发展潜力,统筹考虑未来我国人口分布、经济布局、国土利用和城镇化格局,将国土空间划分为优化开发、重点开发、限制开发和禁止开发四类主体功能区。

最后,界定区域自我发展能力在技术和方法上需要具有一定的抽象程度。这是研究区域自我发展能力的一个重要前提,否则,过度细化区域的实际情况,而忽视区域自我发展能力的总体特征,会导致区域自我发展能力研究结论的适用性过窄。但是,在具体应用时,不能脱离区域实际,否则会导致区域与发展能力的脱节,一定程度上须通过典型性经验细化相关内容。

综上所述,我们可以界定区域自我发展能力是一个地区在国家战略的

---

① 区位租反映的是由区位带来的超额利润。参见姜安印《转型成长中区域突破现象的制度解释》,博士学位论文,兰州大学,2005年,第88页。他认为,"区位租"概念有三个理论上的支撑:一是在产权经济学中,一般把一种有潜在价值的东西成为租金,联系区位在经济成长中的作用,用区位租来概括其在经济成长中的作用就是一种类比;二是空间经济学的最新进展中,对区位作用的强调更加突出了其聚集生产要素的功能一面,生产要素在空间上的聚集,使我们从单位面积的经济量来看,区位租的级差现象是普遍的一种存在;三是对缪尔达尔的"积累性因果关系"理论的借用。缪尔达尔的"积累性因果关系"理论认为,在存在地区间不平等的条件下,经济力和社会力的作用使有利地区的积累扩张以牺牲其他地区为代价,导致后者状况相对恶化并延续其进一步发展,由此导致不平等状况的强化。

指导下，利用本区域自然资源、人力资源和社会资源，通过有价值活动而实现区域发展的各种组合。这样一来，区域自我发展能力起码包括两种能力，一种是区域经济资源的利用能力，可通过生产效率的提高来表征；另一种是区域经济资源的创生能力，要通过新技术、新产品、新组织、新的原料供应地、新的市场来反映。可通过区域发展案例来进一步认识，比如说，甘肃定西的发展方式，改革开放很长一段时间以来，定西人民的生活并未见根本好转，农民"穿的黄衣裳（救济的军衣），吃的救济粮，住的土窑洞，睡的无席炕"，生活十分困难，素有"陇中苦瘠甲于天下"之称。而现今定西市经济实力已明显增强，总结定西的发展成果，可以看到，在区域交通不便、自然条件恶劣的环境下，通过弘扬"领导苦抓、部门苦帮、群众苦干"的"三苦"精神①，用一种信念增强了区域经济资源的创生能力，把小土豆做成了大产业，初步走出了一条自然条件恶劣地区脱贫致富的成功路子。从定西的实践中，还可以看到区域自我发展能力界定的三个方面，即区域自我发展能力是与区域自身的资源优势、区位优势相区别的；区域自我发展能力的增强并未使原有恶劣的生态环境雪上加霜；区域自我发展能力是一个相对抽象的概念，重在对区域资源"联结"能力的认识。

四 区域自我发展能力的实现基础：研究路线构建

传统区域分工理论以区域资源的自然禀赋为依据，形成了以区域资源—区域分工—利益激励为主要内容的研究路线，但是随着中国区域发展实践的深入推进，这种思路已不能适应发展实践的需要，根据前述区域自我发展能力的阐述，作者提出了如图3－1实线所示的分析路线，虚线表示传统区域分工研究路线。

（一）区域资源是本研究路线的基础

这里所指的资源是指对人类有用途和有价值的、从而为人类生存与发展所必需的一切天然物质和人类创造物。② 之所以使用这样的界定，主要是因为，该界定体现了资源的本质属性是建立在"价值"基础上的"稀

---

① 作者认为，"三苦"精神是隶属于"信念"这一范畴的，其传导机制是信念—制度—组织—政策—结果。可参见道格拉斯·诺思《理解经济变迁过程》，中国人民大学出版社2008年版。
② 赵惠强、洪增林：《西部人文资源开发研究》，甘肃人民出版社，第2—4页。

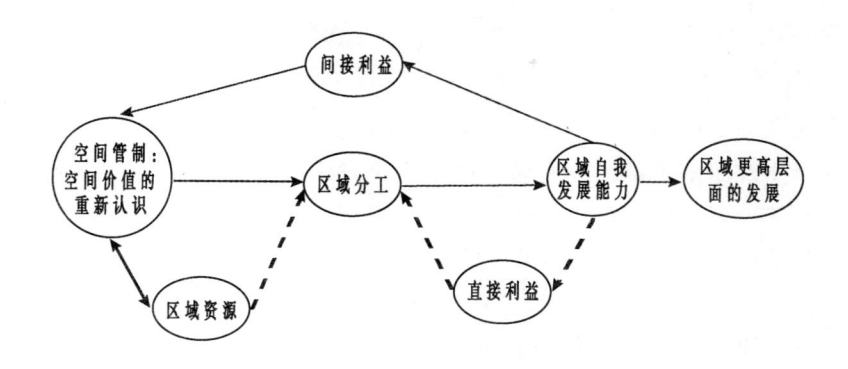

图 3-1 空间管制下区域自我发展能力的实现

缺性"。"价值"特征表现在资源作为投入物,以要素形式渗入生产、生活、服务等社会基本活动领域中,通过满足人类特定的需求,实现了"物、主体化"的过程,体现了能力实现的价值取向;"稀缺性"反映的是资源的相对稀缺性,这种稀缺不是指资源的绝对数量,因为对于人类无限的需求而言,它是相对的,但它又是绝对的,是人类面临的永恒问题,表明了能力实现的约束状况。需要交代清楚的是:由于资源的本质属性是建立在价值基础上的稀缺性,但"稀缺性"主要是从资源配置的视角看问题,能力更多的是一个生成问题,需要从"价值"的角度,从资源"联结"能力和匹配效率方面来研究。为此,作者将区域经济资源抽象为四大资本,即"自然资本"、"物资资本"、"人力资本"和"社会资本"。物质资本与可贸易的自然资本构成了区域自我发展能力实现的物质基础,区域自我发展能力的实现必然要以物质基础的占有或使用为基础;社会资本和人力资本构成了区域自我发展能力实现的主体,在一定程度上体现着区域自我发展能力。反映在自然资本、物质资本层面的"联结"能力是区域自我发展能力的表层结构,而侧重于人力资本、社会资本实现的"联结"则是区域自我发展能力的深层结构。本研究线路强调空间管制是因为空间管制作为一种治理模式,在解决中国未来城市与区域发展问题方面,强调了空间价值的重新认识。比如,对于生态高地区域,强调要以生态承载力为出发点,那么,区域经济社会的发展便具有了生态自我调节这一基准。大体而言,空间管制要以空间价值的重新认识为前提,通过区域资源"联结"能力的提升,从而带来空间结构的优化,实现生态、环境、经济、人文多个方面的综合配置,推动经济系统及其组成部分的演进。

"十二五"时期,主体功能区战略的实施就体现了这一思想。

(二)区域分工是研究区域自我发展能力的前提

本研究中所指的区域分工不是以往强调区域产业布局的分工,而是在对区域空间价值重新认识之后,根据国家发展的需要而确定的功能分工。此外,还要看到区域分工的两个特点:其一,区域生产要素的价格不完全流动性。生产要素地理分布的差异性和生产要素在空间上的不完全流动性,构成了区域分工的差异,也成为限制区域自我发展能力发展的约束因素。土地资源作为非流动性生产要素,构成了区域自我发展能力实现的一个约束因素,将自我发展能力约束在了一个特定的区域。而对于可贸易的自然资本、物质资本、人力资本和社会资本却有着不完全流动性特征,这进一步决定了要素价格的不完全灵活性。[①] 这种价格不灵活性严重制约着空间结构的进一步优化。其二,区域分工的"黏联"特征也是需要强调的。土地作为一种完全不能流动的要素,通过提供生存或活动的范围具有了"黏性",表现在对其他流动性要素的"黏联"上,如对资源和员工的配置都离不开企业所处区域的限制。并且,由于人在生存、生活过程中往往对所处区域具有一种"情感"式的路径依赖,进而使人们生活的习俗、惯例也和区域发生了关系,这是非正式制度的方面。在正式制度方面,有时也和区域相挂钩。如,在改革开放初期应运而生的"经济特区"、"沿海港口城市"、"经济技术开发区"、"沿海经济开放区"等称谓,使得区域与政策相关联,这说明,由于区域分工的"黏联"特征,使发展具有了被区域化的倾向。

(三)区域自我发展能力是本研究路线的核心

前述已对区域自我发展能力做了界定。在具体的研究中,还需要补充的是,区域自我发展能力,作为一种"联结"经济资源的能力,在现实中的表现层面是不同的。大体而言,主要包括三种形式:其一,惯例式的

[①] 巴里·穆尔(Barry Moore)和约翰·罗兹(Johnn Rhodes)认为,实际工资的灵活性很小,经济活动的地区配置将由绝对利益原则而不是比较利益原则来确定。相对于绝对不利的地区来说而具有绝对利益的地区,其经济将增长。厂商将向具有绝对利益的地区移动。现有的本地厂商将扩大生产,因为它们要利用自己的绝对利益,并排挤其他地区的竞争厂商。如果地区间的迁移相对容易,劳动力也将集中在那些地区以满足他们对劳动增着的需求。如果地区间的迁移困难,这或许因为住房约束或工会的活动,优势地区的增长将受到供给约束,并且,劳动和其他资源的利用不足将在劣势地区继续存在。参见约翰·伊特韦尔、默里·米尔盖特、彼得·纽曼《新帕尔格雷夫经济学大词典》(4),经济科学出版社1996年版,第121页。

联结能力，表现为一种不随时间而改变的"通类思想"①（generic idea）现实化，可表示为 L→L，其中，L 表示区域自我发展能力代表的联结能力；其二，信念式的联结能力，表现为在某个特定阶段由集体的顿悟而带来的"通类思想"现实化，可表示为 L→……→L→L$_{(t+1)}$，其中 L$_{(t+1)}$ 表示联结能力已发生改变；其三，知识式的联结能力，表现为长期随时间而演变的"通类思想"现实化，表现为 L$_{(t-1)}$→L$_{(t)}$→L$_{(t+1)}$。其中 L$_{(t-1)}$、L$_{(t)}$、L$_{(t+1)}$ 表示不相同的可变规律。这三种能力受到利益激励后遵循的是不同的变化规律，所以在对具体区域实证研究时，需要具体区别对待。

（四）区域利益协调是研究区域自我发展能力的根本

区域利益分为两类，一类是区域通过产业分工而带来的直接利益，其作用是通过利益反馈提高分工效率的进一步提升；另一类是由空间功能分工而带来的间接利益，作者认为，要使这种空间功能分工实现，就必须形成一种机制来分担或分享它们相互作用所产生的代价或收益。由于空间价值的难以精确度量，所以这种分工只能是一种再分配机制作用下的分工。从理论上讲，若要通过相互谈判实现再分配，当且仅当受益方面临困境时，即受损方已实现了生态价值的内部化，才会主动提出实现功能分工。从这一点上讲，在实践中要使功能分工实现，就必须建立完善的公共财政均等化政策，以弥补损失方的受损。

第二节 区域自我发展能力生成机理的模型构建

空间结构的优化是区域发展的关键问题。目前，对这一问题的理论解决，主要停留在区域要素理论层面，主要途径是基于区域要素流动性（非流动性）假设，对极化效应和集聚经济给予解释。②但是，这一研究却难以解决区域利益的协调问题；相反，基于空间管制的主体功能区研究虽较好地解释了区域利益协调问题，对区域经济增长机理问题却难以解

---

① 如果某种思想作为工具产生了认知和行为过程，它就被称为是通类的。参见库尔特·多普菲《演化经济学》，高等教育出版社 2004 年版，第 9 页。

② 比如，在大卫·李嘉图的国际贸易理论中，为规避空间结构的差异，他基于要素的完全不流动和商品完全流动假定，用比较成本替代了空间差异；在冯·杜能的农业区位理论中，基于级差地租的认识，他把劳动力的可流动性纳入了农业区位的选择之中，并通过租金和产品运输成本来规避空间差异问题。克鲁格曼以流动性要素为研究重点，通过贸易理论和区位选择理论的有效整合，解决了流动性要素"生产的空间区位"问题。

释。二者的内在困境为新的区域发展理论和路径提供了空间。根据本研究生产要素的不完全流动性、区域价值的二重性和不同区域主体的异质性假设，区域自我发展能力生成机理可包括两条路径：一是由区域主体受产业分工的利益激励产生的"自生"资源联结能力，这一路径称之为区域自我发展能力内在生成路径，简称内生路径；二是由国家着眼于空间结构的优化，通过功能分区政策的激励而形成的"新生"发展能力，称之为区域自我发展能力外在生成路径，简称外生路径。

一 区域自我发展能力生成的内生路径：资源—分工—能力

第二章关于四大能力理论的回溯，还可以看到，一是能力的生成是基于资源的；二是现实的能力是通过资源的组合效率[①]来体现的。传统区域分工理论以区域资源的自然禀赋为依据，以产业分工为主要内容，形成了以区域资源—区域分工为主要内容的研究路径。在此研究中，区域内自然资本、物质资本、人力资本和社会资本为区域主体的功能性活动提供了一个"资源集"，而此"资源集"中各种"资源"的匹配则为区域主体认为"值得去做"，提供了一种可行的匹配，称为"可行集"。这样一来，区域自我发展能力就成为表征区域主体利用"可行集"所能实现的各种可能性活动的"匹配"了。这时，原有的研究路径就会拓展为"区域资源—区域功能—区域自我发展能力—区域利益"。需要特别指出的是，配置与匹配虽然都是指组合方式，但两者是不同的："配置"是以要素的替代性为基础的，而"匹配"是以要素功能的不可替代性为基础的，但在同一功能的实现中要素的组合又具有一定的替代性。[②] 为此，根据区域内

[①] 组合效率包括匹配效率和配置效率两类，匹配效率反映了这样一个观点，即由主体"有计划"的配置所产生的高于原有生产效率的"效率"；而配置效率反映的是在市场机制的作用下，由主体追求自利而引起的"不自主"的效率的提高。

[②] 由此产生的"匹配效率"与"配置效率"的不同是：其一，配置效率研究的前提是市场机制的健全，而在生产要素的不完全流动的假设前提下，由于区域的异质使一些产品无形中带有了自然垄断的属性，使得产品的价格大于边际成本的，而不是等于边际成本，使用匹配效率将更适合于实践；其二，配置效率研究强调资源的稀缺性带来成本约束，而区域主体受区域历史文化、发展水平、生活环境的影响，表现出了对区域的黏联，进而使得技术能力在区域间流动时，不是畅通无阻的，而是受时间和空间限制的。这在具体的生产活动中表现出的是技术的引进虽能带来生产效率的提高，但未必能带来区域自我发展能力的提高。

四大资本具有匹配和替代的特征①，使用"匹配效率"能够较好的展现出区域自我发展能力。主要思想反映在不同区域在面临资源约束时，表现出不同的获取收益的能力。虽然区域自我发展能力的生成并非是一种线性结构，但为了说明区域自我发展能力的内生路径的表现特征，这里将以线性的生产活动分析来表示。

假设有一个 n 种产品的目录，用序列来表示产品束。区域自我发展能力就被认为是"怎样转换产品"的能力，可以用一个称作过程的活动集的术语来描述，包括一系列的区域要素的投入，以及对于如何将区域要素加以匹配生产这些产品的描述。在此活动分析模型中，生产活动的具体描述将被消除，仅保留与生产过程相关的投入和产出的说明。

根据生产产品所需四大资本的流动特性，将四大资本的流动性做一简要分类，分为"难流动性"、"中等流动性"和"易流动性"。"难流动性"主要指土地、自然资本和社会资本，"中等流动性"主要指物质资本和人力资本，"易流动性"主要指购置物质资本和人力资本所需的货币，将流动程度用 μ 来表示。同时将产品细分为"期望商品"、"初级商品"和"中间商品"三类。期望商品指对它们的消费或可用性作为确定生产目标的商品；初级商品指来自于自然界的可用商品；中间商品指仅从一个生产阶段传递到另一个生产阶段的商品。

区域自我发展能力可以假定为一些有限数目的资本通过适当地匹配，可以达到的可行活动，用商品的"净产出数"来表示。当这种活动带来商品净产出时，我们认为"净产出数"为正；当这种活动品为净投入时，"净产出数"为负；当既非净产出又非净投入时，"净产出数"为零。同时，假定这些活动满足可加性和等比例性，即：如果 $X = (x_1, \cdots, x_n)$，$Y = (y_1, \cdots, y_n)$，那么 $X + Y = (x_1, \cdots, x_n) + (y_1, \cdots, y_n)$；对于一个非负实数 μ，$\mu X = (\mu x_1, \cdots, \mu x_n)$。据此可用来描述具有不同生产能力所表现出的生产活动。

---

① 这里提到的区域内四大资本的匹配和替代特征是基于这样的现象，对于一个严重缺乏物质资本和人力资本的穷国来说，自然资源固然是重要的，但当经济、社会、科技发展到一定高度以后，自然资源的重要地位就会相对下降，其他各种资源的地位就会逐步上升。战后一些自然资源严重短缺的国家，如新加坡、日本、韩国等就是利用其他资源优势创造了经济发展的奇迹。参见赵惠强、洪增林《西部人文资源开发研究》，甘肃人民出版社 2002 年版，第 3 页。这一事例不仅折射出自然资本并不是经济增长的充分条件，而且使我们看到：随着科学技术的发展，某种特殊资源的匮乏可以资源的替代来弥补，而这种替代能力的强弱会反映出匹配效率的优化程度。

由于反映能力的活动可用"净产出数"来表示,并且,"净产出数"的运算满足可加性假设和比例性假设,这样就确定了一个简单的线性区域自我发展能力模型。假设 A 是一个 n 行 k 列矩阵,它由四大资本的排列所组成。它的第 j 列表示第 j 个基本过程的投入产出向量;即 A 反映由能力所决定的生产活动,基于对产品分类的基本假定,用 A1 表示初级品到中间品的生产活动,用 A2 表示从中间品到期望品的生产活动,用 A3 表示初级品到期望品的生产活动。假定当生产活动不经历此过程时,A=1,$\mu=1$。令 X 和 Y 是两个商品向量,分别为 $X=(x_1,\cdots,x_n)$,$Y=(y_1,\cdots,y_n)$,区域自我发展能力就可以用一个由初级品产品向量向中间品向量,或向期望品向量的映射来表现。线性变换为:

$Y=(\mu_1 A_1)(\mu_2 A_2)(\mu_3 A_3)X$ 利用上述假设所具有的数学性质,令 $A=(\mu_1 A_1)(\mu_2 A_2)(\mu_3 A_3)$,则 A 表示了区域自我发展能力所决定的基本活动群。在产品空间 X 或 Y 中,这一个过程可用从原点出发的半直线来表示。在几何上表示了该过程中某种活动的所有非负乘数,构成了一个由所有活动构成的凸多面锥。这样一来,区域自我发展能力就体现出了对区域要素匹配能力的强弱,如凸多面锥向外突出程度越明显,则区域自我发展能力越强。同时也看到:在区域要素流动程度系数 μ 的作用下,流动性要素越多的区域它所产生的可能生产集就会越大。这表明:区域自我发展能力体现了区域要素的匹配状况,要素的匹配是由四大资本间的相互替代率所决定的,而区域要素的流动性特征则强化了这一替代率。从现象上来看,比如,我国东部地区,在区域要素占有上,虽然自然资源相对较少,但它在区域要素的供给方面掌握有较多的流动性生产要素,进而它的产出会因此高于西部。

二 区域自我发展能力生成的外生路径:资源—功能—分工—能力

上述内生路径的分析,为我们提供了一个"区域要素—区域自我发展能力—区域利益"的基本认识。但仍不能解答在推进主体功能区建设时,区域自我发展能力的生成问题。这主要是因为:在经济增长的过程中,空间价值的二重特性("经济增长"和"生态保护")在面临优化配置问题时,要求区域功能的分割。尽管这种分割严重地依赖于空间的自然属性,但是这种功能分割并不是自然演化的结果,更多地表现为一种对空间的管制,这是对区域发展更为理性的一种认识。为此,在区域资源认识的前提下，需要强调国家战略意志在区域发展上的体现，即强调功能分区下的空间结构的优化，并由此来促进区域自我发展能力生成，可以简约为"要素—功能—分工—能力"。这条路径称就是外生路径。

将此移植到具体的实践认识中，将是对工业、农业和生态协调发展的认识。假定工业、农业和生态协调发展的问题可以抽象为工业品、农业品和生态品供给与需求均衡的问题，如图 3-2 所示。那么，工业品、农业品和生态品的关系为此消彼长的关系，表现在工业品—农业品维度、农业品—生态品维度，以及工业品—生态品维度。如何来实现工业品、农业品和生态品的全面均衡呢？也就是要实现图 3-2 中 A、B、C 三点的重合将是一个重点问题。在当前的实践发展过程中，可以看到在区域功能完善的前提下，将会实现工业品、农业品和生态品三者的动态均衡，产生一个均衡点，这是空间功能分工前提下区域自我发展能力生成的必要条件。

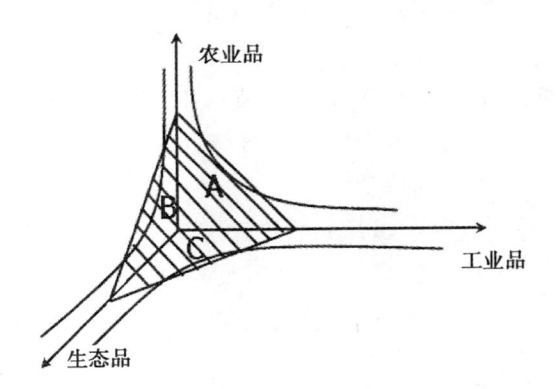

图 3-2 工业品、农业品和生态品之间的关系

同时，考虑到在经济
$$\begin{cases} A = (\mu_1 A_1)(\mu_2 A_2)(\mu_3 A_3) \\ B = (\mu_1 B_1)(\mu_2 B_2)(\mu_3 B_3) \\ C = \mu_1 C \end{cases}$$
社会发展过程中，"人客体化"和"物主体化"的特征，那么，生活在不同区域上的人，会由于历史文化传承和发展水平的不同而具有了"异质"特征，即区域主体的异质特征。对此，区域自我发展能力的生成机理将会等同于空间功能分工下区域自我发展能力所能实现的匹配效率。为此，假设有三种产品目录，分别为工业品、农业品和生态品，用序列 $(A_1, \cdots, A_n)$，$(B_1, \cdots, B_n)$，$(C_1, \cdots, C_n)$ 来表示产品束。将工业品和农业品的实现层级定义为"期望商品"、"初级商品"和"中间商品"三类；生态品仅定义为"初级商品"和"期望商品"。将四大资本的流动程度用 μ 来表示。用"净产出数"来表示区域自我发展能力所能实现的"可行集"。且"净产出数"满足可加性和等比例性。空间功能分工前提下，区域自我发展能力的生成就可以用如下的空间映射来实现。这种线性变换为 A、B、C 分别表示不同功能区自我发展能力所决定的基本活动群。在空间功能分工前提下，若区域自我发展能力的提升具有了稳定性和长期性，那么这种自我强化将使区域自我发展能力形成了一种良性路径依赖，并将长期影响着区域的发展。

三 区域自我发展能力生成机理模型建构

从内生路径和外生路径的作用机理上可以看出，以产业分工为主要内容的内生路径，强调区域资源给区域主体带来的直接利益激励；而外生路径由于强调区域功能分区这一目标，实际弱化了区域主体的直接利益激励，而只能通过财富再分配方式来激励区域主体自我发展能力的提升。两者都受到区域空间价值认识的影响，为此，在模型构建 $\bar{A}:X \to [0,1], x?\bar{A}(x)X 上 \bar{A}$，需要解决的一个问题是区域主体如何来认识相应区域的空间价值？

作者认为，认识这种主观行为的关键是个体选择向群体选择的过渡。个体行为受其价值取向的影响而变化[①]，反映出的是个体相对稳定的倾向性态度，而这种倾向性态度是人类面临复杂系统时的理性选择。[②] 可以进

---

① 个体行为模式必然要反映个体的价值取向，个体行为随价值体系的变化而变化，反映出个体受外界观念的影响而形成的对价值追求、评价、选择的一种倾向性态度，也就是一个人以什么样的态度来对待社会价值和自我价值，并做出选择。相关论述参看闫磊《文化与经济增长关系的模型构建——基于文化价值取向功能的条件收敛性分析》，《开发研究》2008 年第 4 期；闫磊《文化价值取向功能的条件收敛性分析》，《商业时代》2008 年第 5 期。亦可参见帕萨·达斯古普特、伊斯梅尔·撒拉格尔丁《社会资本——一个多角度的观点》，中国人民大学出版社 2005 年版。他认为，将个人动机和信仰与价值观和行为规范，进而与做出的选择联系起来的任何过程，以及这些过程的反馈过程都将是路径依赖的。

② 复杂的经济系统是异质的行为人在一个空间内部采取的行动是相互影响而产生的，是系统内的要素相互作用及其与环境的非线性作用而产生的，行为结果是无序的。当个体在一个复杂的经济社会系统时，行为者之间的相互作用将是杂乱的，不存在一个超能者能够利用系统的运行规律和系统内行为者之间的相互影响而获取超常的好处。当我们要处理的事情复杂性达到一定程度之后，人类的逻辑思维受到的限制，缺乏足够的计算能力而理性地应付这些复杂性问题。相关论述参见闫磊《文化与经济增长关系的模型构建——基于文化价值取向功能的条件收敛性分析》，《开发研究》2008 年第 4 期。以及闫磊《文化价值取向功能的条件收敛性分析》，《商业时代》2008 年第 5 期。

一步推演：区域功能因人的能动性活动而存在，区域在发挥人所赋予的功能时，它无形中担当了人对区域认定的角色，这种角色可称为人们价值判断的对象。由于在同一区域上的经济主体在文化价值取向上的一致性，往往会导致他们对一个区域功能相同或相似的认识，即带来了区域价值认同的收敛①。人类实践表明，这种路径依赖长久地决定着人们对于区域的选择和依赖，进而决定了区域被人们所赋予的功能。虽然区域功能的确定有其内在的客观规律，但对各类功能区的界定却是人们在认识把握其内在客观规律的基础上，进行主观区划的结果。②

为此，作者将运用模糊经济学③和线性代数的相关知识，力图反映区域自我发展能力的生成机理。为此，假定个体行为是受个体价值取向决定的，推演过程为：

1. 设 $\tilde{A}$ 是论域到 [0，1] 的一个映射，定义 $\tilde{A}:X\to[0,1]$, $x \mapsto \tilde{A}(x)$，称 $\tilde{A}$ 是上的模糊集，那么，把 $\tilde{A}(x)$ 称 X 为模糊集 $\tilde{A}$ 的隶属函数。④

2. 设 X，Y 是两个论域，那么定义 X 到 Y 的模糊关系 $\tilde{R}:X\times Y\to[0,1]$。记为：

$$\tilde{R} = \begin{pmatrix} \mu_{\tilde{R}}(x_1, y_1) & \cdots & \mu_{\tilde{R}}(x_1, y_n) \\ \vdots & \ddots & \vdots \\ \mu_{\tilde{R}}(x_n, y_1) & \cdots & \mu_{\tilde{R}}(x_n, y_n) \end{pmatrix}$$

如果 $\tilde{R}(x,x) = 1, \forall x \in X$，则 $\tilde{R}$ 是自反的；如果 $\tilde{R} \cdot \tilde{R} \subset \tilde{R}$，即

$\forall (x,z) \in (X \times X), \bigvee_{y \in X}\{\tilde{R}(x,y) \wedge \tilde{R}(y,z)\} \leq \tilde{R}(x,z)$，则 $\tilde{R}$ 是传递的。⑤

3. 如果 $\forall x_1, x_2 \in X, \forall \lambda \in [0,1]$，有 $\tilde{A}(\lambda x_1 + (1-\lambda)x_2) \geq$

---

① 相关论述参见闫磊《文化与经济增长关系的模型构建——基于文化价值取向功能的条件收敛性分析》，《开发研究》2008 年第 4 期；闫磊《文化价值取向功能的条件收敛性分析》，《商业时代》2008 年第 5 期。

② 杜黎明：《推进形成主体功能区研究》，博士学位论文，四川大学，2007 年，第 10 页。

③ 1975 年，篷萨尔最早把模糊数学应用于经济学分析，自此模糊经济学开始登上经济学舞台。此领域的独创之处在于采用了一组由模糊性或不确定性定义的新概念，运用精确的数学方法展开对经济学的研究。

④ $M_2 = p(2n)^2$ 用隶属函数反映个体的偏好程度，可避免量纲的不统一，如财富可以用金钱衡量，但非财富却不能用金钱来衡量。

⑤ 若 $\tilde{R}$ 满足自反性和传递性，则 $\tilde{R}$ 构成前序关系。这种结构成为非精确偏好——无差异结构（Pasard, 1981）。保证前序关系的存在有助于确保消费者非精确行为的一致性。

$\tilde{A}$ (x_1) $+\tilde{A}$ (x_2)，则称是 $\tilde{A}$ 凸模糊集。①

4. 对于模糊矩阵 $\tilde{R}$，假定合成运算为先取大后取小，即
$\max_j \min \{\mu_R(x_i,z_j), \mu_R(x_j,z_k)\}$，$\forall i, k$，

那么，幂序列 $\tilde{R}$，$\tilde{R}^2$，$\tilde{R}^3$，…，$\tilde{R}^k$，…将以循环形式存在。②

5. 同理，当模糊矩阵非同一时，比如由集合 X 和 Y 确定的模糊矩阵 $\tilde{R}$ 和 $\tilde{T}$ 时，其合成运算是 $\max_j \min \{\mu_R(x_i,z_j), \mu_R(x_j,z_k)\}$，$\forall i, k$。那么，这样的合成运算得到的矩阵的可能性有 $M_2 = P(2n)^2$ 个③。这种运算思路可类比森提出的"最大化最小公正"原则④。

对此模型的释义为：在空间价值的取向下，区域功能会趋于条件收敛，进而带来区域主体功能的凸显；而区域主体功能的凸显为区域功能分割奠定了基础。具体而言，从某时点开始，同一区域的群体选择会趋向于一种稳定的、一致的收敛状态。在其他相关变量都相等的条件下，这反映了区域空间价值取向缩小的趋势。从内生路径和外生路径的对比来看，内生路径所引致的区域自我发展能力的生成，将在空间价值的判断上居于上风，若要改变这种价值判断，除非打破原有的价值理念，否则收敛性依然存在。这表明，要实现空间管制下的空间价值优化升级，或者国家能够提供强大的转移支付来实现再分配的利益激励，或者就要给地方赋予一定的特许权来实现空间价值取向判断的改变。

小　　结

①以区域发展为主题的区域自我发展能力研究，是以生产要素的不完全流动性、区域价值的二重性和"区域主体"异质为研究假定的。

②区域自我发展能力是指一个地区在国家战略的指导下，利用本区域自然资源、人力资源和社会资源，通过有价值活动而实现区域发展的各种组合。区域自我发展能力的提升体现出的是对区域空间价值的进一步挖掘。

---

① 即假设消费者偏好为凸匹配，好于"纯"选择；可解释为多元化或分散化消费效用优于单个物品单的纯消费。

② 根据先取大后取小的运算原则，合成矩阵中各个元素最多只能有 n^2（取 $n^2 = q$）个取值，故幂序列中的序列最多只可能有 $M_1 = q^{n^2}$ 种。

③ 两个模糊矩阵中各个元素最多能有 $2n^2$ 个取值，取 $2n^2 = p$，就可得到这个结果。

④ [印] 阿玛蒂亚·森：《以自由看待发展》，中国人民大学出版社 2002 年版。

③研究能力的生成是区域自我发展能力研究的核心。通过理论构建和模型分析，可以看出区域自我发展能力的生成存在两种路径，一是以"资源—分工—能力"为路线的内在生成路径；二是以"资源—功能—分工—能力"为路线的外在生成路径。

第四章 中国西部区域自我发展能力的生成路径

我国著名学者孙久文在谈到区域经济学在我国的发展时,针对我国区域经济学界研究的区域开发模式提出:进入21世纪之后,我国的区域开发掀起高潮,随着西部大开发的启动,对区域开发的研究也进入到新的阶段。其中,区域经济发展战略与区域规划是研究的重点。区域经济发展战略是要解决一个区域的发展方向、定位、结构、布局和政策等问题,勾画一个地区的发展的宏观蓝图,把握一个地区的发展方向和进程,并进行发展当中的调控;区域规划是发展战略的具体化,解决具体的时间、地点,发展的部门、规模以及资源的配置等问题,现代区域规划的一个突出特点,是解决发展的实施问题,即具体的操作问题,这是区域经济学应用性的具体体现。①

作者认为,区域战略作为国家意志的表现,反映的是国家宏观方面的蓝图及进程的把握;而区域规划是地方政府根据国家意志对未来发展的一种设计和解读,究其实践,仍是一种自上而下的一种意志贯彻,并未有效结合当地居民对空间价值的认知。而上一章的研究为基于空间二元价值属性的区域发展提供了一种研究思路,即在发掘空间价值的前提下,区域自我发展能力的生成可以按照其内生路径和外生路径进行培育。本章将根据上两章的理论分析框架对西部区域自我发展能力的生成路径展开研究。

第一节 基于"能力缺口"认识的西部价值重构路径

改革开放以来,中国经济的快速增长,在一些"特定的区域"② 引起

---

① 孙久文:《现代区域经济学主要流派和区域经济学在中国的发展》,《经济问题》2003年第3期。

② 从改革开放至今,我国区域发展的"战略指向"和"政策制定"上,遵循了"特定区域的先行原则",多通过一个试验区的试点示范过渡到整片区域的具体实践,但是由于先行区域在政策上倾斜,以及生产、商务活动对土地的"黏性",使得这些地区在经济增长过程中,比其他地区发展得更快更好。

了经济总量的急剧膨胀,加剧了我国原有的东西部区域发展不平衡。同时,西部的生态问题和民族问题也正在受到越来越多的重视,这就促使人们在宏观上思考"一方水土、一方人口与一方经济"的结构优化问题。作者认为,传统的以产业分工为主要内容的区域分工理论,由于忽略了现实空间价值异质的特征,很难较好地解释当前中国发展过程中的空间结构优化问题。而功能分区下区域自我发展能力的研究,以国家战略意图为前提,通过对空间二重属性(经济价值和生态价值)的分析,构建了"空间价值—区域功能分工—区域自我发展能力—区域利益"的分析框架,在"表征"和"支撑"具有"中国经验"的区域发展时,具有很强的适应性和现实性。

一 西部空间价值的再认识:基于西部大开发的阐释性评价

回顾西部大开发以来的战略实施进程,比如,"青藏铁路""西气东输""西电东送"等事关西部大开发全局的重大工程,不难看到,西部的发展有着自身的独特性,西部地区自我能力的提升绝不是靠简单的"大面积开发""大范围开采"所能解决。相反,这种"大面积开发""大范围开采"虽然短期内使西部个别地区的经济增长有所改善;但长远来看,这种增长方式严重地损害了西部的"价值"和西部人民的"利益"。如,关于西部"资源诅咒""自然资源禀赋陷阱"的认识[1]来说明西部虽然矿产能源资源、旅游资源、生物资源和水能资源丰富,但西部的高人均资源占有率并没有给西部带来高收入。其基本观念是:依据资源禀赋提供能源、矿产等初级产品,利润将远低于工业发达地区,长期维持这种分工就必然导致传统优势的逐步丧失和生态环境的进一步恶化,致使经济社会长期贫穷和落后。作者认为,这些观点,实际上将西部的空间价值主要还锁定在经济价值方面,因而,在分析西部的落后问题时,这些观点主要以市场的不完全性会带来市场配置效率的不充分,中央与地方政府执政目标和方式的不同会引起公共资源配置的不合理,以及思想观念的保守会导致市场配置效率的低效率为主要的论证依据。

然而,"十一五"以来,随着西部开发实践的进一步深入,应该看到,国家对西部的政策已经有了一定的转向,主要体现在:一是在西部的空间

---

[1] 邵帅、齐中英:《西部地区的能源开发与经济增长——基于"资源诅咒"假说的实证分析》,《经济研究》2008年第4期;张红芳:《西部地区竞争优势刍议》,《陕西经贸学院学报》2000年第4期;刘颖琦、李学伟:《西部区域竞争优势分析》,《中国软科学》2003年第1期。

价值认识上，已逐步开始超脱经济增长这一单一的一元评价认识，开始从生态高地、资源基地和稳定基石三大主导功能来认识西部空间价值，这意味着西部大开发将是"几种空间价值汇集的结果"；二是在开发的路径上，伴随着中国经济的转型，走出了一条以效率为先导，"先开发、后补偿"的路径，已开始把资源环境承载能力纳入研究变量；三是在制度创新方面，以卡多尔—希克斯改进为原则，即以一类资源配置之后，若获益者能够在补偿受损者之后处境依然变好为原则，开始探索生态补偿等问题。通过这三点应该可以进一步看到，对西部大开发时间序列的认识，凸显了通过"再分配方式"实现"结果公平"的特征；从横截面上看，已开始突破单一的价值判断，开始从多个角度形成对西部的"追加价值判断"。

但是，这种空间价值认识上的转向还没有从根本上扭转西部自我发展能力长期弱势的局面。首先，从"国家支持"角度而言，改革开放之后，我国经济政策的制定先遵循了"特定区域优先"的原则、后让渡到了"支柱产业优先"的原则；而在西部大开发中，对西部地区的支持仅是"同等条件下优先"的原则。若不考虑经济增长的累积效应，这一原则将是适合于现今西部发展的；但是西部多年的"济困积弱"和资源定价的不合理，使得西部在西部大开发的号角吹响之后，资源优势并未给西部带来根本性的改善。其次，从西部"自身努力"的角度看，西部区域自我发展能力主要表现为惯例式的资源联结能力和信念式的资源联结能力两种，而知识式的资源联结能力明显较弱。惯例式的资源联结能力表现为一种不随时间而改变的"通类思想"[①]现实化，表达为 L→L，反映出的是西部依靠传统方式进行开发的方式，主要表现为对传统粗放式发展方式的路径依赖。信念式的资源联结能力表现为在某个特定阶段由集体的顿悟而带来的"通类思想"现实化，表达为 L→…→L→$L_{(t+1)}$，其中 $L_{(t+1)}$ 表示联结能力已发生质变，反映出的是西部对国家支援西部建设信念的坚定，主要表现为对国家输血式救济的路径依赖。再次，从"区域合作"的角度看，由于西部地区大中城市间的可通达性远不及东部，并且区域合作带来的利益共享常不能有效保持，使得西部的区域合作还是流于形式，没有真正形成一体化的发展格局，比如，近年来，提出构建兰州—西宁—银川

[①] 如果某种思想作为工具产生了认知和行为过程，它就被称为是通类的。参见库尔特·多普菲《演化经济学》，高等教育出版社 2004 年，第 9 页。通类一词的使用主要见演化经济学的研究中，作者在此的使用主要是说明能力的变化过程。

经济区的战略构想，力图通过区域空间与产业双重整合来实现发展的目标，但由于交通成本高和没有形成利益共享机制而一度搁浅。

二 "能力缺口"的提出：基于空间管制下区域自我发展能力分析框架

如何从根本上扭转西部自我发展能力长期弱势的局面？首要的问题是应该对西部自我发展能力的生成现象有一个清晰的认识。作者认为，区域自我发展能力的生成主要包括两条路径，一条是由区域主体受产业分工的利益激励产生的"自生"资源联结能力，通过区域主体对区域要素的匹配效率内在地反映区域自我发展能力的生成途径。这条路径是当前我国区域自我发展能力形成的"现实状态"，研究路线为"区域资源—区域功能—区域自我发展能力—区域利益"，称为内生路径，如图4-1中虚线所示；另一条是着眼于国家对空间结构的优化，通过空间价值建构、区域功能收敛和主体功能凸显外化了区域的功能，反映了区域自我发展能力的外在升化途径。这条路径是对区域自我发展能力形成"应然状态"的认识，主要按照"区域资源—区域功能—区域分工—区域自我发展能力—区域利益"的研究路线展开的研究，主要通过功能分区政策的激励形成的"新生"发展能力，称为外生路径，如图4-1中实线所示。那么，区域自我发展能力"现实状态"和"应然状态"之间的差距，就称为"能力缺口"。这一概念的外延体现在两个方面：一方面，在空间价值定位不改变的情况下，如前后发展定位都为经济增长时，"能力缺口"表现为现实状态下的区域产业分工与应然状态下的区域一体化之间的差距；另一方面，当空间价值定位改变时，"能力缺口"表现为不同空间功能定位下区域主体联结区域资源能力的差异，主要表现为经验式、信念式和知识式三类资源联结能力的差异。如区域空间价值定位由经济增长定位转变为生态屏障时，区域自我发展能力的取向将不能是靠山吃山、靠水吃水的传统做法，而是资源联结能力的根本性转变。

从国家战略意图的角度来考虑，对"能力缺口"现象的认识应该包括以下三个方面：

首先，认识"能力缺口"的前提是空间价值。对区域空间价值的认识是与时俱进的。早期在以产业分工为主要内容的区域分工理论指导下，如图4-1虚线所示，对区域空间价值的认识，主要限定在促进经济增长的要素方面。"十一五"时期，国家开始考虑通过区域"经济价值"和"生态价值"的不同来确定类型区，拟划分优化开发区、重点开发区、限制开发区和禁止开发区四类主体功能区。比如，限制开发是指为了维护区域生态功能而进行的保护性开发，对开发的内容、方式和强度进行约束。① 这时国家已开始意识到根据空间价值的不同，来分类指导区域空间的发展。②

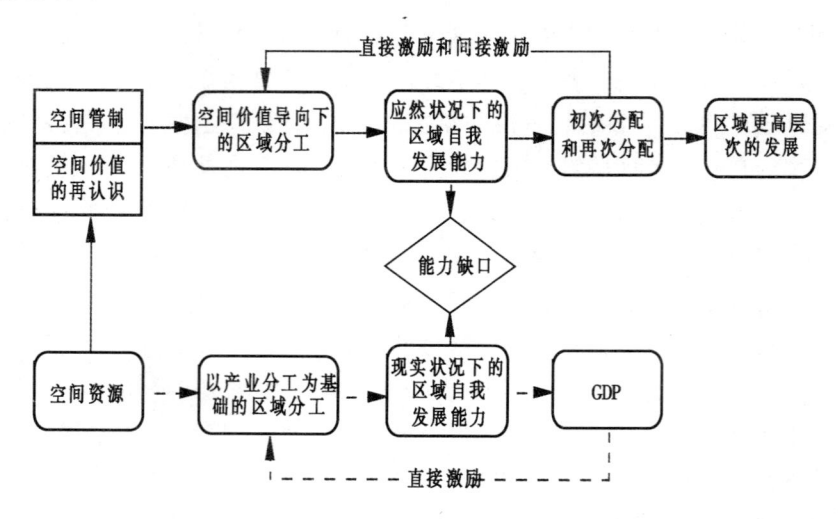

图 4-1　"能力缺口"认识的路线

其次，解决"能力缺口"的落脚点是区域自我发展能力的利益激励问题。在以往以产业分工为主要内容的区域分工中，由于各个区域的利益可以通过市场机制的作用，形成及时的反馈，进而促进这一种分工的进一步扩散，如图 4-1 中虚线所示。而以区域空间价值为基础的区域分工，则强调不同区域空间价值的不同。当区域的生态价值和安全价值纳入研究变量时，区域空间结构的优化就不可能通过市场机制来解决，而需要国家用生产成果再分配的方式来激励区域自我发展能力的提升。与之相关的一个问题是，考虑到区域自我发展能力的培育是长期历史演进的结果，那么，在区域分类时，就需要各类型区的定位、边界和范围在较长时期内保持稳定。

---

① 国家发展改革委宏观经济研究院国土地区研究所课题组：《我国主体功能区划分及其分类政策初步研究》，《宏观经济研究》2007 年第 4 期。

② 2008 年之后，在解决国家安全的重大事件中，国家开始强调民族稳定这一功能。这样以来，结合以往对西部空间价值的认识，那么，在未来一段时间内，西部空间二元价值将体现在生态高地、资源基地和稳定基石三大主导功能方面。

再次,解决"能力缺口"的重要路径是差异化的区域政策。由于各类型区空间价值的不同,那么,不同类型区自我发展能力培育的侧重点也是不一样的。推行差异化的区域政策将是有利于重新估值不同区域的价值的。比如说,在主体功能区的设计中,对于优化开发区,要重点围绕区域经济发展的"质量"展开,主要以区域生产经营能力、土地综合利用能力和区域创新能力的培育为主;对于重点开发区,要重点围绕区域经济增长的实践展开,要以区域生产经营能力和区域空间结构优化能力为主;对于限制开发区,要重点围绕区域生态环境的建设和人口的转移展开,主要解决生态环境承载能力和就业能力的提高;对于禁止开发区,要重点围绕区域生态环境的保护而展开,主要解决生态环境承载能力。

三 西部区域自我发展能力重构思路:基于"能力缺口"的认识

上述分析表明,区域自我发展能力的建设是以空间价值的定位为基础的,而"能力缺口"的分析进一步提供了一种优化西部空间结构、重构西部空间价值的思路,即在"区域增长"目标真正转向"区域发展"目标时,为解决前期强调经济增长而造成的区域发展不平衡,在国家区域发展战略制定上,要以区域空间价值的重构为依据,通过弥补"能力缺口"来实现区域发展的"结果公平"这一目标。由于西部各个区域自然、人文、经济的千差万别耦合出了许多风格迥异的区域特质。那么,在"表征"具有"中国经验"的区域发展时,必须要强调各类型区因功能定位而具有的自身特性;在"支撑"具有"中国经验"的区域发展时,必须要以弥补"能力缺口"来推动区域实行更高层次的发展。具体而言,可从两个角度去进行价值重构。

从本书所分析的空间价值和西部区域实际功能的角度看,西部空间二元价值(经济增长和生态价值)和西部三大主导功能(生态高地、资源基地和稳定基石)的耦合,会使我们在解决西部"能力缺口"时,抽象出四类典型特征区域(其中,生态价值地区与生态高地区域是重合的),即区域性中心城市、资源富集地区、生态脆弱区和边疆民族地区。

区域性中心城市的功能定位要以经济增长为主,"能力缺口"表现在由传统产业分工向区域一体化转变。主要涉及的地区有以西安—宝鸡—天水为主的关中地区,以成都—重庆为主的成渝城市带,以兰州—西宁为主的河谷区域，以银川—乌海—呼和浩特为主的河套地区①，以及北部湾城镇群、云贵高原城镇群、北疆城镇群等区域。主要解决的问题是，随着中国经济的快速发展，建立在生产要素低价位基础上的区域分工，会由于劳动力成本、原材料成本和环境成本的上升，而逐渐丧失成本优势。解决这一问题，从长期来看，它的根本出路在于培育企业的自主创新能力；从短期来看，则是要发挥要素的空间集聚效应，实现产业的空间集聚和城市的空间集聚。

资源富集地区的功能定位表现为奠定着国家发展重工业的基础，"能力缺口"表现在实现矿产能源的粗放式开发向集约式综合开发转变。主要涉及的地区有以克拉玛依、库尔勒、石嘴山、玉门、金昌、攀枝花、铜川、东川、六盘水、格尔木为主的新疆盆地区域、内蒙古鄂尔多斯盆地、柴达木盆地、四川盆地、关中地区、宁夏及云贵高原等煤、石油、天然气、铁、有色金属等资源富集地区。主要解决的问题是以税制的改进来补偿②和激励当地实现资源的集约式综合开发。那么，在计税依据上，需要把"从量计征"改为"从价计征"；在税收的分配上，应根据当地长期发展需要确定资源税的返还比例。

生态脆弱区的功能定位是地球生命的支持系统，"能力缺口"表现为实现由"靠山吃山"的生产方式向以保护生态环境为主多元化发展的转变。主要涉及地区有青海三江源草原草甸湿地区域、四川若尔盖高原湿地、新疆阿尔泰山地森林区、甘肃甘南黄河重要水源补给区、黄土高原丘陵沟壑水土流失防治区、桂黔滇喀斯特石漠化防治区、三峡库区，以及川滇、秦巴、藏东南高原边缘、藏西北羌塘高原等区域。主要解决的问题是生态补偿问题。从补偿模式看，应考虑采用国家补偿模式。其宗旨应倡导生态补偿不仅是为了恢复、管理和保护生态环境，更是对补偿区域"生态资源使用能力"受限制后的补偿。从补偿标准上看，要根据国家经济社会发展的状况，建立一套系统的动态补偿标准。为此，要通过第三方评估机构，从生态效益、经济效益、社会效益三个方面统筹规划进行评估，

---

① 兰州—西宁为主的河谷区域，以银川—乌海—呼和浩特为主的河套地区这两词的使用主要是在说明区域范围，不太符合规范定义，特作以说明。

② 由于矿产资源、能源资源归国家所有，并非归某一个地区具体所有，造成了西部矿产资源、能源资源开采权的间接"剥夺"，为此，通过补偿的方式来打造一个和东部同步的发展平台将是区域自我发展能力提升的基础。

要以生态成本估算为主，同时兼顾支付意愿和支付能力。

边疆民族地区功能定位是边防安全和民族团结的基石，"能力缺口"表现为相对封闭的发展方式向市场化的发展方式转变。主要涉及的地区有新疆、西藏和内蒙古等与他国接壤的沿边地区。主要解决的问题是通过中央财政的转移支付，实现公共服务均等化，达到国家层面的区域协调发展。在具体的操作中，公共服务均等化并不是直接把个人放在更为平等的财政地位上，而是将省级政府的财政放在平等的地位上，通过政府的收税和转移支付以确保省级政府有均等的财政能力提供具体的基本公共服务。在经济发展的不同阶段，国家转移支付的内容也应有所不同。现阶段，重点在于做好教育、卫生、社会保障和公共基础设施等方面的公共服务。

从国家提出的主体功能区角度来看，根据国家制定主体功能区的初衷，即从区域资源环境承载能力、现有开发密度和发展潜力三个方面来看待区域，可以看出思路是这样的：自然条件的适应性决定了资源环境的承载力和开发潜能，这勾勒出区域的主体功能是控制开发强度和提供生态产品两个维度。这两个维度将决定区域自我能力的重构思路。具体而言如下：

优化开发区域的功能地位是加快发展方式转变，提升全球化中参与国际竞争的层次，成为全国区域经济发展的龙头。"能力缺口"表现为与发达国家先进科技之间的差距，及与国土空间优化布局间的差距。为此，需要解决的问题是，空间结构的优化布局（应包括城镇布局、产业布局和公共物品的布局）和产业结构的优化升级（主要通过自主创新来实现）。从这个角度考虑，国家重点布局的应该是长三角地区、珠三角地区和环渤海地区，与西部无关，不再讨论。

重点开发区域的功能定位是降低能耗、提高效益、优化结构、加快发展，成为全国区域经济发展重要的增长极。"能力缺口"表现为现有开发强度与预期开发强度之间的差距。重点解决的问题是，推进新型工业化进程，提升区域集聚能力；扩大城市规模，提高人口集聚的能力。区域自我发展能力重构的思路是重点围绕区域经济增长主题，提升区域生产经营能力和区域空间结构优化能力。涉及西部的区域主要有关中地区、成渝地区和北部湾地区。

限制开发区域的功能定位是构筑生态功能区，保障国家生态安全。"能力缺口"表现为现有生态状况与预期生态状况在提供生态产品上的差距。重点解决的是水源涵养、水土保持、防风固沙和保护生态多样性。主要涉及的西部区域有青海三江源草原草甸湿地，新疆阿尔泰山地森林、塔里木河荒漠区、阿尔金草原，四川若尔盖高原湿地，甘肃甘南黄河重要水源补给区，秦巴山区、内蒙古的呼伦贝勒草原、科尔沁沙漠化防治区、浑善达克沙漠化防治区、毛乌素沙漠防治区、藏东南高原边缘森林、藏西北羌塘高原、川滇森林、黄土高原丘陵沟壑水土流失防治区、桂黔滇等喀斯特石漠化防治区等地区。区域自我发展能力重构的思路是增强生态环境的保护能力，促进人口的向外转移输出。

禁止开发区域的功能定位是保护自然文化资源，保护珍贵动植物基因资源。"能力缺口"表现为现有的有价值生态系统与预期的有价值生态系统间的差距。主要解决的问题是生态系统的保护。主要涉及的区域是西部的国家级自然保护区、世界文化自然遗产、国家森林公园、国家地质公园、国家级风景名胜区。区域自我发展能力重构的思路是重点围绕区域生态环境的保护而展开相关工作。

第二节　西部地区自我发展能力的内在生成路径：市场深化

"十一五"以来，国家对西部自我发展能力的强调，则从侧面反映出：西部的发展并不是靠大开垦、大开采、大开发所能完成的，在一定程度上还需要西部的资源匹配能力。[①] 如果单从区域自我发展能力的内生方式来谈西部地区自我发展能力的培育，那么，我们所集中讨论的将是由资源整合而带来的经济增长问题，即它是由区域主体受产业分工的利益激励而产生的"自生"资源联结能力所反映出的经济效率问题。进一步而言，在"资源—分工—能力"的成长路径中，需要分拆出两步来说明生成路径。其一，在"资源—分工"过程中，需要强化基于资源禀赋的比较优势，发展特色优势产业；在"分工—能力"过程中，需要从企业入手，抓好企业技术能力的提升和企业家精神的培育。

---

① 这一分析思路可以通过拉丁美洲的改革可以看出，即拉丁美洲在移植了美国的宪法之后，并没有得到经济的快速增长，反而陷入了相当长的一段时间的衰退，这表明在制度这一内生变量之外，还存在一个解释经济增长的变量。

一 西部区域自我发展能力内在成长路径的起点：特色优势产业的选择和发展

通过对区域自我发展能力内在生成机理的探析，可以看出，西部地区自我发展能力的内在成长路径是"资源—分工—能力"，它是由区域主体受产业分工的利益激励而产生的"自生"资源联结能力。其中，"资源—分工"过程是依靠资源禀赋发挥区域比较优势的过程。即在研究区域自我发展能力的内在生成路径时，研究的起点是西部特色优势产业的选择和发展。

（一）特色优势产业的界定及区域优势的转换路径[①]

在西部区位不同、资源禀赋不同、资本积累不同、人力资源不同和民俗传统不同的视野下发展西部特色优势产业，首要解决的西部特色优势产业的选择问题。以往关于特色优势产业的界定，目前尚未形成一致的认识。不同学者对特色优势产业的属性和特征进行概括时，往往既有产业的一般属性，也有特色优势产业的特殊属性；既有特色优势产业的技术属性，也有特色优势产业的制度属性；既有特色优势产业的空间属性，也有特色优势产业的市场属性。对此，作者认为应从"功能"角度对特色优势产业的内涵进行阐述，否则由于特色优势产业在区域上的根植特征，使得许多与产业发展无关的属性也列入了其中，减弱了对特色优势产业的甄别。为此，须紧扣特色优势产业服务于区域经济、服务于市场的本质属性。这是因为"特色优势"归根结底是由市场所认定的，其内涵的界定和特征的认识要从市场所赋予的功能来认识。

基于这一前提，就"特色"而言，"特色"多是根植于区域自身条件，由区域或民族秉承的，具有先天继承、禀赋之意。这意味着特色本身并不是产业发展的目的，为特色而特色是没有意义的。特色只是一种产业发展的手段或途径，目的在于占有市场。"特色的价值在于刺激市场需

---

① 参见高新才、闫磊《西部民族经济区特色优势产业发展问题研究》，《地域研究与开发》2010年第4期。其中的西部民族经济区是指西部少数民族自治地方和少数民族居住相对集中的地区，即广西、内蒙古、宁夏、新疆、西藏五个民族自治区和青海、贵州、云南三个多民族省份（少数民族人口所占比重均超过了20%）。在研究中，西部民族经济区8个省份的特征是与本研究中的西部特征相似或相同的。

求,引起市场关注,造成需求结构的调整,促进市场经济结构的相互补缺。"① 这样看来,"特色"在市场经济中所处的角色是被动的,在"特色产品"价格的供需决定中,它不是让市场去适应它的"特色",而是由自身的"特色"去适应于有差别的客户需求。"特色"往往通过独特的资源、独特的生产流程、别具特色的产品与服务体现。

就"优势"而言,"优势"多由品质与规模所体现,具有后天变化、发展而来之意。在市场经济体制下,"优势"强调产业的现状及规模。从这个意义上说,"优势"反映了产业对区域经济的"支柱"特性,"表现出的是区位熵大于1"②。但这种"优势"是由市场的竞争机制所决定的,你的产品"优",潜在消费群体对你的消费定价就高;你的产品生产有规模优势,产品的生产成本就低,产品的利润就会高。通过这种后天的习得,产品在销售方面所具有的优势就会转化为产品"生产者"的"优势"。

综上所述,特色优势产业可以界定为以市场为导向,根据区域要素禀赋特征,通过产品的自身品质或产业的规模优势而反映出具有较强市场竞争力的产业。其特征主要体现在产品的地域根植性和市场的适应性上。

进而,在西部特色优势产业的发展上有两个问题需要解决,一为特色优势产业发展的"条件问题";二为特色优势产业发展的"路径问题"。"条件问题"是分析西部特色优势产业甄别与选择的基础,主要包括"内在条件"和"外在条件"两个方面。就"内在条件"而言,比较优势理论能较好地给予回答,因为它能较好地解决产业发展所需的"贸易方向"和"贸易条件"两个问题,贸易方向反映了西部出口"由它的资源禀赋和技术条件所决定"的"机会成本率较低"的产品;而贸易条件反映了西部发展特色优势产业"机会成本的比率"。就"外在条件"而言,由于特色优势产业发展的市场导向定位,要通过产业发展的生产策略、定价策略、销售策略和服务策略来体现,其中,重点是定价策略。那么,产业的发展就必然要受制于市场结构。市场结构中厂商数量和产业集中度决定了厂商的定价能力,同时受市场上关联产业和消费者讨价还价能力的相互作用,才能构成厂商定价的实际价格,进而决定产业的总体绩效。

通过上述分析,可以看出,对于西部特色优势产业的发展,除受自身

---

① 王文长、李曦辉、李俊峰:《西部特色经济开发》,民族出版社2001年版。
② 吴殿廷、王旭、肖敏等:《产业地位变化与区域开发的产业模式研究》,《地域研究与开发》2006年第4期。

资源禀赋的约束外，还要受到市场结构的限制。而前述关于特色优势产业的界定可以看到，产业发展的自身资源禀赋与市场结构是与产业界定中的"特色"与"优势"相关联的。这样一来，不同产业发展的"内在条件"和"外在条件"的偏重程度不同，将带来"特色+优势"耦合程度的不同，进而会带来"类"的不同。即"内在条件"优越的产业发展会偏向于"资源+技术"；而"外在条件"优越的产业发展会偏向于市场导向。为此，可将西部特色优势产业划分为两类，即"资源+技术"导向型和"市场导向型"两类，其特征对比如表4-1所示。

表4-1　　　　　　两种导向的特色优势资源对比

种类	需求特征	供给特征	战略导向	涉及的产业
侧重于"资源+技术"导向型特色优势资源	在对资源需求数量相对稳定的外界环境中，市场对此的需求突出了优质优价	突出比较优势，可以通过合理布局和分工强化供给能力	有差别战略、品牌战略、价格战略	能源矿产资源产业、装备制造业等
侧重于"市场导向型"特色优势资源	区域依赖程度相对较强，需求量的提高有赖于宣传方式的改进和宣传强度的增强	供给上突出地域性和独特性，离开本区域就失去了它的原汁原味	品牌战略	旅游业、现代物流业、特色农产品加工业

关于特色优势产业发展的"路径问题"，作者认为，由于区域有利于生产的条件不等于现实优势，这是一个"过程"问题，只有将这种有利条件在未来的一段时间内被激发、被利用，才有可能将区域的潜在优势转化为现实优势。如何来认识这一"过程"呢？可以把区域优势分为三个类型：一是条件优势，二是生产优势，三是产品优势[①]。三者间的关系如图4-2所示，其中条件优势是指区域在地理位置、自然资源和历史条件下所形成的优势，表现为区域"要素禀赋差异"；条件优势是区域源于原有优势但又需要加以改造和利用的潜在优势，往往通过对条件优势某种程度的改造和利用后形成，是区域优势实现的重要路径，表现为"市场结构—市场行为"；产品优势是区域的一种现实优势，是生产优势优化配置

---

① 赵兵、王丹：《加快西部地区特色经济发展的区域优势分析》，《电子科技大学学报》2006年第3期。

的结果，反映着产业的绩效，表现为产业"质量和效益的提升"。总体路径可概括为：要素禀赋差异—市场结构—市场行为—质量和效益的提升。三种优势构成了区域优势实现的连续过程，其中，生产优势是以区域的条件优势为基础的，而产品优势又以生产优势为前提。这样一个连续过程表现出了区域分工下产业升级的特征，即升级的维度为区域间的比较优势、资源禀赋、供需条件等方面；升级的含义为区域比较中各区域应选择适合的专业化生产，实现空间上的劳动分工。①

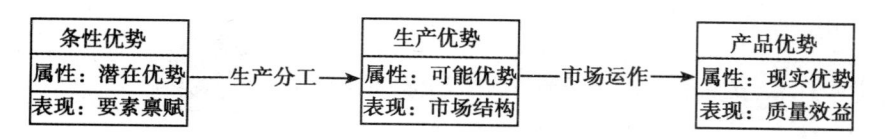

条性优势		生产优势		产品优势
属性：潜在优势	生产分工→	属性：可能优势	市场运作→	属性：现实优势
表现：要素禀赋		表现：市场结构		表现：质量效益

图 4-2 区域优势转化路径图

(二) 西部特色优势产业发展现状和存在的主要问题

综观西部特色优势产业近些年来的发展变化，可以得到这样几个基本判断：一个不争的事实是，西部特色优势资源开发强度和利用能力明显不如东部，主要原因为东部起步较早，而西部缺乏先进的经验和雄厚的资金实力。一个有趣的现象是，从已探明的资源储量看，西部地区单位面积上资源的密度不如东部，但人均资源储量则明显高于东部地区。一个充满前景和希望的展望是，虽然西部发展特色优势产业时，面临着资源和环境的双重约束，但是由于西部有诸如柴达木、塔里木、准噶尔、榆林等矿产资源的富集地带，并且西部还有丰富的太阳能、风能、水能等可循环利用的资源，使得西部特色优势产业的发展充满着无限的生机与希望。

1. 西部发展特色优势产业的基础条件

区域优势是由各种自然的、经济的、社会的、政治的因素共同作用的结果，也是需要加以利用的潜在优势，构成了区域生产优势和现实优势形成的基础。

一是资源优势。西部资源丰富，储量大。总体来看，云南、广西、四川等省区具有水资源优势；内蒙古、新疆、陕西、贵州、宁夏等省区具有能源资源优势；内蒙古、新疆、青海、宁夏、西藏等省区具有矿产资源优

---

① 林涛、谭文柱：《区域产业升级理论评价和升级目标层次论建构》，《地域研究与开发》2007 年第 10 期。

势；内蒙古、青海、云南等省区具有土地资源优势；云南、贵州、西藏、新疆、四川等省区具有自然旅游资源优势；陕西、四川、西藏等省区具有历史文化资源优势；内蒙古、新疆等省区拥有特色农牧业优势。在此基础上，西北民族经济区已形成了诸多能源化工基地、矿产资源开采及加工基地和特色农牧产品加工基地。如煤炭生产及煤电一体化基地（陕西、宁夏、内蒙古、贵州、云南、新疆、甘肃），大型石油、天然气开采及加工基地（新疆、川渝、陕甘宁、青海、内蒙古、广西沿海），大型水电基地（金沙江、雅砻江、澜沧江、黄河上游、红水河、乌江等），可再生能源基地（新疆、内蒙古、宁夏、甘肃、新疆生产建设兵团、西藏的风能、太阳能，广西、云南、四川、重庆、贵州的生物质能，西藏的地热发电等），煤化工基地（陕西、内蒙古、宁夏、贵州），有色金属综合开发利用（云南、新疆铜；广西、贵州、重庆、内蒙古铝；云南铅锌；四川钒钛；陕西钼；甘肃镍；青海钠镁锂；宁夏钽铌铍），钢铁（包钢、攀钢、酒钢、柳钢、昆钢、八一钢厂、水钢等），畜产品工业（内蒙古、新疆、青海、西藏、宁夏、四川、陕西、重庆），制糖工业（广西、云南甘蔗加工，新疆、内蒙古甜菜加工），烟草工业（云南、贵州），酿酒工业（四川、贵州高档白酒，甘肃、新疆、宁夏、云南高档果酒）。

二是边境贸易优势。西部是我国发展与内陆周边国家经贸关系的重要门户，广西等六省区，与越南等十四个国家接壤，边境线近 2 万千米，30 多个民族跨境而居。西部对外贸易公路运输口岸相对比较多，如对独联体公路运输口岸有新疆的吐尔戈特、霍尔果斯、巴克图、吉木乃、艾买力、塔克什肯；对巴基斯坦公路运输口岸有新疆的红其拉甫和喀什市；对印度、尼泊尔、不丹的公路运输口岸有西藏南部的亚东、帕里、樟木等；对越南地方贸易的主要公路口岸有云南省红河哈尼族彝族自治州的河口和金水河口岸等。

三是政策资源。主要有国家制定的一系列有利于西部发展的相关政策，如吸引外资、技术、人才的优惠政策，扩大地方政府的项目审批权，并加大金融支持力度和基础设施建设等。

四是劳动力优势。西部劳动力成本较低，供给较为充裕，在全国具有一定的比较优势，但并不明显。从城镇职工年平均工资可以看出，大部分西部城镇劳动力价格明显低于全国平均水平。

2. 西部特色优势产业发展的主要问题

作者分析了西部特色优势产业发展中存在的问题主要有：一是特色产

业层次较低。西部处于主导地位的产业,在整个经济中的成长性差、需求弹性低、关联度小、效益不高。二是特色产业布局不合理。各地区分工不明确,各自为战,导致无序竞争,没有形成资源整合效应。三是发展资本严重不足。资本的缺乏制约了西部市场配置功能的发挥。四是人力资本不足,知识与技术能力普遍薄弱。一方面当地培养出的人才较少,况且培养出的一些人才又不愿留在当地;另一方面,东部、中部的知识型人才也不愿意到西部发展。五是基础设施相对落后。西部地广人稀,地形复杂多样,基础设施建设难度大,增加了资源配置过程中的运输成本。六是市场容量相对狭小。西部受人口和收入水平限制,当地市场容量相对狭小,商品贸易总额和对外贸易总额相对较低。

(三) 西部特色优势产业的具体确定

如何为西部选择特色优势产业呢?单依靠定性方法,即从历史传承的视域,从各区域的现实基础与存在矛盾的视域来解决特色优势产业的选择,则会使之成为一种对现实的解释;而纯粹的依赖域定量分析,往往会因数据的不全面而导致信度的不可靠。为此,本研究把定性分析与定量分析相结合,采用了如图4-3所示的特色优势产业选择流程图,以此来思考和解决西部特色优势产业的选择问题。

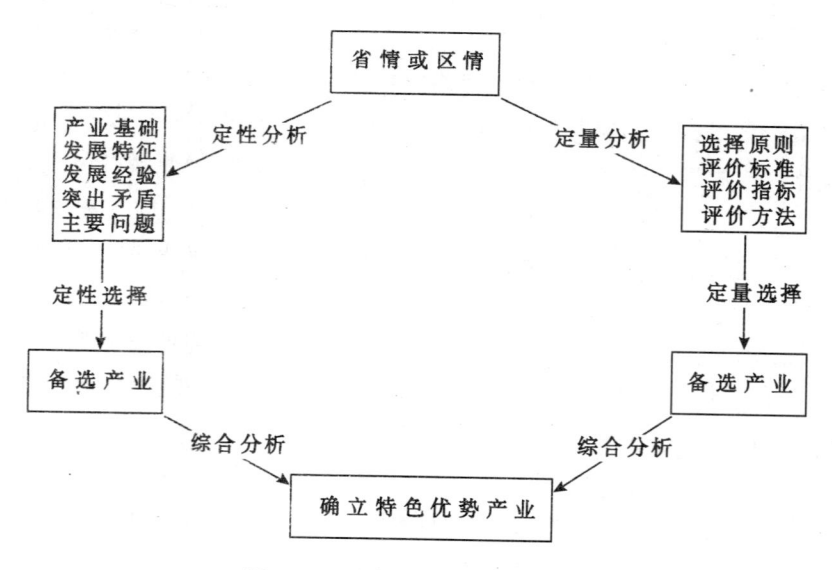

图4-3 特色优势产业选择流程

1. 特色优势产业选择的定性分析

根据西部的资源优势、边境贸易优势、政策优势和劳动力优势，作者认为，在特色优势产业选择的定性分析上，应遵循以下基本原则：

一是市场导向原则。这要求西部特色产业的选择必须适应市场需求，由市场需求来引导西部特色优势产业选择。

二是比较优势原则。这决定着西部的区域贸易的方向和区域贸易的条件，是西部特色优势产业发展的本质要求。

三是民族特色原则。一方面，要充分挖掘西部民族资源，使之形成特色优势产品；另一方面，特色优势产业的开发必须符合民族地区居民的文化传统，符合他们的利益。

四是可持续开发原则。选择西部特色优势产业时，必须考虑到西部生态环境的承载能力，确保西部的可持续发展。

遵循这四项基本原则，结合对西部的调查研究，西部特色优势产业的选择见表4-3中黑体字所示。

2. 特色优势产业选择的定量分析

特色优势产业选择的定量分析主要解决了评价指标的选用和数据处理的方法两方面。就指标体系的选用而言，主要包括三个方面的标准：

一是产业独有标准。形象地说就是"你无我有"，用于判定一个产业是否拥有某种独有资源，或独有技术，或独有产品，或几者皆有。通常采用资源禀赋系数来反映一个国家或地区特种资源相对丰富程度，其计算公式是：

$$S_{ij} = \frac{V_{ij}}{V_i} \div \frac{Y_j}{Y}$$

式中，V_{ij}为j地区拥有的资源，V_i为全国拥有的资源，Y_j为j地区生产总值，Y为全国的国内生产总值，资源禀赋系数S_{ij}即j地区的资源中份额与该地区生产总值在全国GDP中的份额比。如果地区特色资源禀赋系数大于1，说明该资源相对丰富，系数越大，该资源越是丰富，对特色产业的发展越有利。

二是产业规模标准。形象地说就是"你小我大"。只有较大规模的产业才能够成为特色优势产业系统中的主体和核心，才能承担起高层次区域地域分工的任务。本研究用区域专业化率来衡量。其公式表达为：

$$R_{ij} = \frac{e_{ij}/e_j}{E_i/E}$$

R_{ij}表示 j 区域 i 产业的区域专业化率，e_{ij} 为 j 区域 i 产业的经济水平（如产值），e_j 为 j 区域所有产业的经济总水平（如总产值），E_i 为全国 i 产业的经济水平，E 为全国经济总水平。当 $R_{ij}>1$ 时，则说明 j 区域 i 产业有一部分是为区外服务，表示 j 区域 i 产业有明显的区域优势，它在一定程度上显示出该产业在国内的竞争力较强，R_{ij} 越大，则表明区域化经济活动越集中。

三是产业效益标准。$\Delta Y \Delta I_{ij} \Delta Y_{ij}$ 形象地说就是"你弱我强"。特色产业的经济效率一般应高于其他产业经济效率的平均水平，ΔI 且具有持续增长的趋势。本研究用比较劳动生产率、相对投资效果系数来衡量产业成本效益。比较劳动生产率，又称相对国民收入，其公式为：

$$比较劳动生产率 = \frac{某产业的国民收入相对比重}{某产业的劳动相对比重}$$

通过对某一时间段的比较劳动生产率的动态测算，可以看出其变动趋势。如果某产业的比较劳动生产率大于 1 且呈上升趋势，则该产业具有良好的成长性。

相对投资效果系数的公式为：$RI_{ij} = \frac{\Delta Y_{ij}}{\Delta I_{ij}} / \frac{\Delta Y}{\Delta I}$

其中，RI_{ij} 表示 j 区域 i 产业的相对投资效果系数，分别表示 j 区域 i 产业的国内生产总值增量和投资增量，/表示全国各产业平均单位投资所增加的国内生产总值。当 $RI_{ij}>1$ 时，则表示该产业具备区域优势，且具有良好的成长性。

就数据处理的方法而言，作者采用了主成分分析方法。该方法是通过降低维数来简化数据结构，把多个指标化为少数几个综合指标，而这几个综合指标可以反映原数据所含主要信息。本研究在具体测度中，包括以下六个步骤：

第一步，选取煤炭开采和洗选业、石油和天然气开采业等 27 个产业，[1] 根据特色优势产业的判定标准（主要通过资源禀赋系数、区域专业化率、比较劳动生产率、相对投资效果系数四个指标来确定），收集好指标，做好评价测度的准备工作。

---

[1] 27 个产业的选取主要是为了跟《中国工业经济统计年鉴》相对应，具体产业可见表 4-2。但由此带来的就是与定性研究中产业所说范围的不同。为此，在综合确定特色优势产业时将通过相近原则，做一归并，结果可通过表 4-3 来反映。

第二步，设 $X_{Y,1},\cdots,X_n$ 为待测的 n ($n \leq 27$ 因为部分省份有些数据缺失) 项指标，它的主成分为 $Y_1,\cdots,Y_n$。

第三步，对原始数据标准化处理，此时协方差矩阵就可转变为相关矩阵 ρ，即：

$$\sum = p = \begin{pmatrix} s_{11}\cdots s_{1,in} \\ s_{in,1}\cdots s_{in,in} \end{pmatrix},$$

ρ 的特征根为 $\lambda_1,\cdots,\lambda_n$，对应的特征向量为 $e_1,\cdots,e_n$。在实际操作中作者使用了 SPSS 分析软件，通过软件来实现此步骤。

第四步，定义第 i 个主成分的方差占总方差的比重 $\lambda_i/(\lambda_1+\cdots+\lambda_n)$ 为主成分的贡献率，$(\lambda_1+\cdots+\lambda_p)/(\lambda_1+\cdots+\lambda_n)(p \leq n)$ 为累计贡献率。当累计贡献率达到一个较高的百分数时，取其主成分数；在本研究中当贡献率达到 80% 以上时，取 p 值。

第五步，在求出各产业主成分基础上，以各主成分对应的特征值所占比重为各变量的权数，加权计算各产业的得分。

第六步，得到量化选择的结果。西部特色优势产业选择定量分析的结果为表 4-3 中括号中产业。

在此，将以青海省为例，运用主成分分析法对青海省特色优势产业的选择进行应用，其他省份在操作上雷同，出于篇幅的限制对其他省份就不逐一做一介绍。

经过对青海省 2007 年煤炭开采和洗选业、石油和天然气开采业等 24 个产业[①]的资源禀赋系数、区域专业化率、比较劳动生产率、相对投资效果系数四个指标的数据进行主成分分析，结果如表 4-2 所示。结果的检验显示：从巴特利特球形检验可以看出，Bartlett 值 = 456.273，概率小于显著性水平 0.05，拒绝零假设，即相关矩阵不是一个单位矩阵，故考虑可以进行主成分分析。KMO 值 = 0.620，大于 0.5，意味着对其进行主成分分析的结果是能接受的。这说明对青海省行业产业的主成分分析是可行的，通过排序可以确定其特色优势产业为石油和天然气开采业、有色金属冶炼及压延加工业、有色金属采选业。

---

① 青海省烟草制品等三个产业数据缺失未作统计。

表4-2　　　　　　青海省行业产业主成分分析分值和排序

产业名称	第一主成分分值	第一主成分排序	第二主成分分值	第二主成分排序	数值	排序
石油和天然气开采业	1.732	1	-0.134	14	1.107	1
有色金属冶炼及压延加工业	0.795	4	1.413	1	1.002	2
有色金属采选业	0.898	3	0.431	6	0.742	3
电力、热力的生产和供应业	1.057	2	-0.278	16	0.610	4
黑色金属冶炼及压延加工业	0.264	8	1.093	2	0.541	5
煤炭开采和洗选业	0.579	6	0.301	8	0.486	6
化学原料与化学制品业	0.698	5	-0.102	13	0.430	7
非金属矿物制品业	0.389	7	0.474	5	0.418	8
医药制造业工业	0.197	9	0.503	4	0.299	9
通用设备制造业	0.076	11	0.413	7	0.189	10
交通运输设备制造业	0.084	10	0.239	9	0.135	11
专用设备制造业	-0.210	13	0.507	3	0.030	12
黑色金属矿采选业	-0.062	12	0.044	11	-0.026	13
农副食品加工业	-0.314	14	-0.511	22	-0.380	14
金属制品业	-0.449	15	-0.518	23	-0.472	15
非金属矿采选业	-1.000	24	0.205	10	-0.597	16
仪器仪表及文化办公机械	-0.772	19	-0.430	19	-0.658	17
电器机械及器材制造业	-0.844	20	-0.370	18	-0.685	18
纺织业	-0.942	22	-0.240	15	-0.707	19
饮料制造业	-0.869	21	-0.495	21	-0.744	20
造纸及纸制品业	-0.996	23	-0.446	20	-0.812	21
食品加工业	-1.187	27	-0.076	12	-0.816	22
纺织服装、鞋、帽制造业	-1.050	25	-0.351	17	-0.816	23
石油加工、炼焦及核燃料加工	-0.532	17	-2.066	26	-1.045	24

说明：1. 本表是通过《中国工业经济统计年鉴》（2008）处理而来，青海省烟草制品等三个产业数据缺失未作统计。2. 第一和第二主成分所占权重分别为66.55%和33.45%。

3. 西部特色优势产业的具体确定

根据定性研究和定量研究的结果，西部特色优势产业的选择如表4-3所示。

表 4-3　　　　　　　　　　西部特色优势产业选择

地区	特色优势产业
内蒙古	**畜牧业**（食品制造业、农副产品加工业）、**冶金工业**（黑色金属冶炼及压延业、黑色金属矿采选业）、**能源工业**（煤炭开采和洗选业、电力热力的生产与供应业）、**新能源产业**
广西	**蔗糖工业**（农副食品加工业）、**旅游业**、**电力工业**（电力热力的生产和供应业）
重庆	**天然气化工**（化学原料及化学制品）、**机械制造**（交通运输与设备制造业）、**电力生产**（电力热力的生产和供应）、**汽车摩托车**
四川	**饮料食品**（饮料制造业、农副产品加工业）、**机械冶金**（黑色金属冶炼与压延、交通运输与设备制造业）、**水电**（电力热力的生产和供应）、**电子信息**、**医药化工**
贵州	**能源工业**（电力热力的生产和供应业）、**旅游业**、**烟草业**（烟草制品业）、**酿酒业**（饮料制造业）
云南	**旅游业**、**烟草业**（烟草制品业）、**生物资源开发业**
西藏	**能源工业**（电力热力的生产和供应业）、**旅游业**
陕西	**能源**（石油和天然气采业，石油加工、炼焦及核燃料加工，煤炭开采和洗选业，电力热力的生产和供应）、**装备制造业**、**特色农业**、**旅游业**
甘肃	**能源**（石油加工、炼焦即核燃料加工，石油和天然气采业，电力热力的生产和供应）、**有色冶金**（有色金属冶炼及压延）、**装备制造业**、**机械电子**、**食品加工**、**医药**、**新能源产业**
青海	**能源工业**（石油天然气开采业）、**冶金工业**（有色金属冶炼及压延加工业、有色金属采选业）、**盐化工业**、**畜牧业**
宁夏	**旅游业**、**生物制药业**
新疆	**能源工业**（石油和天然气开采业、电力热力的生产和供应业）、**化工工业**（石油加工炼焦及核燃料加工业）、**特色农业**、**新能源产业**

说明：表中括号中的产业是定量分析的结果，名称与《中国工业经济统计年鉴 2008》相对应；黑体字标示的是定性分析的结果。

（四）研究结果的实践意义

在区域自我发展能力内在生成的"资源—分工"过程中，作者强调了资源禀赋、比较优势和规模经济对区域经济增长的重要性。具体而言，可以从三个方面说明。一是从资源禀赋的甄选上，要强调市场导向，否则脱离市场的特色优势将是不利于产业分工的；二是在区域可能优势向现实优势转变的过程中，即在"要素禀赋差异—市场结构—市场行为—质量和效益"分析过程中，资源的优势要终究转变为市场行为，需要通过企业的技术能力和企业家创新精神进行进一步的说明；三是由于产业发展的内在条件和外在条件的不同，区域"特色"和"优势"会耦合出两种类型的产业发展方向，对于"资源+技术"导向型的产业，如能源化工产业、装备制造业、矿产资源产业等产业,需要通过规模效益实现产品增殖;对于"市场导向型"的产业,如旅游业、特色农产品等,需要通过面向市场、树立品牌实现产品的增殖。

二 西部区域自我发展能力内在成长路径的要点:企业技术能力的持续提升

在西部区域自我发展能力的内在生成路径中,特色优势产业的选择和发展构成了西部区域自我发展能力内在生成路径研究的起点;其实践意义在于宏观上为区域分工提供了方向和思路。而要把区域自我发展能力的内在成长路径落在具体的实践中,则需要从微观上观察两个方面的内容,一方面是,企业的技术能力是否能"支撑"企业的技术创新,从而实现企业经营绩效的显著提升;另一方面是,企业家精神能否"引导"企业创新,从而带来企业经营绩效的持续好转。本部分先分析企业技术能力。在研究方法上,作者认为,在研究企业技术能力时,进入壁垒、移动壁垒、复制壁垒往往是决定企业绩效的关键因素,这给实证带来的困难是:受企业样本空间选取的不同,实证结果会带来明显的不同①。为此,作者在借鉴行业结构学派和企业资源论学派研究路线的基础上,通过缩小样本空间的方式有效规避了这一问题。即通过选择复制壁垒相似的企业进行实证分析。

(一)概念模型框架的构建

由于不同产业的竞争环境差异、产业内不同战略集团差异、战略集团内企业资源的差异,为了有效规避不同研究路线的交叉,需要对研究对象的范围作一逐一限定,为此作者提出三个基本假设:第一,企业是异质的,这是造成企业绩效差异的基本假设条件;第二,企业之间资源和能力的不完全流动,以及在企业内部资源与能力的相对完全流动假设,这是对第一假定的具体补充;第三,西部不同产业的中小企业在经营中隶属于相同或相似的战略集团。

---

① 关于此观点可参见闫磊《欠发达地区中小企业技术创新路径的实证分析——以兰州市机械电子行业为例》一文。

第四章 中国西部区域自我发展能力的生成路径

在具体研究线路的实现上，借鉴 Yeoh 等[①]的分析思路，即"企业资源—企业能力—可持续竞争优势"这一思路，在综合考虑欠发达地区中小企业特征的基础上，通过图 4-4 所示的结构具体测度相关变量之间的路径关系。其中，图中的方框表示能测度的显变量，椭圆表示不能直接测度的隐变量。主要构建了企业技术资源与学习之间、企业技术资源和企业业绩之间、学习与企业核心能力之间、企业核心能力与企业技术创新之间、技术创新与企业绩效之间的路径关系。

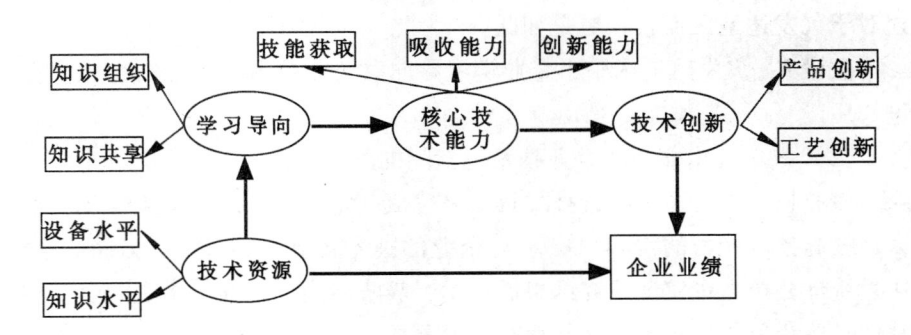

图 4-4 企业技术创新路径分析框架

图 4-4 中用黑色粗箭头标示的是本书需要进一步证实的部分，为此作者提出如下假设：

（1）企业技术资源与学习导向、企业业绩间的路径关系

Grant[②]认为资源的充分供给并不能给企业带来竞争优势。这意味着从企业能力的角度看，技术资源必须与学习导向相匹配，才能提升企业的核心技术能力。从欠发达地区中小企业的实际看，学习意识的淡薄更加深化了这一问题的认识。同时，依据企业资源理论，资源作为企业生产活动中的投入物（Grant，1991），企业技术资源的不充足应当会影响企业的绩效。为此，提出假设：

假设 1：欠发达地区中小企业技术资源对企业学习导向有正向促进作用。

---

① Yeoh, P., Roth, K. "An empirieal analysis of sustained advantage in the U. S. Pharmaceutical industry: Impact of firm resources and capabilities", *Strategic Management Journal*, 1999, 20 (7): 637-653.

② Grant. R M. "The resource - based theory of competitive advantage", *California Review*, 1991, 33 (3): 114—135.

假设2：欠发达地区中小企业技术资源对企业业绩有正向促进作用。

(2) 学习导向与企业核心技术能力间的路径关系

核心能力是"组织的积累性学识，特别是关于如何协调不同生产技能和有机结合多种技术流的学识"。[①] 核心技术能力对应的是"学识"，而学习可以促进知识的获取，进而能够提高企业的核心技术能力。在此过程中，由于学习所对应的是知识的累积性增加，而这相应的路径依赖是它组织很难模仿的。即学习能力的高低将决定企业核心技术创新能力的强弱，这对于欠发达地区而言，更是如此。[②] 为此，提出假设：

假设3：欠发达地区中小企业学习导向对企业技术核心能力有正向促进作用。

(3) 核心技术能力与企业技术创新间的路径关系

核心技术能力通过组合技术资源来完成一定的任务或活动来体现。那么，核心技术能力的强弱也必然与企业的技术创新息息相关。Zahra 等[③]通过统计分析大量实证研究结果后表示，吸收能力和创新产出之间以及与其他创造竞争优势的产出之间存在着显著的关系。为此，提出假设：

假设4：欠发达地区中小企业技术核心能力对企业技术创新有正向促进作用。

(4) 企业技术创新与企业业绩间的路径关系

大量的理论和实证研究已经表明，创新是现代经济增长的源泉。[④] 自20世纪30年代熊彼特提出创新理论以来，20世纪60年代世界经济突飞猛进，亦证实了企业技术创新能提高企业绩效。为此，提出假设：

假设5：欠发达地区中小企业技术创新对企业业绩有正向促进作用。

(二) 实证分析

根据上述分析框架，作者主要采用结构方程方法对上述五个假设进行实证分析。

---

① Prahalad, C, C., Hamel, G. "The core competence of the corporation", *Harvard Business Review*, 1990, 68 (3): 79-92。

② 高新才、童长凤：《从匹配的视角分析区域创新能力提高》，《科技管理研究》2009年第8期。

③ Zahra, S. A., George, G. "Absorptive capability: A review, reconceptualization, and extension", *Academy of Management Review*, 2002, 27 (2): 185-203。

④ 高新才、童长凤：《企业创新决策：一个社会资本的视角》，《中国科技论坛》2008年第3期。

在样本选取上，作者选择兰州作为实证对象的原因是：兰州地处我国欠发达的西北地区，是我国"三线"建设时期内陆重要的工业基地，在带领或引导所处区域经济发展方面具有一定的自身优势。换个角度来看，由于"接近最好"对于企业来说"可能不是最好"，那么在落后地区的西北，能否形成某一领域或行业专业化的领先，即实现由追随者向领先者的转变。

样本空间的特征为：首先，在企业选取上以中小型企业为准，中型企业须同时满足职工人数 300 人及以上，销售额 3000 万元及以上，资产总额 4000 万元及以上；其余为小型企业；科技型中型企业须同时满足职工人数 300 人以上，销售额 2000 万元以上，资产总额为 2000 万元以上；不足底线为小型企业。其次，在行业选取上，依据理论推演，为避免研究线路的交叉，限定研究的具体对象为欠发达地区同行业的中小企业，以符合不同战略集团不同企业的前提假定。具体而言，根据兰州市行业分布特征和问卷调查数据，选取了以机械电子行业为实证分析的样本空间。再次，从问卷的回收情况看，机械电子行业的问卷占到了总合格问卷 237 份的 49.3%，具有一定的代表性。[①]

对于本研究实证过程中涉及的企业技术资源等 4 个隐变量和企业设备水平等 10 个显变量的具体表征做如下说明：

"企业技术资源"从"设备水平"和"知识水平"两个方面表征。"设备水平"方面通过企业生产设备的整体水平和企业信息技术水平来反映。"知识水平"方面通过核算企业内部的专业技术人员（包含技术工人）占员工比例和专科以上职工占总职工的比例来确定。

"学习导向"通过企业"知识共享"和"知识组织"来表征。"知识共享"通过企业部门间拥有良好的沟通和协调能力来表征，企业提倡信赖、合作和知识共享，企业建有知识共享平台，职工可利用电子邮件、电子公告栏、电子会议交流信息和企业提倡和加强员工之间的交流与合作的五级 Liketer 范围标准打分来确定。"知识组织"通过人员培训和企业拥有专家网络的五级 Liketer 范围标准打分来确定。

"技术能力"通过"技能获取"、"吸收能力"、"创新能力"来表征。"技能获取"通过企业的技术传承和具体获取方式的五级 Liketer 范围标准打分来确定。"吸收能力"通过企业拥有多种知识获取的方法，企业知识

---

① 本研究所使用数据来自甘肃省风险投资中心 2008 年中小企业技术能力调查。

来源的五级 Liketer 范围标准打分来确定。"创新能力"通过产品具有独创性和新产品、新技术研发能力的五级 Liketer 范围标准打分来确定。

"技术创新"通过"产品创新"和"工艺创新"来表征。"产品创新"通过同本行业其他企业相比,本企业产品的独创性和持续改进产品能力的五级 Liketer 范围标准打分来确定。"工艺创新"通过同本行业与其他企业相比,本企业的研发能力和投入市场运营能力的五级 Liketer 范围标准打分来确定。

"企业业绩"通过企业近三年内的产品销售平均增长率和企业近三年内的产品平均利润率的测度来表征。

在分析方法上,作者主要采用了结构方程模型(SEM)来分析变量间的路径关系。SEM 是一般线性模型的扩展,可表示为 y = i + Xb + e(其中 y 是因变量上包含观测得分的向量,i 是 y - 截距的单位向量,X 是连续分布或分类自变量的矩阵,B 是回归权重向量,e 表示残差向量)。SEM 分析的基本途径为"理论—模型构建—模型识别—模型收集—模型检验—结果"。即首先基于理论定义模型,然后确定怎样测量建构,收集数据,然后输入数据到 SEM 软件中。最后,软件拟合指定模型的数据,产生包括整体模型拟合统计量和参数估计的结果,以及检验的拟合指数。在本书的研究中,对于具体参数的估计,作者选用了极大似然估计法,估计函数为:

$$F_{ML} = \log |\Sigma(\theta)| + tr(S\Sigma^{-1}(\theta)) - \log |S| (p+q)$$

(三) 实证结果

通过 SPSS 和 AMOS 软件,对调查问卷中的数据进行了主成分分析和结构方程模型分析,得到了相关数据。需要说明的是在分析中为避免参数过多而影响结果,先对企业设备水平、企业知识水平等二级变量做了主成分分析。在具体的结果验证中使用了 KMO 和 Bartlett 球体检验。KMO 检验是用于比较观测相关系数值与偏相关系数值的一个指标,其值愈逼近 1,说明因子分析的效果愈好。巴特利特球形检验用来检验相关矩阵是否为单位矩阵的,若 Bartlett 值的概率小于显著性水平 0.05,拒绝零假设,则相关矩阵不是一个单位矩阵,可以进行主成分分析。

在结构方程模型分析中,使用了如图 4 - 4 所示的结构,在导入相关数据后,通过输出项的修正指数,进行了调试,得到技术资源、学习导向、核心技术能力、技术创新、企业业绩之间的路径关系(见表 4 - 4)和相关拟合指数(见表 4 - 5)。从拟合指数上看,取得了模型计量的预期目标。

表4-4　　　　　　　　　一级变量间的路径关系

因果关系	标准估计	S.E	C.R	P	对应假设	检验结果
学习导向（技术资源）	0.527	0.161	5.765	***	假设1	支持
企业业绩（技术资源）	0.833	0.664	2.920	***	假设2	支持
核心技术能力（学习导向）	0.471	0.537	-1.559	***	假设3	支持
技术创新（核心技术能力）	0.894	0.074	4.446	***	假设4	支持
企业业绩（技术创新）	0.681	0.046	5.166	***	假设5	支持

说明：＊＊＊表示 $p<0.005$。

表4-5　　　　　　　　结构方程模型拟合指数

	拟合指标	模型估计	解释
绝对拟合指数	GFI（良性拟合指标）	0.932	大于0.90，较好
	AGFI（调整的良性拟合指标）	0.869	大于0.80接近于0.90，较好
	RMR（残差均方根）	0.041	小于0.05，较好
	RMSEA（近似误差均方根）	0.070	小于0.08，一般
相对拟合指数	CFI（比较拟合指标）	0.962	大于0.90接近于1，很好
	IFI（增值拟合指标）	0.937	大于0.90接近于1，较好
	NFI（规范拟合指标）	0.926	大于0.90，较好
	RFI（相对拟合指标）	0.939	大于0.90，较好
	TLI（Tucker-Lewis指标）	0.951	大于0.90接近于1，很好
简约拟合指数	AIC（阿凯克信息标准）（理论模型）	175.438	理论模式AIC值小于饱和模式AIC值和独立模式的AIC值
	AIC（阿凯克信息标准）（饱和模式）	199.372	
	AIC（阿凯克信息标准）（独立模式）	1127.327	
	PNFI（简约规范拟合指标）	0.671	大于0.5，很好
	PCFI（简约比较拟合指标）	0.677	大于0.5，很好
	χ^2/df（卡方值与自由度的比值）	2.240	$1<\chi^2/df<3$

(四) 实证结果的实践意义

增强企业技术能力是西部区域自我发展能力内在生成的基础。从测度结果看，企业核心技术能力对企业技术创新的贡献率相对较低，仅为0.471，这说明企业技术能力偏弱仍是制约企业技术创新的瓶颈。对此，要着重做好技术战略的制定和实施，具体而言，第一，技术战略宜采取跟随创新和模仿创新战略。其中，跟随战略适合于上市时间滞后于领先者的企业；模仿创新型适合于技术资源占有不充分、能力偏弱的企业。第二，在技术选择上，宜选择由需求拉动的技术创新，这种技术选择，不仅风险相对较低，而且容易转变为现实生产力，收益相对较高。第三，在技术培育上，要科学制定薪酬制度，统筹处理好人、财、物三者之间的关系，资源优化配置的预期效果。

三　西部区域自我发展能力内在成长路径的重点：企业家创新精神的嬗变

上述两点分析可以看出，西部资源为西部区域自我发展能力的提升提供了基础，而西部特色优势产业的确立则为西部区域自我发展能力的持续提升提供了极大的可能，但这仍不能决定西部区域自我发展能力内在成长路径的长期、持续提升。这是因为有研究表明（如邵帅等[1]；张红芳[2]；刘颖琦等[3]）：丰富的自然资源并不一定能够带来经济的持续增长，如"资源诅咒"、"自然资源禀赋陷阱"、"荷兰病"等观点。其主要观念是依靠初级产品取得的利润率往往会远低于高附加值产品，如长期维持此类分工，会导致传统优势的逐步丧失和生态环境的进一步恶化。

这从反面佐证了在区域自我发展能力提升的过程中，还有一个重要的变量发生着作用。从"资源—分工—能力"这条路径上看，这一变量是决定区域自我发展能力发生质变的重要变量，同时，这一变量在决定区域自我发展能力的内生路径时，存在着极大的离差，即充满着极大的风险或成功的可能。从经验事实的角度来看，比如在硅谷的发展中，肖克利和菲尔柴德的管理风格有效地吸引了投融资机构，为以后解决高科技高风险公

---

[1] 邵帅、齐中英：《西部地区的能源开发与经济增长——基于"资源诅咒"假说的实证分析》，《经济研究》2008年第4期。

[2] 张红芳：《西部地区竞争优势刍议》，《陕西经贸学院学报》2000年第4期。

[3] 刘颖琦、李学伟：《西部区域竞争优势分析》，《中国软科学》2003年第1期。

司的融资和成立风险投资公司开辟了一条新的路径。更为准确的表述是这个变量就是企业家精神，这一变量中，核心因素就是企业家创新精神。

"企业家"这一概念是1800年萨伊首次提出的。他认为利润的分配包括两部分，其一，使用资本所付出的租金，也就是利息；其二是企业家从事企业管理、监督，以及从事冒险性活动的报酬，并认为企业家应得到较高的报酬。亦有人称这是资本家的剩余索取权。在此，我们将撇开企业家对利润的分配问题，只讨论企业家实现企业资源联结的"企业家精神"。具体而言，它是指企业家实现经营管理企业的综合才能，是一种无形资产。弗兰克·奈特认为"实施某种具体的经济活动成了生活的次要部分，首要的问题或功能是决定干什么或如何去干"[1]。例如，盛田昭夫所蕴含的企业家精神，不是生产收录机，也不是生产栅条彩色显像管，而是打造了索尼公司的企业文化。

企业家精神对于企业成功的重要性，可通过全球最大的Accenture科技顾问公司和世界著名的管理咨询公司埃森哲的研究来反映。Accenture的研究报告指出，在全球高级主管心目中，企业家精神是组织健康长寿的基因和要穴。埃森哲公司，通过对26个国家和地区与几十万名企业家的交谈，得出其中79%的企业领导认为，企业家精神对于企业的成功非常重要。[2] 对于西部而言，西部缺少企业家，更缺少企业家精神。那么，如何来研究西部企业家精神对西部自我发展能力的影响呢？作者将在本章第二节研究的基础上进一步展开。由于采用的方法及调查对象都有类似之处，为此，在具体的实证研究中，对一些重复性的说明将做一省略。

(一) 概念模型框架的构建

在上述基础上，归纳区域自我发展能力内在成长路径的"能力"环节具有如下特征：(1) 区域自我发展能力内在成长路径的灵魂是企业家创新精神，企业家通过从事"创造性破坏"(creative destruction)[3]，即从产品创新、技术创新、市场创新、组织创新等方式实现企业的增殖，从而

---

[1] 吴泗宗、汪岩桥：《企业家功能、能力与企业家精神》，《江苏社会科学》2001年第12期。

[2] 参见百度百科知识，http://baike.baidu.com/view/299.htm。

[3] "创造性破坏"一词由美籍奥地利经济学家熊彼特提出。现已成为企业变革的核心概念，是其企业家理论和经济周期理论的基础。在熊彼特（1934）看来，"创造性破坏"是破坏旧的经济结构而产生新的经济结构，而这种结构的创造和破坏主要不是通过价格竞争而是依靠创新的竞争实现的。

实现企业自身业绩的增长和区域经济相应提升。（2）企业家创新精神的重点是推动创新，其实质是"做不同的事，而不是将现有的事做得更好"。为此，企业家的创新精神反映在企业中将是产品创新、制度创新和工艺创新。（3）从区域自我发展能力的内在生成路径看，区域自我发展能力的提升表现出的是，企业业绩和产业集聚效应的明显提升。为此，作者构建了图 4-5 来反映各变量间的路径关系。① 主要构建了企业家精神与企业创新之间、企业创新和区域自我发展能力之间、企业家精神和区域自我发展能力之间的路径关系。为此，作者提出如下假设：

假设1：企业家创新精神对企业创新有正向促进作用。

假设2：企业家创新精神对区域自我发展能力有正向促进作用。

假设3：企业创新对区域自我发展能力有正向促进作用。

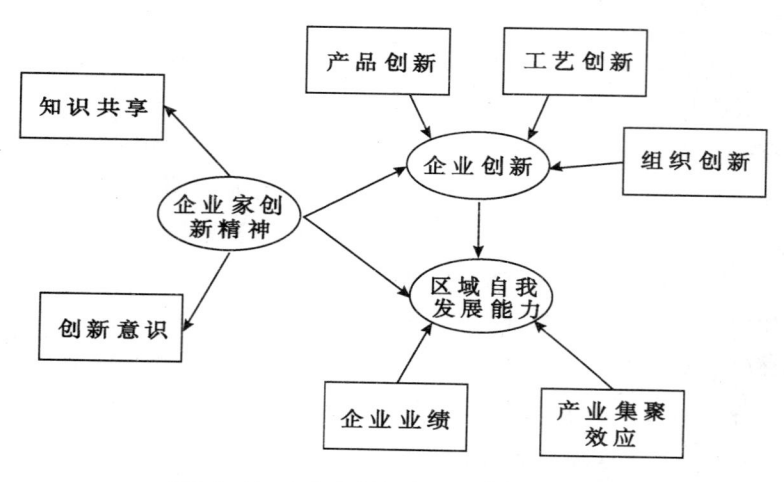

图 4-5　企业家创新精神路径分析框架

（二）实证分析

基于上述分析框架，采用结构方程进行了实证分析。样本空间为全部问卷的237家企业，而不仅仅是机械电子行业。这主要是因为第二节是为了避免研究结果的不统一，而此处不牵涉此问题。

---

① 图中的方框表示能测度的显变量，椭圆表示不能直接测度的隐变量。

在变量表征方面,"企业家精神"通过"知识共享"[①]从"创新意识"两个方面表征。其中,"创新意识"通过本企业拥有完善的计算机网络和专家网络、拥有良好的沟通协调能力和创新意识的五级 Liketer 范围标准打分来确定。"企业创新"通过"产品创新"[②]、"工艺创新"[③]和"组织创新"来表征。其中,"组织创新"通过企业是否有由财务型向战略管理型转变,或集团事业部制向二级子集团演变,或逐步推广产业链管理,或推式管理转向拉式管理转变的倾向的五级 Liketer 范围标准打分来确定。"区域自我发展能力"通过"企业业绩"[④]和"产业集聚效应"来表征。其中,"产业集聚效应"通过搭建技术研发推广平台、签约项目和共同开发的五级 Liketer 范围标准打分来确定。

(三) 实证结果

通过 AMOS 软件,根据图 4-5 所示的结构图,在导入相关数据之后,通过根据修正指数所做的调试,得到了企业家创新精神、企业创新和区域自我发展能力间的路径关系(见表 4-6)。相关拟合指数见表 4-7,达到了预期目标。

表 4-6　　一级变量间的路径关系

路径关系	对应假设	数值	S.E	C.R	P	检验结果
企业家创新精神→企业创新	假设 1	0.317	0.229	2.817	***	支持
企业创新→区域自我发展能力	假设 2	0.729	0.327	1.861	***	支持
企业家创新精神→区域自我发展能力	假设 3	0.214	0.367	1.212	***	支持

说明:P 列中 *** 表示 $p<0.005$。

---

① "知识共享"通过企业部门间拥有良好的沟通和协调能力来表征,企业提倡信赖、合作和知识共享,企业建有知识共享平台,职工可利用电子邮件、电子公告栏、电子会议交流信息和企业提倡和加强员工之间的交流与合作的五级 Liketer 范围标准打分来确定。参见闫磊《欠发达地区中小企业技术创新路径的实证分析——以兰州市机械电子行业为例》,《科技进步与对策》2010 年第 24 期。

② "产品创新"通过同本行业其他企业相比,本企业产品的独创性和持续改进产品能力的 5 级 Liketer 范围标准打分来确定。参见闫磊《欠发达地区中小企业技术创新路径的实证分析——以兰州市机械电子行业为例》,《科技进步与对策》2010 年第 24 期。

③ "工艺创新"通过同本行业与其他企业相比,本企业的研发能力和投入市场运营能力的 5 级 Liketer 范围标准打分来确定。参见闫磊《欠发达地区中小企业技术创新路径的实证分析——以兰州市机械电子行业为例》,《科技进步与对策》2010 年第 24 期。

④ "企业业绩"通过企业近三年内的产品销售平均增长率和企业近三年内的产品平均利润率的测度来表征。参见闫磊《欠发达地区中小企业技术创新路径的实证分析——以兰州市机械电子行业为例》,《科技进步与对策》2010 年第 24 期。

表 4-7　　　　　　　　　　结构方程模型拟合指数

拟合指标	模型估计	解释
χ^2/df（卡方值与自由度的比值）	2.013	$1<\chi^2/df<3$
GFI（良性拟合指标）	0.946	大于0.90，较好
CFI（比较拟合指标）	0.977	大于0.90接近于1，很好
NFI（规范拟合指标）	0.919	大于0.90，较好
PNFI（简约规范拟合指标）	0.622	大于0.5，很好
PCFI（简约比较拟合指标）	0.636	大于0.5，很好

（四）实证结果的实践意义

从测度结果看，兰州市中小企业创新能力对于区域自我发展能力（内生路径）的贡献率为0.729，反映出在区域自我发展能力的内在生成中，企业创新对于区域自我发能力的内在生成具有重要地位。但是企业家创新精神对于企业创新和区域自我发展能力的贡献率较低，仅为0.317和0.214，这说明还需要急需提升企业家创新精神，以促进区域自我发展能力的内在生成。这一结果的实践意义在于，对于西部企业家创新精神的培育，须要着重做好以下三点：

第一，创新意味着高投入和高风险，西部国有大型企业贷款和融资相对比较容易，而一般的中小企业由于在抵押和担保方面不占优势，贷款和融资相对较难。为解决这一问题，可通过建立中小企业担保联合委员会实现联保来解决担保难题；或者，通过与风险投资家的合作，让其入股，化解资金难题。

第二，创新也意味着迎合、挖掘、满足受众者需求。西部中小企业家在总结成功经验时，常会提到的是三分的经营、七分的关系。把企业的经营作为了副业，而把拉关系、占便宜、不按市场规律办事作为了主业，这样一来，本末倒置，企业家由于不了解真实的企业经营状况，往往会在"商二代"上耽误企业的进一步发展。

第三，西部企业家的生态环境相对较为恶劣，为此，常有快速致富、暴富、发大财的思想作祟。这些企业家往往会选择与资源关联较大的矿产进行投资，而不把企业长期的发展作为立身之本。这种急功近利的思想一方面会影响企业的发展，另一方面，也会影响当地经济发展的生态环境。为此，西部企业家需要建立明确的长期发展战略，进一步规范公司的管理，以激励员工为企业长期服务，共同受益。

第三节 西部区域自我发展能力的外在生成路径：政府治理

空间的价值决定着区域的功能，而区域的功能规范和激励着区域自我发展能力的生成。这是本研究关于区域自我发展能力生成路径的一个基本判断。第二节的研究意义在于解释空间经济价值的作用下区域自我发展能力的生成问题；本节将针对西部空间价值的二元化特征（经济价值和空间价值），讨论西部区域自我发展能力的外在生成问题。基于这一核心问题产生的子问题有三个：（1）虽然区域自我发展能力的内生路径（资源—分工—能力）与外生路径（资源—功能—分工—能力）在表述上仅差"功能"一词，但两者的生成机理是完全不同的，前者是通过产业分工形成的利益机制来直接完成的；而后者则涉及了功能分区，其利益激励不可能通过市场机制来直接完成，需要中央政府参与完成[①]。（2）为保障这一激励机制能够实现国家空间价值收益的最大化，那么，在具体的实践中，需要如何进行改进。（3）为维护这一利益分配格局，中央政府和地方政府的职责应该是什么？为此，本节将围绕这三个问题展开。[②]

一 区域发展战略的转变与功能分区思想的形成：西部区域自我发展能力外在生成的前提条件

区域发展战略的主导思想主要分为两类，一类为均衡发展战略，主张全面投资，均衡地发展各个经济部门或产业；另一类为非均衡发展战略，主张将有限的资本和资源首先用于发展一部分产业和部分地区，然后再带动其他产业和地区的发展。后者比较适合于发展中国家，这是因为发展中国家生产要素有限，尤其是资本有限，应该适当舍弃没有优势的产业，积极发展具有比较优势的产业，通过产业合理分工来带动区域发展。

[①] 对此问题的讨论，详见本书第二章第二节和第三章第一节。

[②] 这种基于中国区域发展实践的理论创新，对于丰富和发展主体功能区理论具有一定的学术意义。由于西部区域自我发展能力的内在成长路径的生成是一种基于现有区域经济发展的经验认识，故在论述上主要应用了实证分析方法；而本节讨论的西部区域自我发展能力的成长路径是建立在国家功能分区战略意志下的认识，目前尚未形成经验性的成果，故本节的论述以学理性分析和逻辑性分析为主。

在 20 世纪 70 年代末期，中国经济基础非常薄弱、可利用的经济资源也极为短缺，要实现经济的快速增长只有通过非均衡的发展模式，只能把有限的资源集中投入到特定的产业或特定的区域，并通过这些产业或区域的优先发展来带动其他部门和区域的发展。鼓励一部分有条件的地区先发展起来，是这一时期区域经济非均衡发展战略的最为简洁的概括。

20 世纪 90 年代，非均衡发展战略的弊端日益受到学术界和决策层的普遍关注。针对当时东西差距不断扩大的事实，社会各界逐渐形成了效率与公平兼顾的目标取向，开始强调区域经济的协调发展。

21 世纪以来，随着经济的快速发展，区域新问题开始不断涌现，区域差距、城乡差距、生态恶化、环境破坏、资源枯竭等问题日益突出，统筹区域协调发展开始成为一个重大战略问题被提了出来。我国区域总体发展战略被确定为"四轮驱动"，即"坚持实施推进西部大开发，振兴东北地区等老工业基地，促进中部地区崛起，鼓励东部地区率先发展的区域发展总体战略，健全区域协调互动机制，形成合理的区域发展格局"。这说明国家的区域发展战略已由非均衡战略向协调发展战略转变。

如何从学理上对这一战略的转变进行解释呢？从以往研究来看，可根据研究理论基础及视角的不同，把研究区域协调发展的范式划分为四类。一是比较优势与区位范式。它以比较优势理论和区位理论为基础，适用于区域间的分工、贸易，及合作关系，强调的是区域产业协调和区域功能协调。二是发展经济学范式。这种观点在区域开发的方式上，重视物质资本的作用和政府积极干预政策的价值；在区域发展的时序上，形成了均衡发展理论和非平衡发展理论两类截然不同的主张，强调的是过程的协调互动及结果的最终平衡。三是人力资本范式。这类观点主张人力资本的数量和质量决定着区域经济发展的绩效，区域人力资本状况与人力资源的区际流动是区域协调互动发展的关键，将决定区域发展的因素从以往的有形要素转移到无形要素方面，将对区域发展要素的认识由外生性转为内生性。四是制度范式。这种观点认为，区域发展取决于区域内正式规则和非正式规则的相互耦合，包括默会知识与面对面交流、正式和非正式网络、当地和区域内机构的质量、制度化深度、交流与互动合约等，强调社会资本的作用。上述四种范式内容如表 4 – 8 所示。

表 4–8　　　　　　　　　区域协调发展的研究范式

范式	关键要素	区域协调发展的主体	区域协调发展的着眼点	区域协调发展的手段
比较优势与区位范式	理论基础	市场	产业协调功能协调	合理分工优势互补
发展经济学范式	物质资本	政府与市场	过程协调结果协调	规划与物质资本投入
人力资本范式	无形要素	政府与市场	内生协调	人力资本
制度范式	社会资本	社会经济主体	系统协调	制度创新

但在具体的中国区域发展实践中，区域发展战略则集中体现了"发展是第一要务"的宗旨，即认为，只有树立了强烈的发展意识，深刻领会发展的内涵，实施区域发展战略才会具有原动力。在"无论白猫黑猫，抓住老鼠就是好猫"的方法指导下，1978 年之后的中国区域发展战略的选择更具有了博弈色彩。为此，作者将以博弈论为主要方法来说明功能分区思想的形成，因为博弈论可以看作是理性经济个体在相互交往中战略选择的理论。① 假设存在两个区域 $i = 1, 2$，这两个区域都具有经济价值和生态价值，其中区域 1 代表着发达地区，区域 2 代表着欠发达地区。区域 1 与区域 2 的策略变量为 $e_i, e_j \in E$，E 是有界的，表示区域 1 和区域 2 的行动边界。为简便起见，区域 1 和区域 2 的策略变量分别是以经济价值为导向和以生态价值为导向。当然，在实际经济活动中，各区域在经济发展中往往采取的是两种价值导向的混合策略，现在先做一简化。区域 1 与区域 2 的收益函数为 $u_i(e_i, e_j; \theta) - c$ ②，其中，θ 为环境参数，c 为相应的交易成本。由于本书讨论的是一国内国家战略的变化，故区域 1 和区域 2 面临着相同的环境参数 θ，可以略去不提。

由于任何最大化都是资源约束下的"条件极值"，因此，改革的约束条件就界定了改革战略的选择空间。③ 有了这一前提假说，就比较容易理解在

---

① 罗杰 A. 麦凯恩：《博弈论——战略分析入门》，机械工业出版社 2008 年版。

② 本例对策略变量做了假定，但宽泛的研究时，应假设收益函数连续可导，($\frac{\partial^2 \mu}{\partial e_i \partial e_y} > 0$, $\frac{\partial^2 \mu}{\partial e^2 i} < 0$) $\frac{\partial^2 \mu}{\partial e^2 y} < 0$ 且。

③ 苗壮：《改革变迁中的改革战略选择问题》，盛洪：《中国的过渡经济学》，格致出版社、上海三联书店、上海人民出版社 2009 年版，第 93 页。

改革初期各区域的发展战略了。由于改革开放初期，改革目标并未确定在社会主义市场经济体制的确立上，而仅仅是通过发展外贸来提高地方经济实力。面临的主要约束是资本的匮乏，进而这一时期的招商引资比较盛行。这样一对比，可以看出改革开放初期的环境参数 θ 应主要体现在资本匮乏的约束上，而不是在预期收益目标的确定上。为此，假设区域1和区域2的策略变量分别是经济价值导向和生态价值导向，对应收益函数的值分别为 (-1, -1)、(-1, -3)、(-3, -1)、(-3, -1)，如表4-9所示，在这个收益矩阵中，第一个数字代表区域1的收益，第二个数字代表区域2的收益。通过启发式方法可以得到这个收益矩阵的纳什均衡为 (-1, -1)，即在不能确定收益的战略选择下，首要考虑的是选择支出最小的经济活动。

表4-9　　　　　　　区域发展导向的收益矩阵（一）

		区域2	
		经济价值导向	生态价值导向
区域1	经济价值导向	-1, -1	-1, -3
	生态价值导向	-3, -1	-3, -1

但是，但经济活动的收益明显确定之后，区域1和区域2的战略选择将会建立在 $u_i(e_i, e_j; \theta) - c > 0$ 的基础上重新考虑。简便起见，假设这时区域1和区域2的收益将如表4-10所示，通过启发式方法可得到这个收益矩阵的纳什均衡为 (5, 5)，如图4-10所示，即区域发展在冲破了资源禀赋陷阱之后，区域发展最大的收益将是区域1的生态价值占优与区域2的经济价值占优的组合。这一解从形式上看不具有合作解的特点，但是由于本例中将生态价值和经济价值都采用了统一的度量单位，而这在现实中并不能发生。故要使此解更富有现实意义，就需要区域2给予区域1一定的货币补偿，进而实现区域1和区域2总收益的最大化。由于这个纳什均衡通过双方的协调规避了最大损失，故可视为协调博弈（选择协调战略）的例子。

表4-10　　　　　　　区域发展导向的收益矩阵（二）

		区域2	
		经济价值导向	生态价值导向
区域1	经济价值导向	2, 4	1, 1
	生态价值导向	6, 6	4, 2

上述两个极端例子说明了区域协调战略的重要性，也说明在实施区域协调时存在的重要问题是区域生态价值的补偿问题。更进一步讲，这种发展战略的博弈更多的是一种无限重复的博弈。进一步假设，区域1和区域2每轮都有20%的可能成为下一轮的博弈，即下一轮博弈概率为80%，那么，之后n轮博弈的概率为：当一方不合作时，将触发另一方战略的转变，这种转变称之为针锋相对。这样可以得到新的收益矩阵。如图4-11所示。进一步演化这种针锋相对的战略，可得到无限种触发战略，相应的收益也会介于区域不合作与合作（或非协调与协调之间）之间。

表4-11　　　　　　　　区域发展导向的收益矩阵（三）

		区域2		
		生态价值导向	经济价值导向	针锋相对策略
区域1	经济价值导向	5, 5①	10, 20	5, 5
	生态价值导向	20, 10	30, 30	5, 5
	针锋相对策略	5, 5	28, 26②	26, 28

说明：①计算过程为：$1 + 1 \times 0.8 + 1 \times 0.8^2 + \cdots = 1/(1-0.8) = 5$。
　　　②在第一轮收益（4, 2）之后，开始采取针锋相对，即随后的收益为（5, 5）。计算他们的收益过程为：$4 + 6 \times 0.8 + 6 \times 0.8^2 + \cdots = 28$；$2 + 6 \times 0.8 + 6 \times 0.8^2 + \cdots = 26$。

根据上述分析，可以加深国家建立功能分区思想的认识。从具体的实践看，"十一五"规划纲要中，国家主体功能区区划思想的提出，明确了推进主体功能区的基本思路和方向，即根据区域资源环境承载能力、现有开发密度和发展潜力的不同，确立优化开发、重点开发、限制开发和禁止开发的不同要求。"十二五"规划建议中，开始把主体功能区上升到战略高度，并明确了主要任务。

二　基于"能力缺口"认识的激励机制：西部区域自我发展能力外在生成的基础和动力

当对空间价值的认识由一元转变为二元时，为了能够实现国家空间价值（经济价值和生态价值）的最大化，应该采取怎样的激励机制呢？从世界发达国家的经验来看，主要有如下3种，具体如表4-12所示。但是，这种主要针对发达国家的区域协调发展机制还是与我国这种后发转型大国的区域协调发展有所不同：其一，这些国家已形成建立在市场机制的经济运行方式，在落后地区不存在市场机制发挥不充分的现象；其二，这些国家通过占有充裕的经济资源和财富,具有较强的经济资源支配能力,能够通过政府主导解决落后地区贫困问题。

表 4–12　　　　　　发达国家协调区域经济发展应对机制

模式	区域范围	区域协调发展政策针对的对象	主要手段	主要措施
"市场主导型"的美国模式	一国范围之内	自然禀赋不同造成的区域差异	市场机制	1. 提供长期低息或无息贷款;2. 联邦政府转移支付;3. 军事拨款和政府兴办落后地区公共工程;4. 教育、科研和职业培训政策;5. 设立落后地区开发机构
"政府主导型"的日本模式	一国范围之内	自然禀赋不同造成的区域差异	行政手段	1. 地区发展立法;2. 财政转移支付;3. 地区开发机构专项贷款
"跨国家型"的欧盟模式	多个国家之间	国家发展水平不同所造成的差距	区域合作	1. 设立欧盟及国家层次的区域政策机构;2. 区域援助与奖励

　　那么,从我国自身国情来看,我国应该采取怎样的激励机制呢?首先,需要对这一空间价值认识转变过程中的"能力缺口"进行更进一步的探讨。第一节中我们把"能力缺口"定义为区域自我发展能力"现实状态"和"应然状态"之间的差距。其中,区域自我发展能力的"现实状况"是基于"区域资源—区域分工—区域自我发展能力—区域利益"的机制而言,核心是产业分工的利益激励直接促使区域自我发展能力的内在生成,为便于表述,把这种能力缺口称为"能力缺口Ⅰ"。而区域自我发展能力的"应然状况"则是基于"区域资源—区域功能—区域分工—区域自我发展能力—区域利益"的机制而言,核心是中央政府通过合理调配地方财政收入,使经济价值附加值大的区域给予生态价值大的区域合理的补偿,是一种间接的调配机制,为便于表述,把这种能力缺口称为"能力缺口Ⅱ"。如图 4–6 所示。

　　基于以上分析,可以看出在空间价值定位不改变的情况下,如前后发展定位都为经济增长时,"能力缺口"表现为现实状态下的区域产业分工与应然状态下的区域一体化之间的差距;另外,当空间价值定位改变时,"能力缺口"表现为不同空间价值定位造成区域主体联结区域资源能力的差异,主要表现为经验式、信念式和知识式三类资源联结能力的差异。如区域空间价值定位由经济增长定位转变为生态屏障时,区域自我发展能力

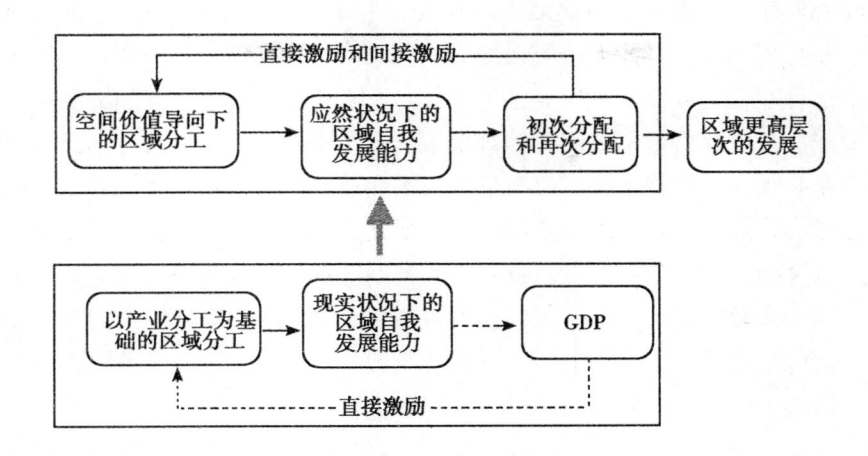

图 4-6 西部基于"能力缺口"认识的激励机制

的取向将不能是靠山吃山、靠水吃水的做法，而是资源联结能力的根本性转变。为此，应针对这两种能力缺口，从以下两个方面分别着手。

（一）基于"能力缺口Ⅰ"的激励机制和保障机制

"机制"一词源于希腊语，原是指机器的构造和工作原理，现多指事物的具体运行方式。从其含义上讲，一方面，事物的运行离不开各子部分的存在，这是研究机制的基础；另一方面，事物的运行要长久下去，就必须要让各子部分相互协调。这种协调应包括两种更具体的子机制，即自我发展机制和自我约束机制，其中，自我发展机制是指事物在一定因素的激励下，主动参与到事物的运行轨迹中，在此中作用力最强的是激励机制；自我约束机制是指保证事物活动有序性和规范化的运行管理，在此中作用力最强的是保障机制。

"能力缺口Ⅰ"反映出的是在市场不完全的情况下，西部自我发展能力"现实状态"和"应然状态"之间的差距。解决这类能力缺口的途径，主要包括以下三个方面。

1. 完善西部市场经济运行机制，增强西部自我发展能力的内生激励

在市场经济体制下，"要素流动会增加东西部开放能力、技术能力和学习能力，同时促进各种能力之间的有效替代，以不同速度实现能力结构

优化和升级，扩大了东西部能力结构差异"①。杨先明的这种关于能力结构的差异在涵义上，与本研究提到的"能力缺口 I"相似。那么，如何来弥补这种"能力缺口"呢？诺思②提出，理解经济变迁是提高经济绩效的首要先决条件，所以不仅需要为每个市场设计不同的制度结构，而且最重要的是必须认识到技术变革以及信息成本和政府结构的变化将不断改变市场的行为特征。理解和解释西部的经济变迁，就要了解西部市场经济体制下的制度结构，这才有可能去进一步完善西部的市场经济运行机制，从而通过内生激励的方式增强西部的自我发展能力③。可从信息成本、技术变革和政府结构三个方面来入手。技术变革问题已在本章第二节第二部分进行了讨论，政府结构放在第三节第三部分进行讨论。

  从信息成本的角度看市场经济运行机制，需要建立公平的市场契约制度。市场机制是以个体的"自利"为出发点，通过自由交换来实现对方需求的满足，即以自由交换达到"互利"目的。但是，当前西部的市场化程度还很低④，在价格机制运行、准入审批、市场管制方面都制约了市场化进程的整体推进。一方面要求我们不断完善相关条例、法规。其本质元素是私人财产的保护、选择的自由，以及个人的自治；⑤ 另一方面，从更深层次上讲，就是要在意识层面树立广泛的"公平"价值取向。正如，斯蒂格利茨⑥提出的：转型应包括一种制度转型的观念，即创造新的社会资本和新的监管或激励机制。有时需要有新的制度取代那些在发展进程中必然弱化的传统制度。有时新制度还将包含旧制度的一些要素。其核心价

---

  ① 杨先明等：《能力结构与东西部区域经济合作》，中国社会科学出版社 2007 年版，第 77 页。

  ② [美] 道格拉斯·C. 诺思：《理解经济变迁的过程》，胡志敏译，《经济社会体制比较》2004 年第 1 期。

  ③ 市场机制的完善是有利于区域经济增长的，两者呈一定的正相关关系。Havrylyshyn 和 Van Rooden (2000) 从 25 个国家 1991—1998 年各项经济指标分析来看，认为影响 GDP 增长的最重要因素是宏观稳定和制度改革，制度变迁对转型国家的经济持续增长呈现一定的相关性。参见 Havrylyshyn, Oleh and van Rooden, Ron . Institutions Matters in Transition, but so do Policies. *IMF Working Paper*, 2000 (01)：70。

  ④ 参见闫磊《欠发达地区市场化进程和经济增长关系的实证分析——以西部地区为例》，《新疆社会科学》2008 年第 2 期。

  ⑤ Gwartney, J., Lawson, R., & Block, W., *Economic Freedom of The World*. Washington, D. C. Cato Institute, 1996.

  ⑥ [美] 约瑟夫·斯蒂格利茨：《走向一种新的发展范式》，王燕燕译，《经济社会体制比较》2005 年第 1 期。

值观念将趋向于强调平等和公正。他进一步指出，如果发展能让人感到是平等和公正的，且能形成一种正义、承诺和互利的氛围，那么改革很有可能被广泛接受而且社会的转型也可能有广泛的参与；如果经过努力能达成共识，那么参与者还会通过参与而产生一种主人翁的感觉。

在这一思想的指导下，深化西部市场体制改革，进一步完善市场进出规则、市场竞争规则、市场交易规则、市场仲裁规则，就可以提高经济决策的科学性和改革措施的协调性，进而有效破解西部经济发展中遇到的体制性、结构性矛盾。在具体执行上，要把培育现代市场体系、监督市场运行、维护公平竞争、调整经济结构、创造良好的经济运行环境，作为重要责任。要按照审批权力与责任挂钩的原则，建立行政审批责任追究制度；同时，禁止任何单位或个人以个人权利或单位职能去妨碍市场的公平竞争[1]。

2. 促进中心城市产业集聚，增强自我发展能力的匹配效率

产业集聚理论告诉我们：在一个区域内，当众多企业成组分布，彼此在原料、产品、运输、销售、技术等方面发生经济联系，就可以产生集聚效应，即产生"1+1>2"的效应。这是因为通过产业集聚可以达到如下效果：一是可以推进市场规模的扩大。处在同一产业链上的企业集聚到一起，有利于扩大生产规模，有利于彼此间提供原料和产品，从而有效地降低生产成本、运输成本和销售费用。二是有利于技术人员的集中与开发，产生技术外溢。通过企业集中，为企业的招录与劳动者的就业提供了极大的便利，降低了交易成本；同时，企业间的技术合作、仿效和改进，能够推动整个产业链的技术进步，产生了技术外溢效应。三是企业集中可以共同享用基础设施，如，邮电通信、水电气的供应、公路铁路交通设施、金融服务、科教文卫场所等。这些设施的集中使用，既可以降低这些配套设施的运营成本，又减少单个企业的运营负担。

整体而言，西部土地资源丰富，但交通运输不便，运输成本较高。为此，在交通便利的中心城市，组建工业园区、高新技术开发区、循环经济园区即可以集约利用土地，又可以发挥集聚效应，带动地方经济发展。在具体实践中，要注意以下几个方面：

一是要定位合理。要立足于当地的比较优势，在充分科学论证的基础

---

[1] 高新才：《中国经济体制：变革与挑战》，兰州大学出版社2008年版，第1—20页。

上，完善、整合、提升区域比较优势资源，找准最具自身发展优势和潜力的产业作为园区主导产业。而不是由领导干部脑门儿一热、胸口一拍，随便做出的决定。

二是要确定合适的园区规模和园区企业入住率。要根据产业的运营特点，企业的经营范围、规模、产量和产品的销售市场、污染物排放量和处理方法，确定园区的总体规模，选择符合园区长远发展的企业。

三是完善园区硬件环境和软件环境建设。做好园区公路铺设、污水管道铺设、绿化灌溉管网埋设、绿化带建设、通讯光纤的埋设、电力线路架设工程以及防洪堤和河岸护砌工程建设，为园区企业发展提供良好的生产环境。

四是积极提升园区服务水平。建立比较完善的金融、信息物流、贸易、治安管理、土地资源、人力资源、产权交易、社会保障等服务体系，为园区企业提供政策咨询、生活服务等一条龙服务。要发挥园区在政策、环境、管理等多方面的优势，为企业在人才、资金、项目、信息、后勤保障等方面提供高效服务。提高电子政务、电子商务和信息数字化水平，减少信息传递的时间和一般事项的协调过程。

五是注意园区的生态环境建设，要以"三废"（废气、废水、废渣）利用、提高"四率一综"（矿石回采率、选矿回收率、冶炼回收率、加工材成品率和综合利用水平）、"零排放"、节能降耗节水为重点，做好园区的生态环境建设。

3. 加大西部基础设施建设力度，消除发展瓶颈制约

尽管西部大开发以来，西部基础设施建设得到了很大的改善，但是与发达地区相比还是存在着很大的差距，基础设施建设仍将是制约西部发展的一个重要瓶颈。为此，需要我们紧紧抓住西部大开发新的十年的有利时机，着力改善西部基础设施条件，努力夯实发展基础，增强西部发展的后劲。具体来讲，要做好以下几个方面的工作：

一要加快西部交通运输体系建设。要根据西部人口分布和地形特征，加快建设交通运输体系，形成完整、便捷、高效的交通枢纽。要根据国家重点建设项目，有效带动当地配套项目的开工建设。要按照"线型基本不变、充分利用老路、局部加宽改造、提高路面等级、完善排水安全设施"的原则，进行公路等级与技术标准的确定，县、乡公路以三级公路为主，重要联网路和通村路以四级为主。

二要以西部重要生态屏障区建设为重点,加强西部生态环境建设。要坚持从实际出发,因地制宜,突出重点,集中力量建成一批重大生态环境基础设施项目,有效遏制西部生态脆弱区生态环境恶化的趋势。

三要加快推进西部智能电网建设,优化电力资源配置。要加快特高压电网和城乡配电网建设,初步形成智能电网运行控制和互动服务体系,关键技术和装备实现重大突破和广泛应用;积极应用电网新技术和选用节能型设备,促进电网资源节约及降耗,提高资源综合使用率;加快以风电、太阳能发电为主的新能源开发,把风电、太阳能发电作为重要新型产业进行培育,积极做好电网对接,实现水电、火电、风电、太阳能发电等电力资源的优化配置。

四要加快西部三网融合建设。要按照"政府主导、社会参与、市场运作、全民受益"的原则,加强技术创新、体制创新、服务创新,做好全区通信网、电视网和互联网的融合工作。同时,要加强信息平台建设,积极开展生产经营、政策、科技、气象及市场、农产品质量标准、食品安全等全方位的信息服务,不断提升西部信息服务能力。

(二)基于"能力缺口Ⅱ"的激励机制和保障机制

"能力缺口Ⅱ"反映出的是在空间功能分区的情况下,西部自我发展能力"现实状态"和"应然状态"之间的差距。解决这类能力缺口的途径,主要包括以下三个方面。

1. 完善区域合作机制,增强西部自我发展能力的外生激励

从区域空间经济价值的角度考虑,区域间的合作应该是建立在比较优势基础上的。区域双方通过选择机会成本小的产业进行发展,从而实现"两利相权取其重,两弊相权取其轻"的合作。此时的区域合作战略选择是一个纳什均衡解,双方都取得了占优策略。但当区域的空间价值不再仅仅是经济价值的时候,还包括区域生态价值时,区域间的这种经济价值与生态价值的合作将带来的战略选择就可能不是一个纳什均衡解了,如本节第一部分的博弈策略阐述的道理。此时,双方的合作解虽然能够取得空间收益的最大化,但需要一个经济价值和生态价值间的一个转化器,这在现实中就比较难以实现,那么这时更高一层次的能够协商双方关系的组织就显得尤为必要了。从实践上讲,当区域间的合作是建立在这种非经济利益基础之上的合作时,中央政府的出面协调,安排双方的责任与义务就可以实现空间收益最大的合作解。为此,区域间的合作机制,应从两个方面进

行阐述。

从空间经济价值考虑的区域合作,应该依托区位优势,以"区域联合、信息互通、资源整合、市场共拓、互惠共赢"为原则,积极实现区域间的优势互补、市场互补、共同发展。具体而言,一是要建立信息共享平台。要以整合信息资源、发展市场中介、扩大覆盖面为重点,积极拓展网上项目推介、招商宣传、信息发布、办公运行、信息化管理等网络业务。二是搭建投融资服务平台。成立区域金融协调合作办公室,主要负责区域间金融合作的组织、协调、管理和落实等工作。组建若干个开发投资有限责任公司、担保公司、企业信用促进会和农户信用合作协会,促使投融资活动市场化。三是构筑中小企业创业发展平台。按照"统一规划、分步实施、企业化管理、市场化运作"的方式,对中小企业提供从创立、成长、壮大的哺育孵化工作,创造一个能够让创业者安心、顺心、放心、舒心的发展环境、服务环境,努力把中小企业创业园建设成为"规划合理、环境优美、设施齐全、服务完善"的中小企业发展平台。四是建设科技服务平台。通过开放仪器设备与研究基地,共享科学数据和科技文献,引导企业与高等院校、科研机构协作联合,加强产学研合作。

从空间经济价值和生态价值考虑的区域合作,要有中央政府相关职能部门介入才能完成,比如扶贫办此类职能部门。这类部门通过自己手中占有的经济资源,一方面,加快这些地区的水、电、路、通讯等基础设施建设;另一方面,通过采用开发式扶贫、异地搬迁、整村推进、以工代赈、富余劳动力转移等方式,间接地达到区域合作的目的。这些年国家实施的"农村劳动力转移培训计划"、"阳光工程"和"雨露计划",以及三峡移民就具有这样的性质。

2. 完善财税制度,增强地方政府资源调控能力

西部四大生态系统(青藏高原区、西南山地区、黄土高原区、风沙区)关系着全国,乃至全球的生态系统安全。其生态脆弱程度,受西部自然环境和人类活动的影响,也比东部和中部脆弱得多。西北的干旱、西南的喀斯特和多山严重制约了西部的经济发展。西部区域的生态价值是全国四大板块中权重最大的一片。为此,从西部的生态价值考虑,应加大对西部的转移支付和优化西部的税赋结构。

从分税制的角度看,1994年之后的分税制改革,极大地促进了国家

财政的汲取能力①，增强了中央政府的经济调控能力。但是在这次税制改革中，将75%的增值税和全部消费税纳入中央财政，这不利于西部地方政府资源调控能力的增强。一则西部的产业布局中，资源型重工业所占比重较大，而目前生产型增值税不利于西部重工业的资本积累，也不利于西部通过税收改善生态环境；二则西部消费层次较低，东部消费层次高，而消费税的税赋又较轻，这也不利于西部。为此，需要从西部生态价值的角度考虑，对西部税赋结构进行一定的优化。

从中央转移支付的角度看，中央转移支付可以缓解财政差别带来的地区间利益矛盾，陈栋生提出"区域政策的作用旨在弥补市场机制上的缺陷……就必须首先明确区域政策构建的原则——补偿原则"②。进一步而言，在功能分区的思想指导下，西部的生态价值的体现，需要国家通过转移支付来进行补偿，而不仅仅是为了弥补市场缺陷。

3. 优化生态制度设计，增强地方政府生态治理的强制能力

区域生态治理由于投入大、见效慢，地方政府在现有政绩考核的体制下，只有能够得到专项财政补贴，否则一般是不愿意将大批的资金投入生态治理方面的。这方面我们需要借鉴国外的成功经验，制定相关法律，如韩国的《国家均衡发展法》（2004）、《有关国土计划及利用法律》（2002）、《地方分权特别法》③，美国的《地区在开发法》（1961）、《联邦受援区与受援社区法》（1993），日本的《北海道开发法》、德国的《联邦空间布局法》④ 等。资源是有限的，分布是不平衡的，发展是有差别的。在区域协调发展中，必然会导致有的地区增长快些，有的增长慢些，有的地区为了总体发展作出一定的牺牲。因此，要加大和改善财政转移支付，增加对欠发达地区特别是限制开发区域、禁止开发区域用于基本公共服务和生态环境补偿的财政转移支付。这样一方面可以保证生态治理经费的到位，另一方面也有利于区域的长远发展。

三 中央政府的主导与参与：西部区域自我发展能力外在生成路径的切实保障

区域协调发展，目的在发展，难点在协调。发展必须是科学发展，协

---

① 参看本研究中关于王绍光、胡鞍钢《国家能力理论的评述》，第21页。
② 陈栋生：《区域经济的实证研究》，内蒙古文化出版社1993年版，第204页。
③ 金钟范：《韩国区域发展政策》，上海财经大学出版社2005年版，第430—436页。
④ 余明勤：《区域经济利益分析》，经济管理出版社2004年版，第188页。

调更难的是综合协调。协调的水平决定发展的质量，协调的效率影响发展的效益。协调，不仅是一种眼光、一种胸怀，也是一份责任、一份义务。中央政府作为总设计师，立足于"两个大局"，实现区域协调发展其核心是要建立、健全一套规则，形成有必要的法律规范，有刚性的制约，有严格的监管，有及时的追惩，还应当有有效的协调机制和制度保证。

由于西部区域自我发展能力的外在生成路径涉及了区域的经济价值和空间价值，经济价值可以通过市场机制来实现，但是区域的空间价值则需要中央政府的主导与参与。中国中央政府掌握着超过世界上任何一个政府掌控的资源，这既有利于区域协调制度的制定与落实，但也使他担当了更大的社会责任。作为政策的制定者，它的目标是区域协调发展，这就决定了它的具体职责，其中包括"形成有利于实现整体利益、长远利益最大化的区域分工格局"，"形成有利于实现人与自然和谐相处的国土开发格局"。[①]

"十二五"时期是实行国家主体功能区战略的重要5年。作者认为，要保证主体功能区相关法规的顺利执行，区域主体功能区相关政策的"公平"将是保障其顺利实施、取得预期效果的先决条件。从空间价值的经济价值和生态价值相协调的角度制定相关法规，可以更好地从"公平"的角度去解释主体功能区的相关法律法规，如生态补偿问题、贫困地区的救助问题。

小　　结

①本章在区域自我发展能力的主题是"发展"的思路指导下，根据上一章的区域自我发展能力的分析框架，结合西部的自身特点，阐述了西部地区自我发展能力提升的内在路径和外在路径。

②随着西部大开发的深入，国家对西部的政策已经有了一定的转向，主要体现在三个方面对西部价值的判断。这种价值判断产生的预期与西部现实能力之间产生了"能力缺口"，需要西部区域自我发展能力发生重构。为此，作者从空间价值的角度和国家主体功能区的角度，探讨了这种重构思路，归纳为表4-13和表4-14。

③区域自我发展能力的内生路径是由经济资源决定的联结能力。在"资源—分工—能力"的内生成长路径中，需要分拆出两步来说明生成路径。其一，在"资源—分工"过程中，需要强化基于资源禀赋的比较优

---

① 张军扩、侯永志：《协调区域发展——30年区域政策与发展回顾》，中国发展出版社2008年版，第61页。

势，发展特色优势产业；其二，在"分工—能力"过程中，需要从企业入手，抓好企业技术能力的提升和企业家精神的培育。

④西部空间价值的二元化特征是认识西部区域自我发展能力外在生成的基础，由于功能分区，"能力缺口"弥补需要两个方面才能完成，即直接激励和间接激励问题。同时，中央政府的职能的介入是保障间接激励能够完成的重要因素。

表4-13　　　　　　　西部区域自我发展能力重构思路（一）

	区域性中心城市	资源富集地区	生态脆弱区	边疆民族地区
区域功能定位	以经济增长为主	国家发展重工业的基础	地球生命的支持系统	边防安全和民族团结的基石
"能力缺口"的表现	传统产业分工向区域一体化转变	实现矿产能源的粗放式开发向集约式综合开发转变	实现由"靠山吃山"的生产方式向以保护生态环境为主多元化发展的转变	相对封闭的发展方式向市场化的发展方式转变
主要解决的问题	随着中国经济的快速发展，建立在生产要素低价位基础上的区域分工，会由于劳动力成本、原材料成本和环境成本的上升，而逐渐丧失成本优势	以税制的改进来补偿和激励当地实现资源的集约式综合开发。那么，在计税依据上，需要把"从量计征"改为"从价计征"；在税收的分配上，应根据当地长期发展需要确定资源税的返还比例	生态补偿问题。从补偿模式看，应考虑采用国家补偿模式。从补偿标准上看，要从生态效益、经济效益、社会效益三个方面统筹规划进行评估，要以生态成本估算为主，同时兼顾支付意愿和支付能力	主要解决的问题是通过中央财政的转移支付，实现公共服务均等化，达到国家层面的区域协调发展
主要分布地区	西安—宝鸡—天水为主的关中地区，以成都—重庆为主的成渝城市带，以兰州—西宁为主的河谷区域，以银川—乌海—呼和浩特为主的河套地区，以及北部湾城镇群、云贵高原城镇群、北疆城镇群等区域	克拉玛依、库尔勒、石嘴山、玉门、金昌、攀枝花、铜川、东川、六盘水、格尔木为主的新疆盆地区域、内蒙古鄂尔多斯盆地、柴达木盆地、四川盆地、关中地区、宁夏及云贵高原等煤、石油、天然气、铁、有色金属等地区	青海三江源草原草甸湿地区域、四川若尔盖高原湿地、新疆阿尔泰山地森林区、甘肃甘南黄河重要水源补给区、黄土高原丘陵沟壑水土流失防治区、桂黔滇喀斯特石漠化防治区、三峡库区，以及川滇、秦巴、藏东南高原边缘、藏西北羌塘高原等区域	新疆、西藏和内蒙古等与他国接壤的沿边地区。主要解决的问题是通过中央财政的转移支付，实现公共服务均等化，达到国家层面的区域协调发展

续表

	区域性中心城市	资源富集地区	生态脆弱区	边疆民族地区
区域自我发展能力的培育导向	长期来看是于培育企业的自主创新能力；从短期来看是发挥要素的空间集聚效应，实现产业的空间集聚和城市的空间集聚			

表 4-14　西部区域自我发展能力重构思路（二）

	优化开发区域	重点开发区域	限制开发区域	禁止开发区域
区域功能定位	加快发展方式转变，提升全球化中参与国际竞争的层次，成为全国区域经济发展的龙头	降低能耗、提高效益、优化结构、加快发展，成为全国区域经济发展重要的增长极	构筑生态功能区，保障国家生态安全	保护自然文化资源，保护珍贵动植物基因资源
"能力缺口"的表现	与发达国家先进科技之间的差距，及与国土空间优化布局间的差距	现有开发强度与预期开发强度之间的差距	现有生态状况与预期生态状况在提供生态产品上的差距	现有的有价值生态系统与预期的有价值生态系统间的差距
主要解决的问题	空间结构的优化布局（应包括城镇布局、产业布局和公共物品的布局）和产业结构的优化升级（主要通过自主创新来实现）	推进新型工业化进程，提升区域集聚能力；扩大城市规模，提高人口集聚的能力	水源涵养、水土保持、防风固沙和保护生态多样性	生态系统的保护
主要分布地区	无	关中地区、成渝地区和北部湾地区	青海三江源草原草甸湿地，新疆阿尔泰山地森林、塔里木河荒漠区、阿尔金草原，四川若尔盖高原湿地，甘肃甘南黄河重要水源补给区，秦巴山区、内蒙古呼伦贝尔草原、科尔沁沙漠化防治区、浑善达克沙漠化防治区、毛乌素沙漠防治区、藏东南高原边缘森林、藏西北羌塘高原、川滇森林、黄土高原丘陵沟壑水土流失防治区、桂黔滇等喀斯特石漠化防治区等地区	西部的国家级自然保护区、世界文化自然遗产、国家森林公园、国家地质公园、国家级风景名胜区

续表

	优化开发区域	重点开发区域	限制开发区域	禁止开发区域
区域自我发展能力的培育导向		围绕区域经济增长主题，提升区域生产经营能力和区域空间结构优化能力	增强生态环境的保护能力，促进人口的向外转移输出	重点围绕区域生态环境的保护而展开相关工作

第五章 中国西部区域自我发展能力指标体系的构建与评价方法

前三章的研究表明，区域自我发展能力研究的主题是发展问题；在空间价值二元特性下，构建"资源—功能—能力"三位一体的分析框架是适合于中国西部当前及今后一段时间的发展的。继续推进西部大开发的总体思路是统筹兼顾，既需要进一步健全市场机制，形成分工合理、特色明显、优势互补的区域产业结构；又需要通过政府治理，促进公共服务和人民生活水平显著提升。在布局上，要根据资源环境承载能力、现有开发密度和发展潜力，统筹考虑未来我国人口分布、经济布局、国土利用和城镇化格局。在政策上，要实行分类管理的区域政策，按照主体功能定位调整完善区域政策和绩效评价，规范空间开发秩序。

本章构建的区域自我发展能力指标体系是针对当地群众对地方政府的评价的，而非地方政府领导班子或领导个人，亦非用于区域间的横向比对。原因在于，其一，"十二五"时期，在国家主体功能战略的推行下，在功能分区的影响下，区域间的自我发展能力将是风格迥异的，不能按一个框架来互相比对；其二，既然研究区域自我发展能力的主题是发展，那么，评价发展最好的专家是发展最直接的受益者，即广大群众；其三，"十二五"时期，国家对地方政府GDP的考核已放松，开始更看重地方政府领导班子和领导者执政的公允性、一致性和长期性。

第一节 西部区域自我发展能力的评价指标体系的构建

基于上述认识，本节的主要内容是建立功能分区前提下的区域自我发展能力的指标体系。在具体操作层面，考虑到当前我国的区域发展实践中，主要是以主体功能区规划的形式而存在，尚未进入具体的实践操作中，但已初步勾画出了一个可操作集。为此，在具体的区域功能完善前提下区域自我发展能力指标体系的设计中，作者将以优化开发区、重点开发区、限制开发区和禁止开发区作为区域功能完善的基础，在指标体系的设计上，也将以此作为功能区分类的标准。

一 区域自我发展能力的指标体系的设计原则

由于区域自我发展能力是一个综合性的概念，不仅涵盖了经济社会生活的宏观层面，还涉及由区域主体构成的微观层面；不仅包括反映区域自我发展能力的显性因素，还包括与区域自我发展能力相关的隐性因素；不仅包括区域范围内的经济要素，还包括与发展相关的非经济要素。为此，对区域自我发展能力的评价所遵循的设计原则有：

（1）全面性原则

指标体系的建立，应服从于研究对象和研究目的。由于区域自我发展能力在特定范围内表现出的系统性、全面性、整体性，对于区域自我发展能力的研究主要落脚于对区域发展差距的判断，进而考察区域自我发展能力的强弱及其变化对区域发展的影响。那么区域自我发展能力在区域范围内的一系列相互联系、相互作用特性，在具体的指标设计中，区域发展的经济要素和非经济要素都将是指标体系建构的内在要素。

（2）科学性原则

科学性原则体现的是对区域自我发展能力客观性、规律的重复性、理论的可检验性、理论体系逻辑结构的完整和严谨性的认识和研究。对于区域自我发展能力指标体系和数学模型的建立，必须能准确反映区域层面区域自我发展能力提升的物质技术基础、内部构成特征、以及动态变化和演变趋势，能够揭示区域发展运行的主要本质特征和内在规律。对于区域自我发展能力的评价结果要经得起不同观念和意见的质疑、推敲和论证，经得起事实的检验。

（3）客观性原则

对区域自我发展能力进行评价时，要从区域发展的实际情况和发展态势出发，以符合当地区域发展的内在规律。选择数据时尽可能使用直接数据，少用间接数据；要综合使用总量指标、相对指标和均量指标。总量指标用来反映一定时空条件下某种现象总体的规模和绝对水平；相对指标是应用对比方法来反映某些相关事物之间数量联系程度的综合指标，以便发现事物之间的差异；平均指标是用来表明同类现象在一定时间、地点条件下所达到的一般水平与大量单位的综合数量特征。

二 西部区域自我发展能力指标体系的设计

区域自我发展能力体现了区域主体对资源的联结能力，在具体的指标设计上，应突出区域自我发展能力中解决问题、建立和达到目标的能力，以及用全面的观点和可持续的方法理解和应付发展需求的能力[①]。为此，在具体的指标体系设计上，作者参照目前一些学者和学术机构研究的成果[②]，结合我国主体功能区规划的内涵，对区域自我发展能力的设计可通过区域生态环境承载能力、区域生产经营能力、土地综合利用能力、空间结构优化能力、区域创新能力来反映。

（一）优化开发区域自我发展能力指标体系的设计

在优化开发区域[③]发展的评价方面，"十一五"和"十二五"规划纲已经提出了具体的要求，主要涵盖优化经济结构、科技创新、资源消耗和环境保护等方面，而开始弱化经济增长的评价，[④] 因此，对于优化开发区自我发展能力的评价应重点围绕区域经济发展的"质量"展开，对区域生产经营能力、土地综合利用能力和区域创新能力赋予较高的权重，对空间结构优化能力和生态环境承载能力赋予较小的权重。

一是区域生产经营能力。对于优化开发区而言，提高经济增长的质量，促进产业结构的优化升级，是优化开发区面临的首要任务。为此，对于优化开发区区域生产经营能力的考察要涉及这些方面：经济增长水平、产业结构优化程度、市场化程度、就业能力等方面。评价指标的权重设置上要突出经济增长的质量，经济增长的质量主要体现以较少的资源环境代

---

① 参见联合国开发署在《能力发展：技术顾问报告》一书中提出人力资源能力是指"发挥主要作用、解决问题、建立和达到目标的能力以及用全面的观点和可持续的方法理解和应付发展需求的能力"。周学馨《农村人力资源能力建设的战略分析》，《人口与经济》2005年第5期。

② 参见赵雪雁、巴建军《牧民自我发展能力评价与培育——以甘南牧区为例》，《干旱区地理》2009年第1期；李茂林、刘春莲、李琼《基于生态足迹分析的可持续发展能力定量评价——以湖南省为例》，《安徽农业科学》2007年第22期。

③ 根据"十一五"规划纲要，优化开发区域是指国土开发密度已经较高、资源环境承载能力开始减弱的区域。要改变依靠大量占用土地、大量消耗资源和大量排放污染实现经济较快增长的模式，把提高增长质量和效益放在首位，提升参与全球分工与竞争的层次，继续成为带动全国经济社会发展的龙头和我国参与经济全球化的主体区域。

④ "十一五"规划纲要提出对优化开发区域，要强化经济结构、资源消耗、自主创新等的评价，弱化经济增长的评价；"十二五"规划纲要提出对优化开发的城市化地区，强化经济结构、科技创新、资源利用、环境保护等的评价。

价获得尽可能的增长，产业结构的优化升级是优化开发区又好又快发展的核心任务和要求，要逐步淘汰"三高"企业（高投入、高消耗、高污染），促进产业的国际化转型，加快第三产业的现代化转型，促进金融、保险、物流、会展、信息和法律服务等产业进一步发展。市场化程度的测度是市场机制发展的必然要求。由于我国在计划经济向市场经济转型的过程中，各个区域由于历史、发展水平、政策的不同使得各个区域的市场化程度并不相同。优化开发区作为中国经济发展程度最高的地区，在发展对外贸易的过程中，必然要走好市场化之路，才能迈好走向国际的步伐。就业能力是衡量优化开发区发展程度的一个重要指标。这是因为优化开发区面临着劳动密集型产业的转型问题，因此在发展过程中要解决好失业和下岗人员的就业之路，才能实现优化开发区的可持续发展。

二是土地综合利用能力。优化开发区是中国发展程度最高的地区，优化开发区一般都已经过了相当长的一段时间的发展，土地的边际成本已相对较高，相对而言，不适合于劳动密集型产业、资源初加工产业、冶金冶炼等企业的发展，较为适合金融业、IT产业等产业的发展。对土地资源综合利用能力的考察，要充分反映出优化开发区在工业化和城镇化过程中，发展所需土地的综合效益，可利用土地资源丰度、土地资源利用效率、人口增长和城镇开放指标反映土地开发潜力。

三是区域创新能力。区域创新能力是实现产业结构优化升级、转变经济增长方式的中心环节，也是提升区域竞争力的关键。优化开发区应该担当起我国自主创新主要发源地的角色。因为区域创新能力的培育从历时性上来看，它将包括知识吸收能力、知识共享能力和自主品牌的创新三个方面。知识的吸收反映的是对区域创新能力的一种投入，它反映在经费投入和人员投入两个层面上。对于经费投入不仅包括经费投入的总量，还应包括研发费用占地区生产总值的比重；对于人员投入要考察研发人员的总数和研发人员占就业人员的比重这两个指标。创新成果分别用发明专利、实用新型专利和外观设计专利三个方面来反映，同样，也既要考虑总量，又要考虑均量。

四是空间结构优化能力。空间结构的优化是优化开发区进一步发展的潜质条件，由于空间结构在一定范围内会表现出极化效应和扩散效应，那么，对于优化开发区在区域发展的布局上，就需要统筹处理好当前的交通区位优势、城市区位优势、产业空间结构优势，以及矿区区位。这样才能为承接国际高端制造业和现代服务业转移、推动加工贸易转型升级奠定基础。

五是生态环境承载能力。优化开发区的生态环境保护的压力大,土地和水资源紧张,污染排放较为严重。因此,优化开发区发展过程中要注重资源利用强度和污染排放强度这两个关键内容。对于资源利用,重点考察经济增长的能耗强度（可采用单位 GDP 电耗代替单位 GDP 能耗）、单位 GDP 水耗和单位 GDP 土地占用。对于生态环境的保护,流动性弱、难以再生的资源,尤其是土地和水资源。同时,由于大气、水自身的净化能力有限,若污染排放过度,则难以较快恢复。因此,要综合分析环境可容纳污染物的能力（包括水环境净化能力和大气环境净化能力）,重点考察单位 GDP 废水排放、单位 GDP 废气排放和单位 GDP 废物排放。这些都将是评价生态承载能力的重要指标。

表 5-1　　　　优化开发区域自我发展能力指标体系

一级指标	二级指标	三级指标	简要说明
区域生产经营能力	发展水平	生产总值总量	采用统计年鉴数据
		工业增加值	采用统计年鉴数据
		国税征缴总额	采用统计年鉴数据
		地税征缴总额	采用统计年鉴数据
	增长水平	生产总值增长	采用统计年鉴数据
		固定资产投资增长	采用统计年鉴数据
		消费增长	采用统计年鉴数据
		出口增长	采用统计年鉴数据
	经济结构	采用统计年鉴数据	第二产业比重
		第三产业比重	采用统计年鉴数据
		高新技术产业比重	采用统计年鉴数据和科技部门数据
		经济外贸依存度	通过进出口额和总产值的计算,采用统计年鉴数据
	市场化程度	私营经济比重	采用统计年鉴数据
		外资经济比重	采用统计年鉴数据
		实际利用外资额	采用统计年鉴数据

续表

一级指标	二级指标	三级指标	简要说明
区域生产经营能力	基础设施	交通工程投资	过去10年累计投资额，采用交通部门数据
		供水工程投资	过去10年累计投资额，采用水利、市政部门数据
		供电工程投资	过去10年累计投资额，采用电力部门数据
		物流、通信设施投资	过去10年累计投资额，采用通信、邮政、物流部门数据
	就业能力	非农产业的就业比重	采用统计年鉴数据
		城镇居民可支配收入	采用统计年鉴数据
		农村居民人均纯收入	采用统计年鉴数据
		人均生产总值	采用统计年鉴数据
		恩格尔系数	统计部门提供
土地综合利用能力	土地资源丰度	各类土地总面积	采用国土部门数据
		人均各类土地面积	采用统计年鉴数据
		建设用地总量	建设用地总量＝总面积－高海拔高坡度土地－基本农田－已经建设用地－永久水体－其他特殊用地等，采用国土部门数据
		现有建设用地可挖潜量	现有建设用地"实际"投资密度与"理想"投资密度之差
	功能园区开发强度	省级以上的二、三产业功能区园区建成区面积	指1984年以来，经省级以上部门批准的开发区、工业园区、物流园区、科技园区、大学城等
		省级以上的二、三产业功能区园区规划区面积	采用已通过审批数据
	土地开发强度	单位面积生产总值	采用统计年鉴数据
		单位建设用地二、三产业增加值	采用统计年鉴数据
		城镇建成区总面积	采用国土部门数据
		城镇建成区比重	采用建成区面积/辖区总面积
		工矿用地总量	采用国土部门数据
		工矿用地比重	指占辖区总面积，采用国土部门数据
		交通用地总量	采用国土部门数据
		交通用地比重	指占辖区总面积，采用国土部门数据
	用地增长	城镇用地增长	采用国土部门数据
		工矿用地增长	采用国土部门数据
		交通用地增长	采用国土部门数据

续表

一级指标	二级指标	三级指标	简要说明
区域创新能力	知识吸收能力	劳动力平均受教育年限	采用统计年鉴数据
		综合文化素质	每万人中专科以上人数，采用统计年鉴数据
		高级人才基础优势	分析万人中具有高级职称人数，采用统计年鉴数据
		每万人中专任教师数	采用统计年鉴数据
	知识共享能力	每万人拥有科技人员数	采用统计年鉴数据
		每万人拥有科技机构数	采用统计年鉴数据
		人均交通和通讯消费支出	采用统计年鉴数据
	自主品牌	工业品牌市场潜力	通过市场调查获取
		全国知名品牌市场潜力	通过市场调查获取
		农业品牌市场潜力	通过市场调查获取
	发明专利	发明专利	采用科技部门数据
		实用新型专利	采用科技部门数据
		外观设计专利	采用科技部门数据
空间结构优化能力	交通区位	与机场距离	通过卫片计算，采用交通部门数据
		进出辖区铁路方向数	适当考虑在建工程
		辖区铁路网密度	运营铁路长度，考虑复线、单线、专用铁路差别
		进出辖区高速公路方向数	适当考虑在建工程
		进出辖区国道方向数	适当考虑在建工程
		与最近三座大城市的平均距离	考虑城市之间互动影响，地级市包括自身
	矿产区位	临近重要的能源矿产区	卫片测算
		临近重要的金属矿产资源区	卫片测算
		临近重要的非金属矿产资源区	卫片测算

续表

一级指标	二级指标	三级指标	简要说明
空间结构优化能力	产业空间结构优势	空间结构特征指数	极点、轴线、网络阶段开发状态评价
		区域专业化指数	用区位商测算
		产业空间联系强度	评级区内主导产业关联程度
		外贸出口指数	通过出口商品额和商品类别确定，采用外贸部门数据
		外贸进口指数	通过出口商品额和商品类别确定，采用外贸部门数据
土地综合利用能力	土地资源丰度	各类土地总面积	采用国土部门数据
		人均各类土地面积	采用统计年鉴数据
		建设用地总量	建设用地总量 = 总面积 − 高海拔高坡度土地 − 基本农田 − 已经建设用地 − 永久水体 − 其他特殊用地等，采用国土部门数据
		现有建设用地可挖潜量	现有建设用地"实际"投资密度与"理想"投资密度之差
	功能园区开发强度	省级以上的二、三产业功能区园区建成区面积	指1984年以来，经省级以上部门批准的开发区、工业园区、物流园区、科技园区、大学城等
		省级以上的二、三产业功能区园区规划区面积	采用已通过审批数据
	土地开发强度	单位面积生产总值	采用统计年鉴数据
		单位建设用地二、三产业增加值	采用统计年鉴数据
		城镇建成区总面积	采用国土部门数据
		城镇建成区比重	采用建成区面积/辖区总面积
		工矿用地总量	采用国土部门数据
	土地开发强度	工矿用地比重	指占辖区总面积，采用国土部门数据
		交通用地总量	采用国土部门数据
		交通用地比重	指占辖区总面积，采用国土部门数据
	用地增长	城镇用地增长	采用国土部门数据
		工矿用地增长	采用国土部门数据
		交通用地增长	采用国土部门数据

续表

一级指标	二级指标	三级指标	简要说明
生态环境承载能力	水资源丰度	多年平均淡水资源总量	1. 采用水利部门提供数据；2. 按照扣除现状输出量、过境水量
		人均水资源占有量	采用统计年鉴数据
	水资源开发强度	年淡水"取水量"	采用水利部门数据
		年淡水"耗水量"	采用水利部门数据
		地下水超采状况	采用水利部门数据
		水资源开发利用率	取水量/淡水资源总量，采用水利部门数据
		城市、工业占取水量比重	采用水利部门数据
		工业用水重复利用率	采用水利部门数据
		新增原水吨成本	根据水利工程建设预算，计算得到
	大气"自净"和水体的"纳污"能力	观测降水 pH 小于 5.6 的次数	观测近 5 年辖区内降水 pH 值，采用气象局数据
		空气质量 2 级或者更好的日数	观测近 5 年辖区主要监测点平均值。采用环境评价年报数据
		空气能见度超过 10000 米的日数	观测近 5 年辖区内数据，采用气象局数据
		生态用水总量	年平均水资源总量与取水量计算得到，采用水利部门数据
		地表水水质	地表水综合水质评价结论，采用环保部门或者水利部门评价用数据
		地下水水质	地下水综合水质评价结论，采用环保部门或者水利部门评价用数据
	保护区限制	国家级自然保护区面积	采用林业部门数据
		省级自然保护区面积	采用林业部门数据
		市县级自然保护区面积	采用林业部门数据
		饮用水源保护区面积	采用水利部门数据
		保护湿地面积	采用林业部门数据
		三北防护林区	采用林业部门数据
		护岸林区	采用林业部门数据

续表

一级指标	二级指标	三级指标	简要说明
生态环境承载能力	综合环境质量	空气环境质量指数	通过二氧化硫、TSP、降尘指标反映,采用环保部门近5年环境评价数据
		地表水环境质量指数	通过化学需氧量(COD)、氨氮等指标反映,采用环保部门近5年环境评价数据
		城市声环境质量	采用环保部门环境评价数据
	三废排放	固体废弃物堆放面积	主要指城市固体垃圾(含工业固体废物、生活垃圾),采用环保部门数据
		二氧化硫正常排放量	采用环保部门数据
		温室气体排放量	按照环保"温室气体"标准统计口径,近5年平均值
		农业面源污染	指化肥、农药、除草剂等的污染,采用环保部门数据
		工业与城市生活污水排放量	采用环保部门数据

(二) 重点开发区域自我发展能力指标体系的设计

在重点开发区域[①]发展的评价方面,"十一五"和"十二五"规划纲要强调经济增长、产业结构、质量效益、工业化和城镇化水平,以及环境保护等方面[②]。为此,基于对重点开发区域自我发展"能力缺口"的认识,对于重点开发区自我发展能力的评价要重点围绕区域经济增长的实践展开,要给区域生产经营能力和区域空间结构优化能力赋予较高的权重,而对区域创新能力、土地综合利用能力、生态环境承载能力赋予较低的权重。

一是区域生产经营能力。区域生产经营能力是重点开发区发展的核心内容,是重点开发区的绩效评价首要考察的内容。为此,要侧重经济增长的评价,同时兼顾与之紧密相连的居民收入水平的提高和配套设施的完善。

[①] 重点开发区是指资源环境承载能力较强、经济和人口集聚条件较好的区域。要充实基础设施,改善投资创业环境,促进产业集群发展,壮大经济规模,加快工业化和城镇化,承接优化开发区域的产业转移,承接限制开发区域和禁止开发区域的人口转移,逐步成为支撑全国经济发展和人口集聚的重要载体。见"十一五"规划纲要。

[②] "十一五"规划纲要提出,对重点开发区域,要综合评价经济增长、质量效益、工业化和城镇化水平等;"十二五"规划纲要提出,对重点开发的城市化地区,综合评价经济增长、产业结构、质量效益、节能减排、环境保护和吸纳人口等。

二是区域空间结构优化能力。在指标的选用上与优化开发区评价指标相同，不再赘述。需要强调的是由于重点开发区在发展过程中，工业化的作用相对较为重要。因此在评价时，要强调产业规模、企业集聚效应、承接产业转移的能力，以及工业园区的发展水平。

三是区域创新能力。在指标的选用上与优化开发区评价指标相同，不再赘述。需要强调的是由于重点开发区发展前景主要是：大力承接优化开发区域和国际上的产业转移，因此企业技术发展战略上多是模仿战略和跟随战略，但是考虑到产品创新能够带来较高的附加值时，因而，区内的区域创新能力的提升将重点依靠政府创新平台的搭建上，而不是企业技术的攻关上。

四是土地综合利用能力。在指标的选用上与优化开发区评价指标相同，不再赘述。需要强调的是由于重点开发区在发展过程中，土地的综合利用是伴随着城镇化问题而展开的，要注重吸纳外来人口的融合问题。

五是生态环境承载能力。尽管重点开发区资源环境承载能力还比较强，但是还要注重区域自身生态承载能力的阈值问题，不能造成"大城市病"。

表 5-2　　　　　　　重点开发区域自我发展能力指标体系

一级指标	二级指标	三级指标	简要说明
区域生产经营能力	发展水平	生产总值总量	采用统计年鉴数据
		工业增加值	采用统计年鉴数据
		国税征缴总额	采用统计年鉴数据
		地税征缴总额	采用统计年鉴数据
	增长水平	生产总值增长	采用统计年鉴数据
		固定资产投资增长	采用统计年鉴数据
		消费增长	采用统计年鉴数据
		出口增长	采用统计年鉴数据
	经济结构	第二产业比重	采用统计年鉴数据
		第三产业比重	采用统计年鉴数据
		高新技术产业比重	采用统计年鉴数据和科技部门数据
		经济外贸依存度	通过进出口额和总产值的计算，采用统计年鉴数据

续表

一级指标	二级指标	三级指标	简要说明
区域生产经营能力	市场化程度	私营经济比重	采用统计年鉴数据
		外资经济比重	采用统计年鉴数据
		实际利用外资额	采用统计年鉴数据
	基础设施	交通工程投资	过去10年累计投资额，采用交通部门数据
		供水工程投资	过去10年累计投资额，采用水利、市政部门数据
		供电工程投资	过去10年累计投资额，采用电力部门数据
		物流、通信设施投资	过去10年累计投资额，采用通信、邮政、物流部门数据
	就业能力	非农产业的就业比重	采用统计年鉴数据
		城镇居民可支配收入	采用统计年鉴数据
		农村居民人均纯收入	采用统计年鉴数据
		人均生产总值	采用统计年鉴数据
		恩格尔系数	统计部门提供
空间结构优化能力	交通区位	与机场距离	通过卫片计算，采用交通部门数据
		进出辖区铁路方向数	适当考虑在建工程
		辖区铁路网密度	运营铁路长度，考虑复线、单线、专用铁路差别
		进出辖区高速公路方向数	适当考虑在建工程
		进出辖区国道方向数	适当考虑在建工程
		与最近三座大城市的平均距离	考虑城市之间互动影响，地级市包括自身
	矿产区位	临近重要的能源矿产区	卫片测算
		临近重要的金属矿产资源区	卫片测算
		临近重要的非金属矿产资源区	卫片测算
	产业空间结构优势	空间结构特征指数	极点、轴线、网络阶段开发状态评价
		区域专业化指数	用区位商测算
		产业空间联系强度	评级区内主导产业关联程度
		外贸出口指数	通过出口商品额和商品类别确定，采用外贸部门数据
		外贸进口指数	通过出口商品额和商品类别确定，采用外贸部门数据

续表

一级指标	二级指标	三级指标	简要说明
区域创新能力	知识吸收能力	劳动力平均受教育年限	采用统计年鉴数据
		综合文化素质	每万人中专科以上人数，采用统计年鉴数据
		高级人才基础优势	分析万人中具有高级职称人数，采用统计年鉴数据
	知识共享能力	每万人中专任教师数	采用统计年鉴数据
		每万人拥有科技人员数	采用统计年鉴数据
		每万人拥有科技机构数	采用统计年鉴数据
		人均交通和通信消费支出	采用统计年鉴数据
	自主品牌	工业品牌市场潜力	通过市场调查获取
		全国知名品牌市场潜力	通过市场调查获取
		农业品牌市场潜力	通过市场调查获取
土地综合利用能力	土地资源丰度	各类土地总面积	采用国土部门数据
		人均各类土地面积	采用统计年鉴数据
		建设用地总量	建设用地总量＝总面积－高海拔高坡度土地－基本农田－已经建设用地－永久水体－其他特殊用地等，采用国土部门数据
		现有建设用地可挖潜量	现有建设用地"实际"投资密度与"理想"投资密度之差
	功能园区开发强度	省级以上的二、三产业功能区园区建成区面积	指1984年以来，经省级以上部门批准的开发、工业园区、物流园区、科技园区、大学城等
		省级以上的二、三产业功能区园区规划区面积	采用已通过审批数据
	土地开发强度	单位面积生产总值	采用统计年鉴数据
		单位建设用地二、三产业增加值	采用统计年鉴数据
		城镇建成区总面积	采用国土部门数据
		城镇建成区比重	采用建成区面积/辖区总面积
		工矿用地总量	采用国土部门数据
		工矿用地比重	指占辖区总面积，采用国土部门数据
		交通用地总量	采用国土部门数据
		交通用地比重	指占辖区总面积，采用国土部门数据
	用地增长	城镇用地增长	采用国土部门数据
		工矿用地增长	采用国土部门数据
		交通用地增长	采用国土部门数据

续表

一级指标	二级指标	三级指标	简要说明
生态环境承载能力	水资源丰度	多年平均淡水资源总量	1. 采用水利部门提供数据；2. 按照扣除现状输出量、过境水量
		人均水资源占有量	采用统计年鉴数据
	水资源开发强度	年淡水"取水量"	采用水利部门数据
		年淡水"耗水量"	采用水利部门数据
		地下水超采状况	采用水利部门数据
		水资源开发利用率	取水量/淡水资源总量，采用水利部门数据
		城市、工业占取水量比重	采用水利部门数据
		工业用水重复利用率	采用水利部门数据
		新增原水吨成本	根据水利工程建设预算，计算得到
	大气"自净"和水体的"纳污"能力	观测降水 pH 值小于 5.6 的次数	观测近 5 年辖区内降水 pH 值，采用气象局数据
		空气质量 2 级或者更好的日数	观测近 5 年辖区主要监测点平均值，采用环境评价年报数据
		空气能见度超过 10000 米的日数	观测近 5 年辖区内数据，采用气象局数据
		生态用水总量	年平均水资源总量与取水量计算得到，采用水利部门数据
		地表水水质	地表水综合水质评价结论，采用环保部门或者水利部门评价用数据
		地下水水质	地下水综合水质评价结论，采用环保部门或者水利部门评价用数据
	保护区限制	国家级自然保护区面积	采用林业部门数据
		省级自然保护区面积	采用林业部门数据
		市县级自然保护区面积	采用林业部门数据
		饮用水源保护区面积	采用水利部门数据
		保护湿地面积	采用林业部门数据
		三北防护林区	采用林业部门数据
		护岸林区	采用林业部门数据
	综合环境质量	空气环境质量指数	通过二氧化硫、TSP、降尘指标反映，采用环保部门近 5 年环境评价数据
		地表水环境质量指数	通过化学需氧量（COD）、氨氮等指标反映，采用环保部门近 5 年环境评价数据
		城市声环境质量	采用环保部门环境评价数据

续表

一级指标	二级指标	三级指标	简要说明
生态环境承载能力	三废排放	固体废弃物堆放面积	主要指城市固体垃圾（含工业固体废物、生活垃圾），采用环保部门数据
		二氧化硫正常排放量	采用环保部门数据
		温室气体排放量	按照环保"温室气体"标准统计口径，近5年平均值
		农业面源污染	指化肥、农药、除草剂等的污染，采用环保部门数据
		工业与城市生活污水排放量	采用环保部门数据

（三）限制开发区域自我发展能力指标体系的设计

在限制开发区域[①]的评价方面，"十一五"和"十二五"规划纲要强调了区域的生态环境保护的重要，而不再把经济增长作为考核要求[②]。为此，基于对于限制开发区域自我发展"能力缺口"的认识，要重点围绕区域生态环境的建设和人口的转移展开，要对区域生态环境承载能力和区域就业能力的提高赋予较高的权重。

一是生态环境承载能力。生态环境承载能力较弱是限制开发区的主要特征，因而在限制开发区的建设上要考察这个区域的沙漠化程度、土壤侵蚀程度、石漠化程度、土壤盐渍化程度、生态脆弱带和环境脆弱等各种因素。同时对生态保护区给予充分的关注。

二是土地资源的综合利用能力。限制开发区可以"因地制宜发展资源环境可承载的特色产业"，在土地的建设用地上要注重合理的规划和布局，重点加强园区开发用地的使用。

三是区域生产经营能力。限制开发区要实现"引导超载人口逐步有序转移"，在现有户籍制度的影响下，实现人口的有序转移，所要解决的

[①] 限制开发区域是指资源环境承载能力较弱、大规模集聚经济和人口条件不够好并关系全国或较大区域范围生态安全的区域。要坚持保护优先、适度开发、点状发展，因地制宜发展资源环境可承载的特色产业，加强生态修复和环境保护，引导超载人口逐步有序转移，逐步成为全国或区域性的重要生态功能区。见"十一五"规划纲要。

[②] "十一五"规划纲要提出对限制开发区域，要突出生态环境保护等的评价，弱化经济增长、工业化和城镇化水平的评价；"十二五"规划纲要提出对限制开发的农产品主产区和重点生态功能区，分别实行农业发展优先和生态保护优先的绩效评价，不考核地区生产总值、工业等指标。

重点就是就业能力的提升,要通过加强义务教育、职业教育、技能教育来增强区内劳动力就业能力的提高,以此来引导人口向优化开发区、重点开发区域转移。同时,从以人为本的角度来看,还要关注限制开发区的基础设施建设。

表 5-3　　　　　　　　限制开发区域自我发展能力指标体系

一级指标	二级指标	三级指标	简要说明
生态环境承载能力	水资源丰度	多年平均淡水资源总量	1. 采用水利部门提供数据;2. 按照扣除现状输出量、过境水量
		人均水资源占有量	采用统计年鉴数据
	水资源开发强度	年淡水"取水量"	采用水利部门数据
		年淡水"耗水量"	采用水利部门数据
		地下水超采状况	采用水利部门数据
		水资源开发利用率	取水量/淡水资源总量。采用水利部门数据
		城市、工业占取水量比重	采用水利部门数据
		工业用水重复利用率	采用水利部门数据
		新增原水吨成本	根据水利工程建设预算,计算得到
	大气"自净"和水体的"纳污"能力	观测降水 pH 小于 5.6 的次数	观测近 5 年辖区内降水 pH 值,采用气象局数据
		空气质量 2 级或者更好的日数	观测近 5 年辖区主要监测点平均值,采用环境评价年报数据
		空气能见度超过 10000 米的日数	观测近 5 年辖区内数据,采用气象局数据
		生态用水总量	年平均水资源总量与取水量计算得到,采用水利部门数据
		地表水水质	地表水综合水质评价结论,采用环保部门或者水利部门评价用数据
		地下水水质	地下水综合水质评价结论,采用环保部门或者水利部门评价用数据
	荒漠化、石漠化、盐碱化威胁	荒漠化土地面积	采用国土部门数据
		未来 15 年可能荒漠化面积	根据荒漠化速度推算,采用国土部门数据
		石漠化土地面积	采用国土部门数据
		未来 15 年可能石漠化面积	根据石漠化速度推算,采用国土部门数据
		现状盐碱地面积	采用国土部门数据
		潜在盐碱化土地面积	根据 1980—2005 年卫片,推算盐碱化速度

续表

一级指标	二级指标	三级指标	简要说明
生态环境承载能力	自然害威胁	地震烈度区	采用地震部门数据
		滑坡泥石流多发区面积	采用国土部门数据
		近5年旱灾重度受灾平均面积	采用气象部门、农业部门数据
		近5年年均冰雹绝收面积	采用气象部门、农业部门数据
		近5年年均冻害减产面积	采用气象部门、农业部门数据
	保护区限制	国家级自然保护区面积	采用林业部门数据
		省级自然保护区面积	采用林业部门数据
		市县级自然保护区面积	采用林业部门数据
		饮用水源保护区面积	采用水利部门数据
		保护湿地面积	采用林业部门数据
		三北防护林区	采用林业部门数据
		护岸林区	采用林业部门数据
	综合环境质量	空气环境质量指数	通过二氧化硫、TSP、降尘指标反映，采用环保部门近5年环境评价数据
		地表水环境质量指数	通过化学需氧量（COD）、氨氮等指标反映，采用环保部门近5年环境评价数据
		城市声环境质量	采用环保部门环境评价数据
	三废排放	固体废弃物堆放面积	主要指城市固体垃圾（含工业固体废物、生活垃圾），采用环保部门数据
		二氧化硫正常排放量	采用环保部门数据
		温室气体排放量	按照环保"温室气体"标准统计口径，近5年平均值
		农业面源污染	指化肥、农药、除草剂等的污染，采用环保部门数据
		工业与城市生活污水排放量	采用环保部门数据
土地综合利用能力	土地资源丰度	各类土地总面积	采用国土部门数据
		人均各类土地面积	采用统计年鉴数据
		建设用地总量	建设用地总量=总面积-高海拔高坡度土地-基本农田-已经建设用地-永久水体-其他特殊用地等，采用国土部门数据
		现有建设用地可挖潜量	现有建设用地"实际"投资密度与"理想"投资密度之差
	功能园区开发强度	省级以上的二、三产业功能区园区建成区面积	指1984年以来，经省级以上部门批准的开发区、工业园区、物流园区、科技园区、大学城等
		省级以上的二、三产业功能区园区规划区面积	采用已通过审批数据

续表

一级指标	二级指标	三级指标	简要说明
土地综合利用能力	土地开发强度	单位面积生产总值	采用统计年鉴数据
		单位建设用地二、三产业增加值	采用统计年鉴数据
		城镇建成区总面积	采用国土部门数据
		城镇建成区比重	采用建成区面积/辖区总面积
		工矿用地总量	采用国土部门数据
		工矿用地比重	指占辖区总面积，采用国土部门数据
		交通用地总量	采用国土部门数据
		交通用地比重	指占辖区总面积，采用国土部门数据
	用地增长	城镇用地增长	采用国土部门数据
		工矿用地增长	采用国土部门数据
		交通用地增长	采用国土部门数据
区域生产经营能力	基础设施	交通工程投资	过去10年累计投资额，采用交通部门数据
		供水工程投资	过去10年累计投资额，采用水利、市政部门数据
		供电工程投资	过去10年累计投资额，采用电力部门数据
		物流、通信设施投资	过去10年累计投资额，采用通信、邮政、物流部门数据
	就业能力	非农产业的就业比重	采用统计年鉴数据
		城镇居民可支配收入	采用统计年鉴数据
		农村居民人均纯收入	采用统计年鉴数据
		人均生产总值	采用统计年鉴数据
		恩格尔系数	统计部门提供

（四）禁止开发区域自我发展能力指标体系的设计

在禁止开发区域[①]的评价方面，"十一五"和"十二五"规划纲要都强调了区域生态环境保护的重要性，并突出了区域的原真性和完整性。[②] 基于对于禁止开发区自我发展"能力缺口"的认识，要重点围绕区域生

[①] 禁止开发区域是指依法设立的各类自然保护区域。要依据法律法规规定和相关规划实行强制性保护，控制人为因素对自然生态的干扰，严禁不符合主体功能定位的开发活动；而且对禁止开发区域，主要评价生态环境保护。参见"十一五"规划纲要。

[②] "十一五"规划纲要提出对禁止开发区域，主要评价生态环境保护。"十二五"规划纲要提出对禁止开发的重点生态功能区，全面评价自然文化资源原真性和完整性保护情况。

态环境的保护而展开，主要考察生态环境承载能力。指标构成与前述限制开发区内的相应指标相同，不再赘述。

表 5-4　　禁止开发区域自我发展能力指标体系

一级指标	二级指标	三级指标	简要说明
生态环境承载能力	水资源丰度	多年平均淡水资源总量	1. 采用水利部门提供数据；2. 按照扣除现状输出量、过境水量
		人均水资源占有量	采用统计年鉴数据
	水资源开发强度	年淡水"取水量"	采用水利部门数据
		年淡水"耗水量"	采用水利部门数据
		地下水超采状况	采用水利部门数据
		水资源开发利用率	取水量/淡水资源总量，采用水利部门数据
		城市、工业占取水量比重	采用水利部门数据
		工业用水重复利用率	采用水利部门数据
		新增原水吨成本	根据水利工程建设预算，计算得到
	大气"自净"和水体的"纳污"能力	观测降水 pH 小于 5.6 的次数	观测近 5 年辖区内降水 pH，采用气象局数据
		空气质量 2 级或者更好的日数	观测近 5 年辖区主要监测点平均值，采用环境评价年报数据
		空气能见度超过 10000 米的日数	观测近 5 年辖区内数据，采用气象局数据
		生态用水总量	年平均水资源总量与取水量计算得到，采用水利部门数据
		地表水水质	地表水综合水质评价结论，采用环保部门或者水利部门评价用数据
		地下水水质	地下水综合水质评价结论，采用环保部门或者水利部门评价用数据
	荒漠化、石漠化、盐碱化威胁	荒漠化土地面积	采用国土部门数据
		未来 15 年可能荒漠化面积	根据荒漠化速度推算，采用国土部门数据
		石漠化土地面积	采用国土部门数据
		未来 15 年可能石漠化面积	根据石漠化速度推算，采用国土部门数据
		现状盐碱地面积	采用国土部门数据
		潜在盐碱化土地面积	根据 1980—2005 年卫片，推算盐碱化速度
	自然害威胁	地震烈度区	采用地震部门数据
		滑坡泥石流多发区面积	采用国土部门数据
		近 5 年旱灾重度受灾平均面积	采用气象部门、农业部门数据
		近 5 年年均冰雹绝收面积	采用气象部门、农业部门数据
		近 5 年年均冻害减产面积	采用气象部门、农业部门数据

续表

一级指标	二级指标	三级指标	简要说明
生态环境承载能力	保护区限制	国家级自然保护区面积	采用林业部门数据
		省级自然保护区面积	采用林业部门数据
		市县级自然保护区面积	采用林业部门数据
		饮用水源保护区面积	采用水利部门数据
		保护湿地面积	采用林业部门数据
		三北防护林区	采用林业部门数据
		护岸林区	采用林业部门数据
	综合环境质量	空气环境质量指数	通过二氧化硫、TSP、降尘指标反映,采用环保部门近5年环境评价数据
		地表水环境质量指数	通过化学需氧量(COD)、氨氮等指标反映,采用环保部门近5年环境评价数据
		城市声环境质量	采用环保部门环境评价数据

第二节 西部区域自我发展能力的评价方法探讨

建立在发展主题上的区域自我发展能力评价应该是一种动态综合的评价方法,动态性体现在评价客体随时间变化而自身产生的非确定性,综合性表现在评价客体自身发展的多元特征。在具体方法的选取上要遵循这一要点,并且在具体测度上要简便易行,以便捷地对地方政府做出评价。

一 评价的目的决定着评价的方法

目前,关于对客体综合评价的方法有几十种[①],具体可分为两类,即主观赋权法和客观赋权法;亦有直接分为四类的,即主观定性评价法、多元统计评价法、运筹学评价法、系统工程评价法[②]。考虑到区域自我发展能力指标体系是针对当地群众对地方政府的评价的,而非地方政府领导班子或领导个人,亦非用于区域间的横向比对。原因在于:其一,"十二

---

① 虞晓芬、傅玳:《多指标综合评价方法综述》,《统计与决策》2004年第11期。
② 陈涛:《多指标综合评价方法的分析与研究》,《科技信息》2008年第9期。

五"时期,在国家主体功能战略的推行下,在功能分区的影响下,区域间的自我发展能力将是风格迥异的,不能按一个框架来互相比对;其二,既然研究区域自我发展能力的主题是发展,那么,评价发展最好的专家是发展最直接的受益者,即广大群众;其三,"十二五"时期,国家对地方政府 GDP 的考核已放松,开始更看重地方政府领导班子和领导者执政的公允性、一致性和长期性。对此,作者认为应从主观赋权的评价方法中选取具体的评价方法。

常用的主观赋权评价法有专家打分法、专家会议法、Delphi 法、层次分析法、模糊综合评价法等。从评价结果的科学性考虑,层次分析法和模糊综合评价法较好。层次分析法具有定性和定量相结合、系统综合的特点,但是会产生判断矩阵严重不一致的现象,应用限于"诸因素子集中的因素不能超过 9 个的对象系统"①。模糊综合评判法能将定性和定量有机结合,且有效解决判断结果模糊性和不确定性的问题。若通过 Excel 工具,可以进行几十项指标以上的评价。为此,作者认为,可以选用模糊综合评价法作为具体的评价方法。

二 具体的评价方法:模糊综合评判法

模糊综合评判法通过确定评价目标,专家赋权,然后对构成要素"求同存异"、最后量化评语的方法来实现。具体来讲,主要步骤有:

(1) 建立评价论域,设为 A = (a_1, a_2, a_3, …, a_n)。具体可根据表 5-1、表 5-2、表 5-3、表 5-4 中的一级和二级指标来确定。

(2) 确定权重。可设为 W = (w_1, w_2, w_3, …, w_n)。w_1, w_2, w_3, …, w_n 分别与 a_1, a_2, a_3, …, a_n 相对应,由经验丰富的一组专家打分后取均值得到。

(3) 建立评语论域。本研究中设评语论域 V = {v_1(很差), v_2(差), v_3(比较差), v_4(基本满意), v_5(比较满意), v_6(满意), v_7(非常满意)}。

(4) 确定评判矩阵。各因素权重分配的集合为矩阵 $\underset{\sim}{R}$。表示从 A 到 V 的模糊关系。

(5) 计算结果。计算 $\underset{\sim}{B} = W \circ \underset{\sim}{R}$。其中运算为

---

① 陈涛:《多指标综合评价方法的分析与研究》,《科技信息》2008 年第 9 期。

$$\underset{j}{\max\min}\{\mu_W(x_i,z_j),\mu_R(x_j,z_k)\},\forall i,k$$

为直观化结果，可将 $\underset{\sim}{B}$ 归一化处理，即 $\underset{\sim}{B'}=(b_1,\cdots,b_n)/\sum_{i=1}^{n}b_i$。即通过结果表现出的满意程度来反映当地群众对当地政府的满意程度。①

第三节 西部区域自我发展能力的评价：以张掖市为例

张掖市别称甘州，位于河西走廊中部，东邻金昌和武威，西连嘉峪关和酒泉，南与青海省毗邻，北和内蒙古自治区接壤，是古丝绸之路的重要驿站。据史料记载，历史上张掖水多湖光，芦苇成林，素有"塞外江南"美誉。

一 张掖市区域发展的新导向：生态立市

从自身环境讲，张掖市处于农牧、林牧、农林和荒漠符合交错带。近年来，受祁连山雪线上升的影响，生态系统水源涵养功能明显下降，植被退化、表土流失、生物多样性受损等问题影响着张掖的生态环境系统。就地方政府的工作而言，2007年政府开始推行"生态张掖"的发展思路，实施了湿地保护工程，建设张掖国家湿地公园等重要生态建设工程。作者认为，这一发展思路的转变，既贯彻了国家注重河西走廊生态屏障的战略意志，又体现了当地经济社会发展的生态需求，是国家战略和当地需求的一种完美结合。为此，可将此发展方式的转变作为一个评价内容，通过2007年和2008年两年张掖市在生态建设的成绩，运用模糊综合评判法，来判断这条发展思路当地群众是否满意。

二 评价过程和结果

作者通过如下步骤来实现评价：

（一）建立评价论域，设为 A ＝（a_1，a_2，a_3，…，a_n）。由于张掖的主体功能区域现阶段尚未确定，故作者在考虑到张掖的区位特征和生态特征之后，认为在区域生产经营能力、区域生态环境承载能力、土地综合利

---

① 由于书中提到的区域自我发展能力的评价是建立在当地群众对区域发展评价基础上的，他的目的是为了评价当地政府的执政能力，而不是单单的指贯彻中央政策的执行能力，为此，在评价中作者不使用适合于横向比对的综合指数。

用能力、空间结构优化能力、区域创新能力等五项评价中应给区域生产经营能力、区域生态环境承载能力赋予较大的权重，其余土地综合利用能力、空间结构优化能力、区域创新能力等赋权应小一点，编制了如下评价体系。具体见表 5-5。

表 5-5　　　　　　　　评价方式举例用指标体系

一级指标	二级指标	三级指标	简要说明
区域生产经营能力	发展水平	生产总值总量	采用统计年鉴数据
		工业增加值	采用统计年鉴数据
		国税征缴总额	采用统计年鉴数据
		地税征缴总额	采用统计年鉴数据
	增长水平	生产总值增长	采用统计年鉴数据
		固定资产投资增长	采用统计年鉴数据
		消费增长	采用统计年鉴数据
		出口增长	采用统计年鉴数据
	经济结构	第二产业比重	采用统计年鉴数据
		第三产业比重	采用统计年鉴数据
		高新技术产业比重	采用统计年鉴数据和科技部门数据
		经济外贸依存度	通过进出口额和总产值的计算，采用统计年鉴数据
	市场化程度	私营经济比重	采用统计年鉴数据
		外资经济比重	采用统计年鉴数据
		实际利用外资额	采用统计年鉴数据
	基础设施	交通工程投资	过去 10 年累计投资额，采用交通部门数据
		供水工程投资	过去 10 年累计投资额，采用水利、市政部门数据
		供电工程投资	过去 10 年累计投资额，采用电力部门数据
		物流、通信设施投资	过去 10 年累计投资额，采用通信、邮政、物流部门数据
	就业能力	非农产业的就业比重	采用统计年鉴数据
		城镇居民可支配收入	采用统计年鉴数据
		农村居民人均纯收入	采用统计年鉴数据
		人均生产总值	采用统计年鉴数据
		恩格尔系数	统计部门提供

续表

一级指标	二级指标	三级指标	简要说明
生态环境承载能力	水资源丰度	多年平均淡水资源总量	1. 采用水利部门提供数据；2. 按照扣除现状输出量、过境水量
		人均水资源占有量	采用统计年鉴数据
	水资源开发强度	年淡水"取水量"	采用水利部门数据
		年淡水"耗水量"	采用水利部门数据
		地下水超采状况	采用水利部门数据
		水资源开发利用率	取水量/淡水资源总量，采用水利部门数据
		城市、工业占取水量比重	采用水利部门数据
		工业用水重复利用率	采用水利部门数据
		新增原水吨成本	根据水利工程建设预算，计算得到
	大气"自净"和水体的"纳污"能力	观测降水pH值小于5.6的次数	观测近5年辖区内降水pH值，采用气象局数据
		空气质量2级或者更好的日数	观测近5年辖区主要监测点平均值，采用环境评价年报数据
		空气能见度超过10000米的日数	观测近5年辖区内数据，采用气象局数据
		生态用水总量	年平均水资源总量与取水量计算得到，采用水利部门数据
		地表水水质	地表水综合水质评价结论，采用环保部门或者水利部门评价用数据
		地下水水质	地下水综合水质评价结论，采用环保部门或者水利部门评价用数据
	保护区限制	国家级自然保护区面积	采用林业部门数据
		省级自然保护区面积	采用林业部门数据
		市县级自然保护区面积	采用林业部门数据
		饮用水源保护区面积	采用水利部门数据
		保护湿地面积	采用林业部门数据
		三北防护林区	采用林业部门数据
		护岸林区	采用林业部门数据
	综合环境质量	空气环境质量指数	通过二氧化硫、TSP、降尘指标反映，采用环保部门近5年环境评价数据
		地表水环境质量指数	通过化学需氧量（COD）、氨氮等指标反映，采用环保部门近5年环境评价数据
		城市声环境质量	采用环保部门环境评价数据

续表

一级指标	二级指标	三级指标	简要说明
生态环境承载能力	三废排放	固体废弃物堆放面积	主要指城市固体垃圾（含工业固体废物、生活垃圾），采用环保部门数据
		二氧化硫正常排放量	采用环保部门数据
		温室气体排放量	按照环保"温室气体"标准统计口径，近5年平均值
		农业面源污染	指化肥、农药、除草剂等的污染，采用环保部门数据
		工业与城市生活污水排放量	采用环保部门数据
土地综合利用能力	土地资源丰度	各类土地总面积	采用国土部门数据
		人均各类土地面积	采用统计年鉴数据
		建设用地总量	建设用地总量=总面积－高海拔高坡度土地－基本农田－已经建设用地－永久水体－其他特殊用地等，采用国土部门数据
		现有建设用地可挖潜量	现有建设用地"实际"投资密度与"理想"投资密度之差
	功能园区开发强度	省级以上的二、三产业功能区园区建成区面积	指1984年以来，经省级以上部门批准的开发区、工业园区、物流园区、科技园区、大学城等
		省级以上的二、三产业功能区园区规划区面积	采用已通过审批数据
	土地开发强度	单位面积生产总值	采用统计年鉴数据
		单位建设用地二、三产业增加值	采用统计年鉴数据
		城镇建成区总面积	采用国土部门数据
		城镇建成区比重	采用建成区面积/辖区总面积
		工矿用地总量	采用国土部门数据
		工矿用地比重	指占辖区总面积，采用国土部门数据
		交通用地总量	采用国土部门数据
		交通用地比重	指占辖区总面积，采用国土部门数据
	用地增长	城镇用地增长	采用国土部门数据
		工矿用地增长	采用国土部门数据
		交通用地增长	采用国土部门数据

续表

一级指标	二级指标	三级指标	简要说明
区域创新能力	知识吸收能力	劳动力平均受教育年限	采用统计年鉴数据
		综合文化素质	每万人中专科以上人数,采用统计年鉴数据
		高级人才基础优势	分析万人中具有高级职称人数,采用统计年鉴数据
		每万人中专任教师数	采用统计年鉴数据
	知识共享能力	每万人拥有科技人员数	采用统计年鉴数据
		每万人拥有科技机构数	采用统计年鉴数据
		人均交通和通讯消费支出	采用统计年鉴数据
	自主品牌	工业品牌市场潜力	通过市场调查获取
		全国知名品牌市场潜力	通过市场调查获取
		农业品牌市场潜力	通过市场调查获取
	发明专利	发明专利	采用科技部门数据
		实用新型专利	采用科技部门数据
		外观设计专利	采用科技部门数据
空间结构优化能力	交通区位	与机场距离	通过卫片计算,采用交通部门数据
		进出辖区铁路方向数	适当考虑在建工程
		辖区铁路网密度	运营铁路长度,考虑复线、单线、专用铁路差别
		进出辖区高速公路方向数	适当考虑在建工程
		进出辖区国道方向数	适当考虑在建工程
		与最近三座大城市的平均距离	考虑城市之间互动影响,地级市包括自身
	矿产区位	临近重要的能源矿产区	卫片测算
		临近重要的金属矿产资源区	卫片测算
		临近重要的非金属矿产资源区	卫片测算
	产业空间结构优势	空间结构特征指数	极点、轴线、网络阶段开发状态评价
		区域专业化指数	用区位商测算
		产业空间联系强度	评级区内主导产业关联程度
		外贸出口指数	通过出口商品额和商品类别确定,采用外贸部门数据
		外贸进口指数	通过出口商品额和商品类别确定,采用外贸部门数据

续表

一级指标	二级指标	三级指标	简要说明
土地综合利用能力	土地资源丰度	各类土地总面积	采用国土部门数据
		人均各类土地面积	采用统计年鉴数据
		建设用地总量	建设用地总量＝总面积－高海拔高坡度土地－基本农田－已经建设用地－永久水体－其他特殊用地等，采用国土部门数据
		现有建设用地可挖潜量	现有建设用地"实际"投资密度与"理想"投资密度之差
	功能园区开发强度	省级以上的二、三产业功能区园区建成区面积	指1984年以来，经省级以上部门批准的开发区、工业园区、物流园区、科技园区、大学城等
		省级以上的二、三产业功能区园区规划区面积	采用已通过审批数据
	土地开发强度	单位面积生产总值	采用统计年鉴数据
		单位建设用地二、三产业增加值	采用统计年鉴数据
		城镇建成区总面积	采用国土部门数据
		城镇建成区比重	采用建成区面积/辖区总面积
		工矿用地总量	采用国土部门数据
		工矿用地比重	指占辖区总面积，采用国土部门数据
		交通用地总量	采用国土部门数据
		交通用地比重	指占辖区总面积，采用国土部门数据
	用地增长	城镇用地增长	采用国土部门数据
		工矿用地增长	采用国土部门数据
		交通用地增长	采用国土部门数据

（二）确定权重。设 W ＝ (w_1, w_2, w_3, …, w_n)。w_1, w_2, w_3, …, w_n 分别与 a_1, a_2, a_3, …, a_n 相对应，本例中作者选取了10位对张掖市熟悉的人员打分后取均值来确定。分一、二级、三级指标分别确定。与一级（指标区域生产经营能力、区域生态环境承载能力、土地综合利用能力、空间结构优化能力、区域创新能力）相对应的权重分布为 W ＝ (0.3, 0.3, 0.2, 0.1, 0.1)。

（三）建立评语论域。评语论域为 V ＝ ｛v_1（非常满意），v_2（满意），v_3（基本满意），v_4（差），v_5（很差）｝，并由专家根据近1年的数据变化确定等级。在具体的操作中可以设计如下打分表（表5－6），仅以一级指标区域生产能力中的二级指标增长水平为例说明。

表 5-6　　　　　　　　　　评价打分（举例）

二级指标	三级指标	2007 年	2008 年	变化幅度	评语				
					非常满意	满意	基本满意	差	很差
增长水平	生产总值增长	11.50%	11.30%	-1.74%					
	固定资产投资增长	5.10%	5.70%	11.76%					
	消费增长	12.60%	12.20%	-3.17%					
	出口增长	—	—	—					

注：本表中数据根据《张掖统计年鉴2007》、《张掖统计年鉴2008》而来；出口增长数据缺省。

（四）确定评判矩阵。根据打分情况，统计各评语的分布数值，在除以总打分人员的基础上得到评判矩阵 $\tilde{R}$ 为：

$$\begin{pmatrix} 0.55 & \cdots & 0.2 \\ \vdots & \ddots & \vdots \\ 0.43 & \cdots & 0.12 \end{pmatrix}$$

（五）计算结果。其中运算为：

$$\max_j \min\{\mu_{\tilde{W}}(x_i, z_j), \mu_{\tilde{R}}(x_j, z_k)\}, \forall i, k$$

并将结果直观化处理。

$$\tilde{B} = \tilde{W} \circ \tilde{R} = (0.3, 0.3, 0.2, 0.1, 0.1) \circ \begin{pmatrix} 0.55 & \cdots & 0.2 \\ \vdots & \ddots & \vdots \\ 0.43 & \cdots & 0.12 \end{pmatrix} = (0.21, 0.38, 0.25, 0.11, 0.05)$$

结果表明：有21%的参评者对张掖市实施生态张掖战略后的发展非常满意，有38%的认为满意，有25%的认为基本满意。三项加总后，可以看出有为84%的参评者对这一战略的评价在基本满意以上，可以说达到了政府发展方式转型的效果。

用模糊综合评判法评价区域的自我发展能力，为评价地方政府绩效提供了一种可供借鉴的方式。但是也看到，此方法虽然在计算时较为简单，采用了先取小后取大的方式，但是由于涉及的指标体系过于繁多，在具体的实践中，应根据各地的实际情况进一步进行简约。①

小　　结

本章根据国家主体功能区战略的总体思路，探讨了四类主体功能区区域自我发展能力的评价指标、评价目的和评价方式，并以张掖市为例，进行了简要说明。

---

① 本书中对于评价方法的使用仅仅是作为一个举例，对于评价结果的讨论也显得相对有点薄弱。但总体而言，这一评价方式还是适合于此类评价的，也达到了预期评价的目标。

实践篇

上篇的研究，已经阐述出了区域自我发展能力理论具有双重兴趣中心，即垂直关系上，同一地方不同因素的联结；以及水平关系上，不同地方的各种因素联结。这是区域自我发展能力理论的独特性和完整性。其核心基础包括四个方面：第一，区域自我发展能力的性质，及区域自我发展能力体现的是区域要素在制度框架下获得的配置效率；第二，区域自我发展能力的类型，包括惯例式的自我发展能力、信念式的自我发展能力和知识式的自我发展能力；第三，它的实现路径，基于市场机制的"资源—分工—能力"路径，和基于区域功能的"资源—功能—分工能力"理论；第四，区域自我发展能力的实践创新。

区域自我发展能力的核心基础除第四个问题外，前面三个问题在理论篇中已经进行了阐述。第四个问题，将在这一篇中进行详细阐述。在以往关于区域自我发展能力的实践研究，主要包括以下四类：一是基于经验主义的研究方式，强调通过成功地区的区域发展经验来认识、构建和实践本区域自我能力；二是基于实证主义的研究方式，强调经验要达到具有一致认可的可证实证据；三是基于人本主义的研究方式，强调能力是个人创造的意识世界中形成的，其实现受权力等因素的限制，该理论的主要集大成者是阿玛蒂亚·森；四是基于结构主义的研究方式，强调区域发展的现象并不一定能揭示区域发展的机制，需要从环境角度构建理论框架，但是也有人质疑这种真实性并不能有效检验，得不到直接证据。

在后面几章的内容中，作者将要贯穿如下理论认识，因为是对后面几章内容的一个研究线索的阐述，在此就一并做一说明，后面将不再详细阐述。

1. 区域自我发展能力的优先地位：先于区位因素和区域分工

区域自我发展能力是先于区位因素和区域分工，进而也是先于区域政策的。首先，它是区域微观主体的存在、生存和生活的基础，不是一种实体性意义的存在，而是一种显现和拓展。其次，区域自我发展能力追问了区域微观主体的生存问题。这种追问将微观主体的存在与区域主体的发展紧密结合。再次，区域自我发展能力不仅仅强调单个微观主体的生存、生活和发展问题，而且还将其他存在条件和发展条件紧密相连。区域自我发展能力和区域微观主体发展问题密不可分，二者同时出现（但并不代表同时消亡）。它们构成了一个统一的结构整体，既包括资源要素层面的支配，即与区域物质要素发生关系，最明显的特征是"上手性"和"适应性"；又包括与他人（或区域）发生关系，与他人（或他物）打交道中实现共同生存与共同发展。

2. 区域自我发展能力的超越和异化：兼论贫困县难以"脱帽"的事实

区域自我发展能力从根本上说是先行于区域的。区域内的一切要素是已被规定的事实，而区域自我发展能力总是在不断筹划、选择和超越自己。犹如人的"情绪"或非理性，正是这种"情绪"使区域可以而且必须不断地对自己的生存、生活和发展加以筹划和选择。这种发展的可能性不以任何外在条件为转移，而是微观主体最真的本能特性。区域自我发展能力的超越过程中，往往会把典型区域或标杆样本作为参照对象，以至于失去自己独特的"个性"；有时会受自然条件、社会环境和制度框架的约束，异化了自身的发展。当前，我国一些国家级贫困县不敢上报真实的发展情况，这样区域自我发展能力就不能代表自身的真实发展了。在这种方式下，区域会以同类国家级贫困县的标准看待自身。这种平均状态的追求，会使区域发展的主导力量变得平庸和刻板，在区域发展上显得消极无为。当区域越是注重国家级贫困县这个头衔，就越会远离区域自身的发展轨迹。

3. 区域自我发展能力的研究先行到西部：喻义层面的解析

"先行到西部"，并不单单指从"十一五"规划纲要中开始提及"西部要增强自我发展能力"。而是通过对"欠发达"的畏惧，使我们更深刻地领会区域自我发展能力的"本真"。在这一思想主导下，我们可以挣脱束缚，进一步解析出区域自我发展能力的具体结构。如，前面所述的摆脱区位因素即是一种体现。"先行到西部"，给了我们一个比对的现实性和自由选择的可能性。只有在实际中做出选择，通过"发展的呼唤"，区域自我发展能力才能成为现实，才能更深刻地表现出环境约束、资源束缚、制度规制和发展呼唤的真实展现。在环境约束和资源束缚方面，物质资本与可贸易的自然资本构成了区域自我发展能力实现的物质基础，而不可贸易的自然资本，如生态环境则突出了不可逾越的瓶颈。在制度规制和发展呼唤方面，社会资本和人力资本构成了区域自我发展能力实现的主体，在一定程度上体现着区域自我发展能力。反映在自然资本、物质资本层面的"联结"能力是区域自我发展能力的表层结构，而侧重于人力资本、社会资本实现的"联结"则是区域自我发展能力的深层结构。

4. 区域自我发展能力研究的崛起：能力学派的显山漏水

以往关于区域发展的研究，多对区域进行了技术性和工具性的处理。比如，杜能的农业区位理论中，规避空间差异是一个核心目标，为此，选用"区位"和"运输成本"这一工具来代替"区域的单位产出"，用地租的"级差"属性代替"区域单位产出的差异"，进而把资本和劳动力的可流动性纳入了农业区位选择之中。韦伯的"工业区位"理论、里斯泰勒的"中心地"理论、廖什的"市场区位"理论、胡佛的"成本—市场"理论都遵从了这一基本思想。再如，在国家贸易理论中，李嘉图为规避空间结构的差异，基于要素的完全不流动和商品完全流动的假定，用比较成本替代了空间差异；克鲁格曼以流动性要素为研究假设前提，通过贸易理论和区位选择理论的有效整合，解决了流动性要素"生产的空间区位"问题。这样一来，分工、交换、均衡、最大化便构成了库恩式的研究范式，区域发展的科学性理论建构起来了，但是区域发展的实践性却弱化了。当前，在我国区域发展实践中，以往对区域经济价值的认识，已逐步拓展到经济增长、生态高地、国家安全三重属性，进而决定了空间优化不能以极大化为目标，而要以空间利益协调为目标，以利益协调引致的空间结构转变过程为研究对象。作为一门科学的理论形态，在研究内容的界定除了具有上述提到的历史回顾性和现实概括性，还应具有未来发展性。当前，区域主体功能区问题的凸显，使更多的学者去研究，区域自我发展能力与区域功能的结合问题，如高国力、樊杰、陈栋生、安虎森、魏后凯、孙久文、张可云等学者；在今后一段时间，区域自我发展能力将可能会更多地关注空间经济价值、生态环境价值和国家安全价值的两两匹配或三者结合问题。区域自我发展能力的兴起，并不意味着传统区域理论的本源性问题的失败，也并不意味区域经济价值优化研究存在性的终结，而是这些研究所不能完成的地方，可以用区域自我发展能力而非本源性特征来承担。

第六章 西部发展的实践之殇：区域能力学派争鸣

区域发展为什么会有差异？不同区域为什么会有不同的经济增长速度？改革开放之后，为什么东部的崛起速度远远快于西部？而西部大开发为什么使西部的发展速度有了快速提升？对这些问题的追问，经济学家按照传统的经济学观点作出了种种不同的解释，然而，作者认为，从系统的角度看，脱离西部自身发展能力的研究，都是有失偏颇的，要将西部的发展实践进行还原，以期从自我发展能力的角度找到问题的答案。

第一节 西部发展的兴衰：一个宽泛的考察

应该记住，西部在改革开放迅速的发展中，经济与社会状况已发生明显的变化。但纵观35年的发展，尤其是西部的一些贫困地区，在这一过程中自身的发展能力虽有所提高，但是并无发生根本性的变化，政府的强势主导，基础设施的综合配套，居民发展权利意识的淡化，已逐渐成为现今的一个明显的特征。但是，西部的贫困和落后，是否仅仅依靠国家规划纲领和大规模经济干预就能解决呢？然而，完全脱离这种路线的行动就会脱离政治的可行性范围，其迫切感也就会随之降低。

一 西部自身的问题：区域自我发展能力的逻辑推演

经济学家亚当·斯密、马尔萨斯、李嘉图、李斯特、马克思、约翰·穆勒、杰文斯和瓦尔拉、魏克赛尔以及凯恩斯的名字相联系的经济思想的重要重建都是对变化着的政治条件和机会的反应。[1]

基于这样一个前提，我们应该可以看到，要致力西部贫困落后问题的解决，需要合理调整我们的研究框架以适应西部贫困落后的实际，从理性与非理性的角度重新思索西部的发展问题。

---

[1] 冈纳·缪尔达尔：《亚洲的戏剧：南亚国家贫困问题研究》（重译本），首都经济贸易大学出版社1997年版。

由于贫困问题的敏感性，国家主持和资助此类问题的研究与日俱增。但是，如何形成一套被官方和民间普遍认同的形式呢？其困难在于当经济战略过于宏观或取向狭隘时，这种力量是否会与一般性的、永恒的社会发展准则相冲突呢？

站在局外人的角度上看西部，西部发展中经常提到的如基础设施问题、生态问题、交通问题、特色优势产业等，从发展所需元素的角度看，架构西部的发展，其本身并不构成错误，也是符合科学体系发展规律的。但是，这套理论在实践中，掺杂着过多的不可控制因素，必须有一套明确的价值取向框架进行约束。

然而，当我们再度思考这一问题时，我们的思想就会再度变得偏颇，陷入"欠发达"、"低水平均衡陷阱"等学术术语之中。我们会预先假定一些地区为贫困地区，而后在这未经证明的假定上展开研究。其逻辑中有一个重要的判断是，假定是不需要证明的。作者认为，一个区域是否有进一步发展的可能，以及如何发展是这个区域的研究目标，不能简单地在定义基础上去假定问题的答案已明确给出。因为在社会科学范畴内，不存在一个放之四海而皆准的普适"工具"，而我们的研究又是以一个先入之见开始的。

这启示我们，区域发展中理论的适应性才是其重点，而不是有多少理论去指导。长期以来，经济研究中往往倾向于得出一个一致性规律和一般性命题，并假定其研究成果在多个时间和多个地方的普遍适应。因为这一套理论是从古典经济中继承和发展起来的，并在近五百年的西方资本主义国家得到了实践检验。当我们将这根深蒂固的先入之见带入风格迥异的西部时或西部的某个区域时，忽略价值取向的不同，沿用传统假设，搜集大量数据，证明、证实或套用他国规律性结果，并不能从根本上解决这一问题。比如，在劳动力自由流动的假设基础上，探讨城镇化问题、隐蔽失业或就业不足等问题时，其结果将是不得要领，并且也是毫无意义的。

需要申明的是作者并不是对理论上的先入为主进行批判，其在方法论上的正确性也是不能否认的。因为每种理论都包含着先验思想的种子，然而我们所强调的是：不针对问题的答案是不予置信的。经济理论不仅要经受逻辑一致性的内在假定，而且还要在实践中能够检验，并做以相应地修正。两者是相辅相成的。

当对这些传统思路未感到满意时，一些学者力图概括出另一种能够为这一研究提供分析框架的理论。在这一构思中，作者认为，由于在以实践为蓦状的理论中,"经济"和"非经济"因素是交织在一起的,并且我们也不能完全区分经济与非经济因素的差异。而与之相关,并且值得区分的是贴切与不贴切因素之分,并且两者的差异会随着样本空间而变化。

在深入到西部的发展实践中,作者试图发现贫困地区的人口是怎样生存、生产和生活的,这并不是表象意谓中的现象,而是去研究什么机制控制着他们的经济行为及与之相关的行为。这种扎根于现实并力图避免失真的方法是探索他们的可行能力。作者认为,这类研究的目标应是构建解释欠发达西部状况的独特机制,以及建立一个与之相适应西部发展问题的分析结构。在这套分析结构中,虽然也涉及市场、价格、投资和储蓄等问题,但我们更致力于详细的经验材料的研究,以防止先入为主思想的影响。

二 价值前提与价值判定

缪尔达尔曾指出,清楚地阐明尚未认识而应该认识的事物,以便了解将要发生的事情,仍然是一个有价值的科学任务。然而,在以往众多的研究中,研究者都试图排除价值取向的干预来解决。本研究则基于一种相反的考虑,认为经济社会问题无论范围宽窄,也不论实证还是理论,在区域自我发展能力的研究中,要将价值取向的先决条件凸显出来,而不是力图采取一种"无偏见"的观点,事实上,这种无偏见的社会科学也是不会存在的。在本研究中,作者认为,西部区域的自我发展能力的研究,将不仅仅是一个国家意志维度的考察,而更应是从国家意志和区域战略相结合的产物。基于这种价值取向判断,西部区域自我发展能力的研究要贯穿这一价值取向系统,要在目标、原则、方法和模式中充分体现。但这样一来,就会造成如下困难:

一方面,区域微观主体的价值判断是基于自身实际的,不同区域、不同职业和不同阶层的人在价值判断的过程中,形成的目标集是不尽相同的。并且,若再加上性格、情绪等非理性因素的作用,这一目标集的确定将会更为复杂。我们把这种现象称为价值判断的异质化。为此,与之对应的将是对微观主体价值判断与区域团体价值判断之间的关系进行考察。需要说明的是,区域团体的价值判断常常决定着区域微观主体的日常行为方式,以及相应的长期奋斗行为。在与实践结合之后,我们审慎地将这种区域团体的价值取向宽泛地称为"群众倾向",把与微观主体价值取向的共同之处宽泛地称为"现代化"取向。

另一方面，贫困地区公民意识的淡化，以及参与路径的不畅，更加剧了区域自我发展能力的表征与实现。那么，这是否意味着可以通过研究地方政府对经济的调控程度来实现区域的自我发展呢？作者认为，基于个别团体的决策和选择是不能代表全体公民的意志的，因为基于集团的选择是不存在的，仅仅存在着一些变异的方式。况且公民参与中的被动性又要为此大打折扣。为便于今后的研究，我们也将这一价值取向宽泛地称为"官方信念"。

贫困地区民众的价值判断是多元的，许多现代化理想是相互重叠，但是为了较好地进行行为判断的说明，我们需要对主要的价值判断做一梳理。

第一类型，是从群众倾向中提取出来的现代化价值取向，主要包括公正民主、均等化理念和生活水平的提高，三者之间有一定的差异性，不能归结为其中某一项，是最基本的，也是不能通约的。具体如下：

（1）公正民主

在现代化进程中，尽管现代科技以提高生产力著称，但是包含在所有经济、社会关系中的公正民主原则，是一个首要的价值判断原则。公正民主意谓着办事程序的合理和徇私舞弊行为的纠正，是一种基于公平过程的判断。但是，在欠发达地区，历史、传统和惯例往往会约束这一判断原则。即使是已经发现了它的不合理性时，大部分民众都不公开地为这些价值判断辩护和维权。

（2）追求生活水平的提高

由于片面地追求生活水平的提高，会在短期内造成较高消费和较高生产之间的局部矛盾。只有逾越了这一低水平均衡陷阱，才能有利于提高生产力水平。

（3）追求经济和社会的均等化

等级观念在一定程度上会制约生产力水平的提高，促进机会、财富、收入和生活水平的均等是民众的理想追求，但迄今尚未有一个更好地手段，只能以一个模糊的方式存在。这也意味着追求财富和追求均等化存在着一定的冲突，现实中多是以偏向于加速生产为前提条件的。

第二类型，是从官方信念中提取出来的价值取向。体现的民众对于未来的预期，是社会和经济发展中包罗一切的全面的阐述。具体如下：

（1）国家安全和稳定

理论上讲，意味着在目标和行动上建成了一套有效、公正和团结的政治及法律体系。对国家边疆稳定起着决定性的稳定功能。同时，在国家法律法规范围内，促进本地区的长远发展，而非注重短期利益。当文化、宗教、民众和经济利益的冲突阻碍国家的安全稳定时，有能力协调处理内在冲突。

（2）生产力的提高

强调人均产出的增加，而非总量的增加。根据经济学原理，一般假定通过改进技术和增加生产行业的投资来实现。

（3）完善制度建设

意味着改善制度建设中不合理的状况，以及构建能够合理协调的政策体系。其目的是促进当地民众的效率、勤勉、守纪律、准时、节俭、理性的行为决策、正直和自力更生、合作，以及愿意采取长期发展的观点。[1]

第二节 西部市场化进程的考察

市场深化与政府治理是区域协调发展的推动力。促进区域协调发展，市场是基本动力，政府是主导动力。市场是资源配置的决定性力量，政府治理必须以市场经济为基础，遵循市场竞争规则，着力解决市场解决不了的问题，为区域协调发展创造条件。Sully（1988）通过比较115个国家1960—1980年的经济增长率，来检验经济增长与制度之间的关系，他的研究表明：制度安排对经济增长和经济效率有着重要作用，有效制度安排下的经济增长要比低效率制度安排下的经济增长高出两倍，在经济效率上高出1.5倍[2]。中国经济渐进式的转型特征决定了市场体制建立和完善的主基调，以市场化进程的渐进推进决定了市场体系的逐步完善，也推进了中国经济转型与"特定区域的优先"结合，两者是同一过程的两种现象。根据上一章的研究可以看出，区位租和功能分区是区域自我发展能力形成的前提，在改革开放初期东部的区位优势和制度安排的差异，使东部快于西部发展。在1998年西部大开发之后，虽然制度安排上对西部有所倾斜，但大都是"同等条件下的优先照顾"，东部在自我累积效应的作用下发展日益壮大，而西部积贫积弱的特点并没有发生根本改变，每年仍在接受着国家的大量转移支付。为此，从市场化角度下，审视西部发展路径"资

---

[1] 冈纳·缪尔达尔：《亚洲的戏剧：南亚国家贫困问题研究》（重译本），首都经济贸易大学出版社1997年版。

[2] Scully G. W. (1988). The institutional framework and economic development, *Journal of Political Economy*, 96: 652–662.

源—分工—能力"中遇到的突出问题，对于当前进一步完善市场经济体制具有重要的意义。基于此，本研究将从市场资源配置的实践和实证两个层面考察西部自我发展能力的动力问题。

在计划经济向市场经济转轨的过程中，国家层面的市场化问题问题和省域层面的市场化问题有着不同的内涵。在国家层面的市场化研究中，主要集中了两个问题，即"制度过渡"和"身份证明"。"制度过渡"是在计划经济向市场经济转型这一特定的历史背景而产生的制度变迁问题；"身份证明"侧重于市场化的度量，是应对国际贸易过程中倾销案件等问题而产生的市场地位确认的研究。但省域层面的市场化问题主要集中于国家制度转轨过程中的"制度融合"和"问题梳理"两个方面。"制度融合"表现在国家正式制度变迁过程中，正式制度如何和当地非正式制度相互融合，是正式制度本土化的过程；而"问题梳理"则充当了"制度融合"的前提，是对市场化过程中问题的发掘。

一 市场建设蛰伏的动力不足：基于"问题梳理"的角度

市场体系是市场机制发挥资源优化配置功能的深刻反映和综合表现。在计划体制向市场体制转型的背景下，市场体系构建的逻辑过程是围绕"计划体制弊端的深刻暴露（转型的前提背景）—商品（交换物）交易种类的放开—商品交易正式规则（各类市场的管理制度和法规）的制订—商品交易非正式规则（包括信用、信任、企业文化等）的形成—生产要素市场正式规则和非正式规则的形成—各类市场正式规则和非正式规则的修正和融合"而逐步展开的。改革开放35年来市场经济体系建立健全的过程，总体体现了从"指令性计划"向"统一开放、竞争有序"市场体系转变的特征。

1. 市场体系建设中存在的问题

一般而言，完整的市场体系不仅包括商品市场，而且还包括金融市场、土地市场、劳动力市场、信息市场等生产要素市场。各个市场特定的功能是市场体系建立健全不可或缺的部分，他们互相联系、互相补充构成了一个不可分割的有机整体，是市场经济体制运行的"血液"。能否形成一个统一开放、竞争有序的市场经济体系，直接关系到市场运行的效率和市场功能的发挥。在市场经济转型过程中，市场体系的构建遵循着先商品市场放开，后要素市场逐步建立健全的渐进规律。回溯中国经济改革35年，不难发现，当前市场体系完善的重点已由商品市场转向了生产要素市场，在这一过程中，回顾各生产要素市场的具体演进过程，总结各要素生产市场总体特征和出现的问题，对于本研究来说则显得尤为必要。具体而言：

在金融市场上，实现了有计划管理向市场运行的重大转变，但是金融市场结构还不完善。其特征是：重间接融资，轻直接融资；重银行融资，轻证券市场融资；在资本市场上"重股市，轻债市；重国债，轻企债；重投机，轻投资"。这种结构性特征制约了我国金融资源的合理配置。同时，资本市场的重点问题在于信息高度不对称，由此产生了内幕交易和操纵市场等违规、违法行为，资本市场的规范性监管有待加强。

在劳动力市场上，开发利用和合理配置人力资源是发展劳动力市场的出发点。总体来看，劳动力市场的发展呈现了以下显著特点：一是劳动力流动的自由度日益扩大，劳动力的城乡转移、地区转移流量不断扩大。企业所需人才已实现市场配置完成。一些事业单位则采取"三不要招聘法"，即"不要户口迁移证、不要人事档案、不要工作调转手续"，一定程度上优化了劳动力资源的配置。但由于户籍制度及机关事业单位人员录用制度的不合理，一定程度上破坏了劳动力市场的统一性。二是劳动者就业依靠市场的观念正在形成。计划经济体制下，劳动者就业是由政府统一安排的，但在社会主义市场经济体制的转型过程中，劳动者就业开始转向依靠市场。三是劳动力商品价格（工资）定价的方式仍须完善。

在土地市场上，发挥市场手段来配置土地使用，是土地市场研究和建设中必须解决的重要问题。纵观土地市场的发展过程，总体来看，土地市场发展中主要有以下问题需要解决：一是在土地所有权、使用权明晰的前提下，还有土地抵押权、租赁权等土地他项权利的设定、变更、终止等须进一步规定；二是规范内部工作程序，健全土地市场规则，通过制度设计来解决土地交易中的信息不对称问题，以便妥善处理政府寻租、企业寻租和个人寻租问题；三是对一些地方违法违规出让土地，违法批地用地，尤其是违反规划用地、未批先用、边报边用、越权批地、擅自下放土地审批权等问题依法查处；四是对土地"占而不开"、隐形交易、不公平交易等通过相应制度设计来有效解决。

2. 市场不完全下"自利"动机：基于市场化进程的视角

区域市场化是在一个区域经济中，以市场方式运作的经济领域、经济成分不断增大的过程。Bian 和 Zhang（2002）提出，市场化进程它可分解为三个截然不同的方面：①市场化是资源配置模式由再分配转变为市场主导的过程；②市场化是经济制度和政治制度的二元转变；③市场化是财产所有权的重构过程。按此尺度来衡量可以看到，经济的高速增长主要来源于市场转型过程中，市场体系中各类市场"配置效率"的发挥，至于由社会主义市场经济体制所决定的"适应效率"尚未真正发挥出来。而这种"适应效率"作用的发挥与我国当前解决市场经济体制和体系所存在的弊端紧密相关。

在市场"完全"的假定下，市场主体在"自利"心的作用下，才会使市场达到"最优化"配置的均衡状态，但对于中国这样的计划经济向市场经济转型的国家，市场的"不完全"是现代市场体系建设的"难解之题"，也是要"破解之题"。当前，在劳动力、资本、土地生产要素市场上，"新双轨制"（区别于 20 世纪 80 年代中期生产资料价格的"双轨制"）已成为市场体系"统一"、"开放"建设的"绊脚石"。何谓"新双轨制"呢？中国改革基金会公共政策研究所钟伟教授在其《新双轨制复归中国改革不能承受之重？》中提到，我们也许可以定义"新双轨制"是以公共权力为背景，自下而上地寻找和套取已经市场化了的商品和服务价格体系，和远未市场化的资金、土地、劳动力等要素价格体系，这两大体系之间的巨额租金。那么，如何来看待我国生产要素市场的"双轨制"呢？

通过参看美国商业部所指市场经济的六项具体标准和欧盟规定的五条判定标准，以及对 Bian 和 Zhang（2002）提出市场化过程的三个方面，可见，市场经济不但要看重市场的效率问题，也要关注市场的公平问题。就生产要素市场而言，长期来看，这种"双轨制"无疑会制约或影响着市场经济又好又快的发展。具体来讲，金融市场的"双轨制"主要反映在资金使用价格的形成机制尚未实现市场化方面。表征资金的使用价格，无非是利率和汇率。但仅就利率而言，在我国现行金融市场体系中，利率的市场化尚未形成。土地市场的"双轨制"反映在用地制度上为"扭曲"的市场化（即土地需求者和土地供给者之间并不是直接的进行面对面地谈价）和征地制度上"权力"（主要为地方政府而非地方官员）的寻租化。劳动力市场的"新双轨制"反映的是劳动力价格的定价机制严重不协调，虽然企业所需劳动力由市场决定，但行政事业单位所需劳动力的配置仍存在一定的不协调。

3. "经济主体自由化"和"政府行为规范化"的应有之意

Havrylyshyn 和 VanRooden（2000）关于影响 GDP 增长因素的研究表明，

影响 GDP 增长的最重要因素是宏观稳定和制度改革。当然对于我国而言，宏观稳定自然不必探讨，但就制度改革而言，在我国市场化推进的过程中，重点实际上是"经济主体自由化"和"政府行为规范化"两个方面。

对于前者而言，当前及今后很长一段时间的重点是"形成以道德为支撑、产权为基础、法律为保障的社会信用制度"。在具体的信用体系建设重点上，我们要围绕信用的"价值性"问题，加强信用体系建设的统筹规划和整体协调，以保证全国信用体系的构建。要加快法制建设，颁布全国范围的个人信用征信及信用评级的专门法律、法规，以指导信用体系的建立；要引导企业将"诚信"纳入企业文化建设之中，良好的信用有助于企业在生意往来时，减少谈判的成本，节省交易成本；要推进信用评价机构的建立，培育和发展一批具备相应执业能力的信用机构，将便于当事企业了解对方企业的信用状况，促进形成良好的市场经济信用体系建设。

对于后者而言，虽然生产要素市场的市场进出规则、市场竞争规则、市场交易规则、市场仲裁规则都已形成，且已发挥着重要作用，但对于今后一段时间而言，我国市场体系制度建设的重点应放在立法和对现行市场规则进一步修订完善，市场规则的落实和监督执行上。具体来讲，要加强立法，注重修订现行法律法规中与当前经济形势不一致的规定；要做好市场规则的执行落实，规范政府行为；要加强市场管理的监督，加强对市场管理者的管理，促进市场健康有序地发展。

二 警惕"转型陷阱"：基于制度融合的角度

改革开放 35 年来，对中国改革面临的态势，我们有一些总体判断：一是经济保持快速发展，二是政治基本稳定，三是社会矛盾突出。[①] 进一步研判这一趋势，作者认为，当前一些领域已出现"转型陷阱"症状。在经济领域，传统能源、电力、通信和矿业等行业一直由垄断企业占据，并且在 2008 年金融危机之后，在金融力量的作用下，资源垄断更为严重，既得利益集团日益强大；在政治领域，从当初的个体贪污腐败为焦点，逐步演变为集体腐败、腐败默认和"维稳"政策导向，这将无形中促进政治控制日益严密，进而导致变革几率的减少。在社会领域，一个普遍经验是"改革速度越快，社会越不稳定"。市场框架时常改变，权力决策者反

---

① 周瑞金：《何以解忧，唯有改革》，《财经》2012 年第 1 期。

而获利越多,进而导致贫富差距扩大,主要表现在个人收入悬殊、城乡收入不平衡、区域差距扩大这三个方面①,从而导致社会活力下降,阶层间对立情绪凸显,社会不平衡感日益明显。

鉴于此,作者把这些症状的集合称为"转型陷阱",意指转型期由于种种原因而导致转型目标与转型现象的逻辑不一致。主要变现为三个方面:一是当初倡导的思想在转型中并没有展现出来(如共富),或者没有完全展现出来(如教育公平),或者展现走了样(公务员、事业身份和工人的同工不同酬);二是转型过程中,法律之间、政策之间和规则之间存在着不协调的方面(如宪法和地方法规的不一致);三是随着转型的推进,法律、政策和规则存在着诸多的不稳定特征,即政策经常会随着目标的改变而改变。转型过程中由于获取信息的渠道不同,会造就一批既得利益集团,这个集团会为了自身利益而通过改变政策条件等方式而给新进人者制造壁垒,使新进人者无法分享改革的成果,进而阻止进一步变革的可能。对此,有评价指出:"过去,我们过多地强调了渐进式改革的优势,但现在看,一个渐进式改革的国家陷入转型陷阱的危险会大大增加。因为在渐进中,使转型过程停滞并定型化的机会太多,既得利益集团从容形成的条件更为有利。"

难道说,"改革真的是进入深水区,已经改不动了吗?"作者认为,未必。从发展角度来看,"十一五"时期,针对改革中的重点领域和关键环节,国务院批准设立了 8 个国家综合配套改革试验区,力图为进一步深化体制改革提供新经验和新思路。虽然这些区域国家赋予了不同的探索使命,如政府职能转变、国际接轨、城乡统筹、两型社会建设等,然而,试点改革中的"试错成本"和"造血功能"将是综合配套改革试验区不得不面对的现实问题。进一步而言,还需要分析,担当深化体制改革试点功能的国家综合配套改革试验区,发展趋势是怎样的?

1. 中国经济转型中的制度融合:转型陷阱与国家综合配套改革试验区

回顾 20 世纪诸多经济事件,可以看到,计划经济体制从诞生到成熟、再到走向消亡是 20 世纪争议最多、最为波澜壮阔、最出人意料的经济现象。在计划经济体制向市场经济体制转型的过程中,产生了两条不同的演化路径,即以俄罗斯为代表的休克疗法和以中国为代表的渐进式转型。对此的解释上形成了"华盛顿共识"和"北京共识"这两派观点,进而上

---

① 邓志平:《转型时期贫富差距扩大的现状、成因及其对策分》,《生产力研究》2009 年第 20 期。

演了私有化、自由化与政府干预之间旷日持久的争论。两者演化路径的不同产生了不同的结果。中国改革开放 30 多年，国内生产总值（GDP）以年均 9.7% 速度持续增长而不衰，在国际金融危机下仍保持高速增长。中国的 GDP 总值由 1978 年的 3645 亿元猛增至 2010 年的 40.1513 万亿元，增长 110 倍；中国的人均 GDP 从 1978 年的 381 元增至 2010 年 3 万元，增长近 80 倍。俄罗斯在实施了休克疗法之后进入了痛苦的七年，GDP 累计下降 40% 多，贫富差距急剧拉大，1/3 的居民收入低于最低生活标准；2000 年之后，普京通过打击寡头势力，政府重新夺回了对经济的掌控[1]。今天，回顾中国经济转型已不是为渐进式转型歌功颂德，而是通过经济转型的分析，探讨当前中国转型的质量和速度问题。关于此问题的认识主要集中于以下三个方面的研究。

(1) 国际视野下渐进式改革的研究

邓小平并没有直接提出"渐进式改革"这一概念，学界提到的邓小平渐进式改革理论多是"摸着石头过河"策略变通，也就是一个体制变革的方式问题。关于体制变革的方式问题长期以来都是当前制度经济学的一个焦点问题，吸引着大批经济学家有兴趣研究。总体而言，经济体制的改革方式主要分为"激进式改革"（震荡疗法、休克疗法）和"渐进式改革"（渐进主义）两种。主要研究者有萨克斯等[2]、斯蒂格利茨[3]、杨小凯等[4]、林毅夫等[5]、樊纲[6]。从改革的目标看，俄罗斯震荡疗法所力图解决的苏联式问题是：一是市场的供需平衡问题，二是企业的所有权（与系统化、组织化生产相关），三是农产品的相对低价和国有工业部门的高利润。中国经济改革的主要目标是产业结构畸形和经济效率低下，主要表现为：一是产业结构背离资源比较优势，压抑了经济增长速度；二是缺乏竞争，生产效率低下；三是劳动激励不足（林毅夫、蔡昉、李周，1993）。两者目标的不同带来了体制变革方式的不同。但从国内的研究来看，主要的模型构建都主要侧重于研究渐进式改革的优点。比如，樊纲（1993）认为，若仅从某一种改革成本的角度看，"渐进式改革"总是"次优的"，而若从另一种改

---

[1] 中国国际金融有限公司：《俄罗斯经济研究报告》，研究报告，2010 年 4 月 6 日。
[2] 杰夫雷·萨克斯、胡永泰、杨小凯：《经济改革与宪政转型》，《开放时代》2000 年。
[3] Joseph E. Stiglitz, *Globalization and Its Discontents*, W. W. Norton & Company, 2002.
[4] 杨小凯、李利明：《震荡疗法和渐进主义》，《经济学动态》2001 年第 7 期。
[5] 林毅夫、蔡昉、李周：《论中国经济改革的渐进式道路》，《经济研究》1993 年第 9 期。
[6] 樊纲：《两种改革成本与两种改革方式》，《经济研究》1993 年第 1 期。

革成本，如对改革的"阻力"所引起的社会成本看问题，那么"渐进式改革"本身在一定的条件下就可能是"最优的"。

从经济发展的现实角度来看，当前国家在经济发展的体制管理方面，已不注重解决转型问题，而多关注经济增长问题。尤其是 2008 年国际金融危机之后，我国的宏观经济面临着严峻的考验，国家政策部门出台了一揽子刺激政策，而这些政策大都是针对宏观经济萧条、止跌、复苏等现象而相机而动，其核心是刺激反弹，且很少着眼于长期的政策健全和市场需求。这样一来，以投资为主体的短期刺激政策将不能担当起引领中国经济走出"周期性"与"全局性"的困局。杨瑞龙（2010）[①] 认为，"扩内需"与"增长模式的转轨"必须以"改革"为前提和先导；短期宏观刺激政策的效率不取决于刺激的大小，还在于宏观调控政策的微观传递机制的重塑。因此，以改革的思维调整宏观经济治理原则就显得非常重要。

（2）"转型陷阱"的研究

南巡讲话最重要的意义在于在"经济建设"方面，此处经济建设问题应不仅仅是指经济增长问题，而是在当时的背景下，意图打破意识形态束缚时，我们破了一个"姓社姓资"的问题，立了一个"白猫、黑猫抓住老鼠就是好猫"、"胆子要大一点，步子要大一点"的观点，这种背景无形中让我们认为经济建设就是经济增长；只要抓经济，胆子过大、步子过大都是可以谅解的。这样一来，中国很快从一个意识形态型的社会转型成为利益导向型社会。之后 20 多年，随着经济空间的大扩张，每个人都在追逐自己的利益，进而造成个体收入的差距，形成了以经济收入为基础的不同阶层。这些阶层又形成了新的理想，都希望社会形态向其符合自己需求的方向发展。郑永年（2012）认为，在很大程度上说，现在的理想主义已经不是 20 世纪 80 年代的理想主义了。在一个高度分化的社会里，不同群体展现出各自的理想主义。或者说，现在的社会群体不再有共同的利益，不再有共同的诉求，不再有对未来的共识。

这种单兵突进的缺点在 1997 年之前没有显现出来，邓小平对此也未有针对性的论述。但从邓小平的一些讲话，如"只搞经济体制改革，不搞政治体制改革，经济体制改革也搞不通，因为首先遇到人的障碍。事情要人来做，你提倡放权，他那里收权，你有什么办法？"结果"必然会阻

---

① 杨瑞龙：《以改革的思维调整宏观经济治理原则》，《科学发展》2010 年第 2 期。

碍经济体制改革，拖经济发展的后腿"。"要注意经济稳定、协调地发展，但稳定和协调也是相对的，不是绝对的，发展才是硬道理。"可以看出，邓小平所指的"经济建设"应不仅仅指经济增长，至少还包括经济体制与政治体制和社会生活的协调。

南巡讲话之后，随着经济的快速发展，经济发展与政治体制、社会文化的脱节，社会不公的日益严重化，产生了诸多"转型陷阱"症状。那么，如何认识"转型陷阱"呢？孙立平（2011）从既得利益集团的角度对"转型陷阱"进行了界定，他认为，改革和转型的过程就是从起点（计划经济）走向终点（市场经济）的过程，但是在这个过程当中，中间每一个点上都有可能停下来，逐步形成一种既得利益格局，尤其是像渐进式的改革，就更容易形成既得利益格局。这样的基本利益格局形成后就要求不要往前走了，要维持现状，然后希望把我们认为所谓过渡型的体制因素定型化，形成一种相对稳定的体制，这个体制是最有利于其利益最大化的混合型体制。他进而将"转型陷阱"提成的意义概括在以下六个方面：一是转型陷阱的概念可以使我们明确目前面临的主要问题；二是转型陷阱的概念可以使我们更准确理解到现在改革的主题集中在哪儿；三是转型陷阱的概念可以使我们更明确地意识到改革遇到的实质性问题是什么；四是转型陷阱的概念可以使我们看清楚种种困惑现象背后的基本逻辑是什么；五是转型陷阱的概念可以使我们对改革的扭曲产生警觉；六是转型陷阱的概念有利于澄清笼罩在左与右争论上的迷雾。这种基于既得利益集团的认识为我们认识转型陷阱提供了一种新的思路。

（3）关于推进国家综合配套改革试验区的研究

就中国转型的实践而言，在改革开放初期，我们按照"特定地区优先"的原则，通过发展外贸、逐步放开市场的方式，实行了一套"试验—示范—推广"的发展模式。当前，在国家发展开始由经济增长为主向经济社会科学发展转变时，将使得以往由"增量转型战略"所决定的"单项改革"由突出位置让渡到次要位置；而以"渐进式的总量转型战略"为特征的"整体设计与推进"将逐步由试点—推广过渡到主要位置。

之所以采取这种改革方式，林毅夫、蔡昉、沈明高[①]曾在撰写的论文中就指出了这种原因，主要概括为三点，其一，改革我国原有的经济体制

---

① 林毅夫、蔡昉、沈明高：《我国经济改革与发展战略抉择》，《经济研究》1989 年第 3 期。

本身就说明我们所能掌握的决策信息严重不足，并且很难从已有的经济运行机制中获得有效的参数。其二，由于我们不能把握经济运行的全部过程及其与改革的相互牵连关系，制定所谓的配套改革方案必然是不成熟的，有很大的盲目性和风险，大多数人对于可能得到的利益的预期是不确定的，这样的改革难以获得广泛的群众支持。其三，决策者通常最为关心的是经济生活中最为紧迫的问题和矛盾。因此，从理论上说，能够把改革总目标分解成若干阶段目标，追求阶段目标又与解决迫切的现实问题相结合或相重合，就是最好的改革方案。

结合实际，比较可行的改革方案是以解决当前一系列紧迫问题和矛盾为出发点的局部方案。而始于 2005 年的国家综合配套改革试验区正是担当了这一历史使命。比如，成渝地区作为城乡统筹发展的改革试点，面临着大城市、大农村的局面，城乡之间的发展极不平衡，当时重庆人均收入比为 4∶1，大于全国和西部的城乡落差；最高和最低县区人均 GDP 相差 105 倍，大于上海和贵州的落差。从实践效果来看，重庆改革的亮点是通过推动农村要素的市场化，来实现收入分配的调节。在具体举措上，通过打黑和反腐，努力实现要素市场的权利平等。从成都的改革来看，做虚所有权、做实承包权，将土地承包权永久化，实现了农村土地产权的明晰化。在具体举措上，重视要素改革、产权改革、公共服务和基层民主政治四个因素。

总体来看，国家推出的综合配套改革试验区正是承担了国家和社会急需解决的紧迫任务。而关于国家综合配套改革试验区的研究主要集中在以下四个方面：一是国家综合配套改革试验区涵义和理论基础的研究。王家庭（2007）通过对"国家层面"、"综合配套改革层面"、"试验区层面"的分析，把国家综合配套改革试验区界定为，顺应经济全球化与区域经济一体化趋势和完善社会主义市场经济体系内在要求，在科学发展观指导下，国家所建立的以制度创新为主要动力，以全方位改革试点为主要特征，对全国社会经济发展带来深远影响的试验区。[1] 进而认为增长极理论、空间结构理论、区域创新理论是研究综合配套改革试验区的理论基础。[2] 二是国家

---

[1] 王家庭：《国家综合配套改革试验区制度创新空间扩散的效应、形态与机理探索》，《学习与实践》2007 年第 6 期。

[2] 王家庭、张换兆：《设立国家综合配套改革试验区的理论基础与准入条件探索》，《河北经贸大学学报》2008 年第 1 期；高进田：《增长极理论与国家综合配套改革试验区建设》，《财经问题研究》2008 年第 2 期。

综合配套改革试验区与以往改革的区别。主要从改革目的、改革思路、改革路径、改革背景、改革内容、改革方式等方面进行了对比。三是关于试点区域条件的研究。王家庭（2008）提出，区域综合优势突出、经济腹地广阔，资源禀赋良好、发展潜力巨大，科技力量雄厚、区域创新能力强大，区域投资环境优越、国际经济竞争能力强，战略主导产业初步形成、区域带动作用明显是设立国家综合配套改革试验区的准入条件。四是关于发展模式的研究。严汉平、郭海阳（2008）提出综合配套改革试验区应该选择网络发展模式。他们的理由是空间网络的形成是建立在若干产业链和城镇群纵横交错基础上的，而综合配套改革试验区的发展已经具备了这种较为成熟的网络体系，它在空间上覆盖的面积更为广泛，这种网络可以延伸到以往改革触及不到的"死角"，空间网络对腹地的辐射力比增长极更大，还能通过网络逐渐扩大促进更大范围的地区经济发展。[①]

从上述研究中应该可以看到，第一，"激进"与"渐进"似乎因过分强调转型速度，而忽视了转型中更应该关注的深层次问题。这是因为经济体制运行的设计应以"内在一致性"为主要的要求，强调制度设计的系统性。而"激进式"想以明确目标的转型来解决问题，而"渐进式"的目标并不明确，只有一些基本原则，力图在"试错"的过程一面完善目标，一面不断向目标趋同。第二，建立在自由化、私有制基础上的制度体系，尽管通过新古典主义的观点证明是完美的，但是脱离每个国家自身实际的制度迁移是充满危险的。可以通过拉丁美洲移植美国宪政制度而没有取得改革的成果作为一个佐证材料。而俄罗斯转型的过程，不仅仅是忽略了政府的干预（尽管后期政府已经掌控了经济的主动权），而且也忽视了制度迁移的刚性，即在原有制度向新制度转变的过程中，未曾考虑好制度迁移给民众带来不适应这一过程。中国在转型的过程中，则恰恰抓住了这一点，即在原有价格制度基础上，过渡性的产生了价格双轨制；在城乡二元结构矛盾的基础上，产生了乡镇企业。第三，经济转型的成功与否可能会带有经济增长这一衡量指标，但是更为核心和深层次的应该是民生的改善。对比中国发展的现实，则会发现，二元结构转变的重要性是弱于民生改善的（民生改善的重点是贫穷，以及由此诱发的贫富差距）。这警示我们，尽管渐进式的增量改革虽然在一定程度上会改善民生，但是伴随转型

[①] 严汉平、郭海阳：《国家综合配套改革试验区发展模式选择》，《经济学家》2008年第4期。

成功的重要衡量因素仍是以解决贫穷、贫富差距为主要内容的民生改善。

2. 警惕"转型陷阱"：兼论国家综合配套改革试验区的历史使命

在中国渐进式的转型过程中，由于转型目标与相应的技术路线并不是预先构建好的，进而在政策制定上存在着完善目标和政策跟进的现象，这在一定的范围内回答了为什么我们的政策具有不稳定特征。但是，对于政策之间的相互协调却没有给予足够的回答。我们暂从政策的目标做一个逆向的梳理，要实现制度体系的相互协调，重点是警惕"转型陷阱"，构建经济体制、政治体制、社会体制、文化体制"四位一体"的政策体系。要实现这一目标，其一，可继续按照"摸着石头过河"的思路，见招拆招，但可能出现的问题是落入转型陷阱，阻碍改革的进一步深入；其二，在某一阶段，通过梳理经济、政治、文化、社会体制的逻辑关系，在某一个阶段集中性突破。作者认为，这两条道在中国当今的改革中都未采取，而是采纳了两者的中间状态。针对改革中出现的一些紧迫性、系统性和艰巨性问题而着手的改革，其特征是"先试先行"。但由于他同时兼有了"增量式改革"和"总量式改革"的一些特征，为此，需要从转型的核心、转型的目标和战略选择方面作出进一步的阐释。

（1）警惕转型偏离方向——转型的核心：构建市场经济产权体系

构建市场经济体制的基本逻辑思路应该是：一要分清楚市场能够完成的事情，主要指通过交换能够使双方"双赢"的事，也就是实现双方的利益兼顾，即达到"赢者不全赢，输者不全输"的状态。再进一步说，就是在市场运行中，对于客户与企业而言，客户先赢企业后赢；对于员工与企业而言，员工先赢企业后赢。二是对于市场不能够完成的事情应由政府完成，主要指经济主体行为会损害公共权益的事情，例如，污染问题、食品安全等问题；三是当前改革的重点，也是以往改革中容易划分在第二类中的事情。例如，医院的开设问题，这类事情会"影响"公共的权益，但是他并不会"损害"公共福利，因为开办医院可以解决看病难的问题，可以解决医生收入与市场价值匹配的问题。但是由于过度管制，反而影响了社会福祉的提高。将第三类问题进一步放置在转型的特定环境中，我们会看到，解决这一问题的核心是构建与市场经济相一致的产权体系，而不是管制的进一步加深。张维迎[①]认为，未来改革的方向仍然是进一步缩小

---

① 张维迎：《市场的逻辑与中国的变革》，《探索与争鸣》2011年第2期。

职权经济的范围，减少政府手中控制的资源。这样一来，我们可以看出在解决当前中国面临的问题是，不是单凭凯恩斯主义的刺激政策就能解决问题，因为市场体系不健全，过度刺激反而使既得利益集团获利更多，不能刺激经济进入复苏。

(2) 转型目标的日臻完善

在渐进式改革中，我们更强调在"试错"过程中，一边完善目标，一边不断向目标趋进。经济体制转型给我们预设了一个路线，即从过去的计划经济体制向社会主义市场经济体制转变。但是，市场经济体制在制度运行方面它是怎样，我们现在尚未形成一个确定的、结论性的制度体系，为此，需要我们根据需要不断完善转型的目标。按照这一思路，如果处理不好转型会走向两个误区。第一个误区，市场经济体制都是一样的，都是以宪政为基础、以市场运作为主要模式的制度体系，这样一来往往会忽略本国与他国的区别。李稻葵（2012）在搜狐财经的"邓小平做对了什么？——纪念小平南巡 20 周年"上，就举例说明，中国未来的社会管理模式，至少跟美国不一样，和欧洲、日本也会存在一定的差异。中国的模式更加强调社会的秩序。第二种误区，制度与制度是平行的，不存在上下级关系。梳理各个阶段社会制度的转型我们可以看到基本社会制度（或称元制度、宪政制度）是凌驾于其他制度之上的，而不是其他制度之下。也就是说社会秩序是按照宪法、法律、法规、条例的基本思路在规制社会生活的基本秩序。重新思考这些问题，在中国制度禀赋下，过分强调新自由主义改革会使经济深陷新自由主义陷阱，带来经济发展的被动，而当前中国的许多社会问题都与收入差距、城乡差距有关。为此，立足中国传统文化，着眼于中国当前发展实际，在不断捋清制度序列（元制度与子制度的关系）的基础上，确定社会主义和谐社会目标，可以推动经济和社会转型，避免落入转型陷阱。

(3) 不断向转型目标趋进——转型路径的选择：国家综合配套改革实验区担当重任

渐进式改革的在于转型路径向转型目标的不断趋进。为此，关于转型路径的认识，应考虑到转型只有落实到具体的空间上，如改革开放初期的经济特区，才能成为完成转型目标的趋进。那么，哪些区域在经济转型中会成为率先突破的地区？对于这个问题的回答，需要我们借鉴以往成功的经验。林毅夫等总结了中国渐进式改革的特征：一是增量改革；二是试验推广；三是非激进改革；四是不实行以私有化为中心的改革方式。张军（2008）① 把中国的改革方式做了如下归纳：一是价格双轨制；二是增量改革；三是试验性改革；四是微观改革走在宏观改革前面；五是经济改革走在政治改革之前。"中国的经验表明，把价格搞对似乎不是经济成功的唯一决定因素。中国的经验中真正起作用的是一套协调和激励机制，该机制在市场制度最终建立之前看起来是非常必要的。"这样一来，当紧迫性、全局性的任务落实到了综合配套改革试验区，转型路径的探索就无形中成为国家综合配套改革试验区的历史使命。

一切经济活动的"变化"都是源由这一活动中存在着一个创新的利润，在零利润的经济中将不会有变化存在，这是熊彼特发展理论的一个基本思想。沿着这样的思路，我们把经济活动在空间上的变化过程，也看成是一个追逐利润的过程，这就需要在转型时期，存在着一个可以引起"变化"的利润空间。② 国家综合配套改革试验区的改革就需要在利润的诱导下进行一些区域创新，这一创新必将与中国特色的分权制度相关，同时还将与这些区域的自我发展能力紧密相连。

三　西部市场化进程的动态判断

市场化是市场机制在一个经济中对资源配置发挥的作用持续地增大，经济对市场机制的依赖程度不断加深和增强，市场机制从逐步产生、发展到成熟的演变过程（陈宗胜，1999）。经济发展与区域市场化是一个相辅相成的过程，区域经济的发展离不开区域市场化的进程。我国自明确建立社会主义市场经济目标以来，东中西部区域经济高中低发展态势和区域市场化进程阶梯式的走势趋于吻合。我国关于市场化的研究主要包括三个层面，即理论内涵层面、实证测度层面、中国市场地位佐证层面。盛洪（1992，1996），卢中原、胡鞍钢（1993）开创了我国市场化研究的先河。此后陈宗胜（1999），樊纲、王小鲁（2003）等许多学者都对此进行了相关实证研究。

就市场化进程与区域经济发展的关系而言，Nickell（1997）和 Blundell（1995）通过实证研究表明，市场化进程的表征（通过产品市场竞争来反映）和一个企业或行业生产力的增长呈正相关；阿吉翁和霍依特（Aghion，

---

① 张军：《制度与经济发展：中国的经验贡献了什么？》，上海人民出版社 2008 年版，第 55—70 页。

② 姜安印：《转型成长中区域突破现象的制度解释》，人民出版社 2008 年版，第 103 页。

Howitt，1998）从企业技术采纳、沉默性知识、工人适应速度内生化三个方面分析了原因，Porter（1990）认为这似乎与"达尔文式"的观点更一致。就我国市场经济转轨而言，没有人否认它在中国"市场"成长、发育中和作为社会转型推动力的作用，但是人们在如何定义和计算市场力，以及市场化进程可能所有和没有的含义方面尚未达成共识（Nee & Cat，1999）。

国内一些学者将市场化进程与区域经济的发展相结合，进行了一定程度的探索。傅允生（2003）实证分析了我国改革开放以来，市场化进程与区域经济发展具有很强的内在关联。在他的另一项研究中，他以浙江为例，分析认为浙江省市场化进程的领先是浙江经济快速发展的基本原因（傅允生，2003）。柯忠义、韩兆洲（2007）量化分析了我国31个省、市、自治区的经济发展水平、市场化程度与科技投入三者之间的关系，他研究发现，经济发展水平与市场化程度相关系数为0.914，其中包含非公有化率、市场配置比、外向型程度在内的市场化因素是推进经济发展的强大动力。在区域经济发展与市场化的单项指标方面，周明（2002）通过实证方法分析了自改革开放以来我国工业行业空间布局的变动趋势，认为区域市场化制度因素是造成我国区域经济差异的深层次原因。孙巍、唐绍祥、李何（2005）实证研究了国内市场的一体化趋势和对外开放对区域经济差异化的作用机理。

笔者将在以上研究和认识的基础上，多视角分析市场化进程测度的关键环节，提出了一套可行的分析指标，用主成分分析法具体测算西部各省份的市场化进程指数，最后分析西部各省份的市场化进程与经济增长的关系。本书其余部分的内容安排如下：第一部分探讨市场化进程衡量的多维视角，第二部分构建一套市场化进程测度的指标体系，第三部分为测度的方法和具体测度，第四部分为西部地区市场化进程与经济发展的面板数据分析，第五部分为结论。

1. 市场化进程衡量的视角：意识、现象和测度

区域经济市场化程度表现在一个区域经济内，以市场方式运作的经济领域、经济成分不断增大的过程。从理论上讲，它可分解为三个截然不同的方面：市场化是资源配置模式由再分配转变为市场主导的过程；市场化是经济制度和政治制度的二元转变；市场化是财产所有权的重构过程（Bian & Zhang，2002）。

从意识观念上说，经济市场化的过程面临社会各层面的转型，可形成

一种新的发展范式。斯蒂格利茨（2005）认为转型应包括一种制度转型的观念，即创造新的社会资本和新的监管或激励机制。有时需要有新的制度取代那些在发展进程中必然弱化的传统制度。有时新制度还将包含旧制度的一些要素。但由于意识观念的多元性，市场化的核心价值观念将趋向于两种：一种是经济自由，其本质元素是私人财产的保护、选择的自由，以及个人的自治（Gwartney, Lawson, Block, 1996）。这将引致价格自由化、贸易自由化、汇率自由化等结构性变革。张曙光、赵农（2000）从市场化过程中个人经济自由权利的逐步确立这一角度考虑，认为所谓市场化，其实质就是经济自由化。但是经济自由制度不能回答财产权的分配问题；另一种观念是强调平等和公正。斯蒂格利茨（2005）在谈到走向一种新的发展范式时认为，如果发展能让人感到是平等和公正的，且能形成一种正义、承诺和互利的氛围，那么改革很有可能被广泛接受而且社会的转型也可能有广泛的参与；如果经过努力能达成共识，那么参与者还会通过参与而产生一种主人翁的感觉。

从现象意义上说，市场化与区域经济发展呈一定的相关关系。Havrylyshyn 和 Van Rooden（2000）从 25 个国家 1991—1998 年各项经济指标分析来看，影响 GDP 增长的最重要因素是宏观稳定和制度改革，制度变迁对转型国家的经济持续增长呈现一定的相关性。通过对众多转型国家的量化分析以及有关国家发展的经验来看，宏观稳定是经济增长的前提因素，而市场趋向的制度改革对经济增长则具有持续性的重要影响（黑尔，2004）。在宏观稳定的前提下，针对"休克疗法"而言，中国的渐进式市场化改革，虽然转型幅度较慢，但经济的增长却是持续和高速的。就我国区域市场化构成而言，四大板块呈现出了非平衡转轨经济的显著特征：经济转轨尚未完成，属于过渡中经济；区域经济发展不平衡，存在着明显的区域经济差距。

从测度特征意义上讲，市场化进程是一个动态化的过程。"市场化"并不是简单的一项规章制度的变化，而是经济变迁的过程，是一系列经济、社会、观念的变革。市场化进程在不同的阶段上，突出表现的问题是不同的。理解经济变迁是提高经济绩效的首要先决条件，所以不仅需要为每个市场设计不同的制度结构，而且也许最重要的是我们必须认识到技术变革以及信息成本和政府结构的变化将不断改变市场的行为特征（诺思，2004）。市场化指数分析虽然从短期来看，要维持指标体系的相对稳定和保持指数的可比性，但从长期来看将是一个动态的过程。由于市场本身的不断演进、市场经济国家具体运行方式的差异，以及理想市场经济的不存在性，使得很难有一个绝对数值标准去衡量，而相对数值可以在市场转型中去衡量谁的市场化程度在某一方面更高一些。

2. 市场化进程指标体系的构建

世界公认的一些市场经济国家或经济共同体，虽经济运行和管理方式有所差异，但其对市场经济标准诠释却有着相似的内在规定性，比如，美国商业部所指的市场经济有六个具体标准：货币的可兑换程度，劳资双方进行工资谈判的自由程度，设立合资企业或外资企业的自由程度，政府对生产方式的所有和控制程度，政府对资源分配、企业的产出和价格决策的控制程度，商业部认为合适的其他判断因素。欧盟规定了五条判定市场经济地位的标准：市场经济决定价格、成本、投入等；企业有符合国际财会标准的基础会计账簿；企业生产成本与金融状况，不受前非市场经济体制的歪曲，企业有向国外转移利润或资本的自由，有决定出口价格和出口数量的自由，有开展商业活动的自由；确保破产法及资产法适用于企业；汇率变化由市场供求决定。暂且不论此举对转型国家的进口限制和反倾销的针对性，可以看出，关于市场经济标准的框架，不是绝对的，而是一个以共性为主、差异性为辅的判定矩阵。考虑到本研究是针对一国内特定地区市场化进程差异性的研究，不同于国家层面市场化进程的测度，我们的指标将不涉及市场的法律法规、汇率对市场的影响。同时，在借鉴樊纲（2004）中国市场化指数指标和李晓西（2003）中国市场化程度测度指标设计的基础上，主要采用《中国统计年鉴》1992—2006年各年的相关数据，考虑"政府行为规范化"和"经济主体自由化"这一核心问题，以及数据的可度量性和可得性，我们设计了这套包括4层16项指标的测度体系。

（1）政府服务于市场的效率

中国市场经济转型是由政府为主导开始和进行的，政府承担着先引导经济转型、提供公共服务、克服市场失灵，后转变职能、宏观调控、规范行为的角色。我们设计用政府消费占GDP的比重（-）、政府基本建设投资占全社会固定资产投资的比重（+）、政府转移支付占GDP的比重（-）、政府人员占城镇从业人员的比重（-）、经济建设费用占财政支出的比重（+）5个指标来反映政府服务于市场的效率。

(2) 产业经济结构市场化程度

产业发展演进与市场化成熟程度密切相关，设计用第二产业增加值占 GDP 比重（+）、第三产业增加值占 GDP 比重（+）、第二产业从业人员占总从业人员比重（+）、第三产业从业人员占总从业人员比重（+）等产业结构指标来反映市场的发育状况。

(3) 企业市场化

企业的生产要素（资本、劳动、土地和企业家）和产品、服务的获取和交易都是由市场决定的。市场主体——企业的自主能力反映了市场的成长态势，在中国存在着国有企业的市场化运行和非国有企业的绩效提升，即经济主体自由化的问题。我们用非国有经济在工业总产值中的比重（+）、非国有经济就业人数占城镇总就业人数的比重（+）、非国有经济在全社会固定资产总投资中所占比重（+）、非国有经济在消费品零售总额（+）中所占比重来反映。

(4) 对外贸易的市场化

国家层次对外贸易的市场化程度主要是指"贸易环境的公平化"，而对于 $X_1, X_2, \cdots, X_{16}$ 各省来说则是"贸易水平的国际化"，用外商直接投资（+）、进出口商品总值占全国比重（+）、出口商品总值占全国比重指标（+）来表示。

3. 西部市场化进程测度

市场化进程的测度是区域经济发展目标的技术与过程的函数，但由于市场化测度所设计指标和运用的方法不一致，测得的市场化程度也可能是不一致的，这部分原因是有争议的经验分析和相互冲突的理论结果所造成的（Nee & Matthews, 1996）。为较全面反映市场化进程，避免所选取数据可能存在共线性和人为确定权重的主观随意性，我们采用主成分分析法来进行评价。其基本思想是实现多维指标数据的低维化，用少 $e'_i e_i = 1(i = 1, 2, \cdots, 16)$ 量几个综合指标代替原来较多变量；通过数据协方差矩阵或相关矩阵的特征根和特征向量来构建新的解释性能好的指标体系。考虑到协方差矩阵在运算时会过于照顾方差大的变量，我们采用相关矩阵进行研究。在对原始数据进行标准化处理后，用贡献率大的几个主成分与之运算，最后得出市场化进程指数。样本选取上以 1992 年以来西部 12 个省份的中国统计年鉴数据为依据。

设为市场化进程指数的 16 项指标，$X = (X_1, X_2, \cdots, X_{16})'$ 它的主成分

第六章　西部发展的实践之殇：区域能力学派争鸣

为：
$$\begin{cases} Y_1 = e'_1 X = e_{11}X_1 + e_{21}X_2 + \cdots + e_{16,1}X_{16} \\ Y_2 = e'_2 X = e_{12}X_1 + e_{22}X_2 + \cdots + e_{16,2}X_{16} \\ \cdots \\ Y_{16} = e'_{16} X = e_{1,16}X_1 + e_{2,16}X_2 + \cdots + e_{16,16}X_{16} \end{cases}$$

其中，即 $e_i(i=1,2,\cdots,16)$ 为单位向量；Y_1 是 $Y_i = e'_i X$ 中方差最大者；……；Y_{16} 是 $Y_i = e'_i X$ 中方差最小者。

对原始数据标准化处理，对于正指标用 $(x_i - x_{\min})/(x_{\max} - x_{\min})$ 转换，对负指标用 $(x_{\max} - x_i)/(x_{\max} - x_{\min})$ 转换，然后令 $X_{ij}* = (X_{ij} - E(X_i))/\sqrt{Var(X_i)}$ $(i=1,2,\cdots,16)$，此时协方差矩阵就可转变为相关矩阵 ρ，即：$\Sigma = \rho = \begin{pmatrix} \sigma_{11} & \cdots & \sigma_{1,16} \\ \vdots & \ddots & \vdots \\ \sigma_{16,1} & \cdots & \sigma_{16,16} \end{pmatrix}$，$\rho$ 的特征根为 $\lambda_1,\cdots,\lambda_{16}$，对应的特征向量为 $e_1,\cdots,e_{16}$，因为协方差矩阵与相关矩阵的迹相等，即 $tr(\Sigma) = tr(\rho) = \sigma_{11}^2 + \cdots + \sigma_{16,16}^2 = \lambda_1 + \cdots + \lambda_{16}$。

定义第 i 个主成分的方差占总方差的比重 $\lambda_i/(\lambda_1 + \cdots + \lambda_{16})$ 为主成分 Y_i 的贡献率，$(\lambda_1 + \cdots + \lambda_p)/(\lambda_1 + \cdots + \lambda_{16})(p \leq 16)$ 为累计贡献率。当累计贡献率达到一个较高的百分数时，取其主成分数；本研究中当贡献率达到 79.524% 时，p = 5。(见表 6 - 1 和表 6 - 2)

最后通过 $Y_i = e'_i X* = \rho'_i X*/\sqrt{\lambda_i}$ 计算主成分得分，并用 5 个主成分各自所占比重加权求和得到综合得分。由于计算后的数据属于相对指数，有正有负，把数据适当平移处理后，得到西部 12 个省份的市场化进程相对指数。

4. 西部地区市场化进程与经济发展面板数据分析

考虑市场化进程与经济发展相互影响、相互依存的关系，我们建立双对数线性方程来估计西部各省市场化推进所带动经济增长的弹性影响。设

$$RATE_i = C \times chINDEX_i^\beta \times e^{u_i}(i = 1,\cdots,12)$$

GDP 表示实际 GDP 的年增长率，INDEX 表示市场化进程相对指数变化数值，i 表示西部 12 省。模型可变换为

$$\ln(RATE_i) = \ln(C) + \beta\text{lln}(INDEX_i) + u_i (i=1,\cdots,12)$$

其中 $\beta_i = \dfrac{\partial \ln(RATE_i)}{\partial \ln(INDEX_i)} = \dfrac{\partial RATE_i/RATE_i}{\partial INDEX_i/INDEX_i}$，表示市场化进程指数对经济增长率的弹性。通过 12 个省份的面板数据运用 OLS 估计，β 的总

体平均值为 0.586，t 值为 28.902，概率小于 0.01，在置信区间范围内，整理后得表 6-1。

表 6-1　　　经济增长率与市场化进程指数面板数据分析

变量	系数	T值	概率	变量	系数	T值	概率
内蒙古	0.519611	11.47176	0.0000	西藏	0.668474	13.84773	0.0000
广西	0.571609	5.867587	0.0000	陕西	0.610678	13.58551	0.0000
重庆	0.559146	9.002497	0.0000	甘肃	0.635527	10.69345	0.0000
四川	0.572898	9.424243	0.0000	青海	0.682190	11.17759	0.0000
贵州	0.598788	9.995349	0.0000	宁夏	0.658124	7.303028	0.0000
云南	0.542097	12.51180	0.0000	新疆	0.519611	11.47176	0.0000

四　结论

通过运用本文构建的区域市场化进程指标体系，本研究测算了国家自明确建立社会主义市场经济体制以来西部地区的市场化进程指数，并把它与经济增长率的关系作了面板数据分析。

（1）在对西部地区欠发达地区的市场化指数测度

第一主成分主要涉及的非国有经济在全社会固定资产总投资中所占比重、外商直接投资、进出口商品总值占全国比重、出口商品总值占全国比重、第二产业从业人员占总从业人员比重、政府人员占城镇从业人员的比重（负指标，越低越好）等指标所占负荷较高，依次为 0.846、0.822、0.803、0.705、0.635，均大于 0.6，它们对欠发达区的区域市场化进程的贡献率最大，为 33.599%。这既印证了学术界关于市场经济转轨重点方面的普遍看法，又反映了我国西部在市场化推进过程中须加强非国有经济的发展、推进外贸经济发展、提高就业率和减少政府冗余人员；第二主成分在经济建设费用占财政支出的比重、政府消费占 GDP 的比重（负指标）、政府基本建设投资占全社会固定资产投资的比重、第三产业从业人员占总从业人员比重等指标上有较高的载荷（均大于 0.6），贡献率为 18.571%；第三主成分仅在政府转移支付占 GDP 的比重（负指标）、政府人员占城镇从业人员的比重（负指标）两项指标中有较高的负荷，分别为 0.522 和 0.511，它们对市场化进程的贡献率为 11.084%。对第二和第三主成分的分析一方面揭示了我国西部地区市场化推进仍处在政府引导经济转型阶段，另一方面也反映出西部地区在市场化推进中政府要进一步提高效率，规范市场秩序，减少市场运作过程中的交易成本，营造适宜的市场经济运作环境。

（2）通过对西部12个省份的经济增长率与市场化进程指数变化的面板数据分析

对于西部地区整体而言，区域市场化进程对区域经济增长的贡献率较高，区域市场化进程指数每增加1%，区域经济的增长率将提高0.586%。在空间纬度上看，青海、西藏、宁夏、甘肃、陕西、贵州、四川、广西、重庆、云南、新疆、内蒙古12个省份区域市场化进程对区域经济的发展贡献程度依次降低，这符合关于区域经济发展收敛的假定，经济欠发达地区的市场化进程的贡献率将比较发达地区的贡献率高。从时间纬度上看，1992—1996年，随着市场经济的逐步建立，市场化进程对经济增长的贡献作用开始逐步显现；1997—1998年受国家通货紧缩政策的影响，市场化进程对经济增长的贡献开始降低；1999—2002年随着国家政策的调整和市场化体制的日臻完善，市场化进程对经济增长的贡献率达70%以上；2003年之后，在国家发展整体思路转变下，市场化进程对经济增长的贡献率开始下降。

（3）从一定意义上讲，本文区域市场化指数与经济增长关系的实证分析

进一步佐证了Havrylyshyn和Van Rooden（2000）关于影响GDP增长的因素的研究，即影响GDP增长的最重要因素是宏观稳定和制度改革，制度变迁对转型国家的经济持续增长呈现一定的相关性。对于一国内的省际区域经济的发展，尤其是对政局稳定的我国而言，宏观稳定这一因素将不在考虑之列，此种情况下区域经济体制向市场化进程的转变则显得尤为必要了。

第三节　西部地方政府治理方略考察

促进区域协调发展，各地区、各部门要各就其位，各负其责，全国一盘棋。"马走日，相走田，炮打一溜烟"，能否走好每着棋，检验着各级党委政府的执政意识、执政能力和执政水平，检验着各级领导干部的政治意识、大局意识和责任意识。地方政府在区域经济协调中担负重要职责，它是国家行政序列中的一个环节，又是国有地方经济的投资人和保护人；既是中央政府的政策执行者，又在管辖区域内行使行政权。地方政府在区

域经济协调中要力避角色混乱，力避越位、缺位、错位，力避过多包揽经济资源，弱化社会责任。

一 基于分利团体的思考

区域协调发展的能力背后，实质上是一场政府自身职能的根本变革。政府要通过推进行政管理体制改革，树立正确的政绩观，切实履行经济调节、市场监管、社会管理和公共服务的职能。在推动区域经济发展过程中，地方政府负有不可替代的重要责任，这种责任不仅表现在要想方设法推动地方和区域经济的发展，更表现在各地领导干部都负有维护全党全国工作大局的政治责任，必须自觉维护中央权威和中央大政方针的统一性与严肃性，坚持区域经济、地方经济目标服从于国民经济目标，坚持小道理服从大道理、局部服从全局。各地区要既充分认识自身优势、明确自身定位，又统筹兼顾区域整体利益、加强区域内的协调沟通，增强区域协调发展的动力和活力。只有这样，才能得之全盘、谋之长远。

在对不同历史时期，区域发展状况的考察和研究中，我们可以看出一个稳定的经济区域，其经济增长不仅仅是受生产要素的影响，现有关于西部的研究，也多停留在这一层面。若是从区域发展的动力因素来看，区域发展是受区域微观主体主导的。区域内各种微观主体的结合——分利团体，都会在区域发展的过程中阻碍新的生产力的兴起；在削弱了分利团体权利范围之后，尤其是一些制度性因素的介入之后，建成一个更为公平、自由的经济秩序之后，其经济就会相当迅速地增长。举例而言，基于一种单纯人际关系的合作组织，如某某联合会，利益的共同导向，会促使他们形成合谋的经济行为，一定程度上像寡头、卡特尔等分利团体。这种团体由于具有排他性，在一定程度上，会阻碍技术进步，以及资源的合理配置。

这一分利团体有时可以降低生产经营活动的报酬，但可以通过结盟提升与地方政府讨价还价的报酬；从而导致了所在行业交易成本的提高，造成社会经济效益的降低。分利团体的合谋行为，一般是不会关心社会总收益的下降或公共利益的损失，相反，可能会减少社会总收入的增加。

西部大开发的推进，不仅仅是国家基础设施项目的增加，更是区域微观主体的崛起，这才是发展真正的动力。在国家西部大开发政策的加快实施中，曾经相对封闭的西部，贸易分割、区域限制、关卡林立这些问题都可以从分利团体的角度，找出一定的影响因素。在实施新的政策之后，新型发展力量的介入，区域内的贸易自由度得到了一定的释放，分利团体的垄断得到了一定的遏制，更好地促进了生产要素的自由流动。

然而，需要进一步指出的是，仅仅依靠贸易自由和要素流动是不行的，必须增加限制分利团体合谋的机制，才能保证西部经济的持续发展。正如，奥尔森（1999）提出为了经济社会的发展，必须限制分利集团。采用限制分利集团的法规，不需耗费大量的资源，聪明而坚决的政策本身就能大大增进经济繁荣与社会效益。①

二 转型期地方政府的治理问题

1. 转型时期西部地方政府治理成本的描述与评判

从制度角度分析，转型是从以计划体制为核心的制度集向以市场体制为核心的制度集的过渡和转换，这对确定中国转型从 1978 年确立"改革开放"方针为始点，而不是始自 1992 年"市场经济体制"目标确立以来的改革十分重要。从而研究地方政府治理成本发生的时间跨度应以此为基点。显然，从国家整个全局来看，转型过程还远未完成，只能在由市场化取向的改革决定的这一时间跨度内作由浅层到深层、由直接到间接、由现象到本质的多角度分析以至评判。

向市场经济转型的初始条件是决定改革方式与改革路径选择的一个重要因素，也是地方政府主导市场经济转轨所必然背负的沉淀成本。这些沉淀成本对经济、政治、社会文化运行层面产生了多方面的深刻影响。经济运行层面总的状况是，改革开放前，三次产业结构的严重失调和产业内部的不合理结构，即广大而弱质的农业，轻重比例严重失调畸重畸轻的工业体系和处于严格限制却存在强烈冲动的第三产业；表现在所有制结构上，公有制经济一统天下，非公经济被严格限制；表现在城乡结构上，是落后的城市与贫困的乡村并存的"非典型"二元经济结构；表现在分配结构上，是典型的平均分配，劳动、资金、技术等要素在分配中无法体现；表现在企业制度上，企业是政府的一种附属，是政府机器上的一个微观构成部分，企业投资由政府安排，生产和经营完全按照政府指令进行，企业缺乏改革的驱动力。政治层面的总体状况是：奉行"以阶级斗争为纲"的政治路线和方针，加之长期进行政治运动，政府的群众基础

---

① ［美］曼库尔·奥尔森：《国家兴衰探源——经济增长、滞胀与社会僵化》，吕应中译，商务印书馆1999年版。

极度脆弱，执政合法性严重下降。表现在政府意识上，各级地方政府对中央政府的离心倾向加剧，地方政府对发展本地经济文化的主动性严重不足，缺乏发展地区经济文化的主体认识；表现在意识形态上，片面地强调政治斗争，强化意识形态的政治宣传功效，忽视意识形态对经济发展和社会稳定的解释从而引导功能，片面强调意识形态对个体的控制功能而较少体现对社会经济主体"自由"意义上的解放功能；司法制度遭到极端破坏，法律意志和实施机制被领导意志、行政命令替代；在社会文化层面，由于国家对社会文化实行了严格的政治权力和意识形态控制，导致中国社会文化的封闭性、盲目性、保守性和"极端革命性"倾向，社会发展对国家政治、经济发展的精神促动力被窒息，社会文化的畸形单极特征突出。表现在社会结构上，由于二元经济结构对社会的影响，二元社会结构得以形成并固化，低效的城市社会和缺乏活力的农村社会并存，其固有的经济、政治、文化联系因产业的城乡畸形布局和严格的城乡户籍制度而人为阻断，作为国家与政府有机联系纽带的中介组织几乎不以任何形式存在；表现在社会保障制度上，由于国家长期推行"低工资，高积累"的用工制度和差别产业政策，国家无条件承担对国有单位职工的社会保障，导致社会失去了因承担社会保障而发育的机会与能力，企业因而效益低下，国家财政因而不堪重负；表现在教育事业发展上，强调教育发展的意识形态功效，推行教育为政治服务的方针，导致教育事业的发展迟缓，文化教育中科技文化严重缺乏，社会科学事业畸形发展；大学教育制度不合理，造成社会知识水平的极端低下，文化发展中的产业冲动和科技创新因而被严重压抑在社会机体中。表现在社会文化形态上，由于对中国传统文化的非理性批判与改造，加之极端革命化意识形态的长期灌输，形成社会文化形态的保守性和意识形态性的畸形牢固黏合；表现在社会成员结构上，推行唯成份论、唯出生论，社会成员以阶级成分作为社会定位标准，严重压抑了社会个体进行个人追求从而贡献社会的内在动力。

1978年末至今，政府主导的市场经济转型的一个显著特征是"渐进方式的体制外增量改革"。从整个全局来看，这虽暂时绕开了传统体制的核心领域，促动了体制外因素的较快成长，从而形成了改革以来经济持续高速增长的局面，推动了市场经济的转型进程，但是伴随着改革而产生的问题也在不断累积，形成了改革绕不过去的关隘。这些问题及其所产生的影响，根据其影响周期不同，分别构成了地方政府治理成本形态中的当期成本和远期成本。以甘肃为例，这些因素和问题主要表现如下：一是地方政府行政成本居高不下，政府负债持续攀升。如，从1978年到2005年甘肃省财政总支出增长了29.93倍，而政府行政管理费则增长了36.52倍。同时，甘肃省政府行政管理费用支出占GDP的比重20多年来也呈一种不断上升的趋势，由1978年1.80%上升到2005年的2.20%。二是甘肃省传统二元结构严重固化，新型二元结构普遍产生。由于采取以严格的户籍管理制度为主的城乡分治政策，导致城市落后与农村封闭并存的状况长期存在。1978年以来的市场化取向改革虽然为二元结构的消解创造了一定的外部条件，但体制性制度仍未有实质性变迁，传统二元结构固化现象仍普遍存在。在社会各阶层普遍处于"非制度化生存"的社会环境中，农民对于"避害型非制度化生存"与"趋利型非制度化生存"均无相应回应能力，因而成为非制度化社会中的制度性弱势群体。可以说，当前城乡二元结构及其矛盾较改革前更加尖锐。制度变迁的路径依赖特性决定了此后改革中三次产业失调，农业作为弱势产业的状况在短期内是不易改变的。而农民本应享有的法定社会保障权利的缺失也将在长期内存在。三是收入分配失衡，两极社会形成。按照国际通行标准，反映社会收入分配差距的基尼系数在0.3以下为最佳平均状态，0.3—0.4为正常状态，超过0.4就进入了警戒状态，到0.6则处于危险状态。世界银行《共享不断提高的收入》报告表明，中国20世纪80年代初基尼系数是0.28，1995年是0.38，20世纪90年代末是0.458。与收入差距拉大同时存在的状况是财富占有的极端不平衡。这表明，转型期中国社会的制度扭曲已到了非常严重的地步，社会分层维向脱离了国际社会公认的"纺锤型"结构而向两极化发展，形成了贫富严重分化的两极社会。两极社会形成的基础是财富收入的不平衡，发展的结果则是经济、政治、文化等方面的阶层分化，也即强势阶层与弱势阶层的全方位对立。

2. 西部地方政府治理理念影响当地的治道变革

地方政府治理理念必然要受市场经济建立和完善过程中各地地方政府治理理念的影响，在一定程度上决定着政府治道变革的意识、途径和政府组织结构、组织技术等的采取。从政府治理方式折射的治理理念可以区分为三个层次，第一层次是人治，第二层次是以法治国，第三层次是法治。三个层次的政府从属性上来说并无善恶之分，均以利益最大化为特征，反映出典型的"经济人"属性。但是，"人治"理念支配下的政府是典型的无限政府，政府治理活动体现的是政府领导及其公务人员的绝对权力，政府及其领导人从根本上是抵制乃至蔑视法律的，政府基本不对因其治理失误造成的社会福祉损失负责。从政府规模、行政成本及行政绩效出发衡量，该类政府属于"大政府"、"高成本政府"、"低效政府"。"以法治国"理念支配下的政府，其治理是以法律为工具来管制经济人，政府自身在法律之上，不受法律约束，因此，政府在本质上是无限政府[①]。政府拥有对经济社会生活各个领域进行管制干预的相当权力而政府本身不受限制，相应的，"以法治国"的政府虽较"人治"政府有进步，但其规模大、成本高、效率低、责任少、不透明的特征并不会消失。"法治"理念支配下的政府，政府本身在法律之下，受法律约束，是有限政府。法律的作用主要在于约束政府，其次才在于约束其他"经济人"[②]。因此，"法治"理念造就的是有限与有效政府，其小规模、低成本、负责任和高透明度特征是显而易见的。

地方政府或主动或被动地奉行了"人治"理念与"以法治国"理念，以及二者的结合体。"法治"理念的缺失是转型中政府治理最显著的特征。因此，转型中地方政府治理成本结构的形成虽不一定具有合理性，但却具有客观必然性。转型前政府奉行的是典型的"人治"理念，而对于转型过程中的地方政府而言，其所奉行的治理理念在层次上并不是决然区分的。从转型历程中一些标志性的事件看，转型初期，由于社会发育水平较低，真正意义上的市场尚未形成，改革的推进完全由政府主导。政府主观上具有包揽改革的意愿，客观上也具有推进改革的能力，因此，其"人治"理念的存在具有合理性，如农村改革中家庭联产承包责任制的推行、国有企业中普遍实行承包制等。与此同时，政府开始注重法治建设，试图为改革的推进和经济社会发展提供相对的法治保障，这就使该时期的政府治理具有了"以法治国"的理念色彩；市场经济体制确立以来，市场的成形与发展在理论与实践上都成为必然，政府需要构筑其与市场的合理关系，此前确立的法律体系不仅需要体现关于市场的质的规定，而且其规定范围也需要相应拓展。适应这种需要，政府虽在主观上不愿放弃"人治"理念，但客观上需要"法律"作为工具来推进社会经济的市场化进程。从市场经济体制确立至今，该特征表现特别明显。最具标志意义的

---

① 钱颖一：《政府与法治》，《新华文摘》2003 年第 6 期。
② 同上。

改革例证是政府不得不放手让国有企业建立现代企业制度，同时大规模培育劳动力市场，以促进作为要素的劳动力合理流动留有"人治"理念的痕迹，但又奉行了"以法治国"理念是该阶段政府治理的主要特征。政府治道变革在短期并不能取得明显成效，但有一个事实是政府开始强化规则意识，清理政府既往遵从的不合理规则，以与国际接轨的通行规则规范包括政府行为在内的社会经济行为，使自己由此前的被动适应规则转向主动适应规则。

3. 关于改革的制度安排与制度实施机制建立的影响

改革的制度安排是政府治理行为的一种制度抽象，而制度的实施机制就是政府治理行为的发生机制。两者（及其微观体现）均对地方政府的治理成本产生了较为明显的影响。其治理行为是受市场经济转型时期制度安排和实施机制的影响和作用，表现为中国政府治理方式的一种缩影。

一是倚重政策之治，偏置法治之治。如前所述，政府在治理理念上已逐渐选择奉行"法治"，但这不能否认自转型初到目前仍主要倚重政策之治。政策与法律同时是正式制度的主要构成部分，如果说，"制度在一个社会中的主要作用是通过建立一个人们相互作用的稳定的（但不一定是有效的）结构来减少不确定性"的话[1]，法律的权威性和作用领域远较政策具有战略意义。换句话说，"法治之治"规定的是改革的方向性宏观层面，而"政策之治"只能触及改革的方式性微观层面。受传统经验与文化以及决策便利性、信息充足程度等因素的制约，"中国的改革在起始阶段并不存在一个确定的、坚持不变的终极目标、固定模式和体制变迁的活动计划"[2]，因而改革之初，政府选择以会议与政策文件的方式来启动社会转型。改革过程中诸多不确定性的出现以及对目标认识的复杂性、艰巨性，使政府不能也不愿以法律的形式对改革作出相对确定的规定。通过对改革以来政府文献的考察，尽管法律的制定进程在时间函数上呈现出越来越快的变动趋势，但从横向的空间存在函数上却呈现出与政策数量的极大反差。

从法律与政策的制定以及二者作为治理工具发挥作用对成本的影响看，法律的制定与实施需要的固定成本大于政策，而协调成本则远小于政策。

---

[1] 吴敬琏：《中国采取了"渐进改革"战略吗?》，《经济学动态》1994年第9期。

[2] 黄桂田、张启春：《有限理性与制度变迁的渐进逻辑——对中国改革路径的一种理论认识》，《学习与探索》1999年第4期。

动态地分析，固定成本是一次性付出，而协调成本则是无限期的多次付出。相比而言政策之治所耗费的成本远大于法治之治。在确立市场经济体制这一阶段，选择政策之治是不得已而为之，成本的付出有其必然性和合理性，而从市场经济体制确立以来的改革，倚重政策之治则更多是由于既得利益集团的作用以及政府在改革策略调整中知识局限和行政便利等原因。也就是说，该阶段政府治理方式的选择增大了改革的机会成本和协调成本。

二是"中间扩散型"制度变迁方式对政府治理成本的影响制度变迁源于社会相对价格的变化。当原制度决定的相对价格发生变化时，人们之间的激励结构和讨价还价能力相应发生改变，随之产生重新缔约即推动制度变迁的愿望与努力。制度变迁的动力源具备后，制度变迁的方式就成为决定组织的适应性效率和制度绩效从而降低制度变迁成本的主要因素。制度变迁方式从变迁主体看可分为强制性变迁与诱导性变迁，从速度看可分为渐进式变迁与突进式变迁，从变迁主体的态度看可分为主动式变迁与被动式变迁，从变迁的范围看可分为局部变迁与整体变迁[①]。制度变迁方式组合中，制度变迁的主动性、渐进性与局部性特征在改革中体现最为充分。主动式制度变迁较之被动式制度变迁能以较小的摩擦成本启动改革、推进改革，而渐进式变迁和局部式变迁是由特殊的文化传统和改革初始条件决定的，虽有一定局限，使改革中的政府成本长期化、扩大化，但这是不得已而为之。况且，采取突进式变迁和整体变迁推进转型的国家也付出了较大的代价。在制度变迁中，有一类现象及其对政府成本的影响值得注意。改革在由强制性变迁向诱导性变迁过渡的过程中，经历了一种特殊的制度变迁方式——中间扩散型变迁[②]。改革之初，政府作为制度供给中心具有强烈的制度变迁意愿和制度供给能力，中国的特殊文化传统决定了政府是制度变迁的第一行动集团，因而改革是典型的强制性制度变迁或供给主导型变迁。按照新制度经济学的制度变迁逻辑当强制性变迁的动力减弱时，微观主体的需求会转化为制度变迁的动力，使其上升为制度变迁的第一行动集团，制度变迁随即转化为需求诱致性变迁。但是，地方政府积极性不足阻断了强制性变迁向诱致性变迁的顺利过渡。为化解财政压力，调

[①] 罗必良：《经济组织的制度逻辑——理论框架及其对中国农民经济组织的应用研究》，山西经济出版社2000年版，第229页。

[②] 杨瑞龙：《"中间扩散"的制度变迁方式与地方政府的创新行为》，2003年7月20日，http://www.unirule.org.cn。

动地方政府改革的积极性，政府不得不推行"放权让利"的改革，实施"分灶吃饭"的财政体制。改革的结果，使地方政府愈来愈成为沟通国家权利中心的制度供给意愿与微观主体的制度需求的中介环节。改革在较长一段时间内呈现出了地方政府"中间扩散"型制度变迁的特征。尽管理论界对这一类变迁的绩效评价褒贬不一，但正如国有企业委托——代理链条过长加重了改革成本，制度变迁环节的增多，使微观主体的制度需求不能得以及时反映，延缓了制度变迁进程，从而就加大了变迁成本。同时，在地方政府作为微观主体的行政代理与权利中心的博弈中，地方利益始终是作为其第一行动目标存在的，这一因素的掺入，也使制度变迁的方向或重或轻地发生了变化，从另一方面加重了变迁的成本。改革中地方和部门保护主义的形成及其危害就是明证。地方政府作为代理人反映微观主体的利益诉求大多采用的是正常行政之外的非正常方式，这种现象的蔓延也严重破坏了制度实施机制，使权利中心在利益集团的左右下向利益妥协，导致改革开放以来中央政权的软化。政权软化不仅使社会整体投机系数提高，也使许多与市场经济内在要求一致的制度变迁得不到发生，从而使政府治理的潜在成本无限制扩大。

4. 经济改革和政治体制改革的协调性不足对地方政府治理成本的影响

改革是一项系统工程，要求经济、政治、社会的协调发展，是从经济体制改革开始的，在经济改革进行的同时，一场涉及面很广、程度很深的社会改造运动也在社会主体中展开。无疑地方政府的构建本身是经济改革和政治体制改革相互作用与影响的结果，其不适应性已为影响其治理成本的重要因素。

（1）基层政府机构体制不尽合理

改革开放以来，政府机构虽然经历了多次较大规模的机构改革，取得了一定的成效，但是"精简—膨胀—再精简—再膨胀"的怪圈却依旧存在，导致政府职能的混乱，降低了政府的管理能力和管理效率。就地方政府机构而言，目前政府设置了许多直接管理社会的机构，地方各级组织也层层设置与上边对口的机构。不仅正式机构多，临时机构也多。机构增加，人员也随之增加。从全国来看，据统计，目前全国县以上各级党政机关就超编60多万人，地方乡镇机关实有人数比编制人数多200多万人。而在机构的设置中，省级政府平均超设机构25个，市级政府超设机构多

20个，县级政府超设机构10个。过多的机构、超编的人员造成了沉重的财政负担。机构膨胀导致层次增多、信息阻塞，导致行政效率下降，政府治理成本上升。就在岗干部人数而言，各级政府尤其是地方乡镇官员超编已成难题。比较普遍的是不经批准擅自增设机构，或者机构设置虽合法，但人数上严重超编，比较严重的则是超职数配备领导干部。按规定，只能是一正四副，结果给弄个一正七副、八副甚至是九副[①]。在我国，"负责人"与"办事员、其他人员"的比例为1∶0.84，远超过美国的1∶1.4和日本的1∶1.36。就西部甘肃省市县两级政府机构的设置来看，职责同构和科室分解过细构成了市县两级政府机构设置中的主要问题，无形中造成了组织机构的膨胀。虽然国家在政府管理方面指出政府机构设置不必"上下对口"，然而地方政府为了工作过程中，或职责明确，明确到人；或领导者为协调平衡内部关系而设置了过多的机构。在实际接触中，"兵少将多，十羊九牧"的现象表现得较为突出。往往是省上厅局的一个处室，就对应地方上的一个科室，并且在该处室繁忙时期人员紧缺；在闲暇时期又无事可做，这一是造成了政府机构"上下一般粗"不合理配置；二是多个部门的共管一事造成了职权的重叠和机构的同构；三是造成了下级部门成为上级部门"寻租"的一个潜在团体，上级部门可通过手中的权力和资源，纵向要求或暗示获取下级部门的钱物。当然这也是整个国家层面市县两级政府在机构改革过程中遇到的通病，也是最近国家机构改革方案中实行统一大部门体制所要解决的一个问题。

(2) 政府职能不清

在市场经济中政府职能不清表现为：一种是"越位"——政府如无所不管，另一种是"缺位"——未能为其所当为，还有一种是"错位"——政府职能与责权的不对称。作为西部欠发达地区甘肃地方政府而言，市、县两级政府自身财政能力有限。由于在不同级别的政府事权划分上，存在着不合理性，一些本不该由地方政府，在行政和财政体制改革的名义下，转移给了市、县两级政府，结果造成地方政府财政负担过重无法承受，不能更好地承担的公共物品供给的职能，影响了经济的进一步发展和社会生活的有效提高。从市场经济的角度来看，则是缺少地方政府治理成本效益评估的。

[①] 马昌博：《中央"亮剑"严查官员超编》，《南方周末》2007年3月29日，时政版。

(3) 地方政府管理水平较低

西部欠发达地区地方政府由于种种原因，管理手段依旧没有摆脱计划经济时代的传统管理经验束缚，用大量的财政资源进行低效率的管理。主要归因于：绩效考核设计不够科学。由于现行的政府绩效评估和官员政绩的考核主要是通过纵向上级领导的考核来完成的。在囊括政府官员德能勤绩、素质能力、群体关系在内的综合性考核范畴中，政府治理成本仅只是其中"绩"的一个要素。并且上级领导并不是公共产品、公共服务的直接消费者，由上而下的成本约束只是一种间接的联系。这种评价机制，势必会在某种程度上淡化基层政府对行政成本的追求。

(4) 地方政府的监督制约机制乏力

党政监督实行的"双轨制"，即监督机构既受上级主管部门的领导，又受同级党委和政府的领导。首先，这种监督实际上是一种"同体监督"，在同体监督之内，决策、执行、监督三权混为一体，监督机关在很大程度上只听命于同级党委政府，不仅难以监督同级，连对下级也难以进行真正有效的监督。其次，在整体上缺乏规范性和权威性。在现实监督活动中往往最终以领导人讲话、批示、答复为依据，监督行为缺乏明显的法律依据，夹杂着浓厚的人治色彩，这种无力的监督机制根本无法制约政府的行为。监督机制乏力还体现在目前国家虽然监督力量很多，但监督效果并不明显。再次，现在除审计机关外，财政有监察专员，国家发改委有稽查特派员，金融领域有银监会、保监会、证监会，还有其他各种专项监督部门等。监督部门多，人数也不少，造成重复监督、重复检查现象，使一些金融机构、企业因为一年到头不停的检查而叫苦不迭，成本很高，甚至影响到正常业务的开展，"龙多不治水"，谁都能检查，谁都不负责任。这一方面是该监督时监督缺失，使地方政府难以把握其行为的恰当性，甚至在出现行为不当时也不能被及时地发现和制止；另一方面，也导致地方政府无效行为的增多，不但浪费有限的财政资源，而且影响了其他方面工作的正常开展。另外，由于上级有若干部门对其负有管理、监督的职能，各种检查往往多得让地方政府疲于接待，特别是年终，既要忙于安排民生，又要忙于下一年度的工作规划，既要应付纷至沓来的各种检查，又要忙于接待检查人员，增加了经济负担是小，更主要的是影响了市、县两级地方政府其他日常工作的开展。

5. 改革成本、收益分担，以及地方政府预算管理不合理，凸显了政府治理成本

改革推进的最初阶段，由于各社会主体强劲的改革愿望和制度供给的不饱和特征，各主体均从改革中直接受益，改革的帕累托特征体现十分明显。从20世纪80年代中期开始，改革中一些倾斜性制度安排的负面效应逐渐显露，社会分配格局中的不平衡因素开始滋生。由于未及时采取措施调控差距，也由于制度惯性的影响，收入分配差距进一步扩大，并蔓延到社会各领域。当前，主要存在于如下一些层面：东、西、中三大经济地带间；城市区域和农村区域间；高、中、低收入阶层和群体间；不同所有制企事业单位间；不同层次政府间；政府与社会间。社会公平和改革的原则应是按改革的收益承担改革成本，而当前改革的成本与收益结构非常不均衡[①]。改革成本与收益分担不均，既不符合公平、公正原则，从社会心理层面阻碍了改革的进一步推进，也使政府治理成本问题更加凸显出来。

从地方政府预算管理角度来看，由于政府预算的编制过于草率，预算的审批流于形式，预算的监督更是无从谈起，致使政府预算的作用得不到有效的发挥。主要原因是：

（1）预算的编制缺乏科学性

地方政府财政预算缺乏科学性主要表现在：缺乏科学的预测。以市场为基础进行资源配置的国家非常重视预测经济周期、产业结构的发展变化，并据此及时调整收支结构和确定预算收支总体水平。然而长期以来，地方政府的预算编制只是在既定的收支之间安排资金，缺乏科学的分析预测，没有很好的中、长期计划，导致在基层政府中同一项目预算、决算互不相关的现象比比皆是；缺乏科学的方法。由于地方预算的编制基本是由财政部门负责，甚至是由财政部门内部少数几个主管人员负责编制，预算编制方法也基本上都是在上年度支出的基数上"适当"增加，而这一基数事实上已经成为各部门的既得利益，不论合理与否均难以删减，这种情况既造成了在财政支出刚性增长的同时，还导致地方政府在现有财力下不能对资源进行合理配置，使资金使用效益低下；缺乏科学的安排预算时间。地方政府预算编制一般从9月以后开始，编制时间大约为3—4个月，有的甚至只有1—2个月的时间。如此短时间内，很难编制出科学、详细

[①] 杨帆：《发展与改革的收益主要为谁所得》，2003年7月20日，http://haisea.4y.com.cn/chaijinshiy。

的预算，必然导致预算编制的粗略草率，甚至有些地方政府向同级人大报送的预算草案只有几千字。

（2）预算的编制缺乏完整性

地方政府的预算应包括政府的全部预算收支项目，完整地反映以政府为主体的全部收支活动，而不允许在预算规定范围之外，还有任何以政府为主体的资金收支活动。长期以来，地方政府在财政分配中把财政性资金分为预算内、预算外资金，但财政分配实际上只对或主要对预算内资金进行分配，而没有将预算外资金作为政府宏观调控财力来使用，导致预算外资金游离于预算管理之外，管理混乱，收支计划不强，收支缺乏约束。

（3）预算的编制缺乏透明度

地方政府财政预算是政府运用居民缴纳的税收等收入为社会提供公共产品的过程，公开、透明是其不可缺少的特征。预算的透明度应表现在预算编制本身的透明度和对预算编制监督的透明度。政府预算各项收支一般只按"类"列出一个预算数，而这样的类级科目一般只有多条，预算的这种粗线条，使预算难以达到科学、精确的标准，更难以发挥其应有的控制作用。增强预算监督的透明度，就是要在一定范围内向公众公开预算内容，接受公众的审查和监督。

三　欠发达区域地方政府治理成本的调控策略

基于上述分析与讨论，本研究从三个方面就政府治理合理化提出一些简要的建议，供研究与决策参考。微观层面主要进行治理理念的转变。政府治理应讲求效率观念，树立服务、责任、成本意识，以实现无限政府、低效政府、高价政府向有限政府、服务型政府的转换；中观层面主要进行组织技术的改造。科学实施绩效考核，健全行政评价制度，实现政府组织技术的再造，建立电子政务和"政府超市"。宏观层面主要推进转型制度的安排与变迁。应注重诱致性制度变迁与强制性制度变迁的结合，正式制度与非正式制度的融合，政策治理与法治治理的协调；同时，应从注重改革的外生性因素培育转向注重培育内生性因素，从"允许性"管理转向"禁止性"管理，制度安排从总体上应与改革的市场化取向保持一致。

1. 微观层面：做好治理理念的转变

在社会主义市场经济体制的不断完善、社会主义民主政治建设的不断发展，以及我国加入世贸组织条件下，地方政府，尤其是市、县政府必须顺应或改善外界环境因素的变化，重新定位政府的角色。

(1) 构建有限政府

政府的职能是有限，尤其是欠发达地区地方政府，其管理范围主要限制在公共事务领域。建立和完善社会主义市场经济，政府不再对社会事物全面干预，而是在充分发挥市场机制作用的基础上，把政府职能范围内该管的事情管住、管好；对于政府不该管、管不好也管不了的事情，政府已通常交由社会中介组织或企业管理。这样就能通过减少政府职能、提高行政效率来降低政府成本。在有限政府理念的指导下，通过减少政府不必要的行政事务，提高行政效率来降低政府成本。以行政审批制度改革为契机，按照"可取消的行政审批项目一定要取消，可用市场机制替代一定要替代"的原则加大改革力度，以建立有限政府为目标，积极削减行政审批项目。一方面，由于政府职能范围缩减，政府规模减小，政府的规模成本和协调成本相应地下降；另一方面，地方政府属于政府职能范围内的事情管住、管好，对于其他的社会事务则充分发挥市场机制的作用，这样能发挥政府、市场在资源配置中的调控作用，提高对社会事务的管理效率，提高政府管理效率和促进社会利益，降低地方政府的治理成本。

(2) 构建服务型政府

地方政府应努力向服务型政府过渡，政府不再是凌驾于社会之上的封闭的官僚机构，而是积极回应顾客需求的服务者；公民则是公共服务的消费者——顾客或"客户"。建立面向公众、社会、企业提供优质服务的"服务型政府"，政府与公民之间的服务者与消费者的关系，将迫使政府像企业家一样增强成本意识，提供"价廉物美"的公共服务。通过积极回应公众需求、为公众服务，既在公众中树立良好的政府形象，又能提供公众所需要、所满意的物品，从而降低因政府不了解公众需求而过量提供公共服务所带来的超量政府成本。同时，地方政府在重新定位政府角色的基础上，须合理调整政府职能结构。党的十六大报告指出，要"完善政府的经济调节、市场监管、社会管理和公共服务职能，减少和规范行政审批"。为此，在继续推进政府职能转变过程中，要合理调整政府各项管理职能间、政府部门职能间的关系，防止政府职能的"越位"、"错位"、"缺位"所导致的政府成本上升。一方面，要求地方政府合理调整政府各项管理职能间的关系，降低政府运行成本。通过强化政府宏观调控，弱化微观管理；强化公共服务，弱化管制等来调整政府各项管理职能之间的合理关系，以防止政府职能"越位"、"缺位"导致的不必要的政府成本。另一方面，合理调整地方政府各部门间的关系，降低政府的协调成本。通过理顺政府部门的职能关系，防止某一政府机关所管理的事情被另一政府所管理，以致造成职能"错位"，相互扯皮。

(3) 强化政府成本意识

政府效率就是政府绩效与所支付成本的比率，用最少的人力、物力、财力和时间，取得最大的成果，效率则高，反之则低。地方政府必须改变过去"高成本、低效率"的管理状态，塑造"低成本、高效率"的廉价政府新形象，在公共行政理论、公共行政观念、公共行政职能等方面全面创新。在行政管理中提倡以货币价值为本的思想，在全社会形成"既讲社会效益、又讲经济效益，既不主张高成本上的高效率、又反对低成本上的低效率"的理念。在研究政府成本时，反对劳民伤财和奢侈浪费，做到"人尽其才、物尽其用"。提高地方政府行政工作人员，尤其是领导者认识到降低政府成本不仅是为了省几个钱、节省财政开支，其本质在于依法规范地方政府行政工作人员的工作行为，降低行政领域内高成本、低效率事件的发生率。强化地方政府成本意识的方式上倾向于惩戒与教育相结合的方式。如推行计划生育制度时，之所以能在控制人口增长上取得明显的成效，并使其成为多数人自觉执行的意识，其关键并不是教育、宣传的到位，而是硬性强制措施，如罚款、国家工作人员一旦"超生"就开除公职和党籍、单位考评"计划生育一票否决"等硬性措施发挥了作用，使民众不敢"超生"，单位不敢轻视，在此高压之下，再加上宣传到位，人们开始自觉地遵守计划生育政策。同时，强化政府治理成本意识也应以惩戒为主，对一些铺张浪费、随意决策、不讲成本的政府部门，其主要领导、直接责任人应该一律"下课"，上级部门对下级部门的考核也可考虑设立"政府成本一票否决"。

此外，在一定时候，地方政府要树立综合管理理念。地方政府由于直接面对社会、企业、公众，其主要职责是对各项社会事务进行具体管理，向社会、企业和公众提供公共服务。因此，地方政府在机构设置方面主要强调执行职能，而不能只追求各级政府机构设置雷同，上下一般粗。过分追求各级政府机构设置雷同，既会扩大政府规模，也会降低政府执行效率，提高政府运行成本。为此，可以按照以执行权为主和执行综合化原则，实行综合管理。如，目前正在积极开展的行政综合执法体制改革就是政府加强执行职能和综合管理的体现。行政综合执法体制按照以执行权为主和执行综合化原则，旨在建立相对集中的城市管理行政处罚权的新机制。

(4) 构建开放型政府

在计划经济向市场经济的转型的特殊时期，基层政府组织也将不会是传统的封闭式政府，它需横向面对当地多样化的利益诉求，但是过多的人力投入又会增加政府的治理成本。从这个角度出发，倡导建立"开放型"的政府，构建多元化的公共服务体系将对于经济体制转型过程中政府治理成本的减少有着重要的作用。随着社会主义市场经济体制的日益完善，在新的时期仍旧采用传统的、"自上而下""传达落实"式的政府治理方式势必会增加政府在机构设置、人员配置等方面的财政支出。相应的根据新的时期"区域公共问题"大量兴起，采取灵活多样的政府治理方式，将会带动社会主义市场经济的又好又快发展。在此过程中需要注重多种社会力量，如行业协会、中介组织、社区，这样一是可以通过这些组织尽快地了解到人民的疾苦和利益诉求，掌握到当前民生的第一手资料，二是政府在出台相关试验性的举措时，通过这些组织调研、示范等方式可以减少政府在制度创新带来的风险。为此，在市县两级政府在经济转型时期可以探索性的进行制度创新，增加行业协会、中介组织、社区在日常管理中的作用，必要时给予一定的财政支持，这虽然从表面看增加了政府的边际成本，但从实际效果看则是远远增加了政府的边际效用。

2. 中观层面：做好治理技术的改造

中观层面是地方政府治理的技术改造层面，体现的是在一定机制体系之下，地方政府通过一些技术方法或手段来提高政府工作效率和工作绩效。

(1) 科学实施绩效考核

政府绩效始终与政府治理成本相联系，在地方政府绩效的评价中，既要算"政治账"，也要算"经济账"。尽管现代的政府管理并没有改变其公共管理的性质，因而依然以其非营利性政策目标为其行为的依据，但是，现代政府管理也已经越来越注重政府治理成本的问题。在一些基本观念上，过去有所谓"管得最少的政府是最好的政府"以及"最小的政府是最好的政府"的说法，现在有了"用钱最少的政府是最好的政府"的理念。

相对于国家、省级层面的政府绩效考核，地方政府工作的烦琐与复杂，其绩效更加难以考核和量化。从制度建设入手，强化领导施政行为的刚性制约。制度具有长期性和根本性，矫正领导干部政绩观中的偏差，关键要靠制度。科学实施对基层政府的绩效考核，应注重以下几个方面：一是要建立健全重大决策行为规程，贯彻落实民主集中制原则，推行集体决策票决制，科学分解和制衡领导干部的决策权，防止一人说了算，提高决策质量，防范决策风险，保证决策的民主化科学化。二是积极探索健全问责制、辞职制和罢免制，对领导干部施政过程全方位跟踪监督，强化决策失误、工作失职行为的责任追究。三是要积极创新经济责任审计工作，要拓展审计内容，将领导干部在任期内的经济社会发展指标实现情况、社会就业社会保障情况等列入审计内容；要探索建立领导干部任职绩效审计制度，突出政绩成本审计，科学评价政绩要推行经济责任审计结果公示，把审计结果进入干部档案，作为使用干部的重要依据，更好地发挥审计监督和审计教育功能，防止政绩工程、形象工程。

在地方政府政绩考评中，要着重防止三种偏向：一是不适当地突出数字指标，片面追求，单纯注重数字增长的偏向。政绩考核体系的设计，既要看经济发展，又要看社会事业的发展；既要看经济增长速度，又要看经济结构、发展质量和经济效益；既要看经济发展的亮点，又要看生态环境保护和资源综合利用等难点。二是只重眼前、不重长远、急功近利、透支未来的偏向。一些同志下去检查工作，往往看有形态的东西，而且每次都要看近期的变化，这无疑会"逼"出一些搞显绩的"面子工作"。政绩考核的设计，既要看近期变化，更要看发展后劲；既要看有形的"显绩"，更要看无形的"潜绩"，既要看"锦上添花"的喜事，更要看"雪中送炭"的实事；既要看任内的发展，更要看留下的"包袱"。三是指标体系过于繁杂的偏向。考核指标体系既要定量，又要定性，不能过细过繁，要防止把下面干部的精力引导到以数字应对考核上来。

同时，要进一步改进地方政府政绩评价方法。政绩评价的主体应该是人民群众，要看人民满意不满意，当前要着重解决党组织评价与人民群众评价不一致问题。胡锦涛同志指出实践、群众和历史检验，三者是统一的，统一于群众公认。要切实改变少数领导干部评价政绩的现象，让群众有充分的知情权，广泛参与政绩评价。一要确保考评者的代表性，既要有班子成员，又要有基层干部；既要有各级领导干部，又要有各方面的群众代表，乃至业内专家。二要拓宽考核渠道。既要有集中评议，又要有个别交谈；既要认真听取地方领导情况介绍，又要实地听取群众意见；既要有集中性的考核考察，又要注重平时情况的了解。三要明确考核责任，严肃考核纪律。要积极推行干部考核责任追究制，积极试行考核结果公示制，加大考核结果的反馈，促使相关职能部门和责任人把干部政绩考真考实。

地方政府在提拔任用干部时，要运用好考评结果，形成正确的用人导向。有什么样的用人导向，就有什么样的政绩观。用准一个干部，等于树起一面旗帜，会对干部起到积极的引导、示范和激励作用。错用一个干部，等于发出一个信号，会挫伤一批干部的积极性，产生错误的用人导向。要积极推行干部任免票决制，防止主要领导个人意见主导集体决定的偏向，防止领导个人印象主导考核结果的现象，使少数光练唱功、不干实事、热衷于做表面文章、拉关系的人没有市场。要重视政绩考核结果的运用，把政绩考核结果作为评价干部的主要依据，在此基础上，综合运用职务职级、晋升工资、记功表彰等多种措施，真正做到让有为者有位、让有为者有利，让无为者让位、让无为者受罚。

（2）建立健全地方政府行政后评价制度

改进和完善地方政府治理成本效益后评价工作是市场经济条件下加强政府支出管理的客观要求，是提高资金使用效益的重要手段。对进一步深入开展后评价工作的对策有以下设想：

加强对地方政府行政后评价工作体系的研究，对所有类型的政府成本的效益进行评价，无论从人力、物力，还是前期准备、研究储备等方面都不具备可行性，因此，后评价工作应该采取循序渐进的方法推进。应尽快选择对行政权力有重大影响的成本要素进行试点评价并以此为切入点，探索出一套较为成熟的、操作性和指导性较强的后评价工作体系。在此基础上，逐步扩大试点试行工作范围，不断积累评价经验。

建立健全地方政府研究后评价工作的方法与制度。制度和方法是支撑后评价工作有序开展的关键措施。为此，在确定评价范围和评价试点后，要重点研究制定后评价工作的方法和制度体系。第一，要研究制定全面后评价试点工作方案及其实施办法，明确试点工作的目标、任务、试点对象和范围、试点评价方法以及评价工作程序等。第二，研究制定重点评价领域的相关指标体系。收集重点评价领域的国家考核指标和标准，以此为参照，结合行政运行成本的实际，研究制定符合后评价工作实际的指标体系和相关标准。

应注重对地方政府研究后评价工作结果的应用。第一，要研究和制定后评价工作结果的应用管理办法，对评价工作结果运用目的、范围、程序、权限等做好具体规定和指导，规范后评价工作结果的运用。第二，要建立健全有关法律规范，对项目具体执行行为和各有关责任人实施有效制约和监督。同时对后评价中反映出的问题，采取措施依法进行处理，以增强后评价工作的权威性。

建立地方政府行政后评价工作数据库。建立后评价工作数据库，不仅有利于收集、查询项目资料，及时反馈评价结果，而且可以为培养持续、有效的后评价工作能力提供有力的技术支撑。第一，收集重点评价领域从立项决策、建设实施到生产经营全过程的实际结果和实际发生的各类技术经济指标和数据资料，并同预期的各类指标和数据资料进行对比分析，找出差距，总结经验和教训。第二，建立项目监测工作体系。通过项目监测，可以为项目管理部门提供项目进展情况，反映存在的问题，具有重要的管理功能。因此收集项目监测数据也是后评价工作的重要基础。第三，建立健全后评价数据库，能储存重点评价领域行政运行成本结果、监测数据和评价资料，以及总体情况和效益状况，为实施宏观评价和政府宏观管理提供基础依据。

（3）开展行政审批流程再造

地方政府的主要职能主要是对社会公共事务进行具体管理，开展政府流程再造是提高地方政府工作效率的有效途径，其思路是反思传统政府业务流程的弊端，以满足"顾客需求"为导向，运用网络信息技术，实现政府职能发挥计划化、串行化、部门分散化、文件式工作方式向动态化、并行化、部门集成化、电子化工作方式转变。首先，对原有审批流程内的活动进行清除、简化，减少或消除不必要的政府成本。清除是对原有审批流程内的非增值活动予以去除。非增值活动表现在多个方面：一是重复活动，如果某一项活动重复，它只会增加成本而不会增加价值。二是不必要的传递，审批流程中不必要的人员、文件、物资的移动都伴随着成本费用的增加。三是活动间的等待，在审批流程中，如果审批活动间的等待时间拖长，不仅会使流程的通行时间加长，增加政府的时间成本，而且过长的审批时间也会直接或间接地增加政府的社会成本。其次，对原有审批流程内保留的审批活动进行重新整合，以使流程顺畅、连贯，降低政府的运行成本和社会成本。审批制度改革不是不要审批，而是要规范审批行为。一是在空间上将审批活动集中在一起进行集中审批，以减少审批文件传递所耗费的人力成本、时间成本。二是在时间上将连贯、平行式的流程改为同步工程（Concurrent Engineering，简称 CE），提高审批质量，减少审批的时间成本。三是改变活动间的先后顺序来产生一个高效的流程，从而达到提高行政审批的效率，降低审批的运行成本和时间成本。最后，推行审批流程信息化，利用信息技术降低政府成本。

（4）推行电子政务

推行电子政务可将地方政府内部的资源整合在一个全新的平台上进行优化组合，减少不必要的环节，降低行政成本。①通过运用信息技术，将许多标准化、例行性的工作编制成程序，以计算机代替人力，实现无人操作和管理，减少人力耗费。②建立政府资源信息共享系统，降低政府的摩擦成本、协调成本和决策风险成本。③通过网络，公众能够在任何时间和任何地点获得政府的在线服务，可不受时间限制只要通过政府的一站式网站和网上链接就能获得政府所提供的服务。既减少了政府人力耗费和办公经费，也为公众节省大量的时间和金钱。④政府可以通过网络向社会发布许多法规政策、行政决策、人员公示等基本情况等，提高政务推行和实施的透明度。

（5）建立"政府超市"

开展"政府超市"的思路是把原先市民或企业需要分头、分部门办理的相关审批或证明的环节集中在一起，采取导办、代办、一条龙服务、一站式收费、窗口式办理等形式，让来办事的市民或企业能够用最短的时间、最高的效率把事情办好。具体来说，其主要体现在：①把政府的一些行政服务职能集中在一起，以方便公众办事，降低政府服务的社会成本。②建立联动服务网络，通过建立区、镇（街）、社区三级联动服务网络，他们将政府服务拓展到了百姓家门口。公众不需要走出社区，就能把事情办好。③通过把政府各部门、科室集中在一起共同办公，有利于加强行政职能履行过程中各部门间的协调与合作，避免部门间的推诿、扯皮现象，从而降低政府的摩擦成本和协调成本。④采用开放式办公，政府把政策规定、办事程序、优惠条件等集中上墙，让公共服务和管理活动直接呈现在"顾客"及社会各界的面前，广泛地接受社会各方面的监督和评估。

3. 宏观层面：做好政府治理机制的转型与变迁

从宏观层面看，政府治理机制体现的是国家经济制度在政府执政能力方面的反映，从系统论角度而言，它是行政系统的各组成要素之间的相互联系、相互作用的运行规律。推进政府治理机制创新，是改善政府管理水平，提高行政效率，降低行政成本的重要途径。

（1）决策权与执行权相互协调、相互制约

地方政府处于行政决策和行政执行的中间环节，其主要职责是决策，兼有政策、法规、信息传导的作用。行政决策和执行是创新政府治理机制的根本性的环节。行政决策和执行的好坏不仅体现行政运行机制是否合理科学，而且能反映政府成本的高低。决策性浪费是最大的浪费。要降低决策的机会成本、风险成本以及不符合成本效益原则的决策所引发的社会成本。

一方面，扩大地方政府决策的民主参与程度。决策主体凭借政府权力，在决策公共资源的使用时，如果不受或很少受到公民或其他社会团体的制约，就容易滥用公共资源。只有扩大决策的民主参与程度，让公民和社会团体参与、监督行政决策，才能有效约束决策主体滥用公共资源。党的十六大报告指出，要形成"深入了解民情、充分反映民意、广泛集中民智、切实珍惜民力的决策机制"。因此，政府应该对于一些行政决策举办听证会。除了邀请公民代表和不同利益团体外，还要通过广播、电视、报纸、互联网让全社会知晓，发动全社会来参与讨论，使决策过程在阳光下进行。另外，政府还应该通过政务公开，积极推动决策公开。通过把决策的内容、背景、目标、方案、成本投入、预期效果、决策的制定者或拍板者的姓名等予以公布，让群众了解决策、监督决策。

另一方面，加大对地方政府行政决策执行及其后果的监管。在决策方案确定后，如果缺乏对决策执行过程的监管，仍然会出现扩大成本的行为。例如，一些政府官员面对即将出现的决策失误，常常为了自身政绩和形象，不断违背决策成本的约束，追加公共资源投入，甚至不顾一切代价去扭转决策失败。并且，在决策效果宣传上，政府官员片面夸大决策产出的效果，掩盖或忽略决策的成本或投入，从而使一些行政决策在人为夸张的效果下，掩盖了资源投入的巨大浪费。因此，必须对决策执行过程进行重点审计，看有没有超出原来制定的决策成本，如何超出，原因何在，并且，要将决策审计结果予以公布，把公众注意力从决策政绩转向决策成本上，让公众来判断决策成本的得失。同时，还要落实行政决策责任制。将行政决策权力与行政责任结合起来，对于行政决策，要坚持。谁拍板谁负责。对于决策失误，要切实追究决策的制定者或拍板者的责任。在政府决策过程中，必须推行决策审计、决策责任制以加大对决策执行及其后果的监管，用严厉的惩罚警戒决策者，减少乱决策、瞎决策，降低决策风险成本及腐败成本。

（2）引入市场机制，降低政府提供公共物品的成本

"新的政府政策以及旧政策的变化可以用来改善市场功能一样，市场变化和动力同样可以用来改善政府——'非市场'的功能。换句话说，通过在政府管理中注入一些市场因素，可以缩小非市场缺陷的影响范围。"[1] 地方政府在一些生产公共物品的领域，一些直接为社会提供公共服务的过程引入市场机制，可以纠正政府垄断造成的非市场缺陷。地方政府公共服务市场化的实践须做到三大拓展。

首先，从职能部门部分服务生产的市场化向部分公共服务提供主体的市场化拓展。公共服务市场化初期，主要是将政府职能部门部分服务的生产，如前述环卫处的街道清洁、园林局的公共绿地养护等，通过竞争招标、合同外包的方式，由企业或其他社会组织来承担，政府还是公共服务的唯一安排者或提供主体。随着公共服务市场化改革的深入，出现了政府部分公共服务职能市场化的趋势，即从服务提供主体、内容到生产过程的全面市场化。通过民间补缺、政府淡出、开放基础设施等途径，政府部分公共服务职能，如水务、电力、公共交通、基础设施建设等，可以由市场主体独立承担或以公私合作的方式来履行，即政府不再是公共服务成本的唯一或独立承担者，从而实现公共服务提供主体的多元化。

其次，从外部社会提供公共服务的市场化向政府自身提供的内部服务的市场化拓展。在市场化改革的工具和形式的介绍中，基本上都是以政府

---

[1] ［美］查尔斯·沃尔夫：《市场或政府》，中国发展出版社1994年版，第144页。

向外部社会提供公共服务的市场化为例。实际上，随着公共服务市场化改革进程由外向内的推进，在政府一些为自身管理提供服务的内容，也已开始引入市场竞争机制。或者说，当政府需要社会为它服务时，也要打破社会的独家经营。因而，进行机关后勤改革，为政府内部的服务工作创造竞争机制，降低政府运作的成本，就成为优化地方政府治理成本结构、控制政府治理成本规模的关键。在西方国家已普遍推行、近年来我国各级政府也在积极实践的政府采购、政府投标，属于一次性竞争类型。政府对各个部门在行政运作中需要添置的物质设备进行统一筹划，公开向社会发出采购意向。政府采购行为以集中性为特征，单位时间内交易量大，对市场竞争主体很有吸引力。多个社会竞争主体在同一个操作平台上，不仅有利于公开透明、有利于廉政建设，防止私下个别交易可能产生的暗箱作业、权钱交易、中饱私囊。而且，商家在规模竞争的效应和竞买竞卖的压力下，只能走薄利多销的路子，竞争的结果有利于降低行政成本。政府会议接待、车辆维护、文印中心等是尚待开发的二次性竞争。这一类政府行为具有连续性、广泛性特征，是吸引商家的一项重要的政府消费项目。政府可以竞争的方式，选择若干个商家作为定点服务部门。能够进入定点范围意味着获得较大的机会成本，商家对此做出的承诺就是要提高服务质量、降低服务成本。地方政府有关部门在会议招待、车辆维护的消费时，可以在定点单位中自由选择某一个服务单位，这样，对这些已入围的商家来说，又形成了二次竞争。唯有真正做足质量成本文章，才可将获利的可能变为现实。当然，为了保证这种竞争类型的有序进行，政府有关部门必须形成一套监管控制机制。

再次，从经济建设领域向社会发展领域拓展。传统的公共服务市场化仅局限于经济建设领域，或者说直接服务于促进生产力发展的领域，主要是为经济建设或满足公民物质需要提供公用基础设施以及政府内部的机关后勤服务。但公共服务市场化的实践远不止这些，近来呈现出向群众文化体育、教育、社会保障等社会发展领域拓展的趋势。其中，群众文化体育事业的市场化改革在政府改革实践中尤为凸显。从管理模式看，就是从行政式的管理变成依照法律进行社会团体的社会管理，从资金来源看，就是从非市场导向体制下的拨款制转向市场导向体制下的筹款制加上临时补助，从政府干预的特点看就是由大包大揽、无所不包集中到公共物品，包括公共文体基础设施、全民健康、丰富的群众文化娱乐生活。总之，在公共服务领域，即使是传统的公共服务领域，政府再也不能包揽天下，不能越位，而是要重新定位。政府的职能是提供公共服务和公共物品，这是明确的。公共服务的生产可以采取多元化机制，尤其是市场化（或民营化）运作方式，这已被理论和实践证明是正确可行的。要建立公共服务市场，监管公共服务市场，政府的职责不是去挣钱，而是让别人有秩序、有规模的去挣钱。

（3）深化公共财政体制改革，控制政府管理成本

西部欠发达地区地方政府财政收入相对较少，而政府预算作为政府组织活动的核心是财政管理中最重要的部分。"预算是政府生命之血液，如果我们用'政府应该做什么'的说法来代替'政府在预算中应该做什么'的话，则预算在政府中的核心地位，就更加清楚了。"[1] 要有效控制政府成本，就必须有效制约与监督政府活动；而要有效制约与监督政府活动，则制约与监督政府的财政预算活动是关键。

首先，健全地方政府预算编制制度，加快推进部门预算。编制部门预算，要求部门根据轻重缓急对项目进行排序，政府可以根据各个部门项目的排序情况进行择优选择，把有限的资金安排到急需的项目，集中财力办大事，提高资金的使用效益。预算编制是预算管理中最为重要的一个环节，预算编制的质量在很大程度上决定了预算执行的质量和预算资金的使用效益。部门预算是由政府各部门编制，经财政部门审核后报议会通过，反映部门所有收入和支出的预算。它与传统的预算编制方法有很大不同，主要表现在：一是编制预算的时间提前、周期延长；二是一个部门一本预算。以前各部门的预算按功能由财政部门管理，不能形成一本完整的预算；三是编制预算的方式不同。原来是由部门替下属单位按资金性质不同进行代编。编制部门预算要求从基层单位逐级编制、逐级汇总，克服了代编预算的盲目性，使预算编制更加科学合理；四是编制预算的范围不同。原来的预算编制只考虑财政预算内的支出情况，而部门预算不仅包括预算内收支，还包括预算外收支，以及政府性基金。建立部门预算制度是市场经济条件下构建公共财政框架的基本要求，也是公共财政制度改革的主要内容之一。

---

[1] ［美］尼古拉斯·亨利：《公共行政与公共事务》，中国人民大学出版社2002年版，第355页。

其次，完善地方财政资金收付方式，建立国库集中收付制度。建立国库集中收付制度是西方发达国家财政管理改革的理念与趋势之一。把所有的政府财政性资金全部纳入国库单一账户管理体系，国库的职能就是严格按照预算控制执行，保证预算单位要用钱时有钱用，不用钱时，钱就存在国库中，不能停留在预算单位的账上，大大规范了预算执行的程序。国库集中收付制度的核心是通过国库单一账户对现金进行集中管理，所以这种制度一般又称作国库单一账户制度。具体而言，这种制度有以下三个基本特征：一是财政统一开设国库单一账户，各单位不再设有银行账户；二是所有财政收入直接缴入国库，所有财政支出根据部门预算均由财政集中支付给商品和劳务的提供者；三是财政设立专门的国库现金管理和执行支付机构。建立国库集中收付制度是西方发达国家财政管理改革的理念与趋势之一。推行国库集中收付制度改革，财政收支实现了规范管理，资金使用效益明显提高，并且极大降低了资金收付过程中的管理成本以及由不规范的政府行为或腐败带来的社会成本：所有的政府财政性资金全部纳入国库单一账户管理体系，国库的职能就是严格按照预算控制执行，保证预算单位要用钱时有钱用，不用钱时，钱就存在国库中，不能停留在预算单位的账上，大大规范了预算执行的程序；促进了各部门细化预算的编制，财政给了多少钱，给的是什么钱及钱用在哪些方面，都要搞清楚，避免层层截留、暗箱操作，大大提高了财政资金运转的效率和透明度；更重要的是，国库集中收付制度使出纳环节高度集中，工资支出、大型建设项目和修缮以及大宗政府采购等支出由财政部门直接将资金支付到商品、劳务供应者或用款单位，改变了以前层层划拨、分散支付的局面，减少了拨款的中间环节。为应付日常支付交易需要而为预算单位开设的银行账户，也与国库单一账户连接，每日结清，只起到支付的作用。这最大限度地防止用款单位对财政资金的挤占、挪用和截留，有利于从制度和源头防治腐败。

再次，改革地方政府会计制度，实行会计集中核算。会计集中核算是指将政府部门的各项财务收支，均纳入会计集中核算范围，由核算中心集中代理记账，进行财务收支监管，同时取消各核算单位的会计和出纳以及原开设的银行账户。会计核算中心主要职责是"五集中"：即集中办理资金结算；集中发放工资；集中进行会计核算；集中编制财务报告；

集中管理会计档案。实行会计集中核算以后，对核算单位继续保持"三不变"：即预算管理体制不变；单位理财机制不变；会计主体法律责任不变。会计工作作为一项社会经济管理的基础工作，其基本职能有反映、控制和监督等，在实际工作中起着为单位、财政部门服务的作用，实行集中核算制后，行政事业单位的会计核算管理从原来的分散形式改为由财政部门统一集中管理，必然为财政部门加强财务管理提供了许多便利条件，同时也为国库集中收付制的推行创造好的改革环境。而且，如果在实行国库集中收付制的同时实行集中核算，就延长了会计核算的环节，延伸到了预算资金运行的最终点，所有财政资金的收支活动全部通过支付中心运行，能够为部门预算提供全面、准确、真实的会计信息，为预算编制、执行、分析和宏观经济调控提供准确的依据。

小　　结

本章从区域自我发展能力的角度，考察了西部发展的兴衰。尤其是从当前区域发展的两个主要倾向：市场深化和政府治理的角度，重新思考了西部发展中市场化和政府治理的思路和策略。

第七章　河西新能源产业基地自我发展能力的实践探索

基于内生路径的区域自我发展能力就是在经济利益的直接诱导下形成产业分工，进而引致区域分工和区域的自我发展。为此，将从两个层面展开研究，其一是基于区域比较优势的区域自我发展研究，主要通过第七章的河西地区新能源开发，以及第八章的陇东传统能源的开发来说明。另一个层面是基于区域潜在优势向现实优势转变，进而形成区域自我发展能力的研究。主要通过第九章的研究来说明。最后，以西部贫困地区的发展为例，从内生和外生两个角度来阐述区域的自我发展能力问题。主要通过第十章的研究来说明。

区域自我发展能力的内生路径是建立在"资源—分工—能力"基础上的，其核心是在市场机制下，由资源整合而带来的经济增长问题，即它是由区域主体受产业分工的利益激励而产生的"自生"资源联结能力所反映出的经济效率问题。河西地区风能、太阳能极为丰富，并且地处戈壁荒漠地区，地域广阔，有利于新能源基地的大规模开发建设。加快发展河西新能源基地，能够充分发挥河西新能源比较优势，提升河西新能源产业核心竞争力，促进甘肃西翼经济又好又快发展。本书中所指河西新能源基地主要涵盖酒泉千万千瓦级风电基地、敦煌百万千瓦级太阳能发电基地、酒泉风电装备生产基地以及酒泉数字风机设备和太阳能光伏、光热产品研发制造基地①。

---

① 《国务院办公厅关于进一步支持甘肃经济社会发展的若干意见》（国办发〔2010〕29号文件）提出，加快建设以酒（泉）嘉（峪关）为中心的风电、以敦煌为重点的太阳能发电示范基地，力争到2020年建成千万千瓦级以上风电基地、百万千瓦级以上太阳能发电基地，配套建设稳定风电送出的电源项目。支持大型风电制造企业在酒泉建设风电装备生产基地，支持建设数字风机设备和太阳能光伏、光热产品研发制造基地。
《甘肃省人民政府关于印发甘肃省国民经济和社会发展第十二个五年规划纲要》提出，围绕河西新能源和新能源装备制造业基地建设，发展新材料、现代农业等特色优势产业，发挥中心城市和现有产业基础作用，以线串点、以点带面，着力构建分工协作、特色鲜明、相对完整的产业体系，促进产业、人口、经济集聚发展，加速推进工业化城镇化进程，着力构建西翼经济发展的新格局。将酒嘉经济区建设成为支撑西陇海兰新经济带发展的区域性中心城市、全国重要的新能源基地和传统产业转型升级创新区、区域性交通枢纽和物流中心以及对外开放陆路口岸、统筹城乡发展先行区、生态文明建设示范区。

第一节　新能源发展趋势和河西新能源产业自我发展能力

通过理论部分的研究可以看出：区域自我发展能力的生成是基于资源的；而它现实的体现是通过资源的组合效率①来体现的。传统区域分工理论以区域资源的自然禀赋为依据，以产业分工为主要内容，形成了以"区域资源—区域分工"为主要内容的研究路径。在此研究中，区域内自然资本、物质资本、人力资本和社会资本为区域主体的功能性活动提供了一个"资源集"，而此"资源集"中各种"资源"的匹配则为区域主体认为"值得去做"，提供了一种可行的匹配，称之为"可行集"。这样一来，区域自我发展能力就成为表征区域主体利用"可行集"所能实现的各种可能性活动的"匹配"了。这时，原有的研究路径就会拓展为"区域资源—区域分工—区域自我发展能力"。"十二五"期间，国家提出要"推动能源生产和利用方式变革，构建安全、稳定、经济、清洁的现代能源产业体系"。产业基地作为推动产业与企业跨越式发展的重要组织形式，在能源结构调整和发挥集聚效应方面效果明显，并受到许多地方政府的青睐。如，在"十一五"期间甘肃省新能源产业得到了快速发展，如表7-1所示，甘肃省能源构成中，新能源中水电、风电消费已由当初的15%左右，增加为现在的20.66%。甘肃省在"十二五"规划中则进一步提出要将酒嘉经济区打造成为我国重要的新能源基地。

表7-1　　　　　　　　　　甘肃省能源生产结构

年份	能源生产总量（万吨标准煤）	占能源生产总量的比重（%）			
		原煤	原油	天然气	水电风电
2005	3605.12	71.72	12.07	0.57	15.64
2006	3798.83	71.88	12.50	0.52	15.10
2007	3985.59	70.78	12.61	0.49	16.13
2008	4069.28	68.71	12.82	0.42	18.06

---

① 组合效率包括匹配效率和配置效率两类，匹配效率反映了这样一个观点，即由主体"有计划"的配置所产生的高于原有生产效率的"效率"；而配置效率反映的是在市场机制的作用下，由主体追求自利而引起的"不自主"的效率的提高。

续表

年份	能源生产总量（万吨标准煤）	占能源生产总量的比重（%）			
		原煤	原油	天然气	水电风电
2009	4232.34	67.10	12.15	0.46	20.29
2010	4640.88	68.17	11.76	0.28	19.79
2011	4898.34	64.47	14.66	0.21	20.66

产业基地是产业集聚的业态形式。在河西新能源产业基地的形成过程中，当地依托丰富的风能和太阳能资源，集聚了许多风电、光电企业。比如，金风、华锐、中材科技、中科宇能、中航惠腾、中复连众等知名公司现已入驻河西地区。在规模经济的驱动力下，这些集中连片布局的企业为提高生产效率、降低交易和信息成本、增强企业竞争力，或是进行单纯的电力生产，或是生产风能、光能等相关联的上下游产品。这种纵向或横向的经济联系进一步促进了基地新能源产业的集聚，也进一步带动了河西地区风电、光电产业基础设施和配套设施的逐步完善。目前，河西地区的酒泉风电产业基地、敦煌太阳能光伏发电基地、武威太阳能级硅材料生产基地已规模初显。尽管河西新能源产业基地的发展取得了可喜的成绩，但是，与世界发达国家的产业基地相比较，河西新能源基地依然还存在着一些问题亟须解决。本节将从河西新能源基地建设的资源禀赋、产业发展、配套设施等方面，初步梳理出河西新能源基地发展取得的经验及存在的问题。

一 新能源产业发展趋势

步入21世纪，全球石油价格高升，能源局势日益紧张。2004年，欧洲联合研究中心（JRC）根据各种能源技术的发展潜力及其资源量，对未来100年的能源需求总量和结构变化做出预测（如图7-1）：可再生能源的比重将不断上升，化石能源消耗总量将于2030年出现拐点。金融危机之后，世界能源需求更是持续增长，能源价格显著上涨，大力开发利用可再生能源已成为加强能源安全、推动经济发展和应对气候变化的重要措施之一。据世界风能协会（WWEA）预计，到2020年全世界风电产能将达到1500000MW。风电在世界能源消费中所占的地位将继续得到提高。太阳能的开发利用上，各国都给予了极大关注，突出表现在各国政府推出的光伏计划,如德国的"千顶计划",日本的"朝日七年计划"以及美国的"百万屋顶计划"等。在这些目标的指引下,各国都对新能源产业投入了极大的财力、物力和人力,根据新能源发展趋势的研究,课题组将未来新能源产业的发展趋势总结如图7-1所示。

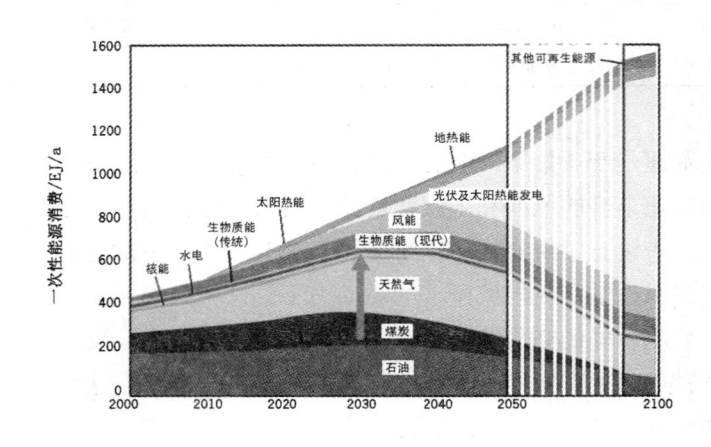

图7-1 未来100年世界能源结构变化预测

(一) 关键技术发展趋势

由于河西新能源基地发展主要依赖风能发电和太阳能发电,在此,课题组仅限对这两类新能源的发展趋势作一判断。

1. 大型风力发电技术将得到推广应用

近年来,我国风电单机装机容量逐年上升。2005年到2009年,MW级风电机组(≥1MW)占当年新增装机容量的比例由21.5%上升至86.8%;凭借单机容量由850KW上升至1362KW。在国际风电装机大型化趋势的驱动下,未来几年,我国风电技术仍将朝大型化发展,2.5MW以上风电发电机组将得到广泛应用。具体而言,未来将重点突破大容量机组的生产、并网发电技术、变速恒频和支取技术、2MW以上精密轴承、2.5兆瓦以上风电设备整机及2.0兆瓦以上风电设备控制系统,以及风电与光伏发电互补系统技术开发与应用,见表7-2。

2. 太阳能热利用技术、太阳能光伏发电技术是太阳能技术发展重点

"十二五"期间,太阳能热发电技术涉及太阳能聚能、吸收、储存以及与热发电机器相互联系的热媒体流动与热换等方面。国家在政策上支持太阳能发热发电的自主创新和技术升级。太阳能光伏发电主要涉及光伏转

换,光伏材料开发与性能改善,光伏器件结构设计,光伏材料和器件的制备与表征技术,以及规模化光伏系统的稳定性。具体突破技术包括:光伏电池转化效率提升、光伏材料的改善、新一代太阳能电池跟踪研究、太阳能热发电技术、太阳能发电与建筑一体化技术研发与应用、原料多晶硅制备技术、太阳能发电系统优化,见表7-2。

表7-2　　　　　　　　新能源重点方向和发展技术

领域	重点发展方向与关键技术
风电	大容量机组 并网发电技术 风电与光伏发电互补系统技术开发与应用 变速恒频和支取技术 2MW以上精密轴承 2.5兆瓦以上风电设备整机及2.0兆瓦以上风电设备控制系统
太阳能	光伏电池转化效率提升 光伏材料的改善 新一代太阳能电池跟踪研究 太阳能热发电技术 太阳能发电与建筑一体化技术研发与应用 原料多晶硅制备技术 太阳能发电系统优化

(二)产业发展趋势

根据对中国新能源产业研究院、赛迪顾问和麦肯锡咨询公司的研究,结合课题组对河西新能源基地的调研,梳理出未来新能源产业的发展趋势为:

1. 多元化应用推动新能源市场西部朝东部拓展

近年来,新能源产业的发展以建设大基地,融入大电网为战略目标。与此同时,该战略的实施和新能源技术标准体系的不断完善也给新能源基地带来了许多问题,诸如并网难、并网后的运营负担。近期内,为推动新能源市场快速发展,适应不同电力需求,国际新能源市场出现了朝多元化应用发展的格局。所谓多元化应用是以并网为主、离网和混合式应用为辅的方式。我国的新能源产业也紧随国际潮流,逐步转向多元化应用发展。由于我国东部地区政策较为完善、区位优势明显,产业基础较好,发展新能源产业的综合配套条件较为优越,逐渐形成了新能源发电应用和配套产业完整的产业链,出现了新能源市场朝东部拓展的趋势。此外,东部是新能源终端市场,运输便利,还有利于开展大型新能源装备制造环节设备后期的运维工作。因此，未来新能源市场将由西部朝东部拓展。

2. 产业整体持续朝政策和优势资源优势区域集聚

新能源在我国处于成长期，产业集聚区域受到区域政府政策、当地资源等条件影响。首先，新能源产业是典型的政策导向性产业。除了国家产业政策之外，地方配合产业政策将成为吸引企业的重要因素。其次，自然资源、矿产资源、人力资源也是新能源产业发展不可或缺的要素，企业投建新能源项目需要根据细分新能源产业特征，选择资源丰富的区域。此外，随着新能源产业发展，降低成本将成为企业发展的主要任务之一。新能源企业将考虑产业半径、原材料等要素对成本的影响。综合考虑以上因素，未来三到五年，我国新能源产业在空间布局方面仍将朝政策支持力度大、资源丰富区域集聚。

3. 研发和销售环节朝资本和人才密集区集聚

新能源产业研发条件需要优秀的人力资源、先进的实验设施、大量的资本投入作为支撑。目前，诸多新能源企业为提高研发能力和营销能力，逐步将研发中心设在人力资源密集、基础设施完善的地区。在营销环节，我国部分新能源领域也逐步面向海外市场。北京、上海等区域辐射面积广、国际功能强的地区将成为新能源企业设立营销中心的选择。

从上述新能源开发技术和新能源产业技术发展趋势中可看出，未来新能源发展将从发电应用推广到人们物质生活的更多方面，因此，河西新能源基地的发展必须适应世界潮流，在国际国内大环境下，以河西地区的实际情况为出发，在政府的积极推动下才能迅速发展壮大，实现经济效益、社会效益和生态效益的共赢。[①]

二 河西新能源基地资源禀赋概况

物质资本与可贸易的自然资本构成了区域自我发展能力实现的物质基础，区域自我发展能力的实现必然要以物质基础的占有或使用为基础。凭借资源禀赋是加快河西新能源产业基地建设成为全国重要的新能源基地的重要依托。河西五市风能和太阳能资源非常丰富。根据《甘肃省风电工程规划报告》的分析成果，甘肃省平均风功率密度分布如图 7-2 所示，其中，河西地区风能资源理论储量约 2 亿千瓦，占甘肃省的 85%，仅酒

---

① 张晓洪：《吉林省新能源发展对策分析》，吉林大学 2006 年。

泉市初步测定可开发利用的风能就在 4000 万千瓦以上，可开发量占全省可开发量的 70% 以上。河西北部区域，年平均有效风功率密度在 150 瓦/平方米以上，有效风速时数在 6000 小时以上；可利用地区的年平均有效风功率密度在 100 瓦/平方米左右，有效风速时数在 4500 小时左右。其中以酒泉最为集中，酒泉境内的瓜州县、玉门市和肃北马鬃山地区一带因独特的喇叭口地形，在季风的作用下，形成了丰富的风能资源，被称为"世界风库"。除了风能资源比较丰富之外，河西地区还具备风能大规模开发的其他条件。主要有：

一是气候条件好，有利于风力发电机组安全稳定运行。河西地区风力冬春强、夏秋弱；风速年际、年内变化较小，主风向稳定，无台风等破坏性风速，境内干旱少雨，相对湿度较低，不含盐雾，冬季极限低温不超过－29℃，适合风力发电机组全年安全稳定地运行。

二是风电场厂址面积大，有利于风电场规模开发建设。河西地区未利用土地面积大 10 万平方千米以上，风能资源丰富地区大都位于广阔平坦的沙漠、戈壁及未利用荒地上，地势平坦开阔，适合风电场连片开发建设。

三是工程地质条件好，有利于降低风电项目建设成本。河西地区地质构造基本稳定，地基岩土层的物理力学性质较好，可满足风机建设的基础要求，基础持力层埋置深度较浅，可降低工程建设成本。

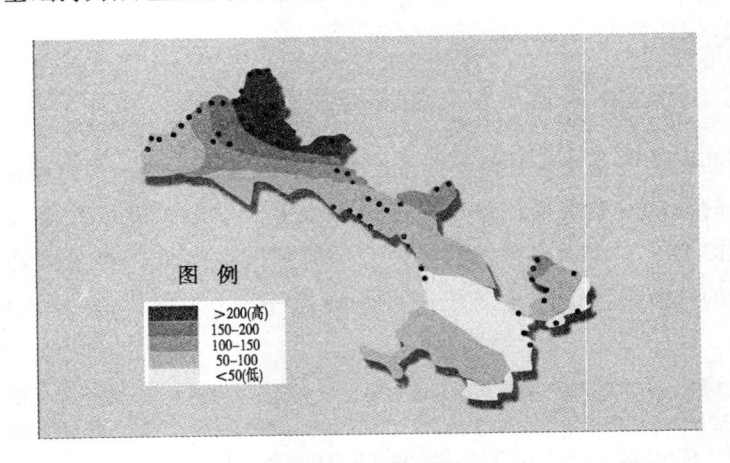

图 7-2 甘肃省平均风功率密度分布（单位：瓦/平方米）

河西地区也是全国太阳能最为丰富的地区之一。根据《甘肃省国土资源地图集》，基地的年太阳总辐射量为 5800—6400 兆焦/平方米，比我国同纬度东部地区大约多700—1000兆焦/平方米，年日照时数为2800—3300小时，分布趋势自西北向东南逐渐减少。与国内其他太阳能资源丰富的地区相比，河西地区太阳能资源有日照时间长、辐射量强的优势。

表7-3　　　　　　　　我国各地区的太阳能资源及分布

类型	地区	年日照时数（小时）	年辐射总量（千卡/平方厘米·年）
1	西藏西部、新疆东南部、青海西部、甘肃西部	2800—3300	160—200
2	西藏东南部、新疆南部、青海东部、宁夏南部、甘肃中部、内蒙古、山西北部、河北西北部	3000—3200	140—160
3	新疆北部、甘肃东南部、山西南部、陕西北部、河北东南部、山东、河南、吉林、辽宁、云南、广东南部、福建南部、江苏北部、安徽北部	2200—3000	120—140

数据来源：《中国新能源和可再生能源白皮书》①。

此外，河西地区太阳能丰富的地区多数为沙漠、戈壁及未利用荒地，地势平坦开阔，具有大规模建设开发太阳能的良好条件，可作为河西地区光电产业发展的重点和理想地区，具有开发建设大型太阳能基地的良好条件。最近几年，河西地区利用其丰富的自然资源和其他便利的条件，大力发展风电和光电，在甘肃省能源生产构成中的比例逐年增长，已从2005年的15.64%增至2011年的20.66%。

三　河西新能源产业自我发展能力

河西新能源基地是甘肃新能源产业发展的主要区域，代表着甘肃新能源产业的整体发展水平。根据中国可再生能源学会风能专业委员会的统计，2012年，甘肃风电装机容量占全国容量的8.62%，是全国乃至全世界在建的规模最大的陆地风机制造基地之一②（如图7-3、图7-4所

---

① 地球上太阳能资源一般以全年总辐射量［千卡（平方米·年）］和全年日照总时数表示。我国陆地面积每年接收的太阳辐射总量在$3.3 \times 10^3 \sim 8.4 \times 10^6$千卡/（平方米·年），相当于$2.4 \times 10^4$亿t标煤。全国总面积2/3以上地区年日照时数大于2200h，日照能量在5×10^6千卡/（平方米·年）以上。我国西藏、青海、新疆、甘肃、宁夏、内蒙古高原的总辐射量和日照时数均为全国最高，属太阳能资源丰富地区；除四川盆地、贵州省资源稍差外，东部、南部及东北等其他地区为资源较富和中等区。

② 甘肃新能源发展"风生水起"《兰州日报》2011年7月7日。

示)。在河西新能源基地建设中,酒泉市是打造千万千瓦级风电基地、风电装备生产基地以及数字风机设备基地的核心区,其中,玉门市、瓜州县是酒泉风电基地的主战场(如图7-5所示)。2009年酒泉被确定为全国首个"千万千瓦级风电基地",并正式启动建设,计划到2015年风电装机总容量将达到1271万千瓦,达到三峡工程发电量的一半,将成为国内最大的风电基地。目前,在酒泉方圆1100平方千米的戈壁滩上,集中布局了32个大型风电场,总装机规模高达550多万千瓦,平均每20平方千米就有1个10万千瓦风电场。其中,玉门昌马风电场和瓜州风电场已被国家发改委列为百万千瓦级特大型风电场。2012年11月,玉门昌马风电场3兆瓦大型风机成功吊装,标志着我国陆上连片最大的国产3兆瓦风机示范基地在河西地区建成,年发电量可达5.04亿千瓦时,可节约标煤17.64万吨,减少二氧化碳排放量53.1万吨,烟尘排放量2390吨,具有显著的经济效益和生态效益。

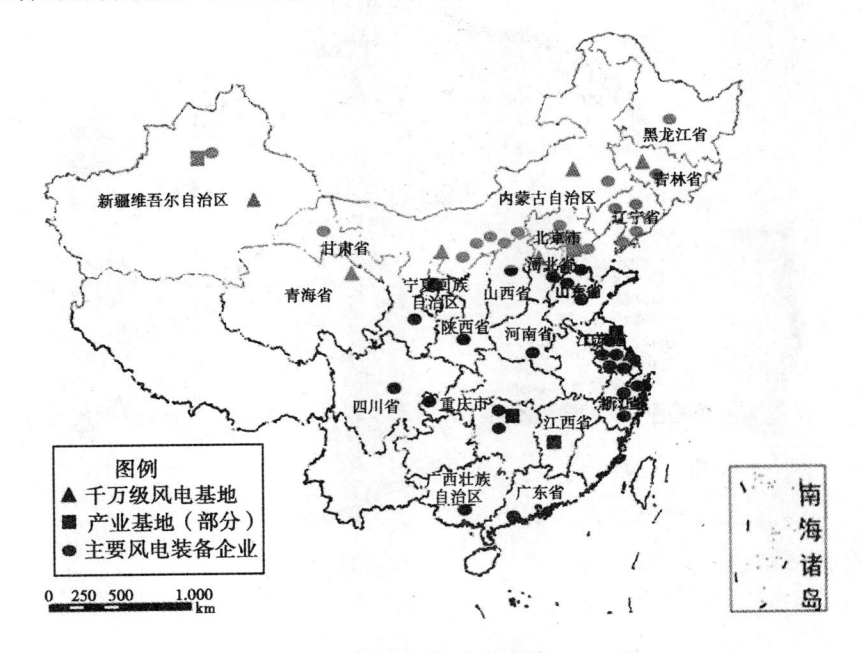

图7-3 中国风电产业重点区域分布

根据工业和信息化部赛迪研究院统计,甘肃省2011年光伏发电新增

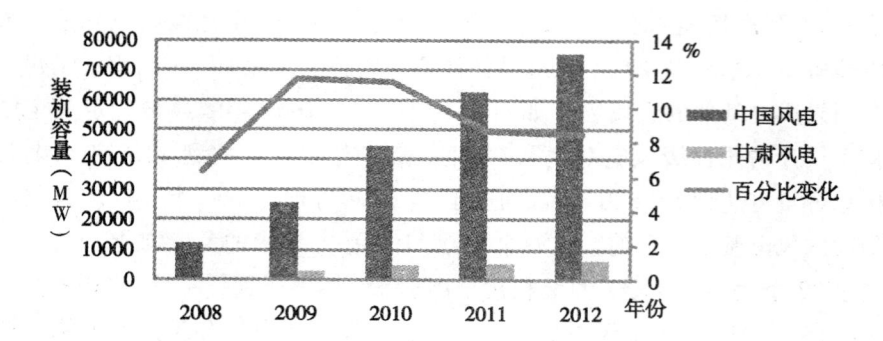

图 7-4　2008—2012 年中国、甘肃风电装机容量规模变化

图 7-5　河西新能源基地风电项目示意

装机量 324 MW，位居全国第三，约为全国的 12%，① 如表 7-3 和图 7-6 所示。在打造敦煌百万千瓦级太阳能发电基地和太阳能光伏、光热产品研发制造基地的过程中，敦煌已建设了全国第一座光伏并网发电特许权招标项目——10 兆瓦光伏并网发电示范工程，嘉峪关市于 2010 年与中国华电集团新能源发展有限公司开展新能源领域的战略合作，建设包括 1000 兆瓦光伏发电、200 兆瓦光热发电、分布式能源等在内的 5 个光电项目；武威已投资建成 2 兆瓦光伏电站，并已开始发电，目前正在积极筹建太阳能级晶体硅材料基地。至目前为止，已有浙江正泰、中广核、国投、国电电力、甘肃电投等光伏发电项目已建成并网发电。另外，中国华能集团公司、大唐集团公司、华电集团公司、国电集团公司、电力投资集团，无锡尚德等民企，甚至有德国与丹麦的著名外资企业纷纷投资建设河西新能源基地。河西新能源基地建设总投资约 3000 亿元，新增就业岗位约 10 万个；可替代相当于 580 万千瓦火电机组的发电量，每年可节约标吨煤约 1000 万吨，减少烟尘排放约 9 万吨，减少二氧化硫排放约 16 万吨，减少二氧化碳排放约 2700 万吨，经济效益、社会效益、环境效益显著，将有力促进甘肃省能源结构和经济结构的调整。

表 7-4　　2011 年我国光伏发电新增装机量分布情况

地区	2011 年新增（MW）	占比（%）
青海	963	37.1
宁夏	351	13.0
甘肃	324	12.0
江苏	270	10.0
新疆	162	6.0
山东	135	5.0
西藏	81	3.0
河北	81	3.0
内蒙古	54	2.0
江西	54	2.0
其他	228	7.0
合计	2703	100%

---

①　2011 年，受我国出台的光伏上网电价及"金太阳"示范工程影响，我国新增装机量达到 2.7GW，同比增长 419%，累计装机量达到 3520MW。其中青海新增装机量达到 1003MW，位居全国第一，宁夏装机量达到 351MW，位居全国第二。

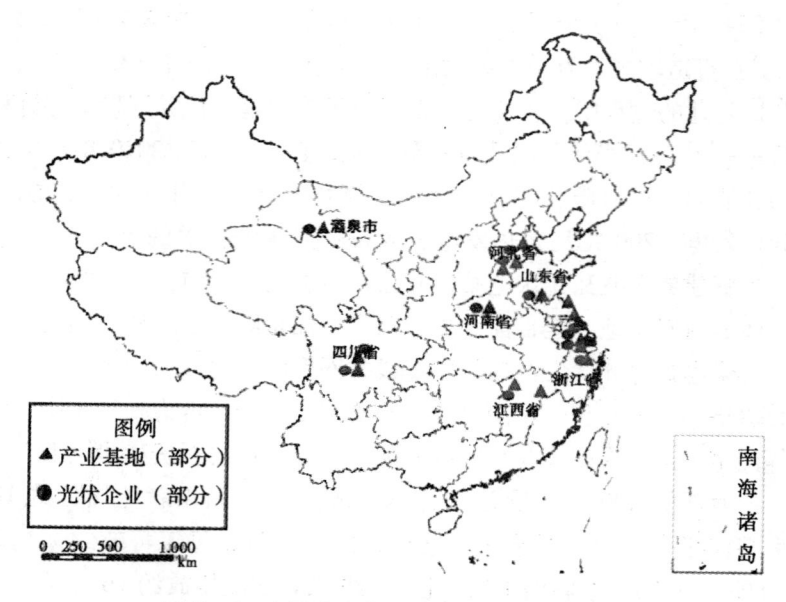

图 7-6 中国太阳能光伏产业重点区域分布

就新能源企业而言，在河西地区，大唐发电有限公司的投资力度较大，于 2004 年 6 月在甘肃成立了大唐甘肃发电有限公司，经过八年的发展，大唐甘肃公司已在河西地区建成我国第一个荒漠化并网型光伏电站——大唐甘肃武威太阳能电站，甘肃省首个 60 万超临界机组电厂——大唐景泰发电厂等。目前，公司资产总额 170.45 亿元；在职职工 6000 多人；拥有直属、全资、控股、参股企业 21 家，截止到 2012 年 8 月末，在役发电装机 432.25 万千瓦，是甘肃省最大的国有发电企业，它的发展速度在一定程度上代表着河西新能源基地的发展状况，2011 年的装机容量大约是 2004 年的 4 倍多，如此快的增长速度表明了河西新能源产业发展的迅速崛起。

综上所述，河西新能源基地呈现从西北向东南的带状分布，其中，河西风电基地以酒泉为中心，以玉门、景泰等大中型风电场为依托，光电基地形成从敦煌到武威一条线分布，并且以酒泉新能源装备制造业产业集群为支撑，具体见表 7-5，已形成了从敦煌、酒泉、嘉峪关到金昌、武威的新能源产业联动带，成为河西新能源产业发展的重要基地。

表 7-5　　　　　　　河西新能源基地代表企业、重点项目

重点地区	代表企业	重点项目
酒泉市	中国华能集团、中国大唐集团、中国电力投资集团、金风科技、华锐科技、中材科技、中复连众、酒钢天成	玉门风电场、玉门大唐风电场、瓜州风电场、敦煌光伏发电项目、酒泉太阳能发电项目、玉门太阳能发电项目、金塔太阳能发电项目
嘉峪关市	中国华电集团、中国国电集团	嘉峪关太阳能光伏发电项目、华电光伏电站项目、华电光热发电项目、华电光电设备制造项目
武威市	中国节能环保集团、大唐甘肃发电有限公司、中核嘉华公司、甘肃电力投资集团	凉州区光伏并网发电项目、民勤光伏发电项目、太阳能级多晶硅项目
金昌市	华能新源公司、中广核新能源公司、中国三峡新能源公司、华电新能源公司	太阳能并网发电项目、永昌100兆瓦电站正式并网发电项目
张掖市	上海航天机电公司、甘肃汇能公司、中国电力投资集团	张掖太阳能发电项目、龙源光伏发电项目、甘州光伏发电项目

第二节　河西新能源基地自我发展能力的生成路径

在区域自我发展能力的生成路径中，需要特别指出的是，"配置"是以要素的替代性为基础的，而"匹配"是以要素功能的不可替代性为基础的。为此，本研究中使用"匹配效率"来展现区域自我发展能力。主要思想反映在不同区域在面临资源约束时，表现出不同的获取收益的能力。虽然区域自我发展能力的生成并非是一种线性结构，但为了说明区域自我发展能力的内生路径的表现特征，这里将以线性的生产活动分析来表示。打造河西新能源产业基地作为振兴西翼经济的重要一极，关系到甘肃产业结构的优化升级，也关系到全省经济社会全面、协调、可持续的发展。河西新能源产业基地发展应在借鉴国内外新能源发展经验的基础上，努力解决自身存在的问题，将河西地区的实际情况与其面临的宏观环境相结合，审时度势、准确定位，实现其应有的效益与价值。在区域自我发展能力内在生成机理的探析中，我们得出西部地区自我发展能力的内在成长路径是"资源—分工—能力"，它是由区域主体受产业分工的利益激励而产生的"自生"资源联结能力。其中，"资源—分工"过程是依靠资源禀赋发挥区域比较优势的过程。即在研究区域自我发展能力的内在生成路径

时，区域主导产业的战略选择、技术支持、关联产业、配套设施及制度创新将是决定产业基地发展的关键因素。

一 河西新能源基地建设的战略选择：基于 SWOT 分析

为了更好地确定河西新能源产业基地建设的发展战略，有必要对河西新能源发展进行 SWOT 分析。以最大限度地利用河西地区的内部优势和机会，使基地企业劣势与威胁降低到最低限度，只有在进行 SWOT 分析基础上进行战略选择，河西新能源基地才能在国家新能源战略中捷足先登、抢得先机，成为国家重要的新能源基地。

（一）河西新能源基地建设的优势

河西新能源产业基地的建设具有得天独厚的优势，主要有如下几个方面：

1. 新能源资源丰富及开发潜力大

河西地区蕴含着丰富的风能和太阳能，风能资源丰富区为河西地区北部区域。并且河西地区也是甘肃太阳能资源最为丰富的地区，与国内其他太阳能资源丰富的地区相比，河西地区太阳能资源的开发有日照时间长、辐射量强的优势，且资源丰富地区多数为沙漠、戈壁及未利用荒地，地势平坦开阔，可作为"大漠光电工程"实施的重点和理想地区，具有开发建设大型太阳能基地的良好条件，开发前景广阔。

2. 河西新能源外送及区位优势突出

甘肃省电网位于西北电网枢纽位置，750 千伏和 330 千伏骨干电网初具规模，东连陕西，北接宁夏，西接青海，南与四川相连。与陕西通过四次 330 千伏线路联网，与宁夏通过五次 330 千伏线路联网，向西通过一次 750 千伏及 6 次 330 千伏线路与青海电网联网，向南与四川通过一次 220 千伏线路联网送电。随着西北 750 千伏骨干电网和特高压外送工程的建设，区域内电力输送能力将进一步加强。河西地区可以借助甘肃省电网位于西北电网枢纽位置，将自己风能发电、太阳发电等多余部分通过西北电网输送出去，在有效利用风能、太阳能同时可实现其经济效益。

3. 河西地区新能源开发的气候优势

河西地处甘肃西北部，气候类型属于温带干旱，日光时间长，常年风力风速年际、年内变化较小，主风向稳定河西地区地域辽阔无台风等破坏性风速，境内干旱少雨，相对湿度较低，不含盐雾，冬季极限低温不低于-29℃，适合风力发电机组及太阳发电设备全年安全稳定运行。风电场厂址面积大，有利于风电场规模开发建设，区域内未利用土地面积大约10万平方千米以上，风能资源丰富地区大都位于广阔平坦的沙漠、戈壁及未利用荒地上，地势平坦开阔，是河西新能源基地风电连片开发建设的最佳场所。

（二）河西新能源基地建设的劣势

河西地区土地资源占有量较高，但是土地沙漠化严重，并有进一步恶化的趋势。就目前而言，河西地区几大风口基本处于荒漠或沙漠地区，远离城区，为无人地带。其次河西地区交通不发达，尤其是在城区连接风电场和太阳能电厂之间的道路状况及道路连接成很大问题。例如从城区到各大风力发电厂，行至荒漠戈壁无路可走，甚至需要步行前往，这样就使各种维护耗时耗力，成本上升。与此同时，河西是全国水资源严重缺乏的地区之一，水资源的短缺将会制约河西新能源的开发。"十二五"期间，2000万千瓦装机容量的风力发电需要配套1600万千瓦的火电，而火电行业又是一个耗水大户。大致概算还可以看到火电取水量将占到工业取水总量的1/6。那么，未来河西新能源产业基地的建设，必将会带动火电需水量的大幅度增加。

（三）河西新能源基地建设的机遇

河西地区新能源基地，搭载全球低碳经济的热潮与国家"十二五"新能源战略规划的顺风车面临着一系列重大机遇，主要有如下几方面：

一是低碳经济全球化机遇。近年来，一场以新能源革命和低碳经济为主题的绿色浪潮正在席卷全球，新能源以清洁的能源开发与利用为基础，以低能耗、低排放为基本经济特征，顺应可持续发展理念和控制温室气体排放要求的社会经济发展模式，成为一个新的经济增长点会带来许多重大投资机会。河西新能源基地在这一背景下建设发展，是实现经济社会可持续发展的现实需要，也是我国能源结构调整、产业结构升级的重要理念和重要内容。

二是国务院《关于加快培育和发展战略性新兴产业的决定》、《关于进一步支持甘肃经济社会发展的若干意见》和西部大开发新十年规划给河西新能源开发提供了十分难得的发展机遇。河西新能源将努力全方位融入发展战略性新兴产业的大潮之中，按照"减量化、再利用、资源化"原则，大力推进节能、节水、节地、节材，采用有利于节约资源、保护环境的先进生产方式，采取因地制宜的措施，在河西地区充分利用当地的风能、太阳能发展新能源及新能源装备制造业。

三是国内外新能源发展经验为河西新能源基地建设提供了重要借鉴。国外荷兰、德国，以及省外上海、广东、江苏、山东、山西等省能源发展战略虽各有特点，但共同的经验是优化能源结构，发展清洁用能技术，加强污染控制，提高能源利用效率，加强节约用能，积极开发新的清洁可再生能源，实现"低投入、低消耗、低成本和高产出、高质量、高效益"的可持续发展战略。

（四）河西新能源基地建设的挑战

随着河西新能源基地的不断发展，鉴于河西地区具体实际情况，河西面对的一些现实的挑战也将凸显，具体如下：

一是生态环境负荷率迅速上升，生态环境难以承受。随着河西新能源的开发，大量的人员设备蜂拥而至，这对河西地区已经脆弱的环境而言，可谓是雪上加霜。不仅如此，从整体演变趋势来看，河西生态环境负荷率在整体上呈现上升态势。若照此下去，人与自然矛盾恶化，河西新能源产业基地面临巨大环境承载力的挑战就不言而喻了。

二是全球气候变暖，河西地区丰富的风能资源和太阳能资源将面临自然变迁的挑战。众所周知，全球气候变暖已经对全球多数地区的气候产生了不容忽视的影响，全球气候变暖使大陆地区，尤其是中高纬度地区降水增加。有些地区极端天气气候事件（干旱、洪涝、雷暴、冰雹、风暴、高温天气和沙尘暴等）出现的频率与强度增加。河西地处中纬度地区，随着地区气候变化，地区之间的热对流将受影响，即风的形成及风力大小将面临很大的不确定性。

三是与新能源相关的中小企业融资难。河西新能源基地中的新能源装备制造业的小企业响应国家号召，开发河西新能源，但是资金短缺严重制约这些企业的产品研发。与国有大型风电企业相比，小企业面临的风险更大。目前，由于融资渠道匮乏，基本上银行是其唯一的选择，但是银行审慎考虑小企业的经营风险，个个避而远之，使得新能源相关的中小企业发展举步维艰。

（五）SWOT 分析结果

河西地区新能源开发及新能源装备制造业发展的主要思路为发挥优势，克服劣势，利用机会，化解威胁。可供选择的发展对策包括 SO 对策、ST 对策、WO 对策和 WT 对策。综合新能源开发及新能源装备制造业发展的优势、劣势、机会、威胁后，可得到如下战略选择（见表 7-6）。

表 7-6　　　　河西新能源及新能源装备制造业战略选择表

	优势（S）	劣势（W）
内部条件	1. 自然禀赋优势 2. 可再生能源资源开发潜力巨大 3. 河西新能源外送及区位优势突出 4. 河西地区新能源开发的气候优势	1. 新能源基地地处荒漠 2. 河西地区交通不发达 3. 水资源稀少，尤其在规模化发展风电时，需要配套火电，进而会加剧水的需求
外部条件	机会（O） 1. 国家新能源产业列为战略新兴产业 2. "西部大开发"新的十年等政策将更加重视新能源产业的发展 3. 国内外新能源发展经验将为河西新能源基地发展提供经验借鉴	威胁（T） 1. 生态环境负荷率迅速上升，生态环境难以承受 2. 全球气候变暖，河西地区丰富风能资源和太阳能资源将面临自然变迁的挑战 3. 利润低，相关中小企业融资难
对策选择	SO 战略 1. 利用新能源发展的大好机遇，充分利用河西丰富的风能、太阳能，加大对新能源的合理开发，基础设施建设同步跟进 2. 充分利用西北电网河西位置优势，开展新能源电能外送	ST 战略 1. 采取科学有效的措施开发新能源，避免破坏环境 2. 产业化、规模化开发新能源，充分合理地开发新能源 3. 鼓励中小企业共同参与，出台相关扶持措施解决小企业融资难的问题
	WO 战略 把握新能源发展的政策机遇，大力招商引资，做好新能源配套设施建设，变劣势为优势，顺国家政策之舟，积极延伸新能源产业链	WT 战略 1. 科学合理开发新能源 2. 政策扶持，解决新能源相关中小企业融资难题

SO 对策。即最大与最大对策，着重于考虑河西新能源基地发展中面临的机会和优势，努力使这两种因素的协同效应都趋于最大。这是四大策略中最重要的，也是最积极的策略。一方面，充分利用河西丰富的风能、太阳能，加大对新能源的合理开发，同时基础设施同步跟进；另一方面，充分利用西北电网河西位置优势，开展新能源电能外送。

ST 对策。即最大与最小对策，主要考虑优势和威胁，努力发挥河西区域比较优势，消除或降低外部环境的威胁。一是采取科学有效的措施开发新能源，避免破坏环境；二是产业化、规模化开发新能源，充分合理地开发新能源；三是鼓励中小企业共同参与，出台相关扶持措施解决小企业融资难的问题。

WO 对策。即最小与最大对策，着重考虑弱点和机会，努力克服河西新能源开发及新能源装备制造业发展过程中存在的主要弱点，最大化利用外界机遇。把握新能源发展的政策机遇，大力招商引资，做好新能源配套设施建设，变劣势为优势，顺国家政策之舟，积极延伸新能源产业链。

WT 对策。即最小与最小对策，主要考虑河西新能源基地存在的弱点和威胁，努力将这些限制因素趋于最小化。这是四大策略中最保守的策略。一是科学合理开发新能源；二是政策扶持，解决新能源相关中小企业融资难题。

在上述分析基础上，根据国家"节约优先、立足国内、多元发展、保护环境、科技创新、深化改革、国际合作、改善民生"的能源发展方针，结合甘肃省"十二五"能源工业发展规划，课题组认为，河西新能源基地发展战略思路要立足资源禀赋优势，推动规模集约发展；构建科技创新联盟，推进市场运作模式。具体表述是以邓小平理论和"三个代表"重要思想为指导，深入贯彻落实科学发展观，以保护环境为前提，紧紧围绕国家能源发展规划，依托河西新能源资源禀赋、区位输送便捷和已有的工业基础及人才优势，统一规划、因地制宜、突出重点、有序实施，推动风能、太阳能等资源的开发、转化和配套基础设施建设，推进新能源规模化、集约化发展，构建科技创新联盟，推进市场运作模式，实现资源在更大范围内的优化配置，促进河西地区经济社会又好又快发展。

在明确发展思路的基础上，为进一步加快河西新能源产业基地的建设步伐，在未来发展中应突出四大重点：①立足资源禀赋优势，优化能源结构；②着眼集聚效应，调整能源产业基地布局；③构建科技创新联盟，推进基地科技创新；④推进市场运作模式，深化能源开发体制改革。

（1）立足资源禀赋优势，优化能源结构

河西新能源基地应着眼于风能和光能优势，着力增强风能发电、光能发电供给能力，加快完善新能源电力消纳能力，大力提升河西风能、太阳能在能源生产和能源消费中的比例。河西新能源基地风电场建设和光电项目建设进度如表 7-7、表 7-8 所示。

表7-7　　　　　　河西新能源基地风电场建设进度　　　　　单位：万千瓦

序号	项目名称	合计	现状装机	2015年建成	2020年建成
1	瓜州北大桥风电场	550	160	390	
2	瓜州干河口风电场	180	180		
3	瓜州桥湾风电场	60	60		
4	瓜州柳园风电场	10	5	5	
5	敦煌风电场	350			350
6	玉门三十里井子风电场	11	11		
7	玉门低窝铺风电场	20	20		
8	玉门昌马风电场	80	80		
9	玉门七墩滩风电场	120	0	120	
10	玉门宽滩山风电场	200	0		200
11	玉门红柳泉风电场	200	0		200
12	肃北马鬃山风电场	240	0	240	
	合计	2021	516	755	750

表7-8　　　　　　河西新能源基地光电项目建设进度　　　　　单位：万千瓦

	序号	项目名称	合计	现状装机	2015年建成	2020年建成
太阳能光伏发电	1	敦煌光伏发电项目	31	1	10	20
	2	金塔光伏发电项目	40	10	10	20
	3	瓜州光伏发电项目	30		10	20
	4	玉门光伏发电项目	30		10	20
	5	肃北马鬃山光伏发电项目	30		10	20
	6	嘉峪关光伏发电项目	40	10	10	20
	7	甘州光伏发电项目	40	10	10	20
	8	民勤光伏发电项目	30		10	20
		小计	271	31	80	160
太阳能热发电项目	1	酒泉太阳能热发电项目	20		5	15
	2	张掖太阳能热发电项目	20		5	15
	3	武威太阳能热发电项目	20		5	15
		小计	60		15	45
		合计	331	31	95	205

（2）着眼集聚效应，调整能源产业基地布局

加强河西新能源资源的勘探开发和综合利用，重点推进大型风电基地、光电基地的开发建设，推进新能源配套设备和新能源电力输送大通道建设。推进新能源与相关产业之间的重组与融合，建立现代风电、光电产业体系，实现河西新能源基地与相关产业集约、高效发展。

（3）构建科技创新联盟，推进基地科技创新

大力发展风能、太阳能等新兴能源科技装备技术，需要巨大的资金投入和人力投入，为此，可以本着联合开发、优势互补、利益共享、风险共担的原则，着力构建形成科技创新联盟，以此推动在产业技术创新、商业化进程、标准制定、国际交流与合作等方面的全面进展。

（4）推进市场运作模式，深化能源开发体制改革

国家层面，现阶段强调有计划、有步骤地开展能源价格、财税、资源和流通体制等改革；但在省级层面，则需要积极培育多元化市场主体，大力支持民间资本全面进入新能源和可再生能源产业，形成统一开放、竞争有序的现代新能源市场体系，充分发挥市场配置资源的基础性作用。

二　河西新能源基地建设的技术支撑

技术支撑是降低发电成本、实现河西新能源基地建设市场化和产业化的关键。在新能源开发利用技术方面，在世界范围内太阳能、风能等技术已经十分成熟，已经步入商业化发展阶段。而国内在风电技术和光电技术核心竞争力并不强，正在日益走向成熟。结合河西地区在新能源发展的现状，本节将对河西新能源基地能源开发技术进行分析，提出相应的技术创新模式。

1. 风电技术

风能的开发利用是河西新能源基地中开发的主要绿色能源，也是中国未来能源发展中最有潜力的一个重要组成部分。风能是一种技术比较成熟、很有开发利用前景的新型可再生能源之一。而开发利用风能发电对世界各国具有极强的吸引力，从而唤起了世界众多的科学家致力于风电方面的技术研究。[①] 未来风电技术的开发将向机组大容量、可靠性和智能性方向发展。

---

① 穆献中、刘炳义：《新能源和可再生能源发展与产业化研究》，石油工业出版社。

(1) 现有风力发电机组技术

当前，在风力发电方面，风电机组朝着大型化、高效率的方向发展。已运行的风电机组单机最大容量达到 7MW，正在研制 10MW 以上风电机组。有关风能利用的风电技术，主要侧重于风力发电机组技术的阐述。目前，国内正在制造和生产的风电机组其主要技术，大致可分为以下三类：

第一类：变速恒频双馈异步发电机组（双馈机型），这是河西新能源基地大部分企业所采用的风电技术，制造技术已日趋成熟，属风电行业主流技术。例如通用电气、维斯塔斯、苏司兰、华锐、东汽、上海电气、沈阳华创等企业就采用的这种技术。

第二类：直驱永磁式变桨变速发电机组（直驱机型），这是近年来发展起来的先进技术，全球前 10 大风电整机企业中 Enercon 和金风采用直驱型技术。东方电气已拥有齿轮箱技术，在再融资募投项目中计划涉足直驱产品。其他国内厂商像上海万德、常州新誉等企业也采用这种技术。

第三类：失速型定桨定速机型。这不是目前市场的主流技术，但技术成熟，运行维护经验相对丰富，设备性能和产能比较稳定。如金风科技和浙江运达的 600kW、750kW 机组等。

理论上直驱式风力发电机具有维护成本低、耗材少等经济可靠的优点，但在实际制造过程中，现阶段发电机本身的制造成本和控制难度加大，直驱式风力发电机组的售价高于双馈式，两种技术路线并存的局面短期难以改变。所以我国在研发电机的过程中应将两种技术相结合。

(2) 未来风电技术发展方向

根据《国家能源科技"十二五"规划（2011—2015）》，未来风电技术需要重点攻克的，也是风电基地大规模发展的技术和平台有：

一是大型风力发电关键技术。未来需要进一步研发具有自主知识产权的大型陆上风力发电关键技术。技术支撑包括：大型陆上风电机组关键控制技术；翼型设计与叶片优化设计技术；大功率中高速比齿轮箱设计技术；大型风力发电机设计与优化技术；大型风电机组整机与关键部件的检测技术；载荷分析与抗疲劳设计技术；大型风电机组在极端情况（台风、强风沙、低温及腐蚀等）下的应对技术；大型风电机组电网适应性控制技术。

二是大型风电场资源评估及监控技术。未来需要进一步研发适合我国国情的大型风电场资源评估技术以及监控技术。技术支撑包括：适合我国地域及风资源特点的大型风电场资源评估、风能预测及微观选址技术；具有自主知识产权的大型风电场的中央集群监控和异地进程实时监控技术及风电场级的调节控制技术；与现代控制理论相结合的大型风电场机组优化调度技术。

三是大型风电机组技术。未来需要进一步研制出具有自主知识产权的 6—10MW 陆地风电机组及关键部件。技术支撑包括：6—10MW 陆地（近海）变速恒频风电机组（双馈式和直驱式）的整机制造技术；控制系统、变流器、变桨距系统、齿轮箱、叶片、发放电机和轴承等关键部件的制造技术；具有自主知识产权的大型风电机组制造的关键技术。

四是风电技术及装备研发平台。未来需要建立国际一流的风电技术及装备研发机构，研制出全球领先的风电装备，实现规模化生产。攻克超大型风电机组关键技术难题，形成大型风电机组关键部件的制造能力。成为在风电技术研究与制造领域有影响的国际合作科研平台和风电技术研究基地。技术支撑内容包括：超大功率风机组及关键部件测试试验技术装备研制及工程应用；安装、服务一体化技术装备的研发；适合中国风资源特点的风力机专用翼型；反映中国气候与地理特点的风资源评估与风电场优化设计技术；新概念智能叶片；永磁同步风力发电机；双馈风力发电机；MW 级低风速直驱式风力发电机产业化关键技术；风力发电机全功率和可靠性试验发放法及试验平台。

五是风电运营技术研发平台。重点解决风电运营及保障中的重大技术问题，形成国内领先、国际一流的风电运营技术研发基地。技术支撑包括：风电场功率预测技术；风电场无功补偿技术；风电场状态监测技术；风电场自然灾害防护技术；风电机组运行性能测试技术；海上风电场运营关键技术；大型风电场群优化运营技术；风电场电网接入自适应技术。

六是大型风电并网系统研发平台。未来需要建立完善的风电并网仿真研发平台，为研究大规模风电并网问题提供技术手段；掌握风电机组试验检测和风电场并网检测技术，为开展风电机组型式认证和风电入网检测提供技术支持；建设国家级风电试验基地，满足开展风电机组检测认证的要求。技术支撑包括：风电基础研究，包括风电仿真研究平台、风能实时监测和风电功率预测研究平台、风电调度决策支持研究平台的建设；移动式风电检测技术，包括风电机组特性检测技术和风电场并网特性检测技术；试验基地建设，重点是风/光/储联合发电试验系统开发、风/光/储系统协调运行、黑启动以及电池储能系统平稳风电机组（集群）输出技术。

2. 光伏发电技术

太阳能作为在未来社会能源结构中发挥重要作用的新兴可再生能源，目前的主要发展领域包括太阳能光热利用和太阳能电池技术。前者主要包括太阳能集热器技术、太阳能制冷降温技术、太阳能热发电技术、太阳能光伏发电技术以及建筑物太阳能利用技术等；后者主要包括太阳能硅材料制造和产业技术、商业化光伏发电技术、边远地区光伏发电实用技术等。

（1）现有太阳能光伏发电技术

太阳能聚热发电（CSP）的原理是利用镜子将太阳光线聚焦在一个装有某些气体或液体的管道或容器里，将气体或液体加热到足够高的温度，然后带动传统的汽轮机发电。利用沙漠太阳光就能够解决全球能源危机，这是目前两位德国科学家在提交给德国政府的两份科学报告中提出的。报告指出，利用一种叫太阳能聚热发电的技术，只要将放大镜覆盖地球上沙漠地带的0.5%面积就能满足全球的电力需要，而且能够同时给沙漠地区提供丰富的淡化水，让沙漠附近城市享受舒服的空调。

太阳能聚热发电虽然有各种不同的形式，但是有一点却是共同的，那就是利用镜子将太阳光线聚焦在一个装有某些气体或液体的管道或容器里，将气体或液体加热到400摄氏度甚至更高，然后带动传统的汽轮机发电。经历的过程都是收集太阳能并转变成热能，再转换热能变成电能。

巨大的镜面造成的阴影区，可以用来搞园艺，灌溉用水是发电站产生的冷却淡化脱盐水。这些冷水还可以用于空气调节。这就意味着，建一个发电站，不仅能够提供电力，还能提供淡水和空调。这种形式的太阳能利用还有一个其他形式利用太阳能所无法比拟的优势，即太阳能所科学家在提交德国政府的报告中估算了太阳能聚热发电的成本，太阳能聚热发电每覆盖1平方千米每年可以产出相当于150万桶（1桶=0.159立方米）石油的生产量。

世界现有的太阳能热发电系统大致有三类：槽式线聚焦系统、塔式系统和碟式系统，相关内容见表7-9和表7-10。

表7-9　　　　　　　　　太阳能热发电系统分类表

类别	技术简介	主要开发或应用情况
槽式线聚焦系统	该系统是利用抛物柱面槽式反射镜将阳光聚焦到管状的接收器上,并将管内传热介质加热,在换热器内产生蒸汽,推动常规汽轮机发电	Luz公司1980年开始开发此类热发电系统,5年后实现了商业化。随着技术不断发展,系统效率由起初的11.5%提高到13.6%。建造费用由5976美元/kW降低到3011美元/kW,发电成本由26.3美分/kWh降低到12美分/kWh
塔式系统	塔式太阳能热发电系统的基本形式是利用一组独立跟踪太阳的定日镜,将阳光聚焦到一个固定在塔顶部的接收器上,用以产生高温	80年代初,美国在南加州建成第一座塔式太阳发电系统装置-Solar One。1992年,Solar One经过改装,用于示范熔盐接收器和储热系统
碟式系统	抛物面反射镜/斯特林系统是由许多镜子组成的抛物面反射镜组成,接收器在抛物面的焦点上,接收器内的传热工质被加热到750℃左右,驱动发动机进行发电	美国热发电计划与Cummins公司合作,1991年开始开发商用的7kW碟式/斯特林发电系统,5年投入经费1800万美元。1996年Cummins向电力部门和工业用户交付7台碟式发电系统,计划1997年生产25台以上。Cummins预计10年后年生产超过1000台。该种系统适用于边远地区独立电站

数据来源:相关信息整理。

目前,三种系统目前只有槽式线聚焦系统实现了商业化,其他两种处在示范阶段,有实现商业化的可能和前景。三种系统均可单独使用太阳能运行,也可安装成燃料混合系统。

表7-10　　　　　　　太阳能热发电三种系统性能比较

	槽式系统	塔式系统	碟式系统
规模	30—320MW	10—20MW	5—25kW
运行温度(℃)	390/734	565/1,049	750/1,382
年容量因子	23%—50%	20%—77%	25%
峰值效率	20%	23%	2.4%
年净效率	11%—16%	7%—20%	12%—25%
商业化情况	可商业化	示范	试验模型
技术开发风险	低	中	高
可否储能	有限制	可以	电池
互补系统设计	是	是	是

续表

	槽式系统	塔式系统	碟式系统
成本 MYM/m² MYM/W MYM/Wp	630—275 4.0—2.7 4.0—1.3	475—200 4.4—2.5 2.4—0.9	3,100—320 12.6—1.3 12.6—1.1

资料来源：李锦堂《二十世纪太阳能利用回顾与展望》，《太阳能》特刊。

(2) 未来光伏发电技术发展方向

未来光伏发电技术支撑的方向是研究低成本、低污染、高效率的太阳能电池技术，发展光伏发电系统规模化应用技术；研究规模化太阳能热发电集热系统，太阳能热发电热电转换材料、核心部件及大规模储热技术。

一是大规模太阳光伏系统技术。未来需要掌握不同类型光伏发电系统设计集成、运行控制及保护技术。技术支撑包括：大型地面光伏系统、光伏建筑一体化系统的设计集成技术；光伏并网发电技术，包括光伏并网逆变技术、低电压耐受技术、有功/无功自动调节技术、适应不同种类光伏组件性能的逆变技术等；光伏电站数据采集与进程监控技术，包括与电力系统监控平台的数据通信技术，遥测、遥信、遥控技术等；光伏电站安全保护技术，包括孤岛防护、逆功率保护、光伏电站保护与电网保护的协调配合技术；光伏微电网技术，包括微网运行控制技术、微网与公共电网之间的能量交互管理技术等。

二是大规模太阳能热发电技术。需要进一步研究掌握基于 5MW 单塔的多塔并联技术，完成 50MW 槽式太阳能热发电系统及关键部件的设计与优化。技术支撑包括：太阳能塔式热发电技术，包括 5MW 吸热器、低成本定日镜、600 摄氏度大规模低成本储能技术，大规模塔镜场的优化排布技术，多塔集成调控技术，大规模电站的设计集成和调试技术；槽式太阳能热发电技术，包括不同聚光、吸热、蓄热和热功等能量传递及转化系统的集成应用特性，光—热—电转换关键部件的设计方法，太阳能热发电系统的运行和测试。

三是太阳能电池及产业链生产设备。未来需要进一步掌握效率 20% 以上的低成本晶体硅太阳能电池及产业化技术，实现先进薄膜太阳能电池的产业化，研制出产业链关键设备。技术支撑包括：低成本太阳级硅大规模制备技术，包括低能耗、低污染和高安全性的多晶硅材料提纯与硅锭制备技术及装备，低能耗、薄片化硅片切割与快速分检技术及装备等；高效晶硅电池低成本产业化技术，包括以高效率和低成本为目标的晶体硅电池产业化新工艺与生产设备，新型电池结构和制造工艺，特殊用途的电池结构和制造工艺；薄膜太阳能电池制备及产业化技术，包括以低成本、低污染、高效率和长寿命为目标的硅基薄膜电池、碲化镉薄膜电池、铜铟镓硒薄膜电池、染料敏化电池的规模化生产技术及关键设备。

四是太阳光伏发电系统关键设备。需要研制出 1MW 以上的大功率光伏并网逆变设备，实现具有自主知识产权的光伏系统关键设备的产业化。技术支撑包括：光伏逆变设备产业化技术与装备，包括 1MW 以上光伏并网逆变器和 MW 级多运行模式光伏逆变器；多种非聚光太阳光伏自动跟踪技术与装备，包括大功率的水平单轴跟踪、倾斜单轴跟踪和双轴跟踪的关键技术及装备；多种聚光光伏技术与装备，包括聚光太阳能电池、平板反射聚光技术、透射式聚光技术和抛物聚光技术及装备。

五是大规模并网光伏发电系统示范工程。需要建设 100MW 级与公共电网并网的光伏示范电站、10MW 级用户侧并网的光伏示范系统，为我国大规模地推广光伏系统提供实践经验。技术支撑包括：100MW 级集中并网光伏电站示范工程，包括先进的太阳光伏跟踪系统、聚光光伏系统、光伏并网逆变器，掌握平衡部件运行特性、光伏电站整体运行特性以及接入电网的特性；10MW 级用户侧并网光伏发电示范系统，包括光伏与建筑结合系统的设计和安装示范，掌握建筑用光伏组件及其他平衡部件应用特性、用户侧光伏发电特性与管理模式。

六是大规模太阳能热发电示范工程。需要建设 300MW 级槽式太阳能与火电互补示范电站和 50MW 级槽式、100MW 多塔并联的太阳能热发电示范电站，解决由聚光集热到热功转换等一系列关键技术问题。技术支撑包括：300MW 级槽式太阳能与火电互补示范工程，包括高精度、低成本太阳能集热器及其工艺、太阳能给水加热器，太阳能集热与汽机控制运行特性；50MW 槽式太阳能热发电示范工程，包括高温真空管、高尺寸精度的硼硅玻璃管、高反射率热弯钢化玻璃、耐高温的高效光学选择性吸收涂层等设备生产工艺，槽式电站设计集成技术示范；100MW 多塔并联太阳能热发电示范工程，包括 5MW 吸热器、定日镜、储热装置的现场实验，大规模塔镜场的优化排布技术，多塔集成调控技术，电站调试与运营技术示范。

七是太阳能发电技术研发平台。建成我国权威的太阳能发电研究检测机构，成为世界一流的太阳能发电技术研究中心、太阳能光伏发电系统并网检测中心、太阳能光伏发电产品检测中心、太阳能光伏发电产业技术支持中心和太阳能技术交流中心，促进我国太阳能发电技术进步。技术支撑内容包括：太阳能发电技术，建立并网仿真研究平台、运行数据库及数据处理平台和规划设计平台；并网光伏电站移动检测技术，建立接入380V的小型光伏电站移动检测平台和接入10kV以上电压等级的大中型光伏电站移动检测平台；光伏系统并网试验检测技术。

3. 智能电网技术

智能电网是未来电力系统和电力网络发展的趋势，随着河西新能源基地的逐步发展壮大，智能电网的建设是基地解决电力输送的必然选择。要实现电网智能化，必须解决好智能电网的关键技术，这些技术涉及从发电到用户的整个能源转换和输送。现阶段与智能电网相关的技术主要涉及参数量测技术、电力电子技术、集成通信技术等。在此不再赘述，未来更进一步建设好河西新能源基地需要解决的技术支撑具体如下：

一是智能化电网技术。需要掌握智能化输电、配电、用电，以及智能化调度系统关键技术，实现电网安全、有效自愈，以及广域信息优化控制，建立友好开放、灵活的接入系统。技术支撑包括：大规模互联电网智能化调度技术；大规模互联电网安全保障技术；基于广域信息的控制保护一体化技术；智能变电站技术；提高配电网可靠性和供电能力的运行控制技术；分布式电源、储能装置、电动汽车充电站等的接入技术；柔性交直流输电技术；智能化配电网快速仿真技术；智能化配电网统一数据采集融合、海量信息处理及系统应用集成技术；配电网自愈控制及电能质量智能监测技术；改善配电网电能质量的柔性配电技术；智能化用电高级量测体系及双向互动营销运行模式和支撑技术；智能用电安全认证和信息加密技术。

二是智能化输变电设备。需要实现信息采集、传输、处理、输出、执行过程完全数字化、智能化，一、二次设备间的数字化通信及智能化装置之间的互操作，以及设备状态的全面监测。技术支撑包括：变压器、开关等一次设备智能化监测与诊断装置及其与一次设备的集成技术；设备的在线状态监测和数据的数字化传输技术；基于纯光学的电子式互感器设备；变电站一次设备、控制保护和自动化系统的状态检修技术及可靠性评估技术；输电线路状态监测装置及数据传输技术；输电线路状态检修及可靠性评估技术。

三是智能电网技术研发平台。未来需要掌握智能电网模式、技术路线及智能电网关键技术，促进智能电网技术进步和健康发展；完善和加强智能电网技术研发和试验检测体系，成为国内国际智能电网关键设备和系统试验与检测平台，更好地为行业提供智能电网设备与技术服务。技术支撑包括：智能用电技术；能效测评技术；定制电力技术；信息安全保障技术；微电网技术；智能输变电技术；柔性输电技术；数字物理智能电网混合动态模拟系统；多能源接入的能源管理控制；用户端智能配电、能源管理及控制系统关键技术及产品；智能电网用户端设备及系统测试技术及认证试验平台。

随着河西新能源基地规模的不断扩大，河西地区已基本具备集约化发展新能源产业的能力。但是技术创新往往意味着更多的财力和人力的投入，未来河西新能源基地在需求技术支撑的过程中，不仅要考虑自主知识产权的研发，还需要根据企业实力，构建科技创新联盟，加强企业之间、企业与科研部门、企业和政府的合作及技术交流，达到资源、技术共享的目的。

三 河西新能源基地关联产业的发展

目前，河西新能源基地建设已具备了一定的发展优势，实现了产业发展初期的目标。未来时间内，随着河西新能源产业的大规模发展，河西新能源基地上下游产业链的建设及关联产业的发展问题将会进一步凸显。在对河西新能源基地产业链摸底调查的基础上，课题组绘制了河西新能源基地产业链和产业配套示意图，如图7-7所示，并对河西新能源基地产业链和产业配套进行了进一步的研究。

根据河西新能源发展的实际情况，主要从风能发电和光伏发电两个产业链入手，具体如下：

（一）风能发电产业链

1. 风能发电产业链上游产业

风电产业链上游主要包括两个方面。其一是材料生产和研发，如玻璃纤维、碳纤维、半导体材料、特种钢材、磁性材料，等等，其二是零部件制造，如齿轮箱、电机、叶片、电线电缆、电控系统、变压器、轴承、电力电子元件，等等。目前，进驻河西新能源基地的企业有：中材科技、

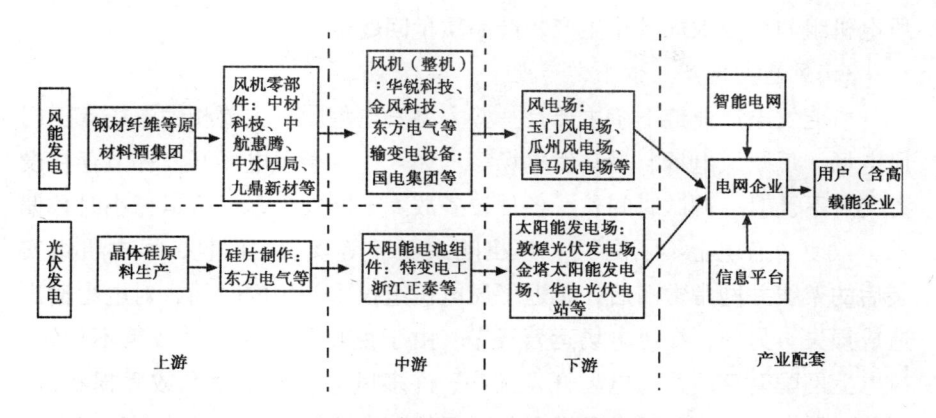

图 7-7 河西新能源基地产业链和产业配套

中航惠腾、中水四局、九鼎新材等。在进一步调查的基础上,课题组发现,现阶段河西风电产业链上游产业的风机装备仍以低单机容量风机为主,相关零部件制造技术的突破相对比较容易。但是,随着今后单机容量的不断提高,作为风机核心部件的轴承、齿轮箱和控制系统等因为具有相对高的技术壁垒,将会给河西风电产业市场的供应造成瓶颈。而叶片、塔筒等部件出现了产能过剩的现象,如叶片制造有5—6家企业就可以满足河西市场的需求,而现在已多达20余家,使得河西风机零部件制造不平衡,制约着河西新能源基地的进一步发展。

2. 风能发电产业链中游产业

风电产业链的中游是风机整机和输变电等辅助设备的制造。不同于上游零部件供应紧张,目前河西风电整机厂商一般较为宽松,加上技术的因素,生产比较集中。在风电产业零部件供不应求的商机驱使下,目前已有风电整机厂商进军开发相关零部件,并依托兰州电机、天水星火机床、天水电气传动研究所、兰州理工大学风力机工程中心等风力发电设备制造企业和研发力量,推动产学研结合,力图培育、引进一批有较强竞争力的风电设备制造企业。目前已引进了金风、华锐、中材科技、中科宇能、中航惠腾、中复连众等知名风电设备制造企业,在河西新能源基地投资建设风机总装、叶片制造、风机机舱罩制造以及轮毂、塔架、法兰等配套零部件生产项目。但是许多企业的整机制造技术还是从国外引进的,并且引进的技术与国内风电场的气候环境能否适应,往往未经科学论证。加之前几年风电设备供不应求,许多整机未经试运行就直接批量生产,这些设备并网发电后,势必存在质量和安全隐患。由于核心技术缺失,大批兆瓦级新型风电机组匆忙投入规模化生产，产品质量问题也正在显现。

3. 风能发电产业链下游产业

风能发电产业链下游主要是一些大型发电集团，主要相关电场有玉门风电场、瓜州风电场、昌马发电场等。如今，由于风电场开发环节存在设备交货不及时、调试时间长，各种设备故障不断发生，风机运行小时数偏低，致使"有电上不了网"、"风机晒太阳"等现象。而且，风电机组安装后的架线并网常常滞后，延迟了风电机组投入使用的时间，对电力输出造成损失。另外，在风电场运营环节，由于税收及财政补贴政策不持续、风电上网配套落后及风电场开发无序，许多风电场处于微利或亏损状态。因此，风电场的合理开发及风电并网仍然存在瓶颈，阻碍了河西新能源基地快速发展的步伐。

（二）太阳能发电产业链

1. 太阳能发电产业链上游产业

太阳能发电产业上游主要包括多晶硅制备和硅片制备。晶硅制备和切片受技术和成本的限制，对光伏产业发展起决定性作用。"太阳能级"的多晶硅石是太阳能电池的主要原料，由于生产工艺复杂、技术含量高，现在它的成本占太阳能电池总成本的40%。由于多晶硅电池成本低，转换效率略低于单晶硅太阳能电池，国内外普遍使用的多晶硅来制造太阳能电池，因此国内以多晶硅厂商居多。投资于河西新能源基地的主要企业：东方电气、酒钢集团等。目前，多晶硅生产技术主要基于改良的西门子法，工艺落后，多晶硅原材料生产产量严重不足，远不能满足市场需求。同时，多晶硅原材料生产是典型的规模化产业，产能超过1000t/a才能显示出规模效益，但是已投产的多晶硅企业产能不足，规模效益不明显。因此，多晶硅制造业是影响整个光伏产业发展规模的重要环节，也是限制目前河西光伏产业发展的瓶颈。

2. 太阳能发电产业链中游产业

太阳能发电产业中游主要是太阳能电池的制作。太阳能电池有三种：化合物薄膜太阳能电池，硅薄膜太阳能电池和晶硅太阳能电池。化合物薄膜太阳能电池市场前景看好，硅薄膜太阳能电池和晶硅太阳能电池，技术现在比较成熟，市场份额占有明显优势，目前入驻河西地区的相关公司有特变电工、浙江正泰等。当前，河西新能源基地拥有中国第一个专门的太阳能研究机构——甘肃自然能源研究所、第一栋太阳房以及第一个太阳灶，联合国工业发展组织——国际太阳能技术促进转让中心，已初步形成从高纯硅材料、硅片切割、太阳能电池与组件、宽幅金属带材连续真空镀膜到 LED 绿色照明以及光伏、光热应用产品的产业链条。虽然太阳能电力生产取得了巨大成绩，技术水平与国际相当，但仍停留在引进、消化、吸收层面，自主研发能力较弱，不利于产业长期发展。

3. 太阳能发电产业链下游产业

太阳能发电产业下游主要是发电、输电和消费，相关电场有金塔太阳能发电场、华电光伏电站、敦煌光伏发电场等。目前，太阳能发电上网成本较高，主要成本基本在多晶硅材料环节，原材料生产高度依赖国外，使得光伏产业发展缓慢，远不及国际发达的水平，产业规模化尚有距离。但短期内全球多晶硅供不应求的局面难以改变，尽管国家规定必须吸纳光伏发电电力，但是从近期来看，光伏发电系统推广难度较大。

（三）创新发展模式

河西新能源基地想要在西北乃至全国新能源产业上捷足先登、独占鳌头，必须在把握现实情况的基础上，在具体问题上做出重要的战术部署，在产业链、产业基地、机制创新等方面做出战术规划。

1. 产业链式发展，集群式竞争

一个较为完整的产业链可以最大限度地降低产业配套协作成本。以酒泉、嘉峪关为核心的新能源及新能源装备制造业基地，要立足酒嘉地区资源优势和产业基础，整合省内新能源装备制造能力，积极引导生产要素向该区域聚集。构建包括上游备件制造、中游的整机设备制造、下游的风、光电场服务业良性发展的产业链，形成风、光电互补的立体式新能源产业架构，打造西北地区具有重要地位和较强竞争力的新能源装备制造业研发、制造的产业集群。

2. 产业基地式建设

基地式建设包括产业基地建设、研发基地建设和创业孵化基地建设三个方面。作为提升河西经济发展质量和效益的重要载体，基地建设是集高新技术研发、高新技术产业化、高新技术企业孵化、培育为一体的地域性生产力组织形态。河西新能源基地建设重在积极支持和引导内资、外资投入，推进企业与科研机构共同参与的产学研活动，把风、光电装备技术研发作为政策扶持的重点领域，实行技术创新补助、奖励。要坚持自主创新和引进消化吸收相结合的原则，充分体现市场化、社会化乃至国际化的方向，以规模化、形象化和品牌化推动河西经济快速发展。

3. 机制创新式突破

河西快速发展，需要不断创新发展机制。一是要加强政策对接，创新招商引资机制，重视产业链招商，特别要引进对产业链形成有重大带动作用的大项目、大企业，引进产业链中最缺乏的项目，围绕主导产业加快产业配套能力建设；二是要拓宽投融资渠道，创新多元投入机制，吸引民间资本、内外资金和金融资本向两翼聚集；三是要切实理顺河西地区政府主体之间的关系，成立专门的协调办公室，建立起规范和统一的利益协调制度，实现资源的统筹调度以及生产要素的优化配置。加速河西新能源基地经济、社会融合，形成领导层面、部门层面、企业层面、行业层面、产业层面和民间层面的多级次、全方位互动交流的局面。

四 河西新能源基地建设的产业配套

在构建风能发电、光能发电产业链的过程中，要想发挥巨大的经济效益，还需要做好电力的消纳工作。从实现的角度讲，在传输中需要做好配套电网的建设，在电力的消费中需要有固定的用电大户，以及相应的信息平台的搭建。

（一）配套电网建设

1. 配套火电厂的建造

河西新能源基地主要以风电基地和光电基地为主，而风电、光电具有"风、光"的固有的间歇性、波动性、随机性，使得发电负荷难以保持稳定，还需要为之配备稳定的调峰电源。通常，火电、核电、水电都可以作为风电的调峰电源，但西北地区的水资源缺乏，建设水电、核电作为调峰电源缺少资源基础。因此，只有火电可供选择。那么，如要河西新能源基地风电场的大规模开发，配套火电厂需同步建设，具体布局如图 7-8 所示。

2. 智能电网建设

大规模发电就要输电，河西新能源基地的建设须和电网输出工程建设同步。在风电、光电基地建设前进的同时，智能电网建设也需要在河西地区如火如荼地展开。河西新能源基地电网覆盖武威、金昌、张掖、酒泉、嘉峪关地区，受河西走廊狭长地形的影响，电网总体为典型的链式电网结构。虽然甘肃电网 750 千伏输电工程已形成，但单一的电网结构仍不能满

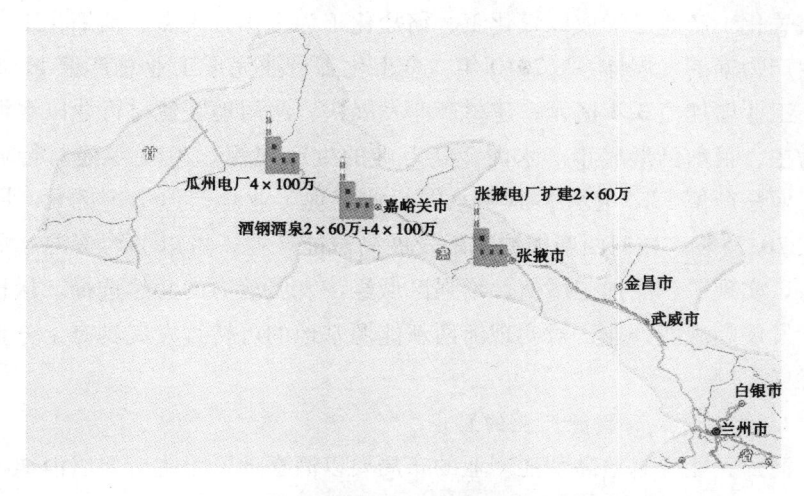

图7-8 甘肃河西新能源基地配套火电项目规划分布

足电网建设的同步发展，需要加快智能电网的建设。按照甘肃省电力输送"建设大基地、融入大电网"和由近及远、分期建设的总体思路，河西新能源电力除充分本地消纳外，将在全国统筹消纳，主要消纳方向为华北、华东、华中地区，风电电力流向与我国能源流向一致，呈现"西电东送"、"北电南送"的格局。目前，国网公司已考虑在酒泉地区建设特高压直流外送工程，尽快落实配套火电电源及特高压直流外送工程建设条件，保证在2015年具备外送条件。

（二）大力发展高载能产业

1. 大力发展高载能产业的必要性和重要性

高载能产业或称为能源消耗密集型产业。对于河西新能源基地来说，发展高载能产业不是以牺牲环境为代价的高耗能，而是立足河西自然资源富集的条件，在国家产业政策的框架内，并在环境评价的基础上，利用相对充沛的电力资源，生产储能电站、动力电池等适应电源特点的高科技、高附加值的高载能产业。随着河西新能源基地的迅速崛起，以嘉峪关为中心的区域积极承接东部产业转移，大力发展现代高载能产业的前景广阔。目前，酒钢集团公司现已具备年产铁、钢、材各800万吨（其中不锈钢100万吨）的生产规模。围绕酒钢钢铁资源优势，嘉峪关铁合金产业已初具规模，截至2010年底，各类铁合金产量达23.24万吨。有色金属的崛起势头也很猛；东兴铝业、索通公司、广银铝业等企业已落户河西地区，电解铝、预焙阳极、铝制品深加工等有色金属产业项目顺利推进。另外，嘉峪关化工产业已形成以煤化工、铬盐化工为主体，炭黑、精细化工、电石生产为辅的发展体系。2010 年，全市化工行业完成工业总产值 11.8 亿元，工业增加值 3.4 亿元；建材产业发展快，河西地区建材行业以水泥产业为主，目前已形成年产水泥 240 万吨的生产规模。2010 年建材行业实现工业总产值 12.5 亿元，其中水泥行业实现工业总产值 7.5 亿元，同比增长 78.75%。在河西新能源基地发展高载能产业，可以节约资源、消纳电力，实现矿产品加工增值，增强区域经济发展活力的必然选择。从长远说，发展高载能产业，对实现河西新能源基地的可持续发展具有十分重要的意义。

2. 大力发展高载能产业的路径

河西新能源基地高载能产业的布局要以酒嘉地区为主，要以消纳电力为主，以实施优惠电价为动力，以优化产业结构为目的，以实现经济产业链为目标，通过扩建或新建高载能工业企业，逐步扩大生产规模，带动电力、矿产品加工业的全面发展，逐步形成矿产品加工、电、高载能工业一体化。把大量的电能就地消化，既可以解决电力的消纳问题，又可以满足了本区域经济发展的能源需求。河西地区矿产资源比较丰富，如镍、铜、铁、金、银、锰、铅、锌等金属矿藏，萤石、芒硝、硅石、白云岩、石灰岩等非金属矿藏，以及少量的煤和石油。金昌市的镍铜矿床是特大型多种金属共生矿床，有 20 多种有价值元素，镍的储量居世界第二位，钴、铂族元素的储量居全国首位。金昌是中国最大的镍生产基地。[①] 将这些资源加以综合开发和利用，转化为具有高附加值且具有市场竞争力的高耗能产品，向东部甚至全国销售，通过出口，培育新的经济增长点，是"西电东送"的另一新路子。加快发展先进高载能产业能最大程度就地消纳河西地区富余电力资源，变能源输出为产品输出，将能源优势转化为经济优势的有效途径。只要依据资源开发、环境保护、持续发展并重和因地制宜、集中发展、合理布局及扶优扶强、鼓励上规模上水平、淘汰落后的原则，就能促进高载能产业持续、健康、有序地发展，使之成为河西地区经济发展的有力支柱。

（三）信息平台建设

作为提升河西经济发展质量和效益的重要载体，河西新能源基地是集

---

① 资料来源：中国百科网－百科大全中河西地区自然资源。

高新技术研发、高新技术产业化及相关关联产业为一体的地域性产业链组织形态。以河西新能源基地为基础的产业链形成了上游备件制造、中游的整机设备制造、下游的风、光电场服务业良性发展，形成风、光电互补的立体式新能源产业架构，是西北地区具有重要地位和较强竞争力的新能源研发、制造、应用基地。

网络信息平台就是将系统内各类基础数据按照一定的标准进行规范，建成相应的数据库，实现各部门间的数据共享。河西新能源基地应建立权威统一的信息化机构，这个机构是基地信息化工作的基本组织保证，它可以制定企业的近期、中期和长期的信息化规划，使基地中企业与企业之间、企业与政府之间、企业与投资者之间资源共享，更好地合作。如果不进行数据平台建设，各子系统所需的数据库都分散地建立，将会造成大量数据冗余或不一致。然而信息平台的建设是一个循序渐进的过程，河西新能源基地所包含的数据非常多，数据关系也很复杂，要迅速掌握一个如此大规模基地所需的基础数据以及数据间的关系很难，可在系统开发过程中对数据进行分类，逐步建立起基地的数据平台。新能源基地网络信息平台建设不仅在开发期值得关注，而且在应用维护期都需要得到基地各级部门的大力支持，要明确新能源数据信息平台的建设、运行、维护的负责部门，加强建设、运行、维护的机制与制度建设，实现数据信息平台建设和运营管理"无缝"对接。

（四）水资源的配套建设

在我国水资源和能源分布极不均匀，南部拥有全国80%的淡水资源，而北部却蕴藏着全国大部分能源。就河西新能源开发而言，"十二五"时期，甘肃将以酒泉、嘉峪关为核心打造新能源及新能源装备制造业基地，着力点在于利用风能、太阳能发展新能源产业。但是，由于酒泉和嘉峪关地处内陆干旱地区，水资源相对短缺，若要实现甘肃新能源产业的快速发展，就需要统筹处理好水资源的问题。

考虑到国际视野下水资源与新能源开发的密切关系，根据河西新能源开发实际，审时度势地考察了河西新能源产业中后期发展中与水资源的关系，提出创造性地开展水资源的优化配置将是河西加快新能源开发、转变经济发展方式和促进自然与社会和谐稳定的迫切需要。为此，根据劣势中发现优势、从挑战中把握机遇、从差距中寻找突破口的思路，本部分将分析河西缓解水资源与新能源开发矛盾的一种战略构想，即设立水资源调节基金,并从实施条件、运作思路和经济效益方面进行了进一步的阐述。

1. 国际视野下水资源与新能源的密切关系

水资源已成为很多国家新能源产业快速发展的显著制约因素。在美国,能源生产已经成为美国用水量第二大部门。其中,生物燃料的生产被指为最费水的能源生产方式,这不仅是因为玉米生长中需要大量水资源用于灌溉,而且玉米乙醇在生产过程中需要进行研磨、液化、发酵、水分离和干燥等程序,而这都是高耗水的流程。再如,风力发电需要配套火电,而火电行业又是一个耗水大户。据估计,1000万千瓦装机容量的风力发电需要配套800万千瓦的火电。此外,核电、太阳能热电厂和地热能的开发和利用过程中都离不开水。美国能源部在2006年公布的报告中称,每百万英热单位需要耗水约在1400—2000加仑之间。能源顾问戴安娜·格拉斯曼在研讨会上说:"太阳能热利用发电厂所用水是核电厂冷却水用水的5倍。"[1] 就我国而言,人均水资源短缺严重,只有2132立方米,远低于世界平均水平的6624立方米。然而,目前国家能源管理部门在能源政策的制定时,往往忽略了与新能源相关的水资源的研究,尤其在新能源发展的中后期阶段,若不统筹处理好水资源与新能源开发的关系,将会严重制约新能源产业的快速发展。

2. 河西新能源开发必须统筹处理好与水资源的关系

"十二五"时期,甘肃拟把酒泉、嘉峪关打造成为甘肃西翼经济的核心动力机,即把酒泉和嘉峪关建成全国重要的新能源及新能源装备制造基地、资源综合利用基地和低碳经济综合示范区,这就需要通过多种经济资源的优化配置,达到经济效益、社会效益和生态效益的最大化。其中,在各产业间联系最紧密的资源是水资源,与各个产业联系最重要的是电力,而电力的生产又是与水资源紧密相关。可以推算出,"十二五"期间,2000万千瓦装机容量的风力发电需要配套1600万千瓦的火电,而火电行业又是一个耗水大户。大致概算还可以看到火电取水量将占到工业取水总量的1/6。那么,未来一段时间酒泉市大力发展风电产业,必将会带来火电需水量的大幅度增加;在水资源供给相对稳定的情况下,工业用水的大量增加必将会带来农业用水的大幅缩减。而实践经验又表明:在工业和农业发生争水之际,国家的治理方式是倾向于农业的。为此,从系统的角度

---

[1] 王海霞:《水资源短缺或将困扰能源生产》,《中国能源报》2011年7月7日。

看，需要我们未雨绸缪，妥善处理好工业和农业水资源的配置问题。

然而，酒泉和嘉峪关水资源占有和利用状况却不容乐观，其中，酒泉市水资源的利用又占大头。根据酒泉水文、地矿部门提供的河道径流观测和地下水调查资料，酒泉市水资源总量为35.16亿立方米，其中多年平均径流量（地表水）33.2亿立方米，地下水不重复量1.96亿立方米，酒泉市地下水80%来自河川径流入渗，其余由祁连山径流和降雨与大气凝结水补给[1]；现阶段可利用的水资源量为29亿立方米，占水资源总量的83%。如果按人口计算，高于全国平均水平；按国土面积计算，则只有全国平均水平的1/17；耕地亩均占有量也低于全国平均水平。据2010年统计，全社会用水量达到29.29亿立方米（占可开发利用水量的101%），其中农业灌溉用水26.32亿立方米，占89.8%；工业用水1.03亿立方米，占3.5%；城乡生活用水0.52亿立方米，占1.8%，基本生态用水1.43亿立方米，占4.9%。目前，酒泉市实际引用的地表水已达21.94亿立方米，已经占到地表水可利用总量的94.4%，远远超过了国际公认的维持河流生态环境的极限50%，也超过我国专家提出的内陆河流域河流的合理引水比例70%；地下水年开采量达7.35亿立方米，也大大超过了6.2亿立方米的可开采限度，生态环境因为水资源条件的变化正承受着巨大压力。

放眼"十二五"，酒泉和嘉峪关都制定了宏伟目标，其中，酒泉市制定了到2015年全市生产总值、工业增加值比"十一五"末翻一番，以及万元生产总值能耗下降20%的目标；嘉峪关制定了经济总量及财政收入达到2011年的三倍以上、人均生产总值近20万元、城乡居民收入翻一番的目标。要实现这一目标，酒泉和嘉峪关水资源的供给将面临极大的压力，具体表现为三大硬性约束和三大软性约束。三大硬性约束是短期内无法改变的，主要表现在以下三个方面：一是生态环境保障线——祁连山冰川融化速度加快。市境内主要河流有洪水河、红山河、丰乐河、马营河、观山河等五条山水河及过境河流讨赖河，皆发源于祁连山[2]。随着祁连山雪线的逐年上移，河道来水总体呈逐年减少趋势；二是两市地处于巴丹吉

---

[1] 罗志桢：《酒泉市水资源现状及面临的问题与对策》，《中国农业资源与区划》2007年第4期。

[2] 关颖燕：《酒泉市水资源现状及可持续利用对策》，《甘肃水利水电技术》2002年第4期。

林、库姆塔格两大沙漠包围之中,绿洲外围天然植被稀疏,沙漠化、荒漠化问题严重,环境承载力变弱;三是气候干燥,降水量少,蒸发量大,其中,酒泉年平均降水量36.8—176毫米,蒸发量却高达2148.8—3140.9毫米,降水量远跟不上蒸发量,干旱指数21.19,属严重的干旱气候带[①]。三大软性约束主要表现在以下三个方面:一是人口增加,其中,酒泉市人口由新中国成立初的31.3万人增加到现在的100万人,增长了3.2倍;二是农业灌溉面积不断扩大,酒泉市由新中国成立初的93万亩增加到现在的326万亩,增长了3.5倍;三是工业化、城镇化进程加快,过度开采和提取地下水,造成地下水超采(超采量达1.4亿立方米)、地下水位持续下降,目前酒泉市工业和城市用机井达2774眼(约为农用机井的1/3)。三大软性约束中第一项涉及计划生育政策,在此不再赘述;而后两项却是我们需要重点做文章的地方,在短期内有效地破解工农争水的难题将是一个制约两市新能源产业快速发展的先天"瓶颈"。为此,审时度势、创造性地开展水资源的优化配置将是我们应对生态环境恶化、增强抵御自然灾害综合能力的迫切需要,也是我们加快新能源开发、转变经济发展方式和促进自然与社会和谐稳定的迫切需要。

3. 缓解水资源与新能源开发矛盾的一种战略构想:设立水资源调节基金

甘肃省加快新能源产业发展过程中,如何有效缓解水资源短缺和新能源开发的矛盾呢?作者认为,实现这一目标的战略构想是从劣势中发现优势、从挑战中把握机遇、从差距中寻找突破口,走出一条合适的水资源优化配置的路子。从劣势中看,两市尽管水资源短缺,但是农业用水相对丰富,可以通过市场方式从农业中匀出一部分给工业;从挑战中看,技术的进步、节水设施的推广可以一定程度上提高水资源的利用率;从差距中看,尽管两市水资源比张掖等地更为短缺,但是我们的工业优势可以通过制度创新,即通过设置水资源调节基金从一定程度上来弥补水资源的短缺。具体而言,作者将从以下三个方面展开说明。

在实施条件层面,从国家政策层面看,2010年12月31日中共中央、国务院颁布了《关于加快水利改革发展的决定》,强调"建立和完善国家水权制度,充分运用市场机制优化配置水资源"。"充分发挥水价的调节

---

① 魏国孝、王刚、徐涛、朱锋:《酒泉盆地地下水系统水资源评价》,《干旱区资源与环境》2008年第8期。

作用，兼顾效率和公平，大力促进节约用水和产业结构调整"。同时，结合全国第一次水利普查活动，可以有效地推动两市"总量控制下的水资源优化配置"。此外，2005年水利部颁布的《关于水权转让的若干意见》和《水权制度建设框架》可作为本提案实施的法规基础。从两市的实际情况看，都已具备了设立水资源调节基金的基础条件。一是酒泉市已建立了水资源价格调节机制。在水权指标内的用水收取正常水费，超过水权指标的额外用水，加价征收超额水费，井灌提水先核定提水限量，超限量提水加价1—3倍征收水资源费。如敦煌市2008—2009年超用水量2988万立方米，征收加价水费307万元。二是水权框架已初步形成。2007年下半年以来，两市按国家和省级建立水权制度的要求，全面开展了初始水权分配工作，同时，两市还积极探索水权交易流转方式。三是目前已具备了地下水监测条件。地下水管理从审批打井入手，采取上收打井审批权、打封同步、智能水表计量控制、单井限量开采、超用加收水资源费等措施，可有效地治理地下水超采问题。

在水资源调节基金运作的思路层面，水权交易的目标是引导水资源流向最有效率的地区或部门，流向为社会创造更多财富的用户。水权交易既是水资源供需矛盾加剧后的必然产物，也是社会可持续发展的需要。[①] 农民在发展阶段可通过转让水权获得发展补偿资金，而企业可通过在市场上购买水权满足快速发展的需求，达到水资源优化配置的目的。水权分配的基本顺序为：充分满足城乡生活用水，基本满足工业生产用水，公平保障农业生产基本用水，保障稳定人工绿洲的基本生态用水，协调分配其他用水[②]。在具体运作方面，主要包括两个阶段：第一个阶段为初始水权的确定（一级市场）。即通过水权的确立配备水资源调节基金，以备农业基础设施的购置和城市污水的处理。主要包括流域初始水权配置与跨流域调水初始水权配置两方面内容。流域初始水权配置包括流域内不同行政区域之间的初始水权配置、行政区域内不同用水部门或用户（农民和企业）的初始水权配置、用水部门向最终用水户（农民和企业）的初始水权配置。跨流域调水工程初始水权的确立，实际上是调水利益的划分，主要由国家水利行政管理部门或国资管理部门进行跨流域调水初始水权配置。第二个

---

① 吴丹、吴凤平、陈艳萍：《水权配置与水资源配置的关系剖析》，《水资源保护》2009年第6期。

② 陈文、王启优：《河西地区初始水权分配问题探讨》，《地下水》2010年第2期。

阶段为水权再配置（二级市场），为防止初始水权配置的失效，水权供求双方在水市场上进行水资源使用权、经营权的买卖活动，通过对水资源余缺的调剂，促使水资源从效率低的使用部门流向效率高的使用部门，提高水资源的使用效益，并且在一定程度上保证水资源的长期稳定供给。水权交易主要包括三方面的内容，即流域间的水权交易、流域内不同行政区域间的水权交易以及行政区域内的水权交易。

就未来经济效益层面，由于目前尚未收集到较为完整的水务数据，很难用经济模型来说明这一问题。但是，可以用每吨水对应的产值来简单说明此问题。以酒泉市为例，2009年，第一产业产值为469601万元，第二产业产值为1551384万元，而农业用水为26.32亿吨，工业用水为1.03亿吨。为此，可以算每吨水在第一产业和第二产业中的产值。大致可以看出，在农业中，每创造1.78元就需要1吨水，而在工业中每创造150.61元才需要1吨水。可以看出两点结论：一是工业企业在利益的驱动下，为了获得更高的收益，一般不会引进节水设施而降低利润；二是将农业用水转移到工业上，既可以使农民获得一部分收益用于购置节水设施，又可以在社会用水总量保持不变的情况下增加国民经济总量。

水资源调节基金的运作是一个全新的大规模系统工程，它既要涉及供水方面的水务企业，又要涉及用水方面的农户和相关企业。为此，应该从科学管理和运作的角度，对该基金论证立项。在方案编制中，第一阶段要针对用水方式，根据初始水权分配情况，对钢铁产业、新能源产业、火电产业和农业用水情况进行调查；第二阶段为方案的编制，主要任务是科学制定水资源调节基金运行的总体目标、总体思路、主要任务与对策措施。考虑到两市工业和农业用水所占比重，以及万元GDP农业和工业的较大差额，为此，可以尝试用农业中节省出的水资源弥补工业用水之缺，用工业创造出的财富的一部分返还给农业以购置节水设施。

同时，筹划实施配套政策，积极争取国家相关政策支持。设置水资源调节基金是加快转变经济发展方式的战略举措。就干旱区而言，大都面临着如何通过开源节流而解决水资源供需矛盾的问题。为此，河西新能源开发中水资源调节基金这项工作若能取得成功，在全国的典型意义将非常重大，应积极争取得到国家科研基金、新能源基金等基金的支持。

五 河西新能源基地建设的制度创新

根据课题组研究得到的河西新能源基地发展战略思路，即"立足资源禀赋优势，推动规模集约发展；构建科技创新联盟，推进市场运作模式"，有必要在政策制度的框架内，进一步探索出符合河西新能源基地的政策措施，形成一套与新能源基地的发展相适应的制度框架，进一步做大、做强、做优河西新能源基地。

1. 以产业承接为契机，立足比较优势，集约化发展河西新能源基地

产业承接是欠发达地区充分发挥资源优势、加快发展的重大历史机遇。要把握产业转移良机，在产业承接中延长新能源产业链，提高风电基地、光电基地的自主创新能力；要进一步改善河西新能源基地的投资环境，促进产业集群化发展，提升配套服务的水平，为产业承接做好基础服务；要以产业承接为导向，深化区域合作，促进河西与中东部地区在产品制造、技术研发、要素交换等各个方面进行多方交流。

2. 重视国际的交流合作，以信息畅通突破发展阈值

要加快发展河西新能源基地，就要主动走出去，参与到国际经济循环的体系中来。促进国际联系的目的就是要消除阻碍河西新能源基地发展的壁垒，保证信息通畅，促进市场规则的合理化。需要做好：一是加强技术共享和技术引进的合作。通过与国外优秀企业的长期合作寻求技术共享与引进，加速河西新能源基地产业化进程。二是加强国际新能源机构的广泛交流。要与国外的新能源产业综合机构等相关机构开展学术交流活动，以及通过举办展览会、派遣代表团等形式，构建面向新能源开发的商务活动。这样不仅可以为河西新能源基地提供新能源技术信息，还可以为河西新能源基地中企业的合作给予指导与咨询。三是加强在新能源领域中的人才培养。要进一步推动人才培养机制，构建完整的新能源基地领域技术人才、管理人才等的培养体系，颁布相关政策来促进人才的广泛交流与合作。

3. 因地制宜地进行制度创新探索，针对性地选择 FIT 机制和 RPS 机制

河西新能源开发与新能源装备制造业发展需要基于本国及本地的现状，尽早做出机制选择，一方面通过机制设计，克服可再生能源发展的"遍地开花，缺乏规划的难题"，另一方面最大限度调动各方主体发展可再生能源的积极性，促进河西新能源产业的可持续发展。一是实施 FIT 制度，比如风电与太阳能发电领域，需要对电力公司以固定价格收购绿色电能做出科学设计，明确买卖主体、收购价格、收购费用的转嫁方法等，构建公平合理的收购制度，调动各方开发与利用新能源的积极性。二是实施

RPS制度，需做好开展绿色电能交易的各方面工作。①出台新能源配额标准及管理办法的实施细则。明确新能源配额的义务主体、新能源发电设备的认证规则、新能源利用目标的设定、配额的设定及变更基准、完成配额的途径及未完成配额的处罚措施，促进新能源的开发与利用。②适时建立绿色电能交易平台。一方面，出台绿色电能交易指南，明确交易主体、交易对象、交易方法、交易价格等，为绿色电能交易提供依据。另一方面，搭建绿色电能交易平台。当配额义务主体不能靠自身发电完成配额任务，需向其他主体购买新能源电能时使用交易平台。起步阶段可考虑在国家电力交易平台组织绿色电能交易试点，根据交易情况及新能源利用情况予以完善或调整。国家电网公司可以向国家争取相关政策，打造"综合性"国家电网电力市场交易平台，在该平台实施包括绿色电能交易、碳排放交易在内的多种交易方式。

4. 以电价设计和电网配套为基础，解决电力的消纳问题

现有的电价机制和电网结构制约了风电、光电的就地消纳和远距离输送，需要未雨绸缪，系统解决好电价制度和电网配套：首先，要解决好电价设计问题。建议针对风能发电、太阳能发电的技术特点和经济性，明确上网电价定价方式和水平；明确新能源发电上网电价超出部分由全体电力用户分摊的原则，确定分摊水平、具体的征收和支出的管理办法。并且由主管部门制定价格的最高限和最低限，以此让企业作为参考限价和保护价，中标价不得低于保护价，防止恶性竞争。对于地方审批的项目，电价也不能高于最高限价，给市场一个明确的价格信号，引导投资者进行投资。其次，要解决好电网配套问题。考虑到当前现状，建议从以下几个方面着手解决河西新能源基地的电力消纳：一是优化电源结构推进抽水蓄能等调峰电站的建设。电力规划中，将调整电源布局，输电曲线和风电开发布局统筹考虑；二是建设坚强的跨区域大电网，扩大风电消纳市场和规模；三是风电、火电、水电、太阳能发电等多种电源联合运行，打捆外送；四是长远考虑，从根本上把建设坚强智能电网与新能源发展紧密结合起来，采取措施保障新能源发电并网、输送、收购才是解决电力消纳的终极目标；五是积极争取消纳新能源的有关政策，落实华东、华中和华北电力消纳市场，在满足电力供应的基础上，实现河西新能源基地电力电量跨地区外送。从而通过电力外送，有效消纳河西丰富电能资源，将资源优势转化为经济优势。

5. 完善相关财政金融政策，发挥政策推动效力

财政补贴、税收减免和金融扶持是加快推进新能源产业政策体系的重要组成部分。相关建议有：

在财政补贴方面，建议向省级电网企业服务范围内除居民生活和农村生产用电以外的电力用户征求一定比例的电价附加，用于建立风电、光伏产业发展扶持基金，设立甘肃省河西新能源基地发展专项资金，对新能源基地中的企业和利用绿色电能的消费者给予补贴。一是对大规模引进风力发电、太阳光发电、太阳热利用及废弃物发电等，或宣传新能源的公共团体，补助50%以内的事业费及推广费；对于符合新能源法认可的新能源推广项目，则补助1/3以内的事业费；另对于在河西地区条件具备地区的公共场所推广使用太阳能电池照明、太阳能集热系统等节能环保的新能源装备的，由地方政府给予适当补贴和奖励，以协助和推广新能源产业的发展。二是对消费者的补贴，令生产企业降低设备价格，并按1千瓦适当标准直接补助给用户家庭。[1]

在税收政策方面，制订新能源企业增值税、所得税减免等优惠政策，对风电企业、光电企业和新能源装备制造业企业增值税实行即征即退50%；新能源基地的企业所得税，减按15%的税率征收；新能源基地的固定资产由于技术进步等原因，确需加速折旧的，可以缩短折旧年限或者采取加速折旧的方法。加大基地相关配套装备的本地化生产、新技术研发、资源勘查等方面的补助投资和产业补贴力度，对大型新能源装备设备运输设立"绿色通道"。在税制改革中，将新能源明确写入税制改革相关法律或法规中，在税制上提供第一年获取利润的30%作为奖励。[2]

在金融政策方面，支持有关新能源基地中开发风能、太阳能的技术开发和研制项目，加快项目核准、备案，对纳入全省重点项目规划和年度实施计划的项目，优先给予信贷等方面的支持。向新能源产业提供低息贷款和信贷担保，如为住宅安装太阳能系统的用户提供低息贷款，贷款年利率为3.9%和为期5年或10年的中长期贷款。另外，通过对新能源消费者与新能源管理企业进行直接补助，这一措施使太阳能电池用户将会越来

---

[1] 姜维久：《日本新能源产业发展演变的过程分析和对策建议》，《东北亚研究》2008年第4期。

[2] 张泽一、赵坚：《产业政策实施效果的分析与述评》，《中国流通经济》2008年第7期。

多，同时企业收回了成本，也降低了市场价格。① 要拓宽投融资渠道，政府实施各种各样的激励政策，创新多元投入机制，吸引民间资本、内外资金和金融资本在河西新能源基地上大规模投入，促进河西新能源产业基地的快速发展。

小　　结

本章从区域自我发展能力的角度，考察了河西新能源产业基地的发展问题。可以看出：河西新能源基地的建设具有得天独厚的资源和条件，也已初步具备了加快发展新能源产业的"软""硬"技术实力，在未来政策激励和企业不断创新的双重驱动下，河西新能源基地在战略选择、技术支撑、关联产业、产业配套，以及制度创新的驱动下，将会进入一个稳步的发展期。

---

① 曹玲：《日本新能源产业政策分析》，吉林大学出版社2010年版。

第八章 陇东传统能源基地自我发展能力的实践探索

"十一五"以来,国家对西部自我发展能力的强调,从侧面反映出西部的发展并不能靠大开垦、大开采、大开发所能完成,在一定程度上还需要西部的资源匹配能力。① 如果单从区域自我发展能力的内生方式来谈西部地区自我发展能力的培育,那么,我们所集中讨论的将是由资源整合而带来的经济增长问题,即它是由区域主体受产业分工的利益激励而产生的"自生"资源联结能力所反映出的经济效率问题。传统能源主要指煤炭、石油和天然气,是利用技术成熟、使用也比较普遍的常规能源,也是全球能源的核心。陇东传统能源基地主要涵盖:国家大型煤炭生产基地(陇东地区)、陇东战略性石化工业基地。② 本书中陇东传统能源基地是以甘肃庆阳和平凉为核心区③,以煤炭生产、石油化工和天然气为主导产业链的产业基地。加快陇东传统能源基地建设,实现有序开发与总量控制并举,对于推动陇东传统能源基地经济效益、社会效益和生态效益和谐共赢具有重要的现实意义。

第一节 陇东传统能源基地发展概述

甘肃省是传统能源储备大省,传统能源主要分布在陇东地区。其中,

---

① 这一分析思路可以通过拉丁美洲的改革可以看出,即拉丁美洲在移植了美国的宪法之后,并没有得到经济的快速增长,反而陷入了相当长的一段时间的衰退,这表明在制度这一内生变量之外,还存在一个解释经济增长的变量。

② 《国务院办公厅关于进一步支持甘肃经济社会发展的若干意见》(国办发〔2010〕29号)提出,加强煤炭资源勘探和开发利用,逐步建成一批大型煤炭矿区,高起点、高水平地建设国家大型煤炭生产基地。充分利用省内外两种资源,进一步提高石油加工转化能力、原油加工质量标准和附加值,建设陇东战略性石化工业基地。

③ 陇东地区主要指甘肃的庆阳市、平凉市和天水市。但因天水市煤炭、石油等传统能源储备少,在此不列入陇东传统能源基地的主要研究对象。

在已探明煤炭储量方面，甘肃省 319.91 亿吨[①]，居全国第七位，探明煤炭资源量为 270.3 亿吨，约占全省总量的 85%；石油储量 16.2 亿吨，居全国第十位，也主要分布在陇东地区。原煤和石油是甘肃省主要的能源消费，2011 年传统能源消费占甘肃省总能源消费的 79.34%，在全国的能源消费中占 4.08%，如表 8-1 所示。总体来看，甘肃省传统能源在全国的占比正在逐步增加，由 2005 年的 3.58%，增加到 2011 年的 4.08%。其中，尽管原煤所占比重在逐步下降。但是，从 2009 年之后，随着陇东原煤集中开发并不断深入推进，今后陇东地区的原煤占比将会不断提升。

表 8-1　　　　　　　2005—2011 年甘肃省能源状况　　　　　　单位：万吨

		2005	2006	2007	2008	2009	2010	2011	2012
原煤	甘肃		2596	2735	2830	2807	2835	3155	3134
	全国		220000	230000	250000	275000	290000	335000	374500
	占比		1.18%	1.19%	1.13%	1.02%	0.97%	0.93%	0.84%
原油	甘肃		433	493	518	529	507	557	735
	全国		18050	18400	18600	18850	18900	20350	22650
	占比		2.40%	2.70%	2.78%	2.80%	2.68%	2.73%	3.24%
天然气	甘肃		21	20	20	17	19	13	10
	全国		6557	7794	9204	10121	11332	12569	13472
	占比		0.32%	0.27%	0.22%	0.17%	0.17%	0.10%	0.07%

一　陇东传统能源基地的资源禀赋

在理论部分，本研究提出资源具有两项重要特点，一是"价值"特征，表现在资源作为投入物，以要素形式渗入到生产、生活、服务等社会基本活动领域中，通过满足人类特定的需求，实现了"物，主体化"的过程，体现了能力实现的价值取向；二是"稀缺性"，反映的是资源的相对稀缺性，这种稀缺不是指资源的绝对数量，因为对于人类无限的需求而言，它是相对的，但它又是绝对的，是人类面临的永恒问题，表明了能力实现的约束状况。一个国家或地区的自然资源储存量的多寡，是其经济增

[①] 数据截至 2013 年 1 月 31 日，参见每日甘肃网站，http://gansu.gansudaily.com.cn/system/2013/02/02/013658760.shtml。

长的重要条件之一。陇东传统能源基地建设是与陇东地区丰富的煤炭、石油和天然气储备分不开的。陇东地区属于我国第二大沉积盆地——鄂尔多斯盆地，区内煤炭、石油、天然气等资源富集，是长庆油田的发祥地和主产区，也是国家大型煤炭基地黄陇煤炭的重要组成部分。

（一）煤炭资源

甘肃省煤炭资源主要分布在陇东地区，如图8-1所示。从储量上看，陇东地区煤炭资源储量大、分布广、控矿构造简单、开发潜力巨大。煤炭预测储量2360亿吨，占甘肃省总预测储量的96.4%；2013年1月，甘肃省煤田地质局报道：陇东地区又新增探明煤炭资源量38.98亿吨，比预测资源量增加近20亿吨[①]。陇东地区探明煤炭资源量为270.3亿吨，约占全省总量的85%；其中千米以内浅层资源量达190亿吨。庆阳市已查明煤炭资源量达到103亿吨，占鄂尔多斯盆地已查明煤炭资源量的2.03%，占全国已查明煤炭资源量的0.79%。平凉市华亭煤业集团的煤田总面积134平方千米，地质储量33.7亿吨。

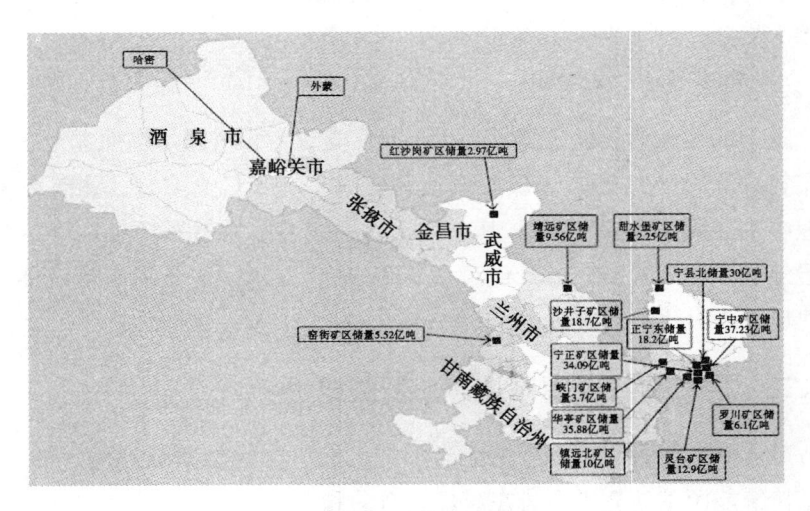

图8-1 甘肃省煤炭资源分布

从煤质角度说，陇东地区煤质较优，以长焰煤、不粘煤等低变质煤为主，发热量为5000—5500大卡。且庆阳地区属于原煤整块开采地段，开发价值巨大。具体而言，华亭矿区分布于陕甘宁盆地的西南边缘，成煤时

---

① 参见闵媛、王睿君《陇东新增探明煤炭资源量38亿吨》，《甘肃日报》2013年1月4日。

代为中侏罗纪，地质条件较好，瓦斯含量低，煤层平均厚度32.65米，煤质主要为动力、气化煤（亚洲最好的出口气化煤）；正在大面积开发的庆阳矿区，煤种为低灰、中硫、中高热值的低变质长焰煤，平均发热量为5300大卡/千克，属于优质的动力用煤。

（二）石油资源

陇东地区位于鄂尔多斯盆地内，石油资源储量大，是甘肃最大的原油生产基地、长庆油田的主产区，是国家重要的能源接续基地，已探明油气总储量40亿吨（探明地质储量16.2亿吨），占长庆油田勘探区、鄂尔多斯盆地的46.6%和41%，2011年原油产量达到450万吨。与各大油田相比，除大庆油田、胜利油田、克拉玛依油田、塔里木油田外，陇东地区的油气总储量和探明地质储量超过华北油田的30%和1.4倍，且大于中原、吉林、河南、江汉、江苏、冀东、青海油田的储量总和；与陕北和宁东地区相比，油气储量相当于延安的1.7倍、榆林的6.7倍、宁东地区的80倍左右。丰富的石油资源，为陇东传统能源基地建设提供了良好的资源基础。

（三）天然气、煤层气

陇东地区天然气远景储量达243.6亿立方米，占鄂尔多斯盆地中生界煤层气总资源量的30%。煤层气预测储量13588亿立方米，占鄂尔多斯盆地中生界储量的13.6%。其中，合水—宁县、马岭—环县两个区域的煤层气储量较为丰富，远景储量达6230亿立方米。这是陇东传统能源基地建设的一大优势。

二 陇东传统能源基地产业发展概况

产业基地作为产业集聚的业态形式，能极大地推动当地经济的发展。陇东传统能源基地凭借自身在煤炭、石油和天然气方面丰富的储量，已集聚了长庆油田、华亭煤业等龙头企业，有力地延伸了煤炭开采、石油化工等产业链，发挥着产业集聚效应和规模优势。

（一）煤炭产业

陇东地区煤炭产业发展主要细化为两类：

一类以平凉为主，走的是以传统煤炭产业向现代煤炭产业转变的渐进式发展道路。在几十年的发展中，平凉煤炭工业已逐步形成煤田地质勘探、研究设计、建设、开采、洗选的开发体系，煤炭工业结构趋于合理，煤炭产量迅速增加，安全生产和资源开发利用水平进一步提高。在煤炭生产过程中，正逐步淘汰落后的"巷退式"、"高落式"和以掘代采的采煤工艺，整合改造中小型煤矿，淘汰资源回收率低、安全隐患大的小煤矿，约70%的煤矿安装低瓦斯矿井监测监控系统，其中，华亭采煤机械化程度已达到95%以上。在龙头企业的带动方面，华亭煤业集团是平凉目前最大的煤炭生产商，2011年生产2350万吨，约占全省煤炭生产的49%，2011年，华亭煤业集团公司完成原煤产量2275万吨，产量已远远超过靖远矿区1420万吨和窑街矿区590万吨的产能；2012年华亭煤业集团公司投资14.6亿元年产90万吨的赤诚煤矿在崇信县开工奠基。2009年之后华能集团、中国水电集团、宁夏生海绒业开始进驻平凉灵台矿区、安心矿区和赤城矿区。预计到2015年平凉地区产能将达到3800万吨。

　　另一类是以庆阳为主，走的是以政府主导的现代煤炭产业发展道路。这一类是以国家加大对陇东地区煤炭资源勘查的政策支持力度为契机，2009年之后，在华能集团、甘肃能源集团、甘肃万盛集团公司等公司的影响下，充分挖掘庆阳市煤炭资源优势，加大煤田企业的煤炭开采力度，重点发展刘园子、核桃峪、新庄、马福川、毛家川、甜水堡、罗川、宁中、合水西等大型煤矿开发及产能扩建工程建设。目前，陇东地区煤炭资源开发工作已由大面积地质勘查阶段迈入重点矿区开发建设阶段。预计到2015年，原煤产能达到6450万吨，产量达到6000万吨，为陇东传统能源基地煤电、煤化工、煤层气等重点项目建设提供了强有力的资源保障。其中大唐陇东能源有限公司规划有刘园子（设计生产能力90万吨/年）、马福川（设计生产能力500万吨/年）、毛家川（设计生产能力500万吨/年）三个煤矿。2012年，刘园子煤矿已经竣工投产，其煤种为优质动力煤。

　　总体而言，陇东地区的煤炭资源极为丰富，分布有华亭矿区、灵台矿区、环县甜水南煤炭开采区、宁县—正宁县煤炭开采区、环县甜水堡煤炭开采区、环县沙井子煤炭开采区、正宁县罗川煤炭开采区等重点开采区，具体布局见表8-2。丰富的煤炭资源吸引了中国华能等企业入驻陇东传统能源基地开发建设煤矿、煤电、煤化工、煤建材等重大项目，这为打造陇东传统能源基地提供了充足的资源保障及有力的项目支撑。

表8-2　　　　　　　　　陇东地区煤炭资源勘探和建设进度

地点	矿区名称	勘察阶段	储量（亿吨）	2015年（万吨/年）	2020年（万吨/年）
庆阳市	宁正	详查	34.09	2000	2000
	沙井子	详查	18.7	1090	1090
	甜水堡	详查	2.25	270	270
	罗川	预测	6.1	460	460
	宁县中	普查	37.23	1000	2000
	镇原北	预测	10		600
	正宁东	预测	18.2		1000
	宁县北	预测	30		1200
平凉市	灵台	预测	12.9		950
	峡门	预测	3.7	240	240
	华亭	详查	35.88	2735	2735
合计			209.05	7795	12545

（二）石油化工产业

陇东传统能源基地在石油化工产业发展方面，主要包括三个层面，即石油勘查开发、原油加工和石油天然气精细化工。在具体产业分工方面，主要由中国石油长庆油田负责石油勘查开发和原油加工，由中国石油庆阳石化公司完成石油、天然气的精细化工。以下从这两个方面作一阐述：

1. 长庆油田的石油勘查开发和原油加工

庆阳是甘肃省最大的原油生产基地，是长庆油田的诞生地和主产区。自1969年开始，长庆油田勘探开发40年以来，形成了15个开发区块，钻井8000多口，累计生产原油4300多万吨。中国石油长庆油田开发的鄂尔多斯盆地油气藏，被国际权威机构认定为典型"三低"（低渗、低压、低丰度）油气田，由于储层岩性致密，单井产量低，被称为"磨刀石"，用常规手段不能经济有效开发。经过近40年探索和技术攻关，长庆油田逐步完善形成了油层"注水"和"压裂改造"主体技术系列，实现了低渗透、特低渗油、气田规模有效开发，先后成功开发了多个探明储量超亿吨级以上规模的油田。

2008年以来，面对油气储层更为致密坚硬的"超低渗"油气田，长庆油田按照"引进、吸收、集成创新"的思路，每年投入10多亿元，用于关键技术攻关，创新集成了致密气藏高效开发的 12 项主体技术、致密油藏规模有效开发的 5 大技术系列，掌握了油气上产主动权。特别是水平井钻探、压裂关键技术的重大突破，使地下油、气渗流通道由原来的"羊肠小道"变成了"高速公路"，带动长庆油田从"多井低产"向"少井高产"转变。目前投产的 300 余口水平井，单井产量较直井提高了 4-5 倍。先后获得 30 多口日产超百吨油井、50 多口日产百万立方米高产气井，最高试气无阻流量达到 454 万立方米。建成了年产能力 180 亿立方米的苏里格大气田，超低渗油田年产原油达到 800 万吨，成为长庆油田油气快速上产的主力油田和气田。

截至 2011 年，长庆油田勘探开发区域已涵盖庆阳市 7 县 1 区，以及平凉的泾镇。长庆油田、华北油田、延长油矿分别在庆阳市境内探明并开发了马岭、樊家川、华池、元城、城壕、南梁、大板梁、镇北、新集、演武、八珠、五蛟、庆城、西峰、镇泾、姬元、泾镇等油田的开发区块，境内有大型油气集输处理站、计量转油站、各类站库等。

中国石油长庆油田迅速发展，得力于在油气勘探上获得的重大突破，也得益于油田发展方式的转变。2012 年，中国石油长庆油田累计生产原油 2230.58 万吨，占国内年产原油总量的 1/9；年产油气当量跨上 4500 万吨历史新高点，达到 4504.99 万吨，标志着我国在致密性油气田世界性开发难题攻关中取得重大突破。中国石油长庆油田是我国近 10 年油气储量产量增长最快的油田。2008—2012 年，年产油气当量从 2000 万吨攀升到 4500 万吨，连续 5 年油气产量净增长超过 500 万吨，相当于每年给国家新增一个中型油田。

此外，目前陇东地区油气勘探、开采与加工企业还有中石化华北分公司镇泾工区、长源石油公司、甘肃省地矿局镇原项目办、延长油矿环县姬元工区等企业。2011 年全市原油生产量 380 万吨，原油加工量达到 300 万吨。

2. 庆阳石化的石油、天然气的精细化工

目前陇东地区的石油炼化企业主要为中国石油天然气股份公司庆阳石化分公司。公司设有 300 万吨常压蒸馏、160 万吨重油催化裂化、22 万吨气体分馏、80 万吨柴油加氢、30 万吨汽油醚化、33 万吨 MTBE、50 万吨连续重整等 9 套装置。产品规模主要是 111.91 万吨汽油、139.3 万吨柴油、13.07 万吨液化气、7.27 万吨聚丙烯、4.75 万吨石脑油、2.47 万吨苯、2.17万吨丙烷等。庆阳石化从无到有、从小到大、从弱到强，经历了创建、起步、发展、跨越的重要历史阶段，生产装置规模不断扩大，原油加工量逐年攀升。

2006年，甘肃省政府与中石油集团签署《会议纪要》，庆阳石化300万吨炼油搬迁改造项目正式提上日程，被列为庆阳市建设陇东大型能源化工基地的一项重点工程，并于2009年3月15日开工建设。

2010年10月27日实施的庆阳石化300万吨炼油搬迁改造项目完工并实现当年投产，从建厂到开车用了短短16个月时间，创造了世界炼厂建设的奇迹，2011年原油炼化达到351万吨。

2011年长庆油田陇东油区原油产量达到462万吨，2012年可达到550万吨，"十二五"末将达到1000万吨。随着油田产能产量的快速提升，庆阳石化公司目前300万吨的生产能力已不能满足原油就地加工需要，急需进行600万吨扩能改造。2013年开始组织实施600万吨产能扩建工程前期准备工作。

总体而言，石油化工产业还在起步阶段，主要是对原油处理和炼制，处于产业链的前端。但石油下游产品正在积极开发中，C4深加工、农药三剂及农用化学品中间体生产等项目签订了框架协议，已着手实施以乙烯、丙烯及其关联产品为主体的下游产业开发及精细化工项目正在开展定向招商，为原油储运、加工及精细化工等石化产业的发展奠定了基础，以炼化为基础，精细化工为方向的石油化工产业结构基本形成，产业发展态势良好。

(三) 天然气、煤层气产业

陇东传统能源基地的天然气和煤层气产业也呈现出巨大的发展潜力。长庆油田公司和川庆钻探工程公司主要负责天然气产业的开发和建设。目前，庆阳市传统能源基地已完成钻天然气探井15口，获得工业气流2口，天然气处理能力达到20万立方米/天。近期，长庆油田进一步加大了对天然气的勘探建设力度，预计到2015年将新建天然气探井10口以上，天然气产量达到10亿立方米。在煤层气开发方面，2008年，长庆油田分公司开始在庆阳进行煤层气试探，在环县—马岭、合水—宁县两个目标区发现6230亿立方米煤层气预测储量。勘测表明，陇东地区具有良好的生储盖组合，处于有利的含油气系统之中，有较好的油气勘探前景。2012年，长庆油田，生产天然气285.44亿立方米，占国内年产天然气总量的1/4。

总之，近年来，陇东传统能源基地取得了快速的发展，形成了一批传统能源企业和项目（简要参见表8-3），为打造国家大型煤炭生产基地（陇东地区）和陇东战略性石化工业基地夯实了基础。今后，在甘肃省3341项目工程的带动下，陇东传统能源基地有望早日打造千亿级石油化工和煤电化冶产业链。

表8-3　陇东传统能源基地主要地区的代表企业及重点项目

主要地区	能源种类	代表企业及项目
庆阳市西峰区	石油资源	长庆油田庆化集团、大唐陇东能源有限公司、西峰2×300MW热电厂
平凉市华亭县	煤炭资源	华亭煤业集团公司、华亭煤业集团公司赤诚煤矿
平凉市崆峒区	煤炭资源、天然气及煤层气资源	华能平凉电厂、甘肃祁连山水泥厂股份有限公司平凉分公司
平凉市崇信县	煤炭资源、天然气及煤层气资源	中国水电集团平凉崇信电厂
庆阳市正宁县	煤炭资源、天然气及煤层气资源	正宁周家煤电产业集中区、正宁县2×1000MW燃煤电厂、正宁县罗川煤炭开采区、正宁核桃峪煤矿
庆阳市环县	煤层气、煤炭资源、天然气	中国铝业集团公司、环县砂井子煤电产业集中区、华能环县2×1000MW燃煤电厂、环县甜水南煤炭开采区
庆阳市宁县	煤炭资源、天然气及煤层气资源	宁县长庆桥煤电化产业集中区、宁县新庄2×1000MW燃煤电厂
庆阳市华池县	石油资源、矿产资源（白云岩、石英砂、石炭岩）	中国石油长实集团建立陇东项目组、宁夏萌生建材有限责任公司
庆阳市镇原县	煤炭资源、石油资源	中石化华北油田分公司、华能庆阳800万吨新庄煤矿

第二节　陇东传统能源基地自我发展能力的生成路径

陇东地区主要指六盘山以东甘肃地区，居黄土高原西端，是陕甘宁三省交会的"金三角"。古有屏障三秦、驾驭五原之称，曾是古丝绸之路北线东端的交通军事要冲，素有陇上"旱码头"之称。包括庆阳、平凉、天水①三个地级市。在我国传统能源生产储备方面具有不可替代的战略地位，是蒙陕甘宁区域经济发展的重要能源通道，更是甘肃省扶贫攻坚、而发展潜力巨大、实现跨越发展的新增长点。在区域自我发展能力内在生成机理的探析中，我们得出：西部地区自我发展能力的内在成长路径是"资源—分工—能力"，它是由区域主体受产业分工的利益激励而产生的"自生"资源联结能力。其中，"资源—分工"过程是依靠资源禀赋发挥区域比较优势的过程。即在研究区域自我发展能力的内在生成路径时，区域主导产业的战略选择、技术支持、关联产业、配套设施及制度创新将是决定产业基地发展的关键因素。

一 陇东传统能源基地的战略选择

为了更好地确定陇东传统能源基地建设的总体战略，有必要对陇东传统能源基地发展面临的机会因素和威胁因素，以及自身的优势因素和劣势因素进行 SWOT 分析，得出陇东传统能源建设的总体战略。

（一）机遇

1. 良好的政策机遇

政策机遇主要体现在以下三个方面：一是国务院《关于进一步推进西部大开发的若干意见》提出，要发挥西部地区作为全国能源和加工基地的作用，积极发展能源、矿业等优势产业，支持发展资源精深加工项目，加强综合能源体系建设。二是《关于进一步支持甘肃经济社会发展的若干意见》（国办发〔2010〕29 号）提出，加强煤炭资源勘探和开发利用，逐步建成一批大型煤炭矿区，高起点、高水平地建设国家大型煤炭生产基地。进一步提高石油加工转化能力、原油加工质量标准和附加值，建设陇东战略性石化工业基地。三是《关中—天水经济区发展规划》、《鄂尔多斯盆地能源开发利用总体规划》、《陕甘宁革命老区振兴规划》、《甘肃省循环经济总体规划》等规划也强调了陇东传统能源基地不可替代的战略地位。

2. 鄂尔多斯盆地的能源金三角效应日益彰显

随着国家能源战略调整，鄂尔多斯盆地正在作为 21 世纪我国最重要

---

① 因天水市煤炭、石油等传统能源储备少，在此不列入陇东传统能源基地的主要研究对象。

的能源基地进行整体规划和开发。2009年初，国家能源局制定的《"三西两东"区域能源开发利用总体规划》，对关系21世纪我国能源安全和科学发展最重要的能源基地建设进行统筹，陇东地区因石油、煤炭资源丰富而位列"两东"之一。2010年，国办29号文件又明确提出加快陇东煤炭、油气资源开发步伐，积极推进煤电化一体化发展，这实质上已把传统能源基地提升到了国家能源战略层面。

3. 国内对能源资源需求量持续增加

虽然目前新能源正在快速发展，但石油、煤炭等传统资源在很长一段时期之内仍将是最主要的能源。据统计，2010年我国原油缺口量达1.4亿—1.5亿吨，对外依存度将超过50%。随着我国经济社会的发展，对能源的需求量将会不断增长，这将为石油、煤炭等优势资源的开发带来新的机遇。

(二) 挑战

1. 生态环境压力突出

陇东传统能源基地位于黄土高原丘陵沟壑区，气候干旱，水资源短缺，水土流失严重，生态环境脆弱。而煤炭、石油、天然气等能源资源的开发利用，如集污管网建设滞后、生活污染严重等问题会不可避免地造成地表生态环境的破坏，带来一些环境问题，导致地表土壤和水源环境的严重污染。目前，每年大约有0.1%的耕地被沙化或盐碱化，油田开采区草原荒漠化面积已达95%。

2. 生态环境保护成本增大

传统能源的定价机制不仅仅包括价格的市场化，还包括应反映行业发展的完全成本。对煤炭生产、石油化工企业而言，由于其生产的特殊性及对环境的破坏性，其生产成本应包括内部成本及外部成本，目前我国煤炭、石油开采行业当前成本并未有效覆盖外部成本，但未来煤炭行业资源成本、环境成本的上升将从成本端推高煤价。

3. 新能源产业的冲击会日益明显

风能、太阳能等新能源一般具有取之不尽用之不竭的特点，虽然新能源产业的基础建设投资较大，但日后运营的资源投入会减少。陇东传统能源基地建设以煤炭、石油、天然气等常规能源为主，这些能源都是不可再生能源，会对产业的长期发展带来冲击。

4. 周边地区的区域保护不利于产业集聚效应的发挥

目前，陇东传统能源基地与周边榆林、延安等能源资源丰富地区缺少区域间的协作，尚未形成集聚发展优势，区域发展优势不突出，企业与企业之间没有形成良好的合作机制。由于陇东传统能源基地的发展会过度依赖自然资源，而忽视人力资源、社会资源等同样重要的资源，会不利于发挥区域的集聚效应。

（三）优势

1. 矿产资源丰富

陇东地区除煤、石油、天然气、煤层气资源丰富[1]，具有良好的开发前景，能够为打造国家大型煤炭生产基地（陇东地区）、陇东战略性石化工业基地提供良好的资源基础。

2. 地理位置优越

陇东地区位于兰州、西安与鄂尔多斯市的三角中心位置，是连接陕甘宁三省区的枢纽地带，是甘肃的东大门，是承东启西、连接南北的战略要地，也是陕甘宁革命老区、蒙陕甘宁能源金三角的重要组成部分，处于关中—天水经济区、兰白经济区、呼包鄂榆等经济区的辐射带动、区域协作范围内，是哈萨克斯坦天然气、西部新疆等地区煤炭、石油、天然气等进入我国东部地区的重要通道。

3. 产业基础扎实

陇东传统能源基地已初步形成了以煤炭勘探开采、煤电、石油化工、天然气为一体的产业体系，引进了中石化、华能、延长油矿、中铝、华电、晋煤等重点龙头企业，项目支撑能力较强。这为陇东传统能源基地建设提供了良好的产业发展环境。

（四）劣势

1. 产业精深加工少，优势资源利用效率不高

目前，陇东传统能源基地内的煤炭、石油、天然气等矿产资源虽然有着资源丰富、数量多、开发潜力巨大的优势，但它最大的劣势就是这些富集的矿产资源在开采方面存在重复开采的问题，而且加工方面也出现轻加工现象，开发利用方式相对粗放，产品互为补充、资源互相利用的能力不强，能源基地固体废弃物的利用程度不高，尤其是选矿废水的处理深度与

---

[1] 具体详见本章第一节。

再生利用率参差不齐、煤矸石、电厂粉煤灰的综合利用尚未形成规模，经济发展空间尚未得到有效发挥。

2. 产业链条短，技术增值空间有限

目前，陇东传统能源基地产业间的关联度不高，产业发展的横向耦合与纵向延伸不够，共生耦合产业链、纵向延伸产业链条尚未真正形成，如石油产业、煤炭产业再生资源的利用率不高，经济发展潜力尚未得到有效开发。

3. 平台建设相对滞后，基地运行能力不强

陇东传统能源基地建设尚处于初步建设阶段，融资平台、信息平台建设相对滞后，产业链、基础设施和信息平台相对还不完善，还没有形成一个有机发展的统一体。

4. 水资源严重短缺，供需矛盾十分突出

陇东地区属资源型、工程型、水质型缺水并存的地区，人均占有水资源仅285立方米，供水能力不足已成为传统能源基地建设的制约因素。随着传统能源基地建设的有序推进，将产生大量的用水需求，水资源供需矛盾将成为亟待解决的一大难题。

（五）SWOT分析结果

陇东传统能源基地只有充分抓住机遇，敢于面对挑战、解决问题、扬长避短，才能发挥陇东传统能源基地的集聚效应。可供选择的发展对策包括SO对策、ST对策、WO对策和WT对策（见表8-4）。

表8-4　　　　　　陇东传统能源基地战略选择表

	优势（S）	劣势（W）
内部条件	1. 矿产资源丰富； 2. 区位交通便捷； 3. 产业基础扎实	1. 产业深加工少，优势资源利用效率不高； 2. 产业链条短，技术空间增值有限； 3. 平台建设相对落后，基地运行能力不强； 4. 水资源严重短缺，供需矛盾突出
	机会（O）	威胁（T）
外部条件	1. 良好的政策机遇； 2. 鄂尔多斯盆地的能源金三角效应日益彰显； 3. 国内对能源资源需求量持续增加	1. 生态环境压力突出； 2. 生态环境保护成本增大； 3. 新能源产业的冲击会日益明显； 4. 周边地区的区域保护不利于产业集聚效应的发挥

续表

	SO 战略	ST 战略
对策选择	利用国家政策机遇和能源需求持续增加的有利条件，立足当地传统能源优势，延伸煤炭生产和石油化工产业链	总量控制和有效开发并举，采取科学有效的措施开发传统能源，避免破坏环境，发挥区域集聚效应
	WO 战略	WT 战略
	把握政策机遇，整合资源，延伸煤炭生产和石油化工产业链条，加快平台建设	科学合理有序地开发传统能源，加强产业的区域合作和互动，发挥产业集聚效应

（六）战略定位

根据上述 SWOT 分析结果，加快陇东传统能源基地发展的战略定位是：立足陇东传统能源的比较优势，按照有序开发和总量控制并举的思路，延伸煤电化冶材和石油化工产业链条，实现经济效益、社会效益和生态效应共赢。为此，在具体实践中要统筹兼顾以下问题。

一是在煤炭生产和石油化工产业的发展定位上，应着眼于当前国际能源资源日益紧缺的实际，着眼于环境问题随着经济的发展日益恶化的困境，着眼于"十二五"规划提出的节能降耗和污染减排的两个约束性指标，根据陇东地区的资源环境承载能力，按照循环经济发展的新思维，强化节约优先，突出高效利用；在开发路径上，不能走以往的先开发、再治理的老路子，要将开发与保护并举，高起点、高标准地走集约式的综合开发新路子，做强做大做优煤炭生产和石油化工产业，把陇东传统能源基地建成一个新型的现代工业基地、保护和节约资源的生态基地。

二是在煤炭生产和石油化工产业的开发运作方式上，充分发挥政府宏观调控职能和市场配置资源的基础作用，建立健全交易市场，规范交易行为，对不规范、不合法的竞争行为予以整顿。积极引导企业根据市场条件和矿产资源分布特征，发挥自身优势，开展商业性矿产勘查、开发、经营活动，采取分工合作与联合发展相结合的策略，提升企业的综合竞争力。尤其是在煤炭企业的支持重点上，坚持上大扶优，在提高产业集中度和集约化水平上下功夫。

三是在煤炭生产和石油化工产业的具体开发方式上，要以科技进步推动生产力发展，通过产学研联合，建立系统、完整的煤炭产业技术创新体系和质量技术监督体系。注重煤炭生产和石油化工产业新技术、新方法、新工艺的研发与推广应用，注重资源综合利用、产品的延伸加工和要素的关联配套，论证发展一批煤电化、煤化工和煤建材、石油化工等后续产业，提高与废弃物的综合利用率。要把煤炭生产和石油化工向深加工、高附加值演化，为社会提供优质、清洁、高效的可持续能源。

四是在传统能源生产和开发与环境保护的关系处理上，不能以牺牲资源与环境为代价换取经济发展。要按照"谁开发、谁保护"、"谁污染、谁治理"的原则，建立矿区环境治理抵押金制度，依法将环境污染的治理投资纳入资源开采之中。同时，严格水资源有偿使用制度和建设项目用水资源论证制度，防止水资源破坏、水土流失和土地荒漠化，完善落实好矿产资源有偿使用机制和矿山环境恢复治理责任制，促进形成资源节约利用、构建生态文明的长效机制。

二　产业空间布局

基于上述陇东传统能源基地发展的战略思想，在加快陇东传统能源基地建设的路径上，要将开发与保护并举，高起点、高标准地走集约式的综合开发新路子，做强做大国家大型煤炭生产基地（陇东地区）和陇东战略性石化工业基地。需要重点建设的任务包括以下四个方面：

（一）布局原则

以科学发展观为指导，以转变经济发展方式为主线，积极发挥陇东传统能源基地比较优势，进行错位和互补发展，突出陇东特色，实现产业协调发展。布局原则如下：

1. 因地制宜，进行错位发展的原则

目前，陇东传统能源基地主要能源区县已基本形成了各自的传统优势产业，但主体产业不明，发展方向不清依然存在。尤其是在庆阳市域范围内，主要能源区县产业相互配套、相互促进发展的局面还未显现。因此，必须因地制宜，积极发挥各主要区县优势，实现主导产业错位和协调发展。

2. 依据地形，发挥地域优势的原则

区域一体化发展较孤军奋战在实力提升和资源集聚节约方面要有利得多。而区域一体化发展更多依托的是良好的交通体系。因此，陇东传统能源基地的发展必须依托交通体系，按照交通便利性，构建区域一体化范围，实现区域融合发展。

3. 符合相关规范，进行协调布局的原则

陇东传统能源基地的布局是依据甘肃省区域发展战略、庆阳市和平凉市区域发展战略，同时其产业布局应符合当地环境要求、城市功能要求以及资源成本节约要求，在不与相关规范冲突的情形下进行的布局。

（二）重点布局

1. 西峰工业园区

西峰工业园区的发展思路是：以市场为导向，以西峰工业园区为载体，以庆化500万吨搬迁改造集中加工项目、1000万吨/年炼化一体化项目为核心，坚持资源开发与综合利用并重，资源开发与节约并重，不断优化产业、企业和产品结构，延长产业链，提高产品附加值，加大技术研发，突出做大做强石化产业，发展精细化工，变资源优势为经济优势，带动陇东地区经济发展，经过5—10年发展，最终将西峰工业园区建设成千万吨石化炼油基地、陇东能源化工基地的核心区和国家战略性能源化工基地的主体功能区之一、甘肃国家级循环经济示范区的重要支撑园区。

西峰工业园区的建设重点是：以庆阳石化为龙头，按照"精细化、系列化、专业化、功能化"的要求，延伸产业链，推动产业集聚，重点围绕轻油、石脑油、常压渣油、煤炭（天然气）等石油化工原料产品，积极开发下游精深加工产品，在工业园区最终形成以原油加工、石油化工、煤（天然气）化工为主体的石化深加工产业集群。近期，围绕乙烯、丙烯、聚乙烯、聚丙烯规划一批产品深加工重点项目；远期，围绕聚乙烯、苯、丙烷等，规划一批产品深加工重点项目。同时，对两大石化副产品——沥青与石油焦进一步加工利用。选择在技术、资源以及外部市场等方面有优势的项目，展开技术创新、产品差异化、提高产品优质性，进而形成产业集群的发展模式。

2. 长庆桥工业集中区

长庆桥工业集中区的发展思路是：以科学发展观为指导，认真贯彻执行国家关于"控制总量、调整结构、合理布局、降低消耗"的煤炭产业政策，以资源的深度高效开发为主轴，优化能源化工产业布局，实现"产业聚集、企业集群"发展，形成"煤炭—能源化工—新材料—建材"一体化的产业化道路，纵向延长产业链，发展高附加值产品，推进节能降耗提高企业效益。

长庆桥工业集中区的发展重点是：积极推动以庆阳市优势资源为依

托,以园区为载体,以工业为先导,以项目为中心,立足资源优势进行工业开发,重点发展煤炭固体热载体干馏、甲醇、甲醇制烯烃及下游精细化工、电石化工、合成氨、二甲醚、水泥等建材项目,打造煤炭深加工及新型建材加工产业集群。重点构建:①"煤—气化—合成氨—尿素及其他化工产品"产业链。②"煤炭—兰炭—电石—乙炔—1.4丁二醇—PBT/THF—PTMEG"产业链。③"煤炭—兰炭—电石—乙炔—PVC—PVC型材、管材"产业链。④"煤炭—兰炭—煤焦油—燃料油及有机化工原料"产业链。⑤"煤—气化—甲醇—甲醇下游化工产品"产业链。

3. 正宁周家煤电化工产业集中区

正宁周家煤电化工产业集中区的发展思路是:深入贯彻落实科学发展观,紧抓国家及甘肃省一系列大开发、大发展机遇,坚持"定位准确、特色突出、布局合理、协调发展、配套完善、经济循环、绿色低碳"的基本要求,以煤炭资源基础,大力发展煤电、冶金、新材料、建材四大产业,实现企业、园区和区域层面的三个循环,形成"高效循环利用、综合统筹有序、持续跨越发展、社会和谐发展"的全面、协调、可持续发展模式。

正宁周家煤电化工产业集中区的发展重点是:围绕煤电、煤制甲醇项目,延伸产业链,重点发展煤电、PP、PE材料、电解铝、铝合金深加工、粉煤灰、脱硫石膏综合利用等项目,形成"煤炭(煤矸石)—电力—建材产业链"、"煤炭(煤矸石、煤层气)—电力—电解铝—铝合金制品"、"煤—气化—天然气—LNG"产业链。

4. 环县甜水镇工业集中区

环县甜水镇工业集中区的发展思路是:以煤炭低温干馏制兰炭为突破口,采用先进的内热式直立低温干馏炉和固体热载体快速热解干馏技术,生产兰炭、焦油和焦炉煤气,同时发展兰炭、煤焦油深加工、煤气综合利用、电石及下游化工等化工产品。

环县甜水镇工业集中区的发展重点是:围绕煤炭低温干馏项目,发展兰炭产品。同时综合利用低温干馏副产煤气资源,发展煤气制氢及金属镁冶炼。煤制兰炭过程副产煤气,煤气富含氢气、甲烷和低碳烃,以煤气为原料制取氢气,为煤焦油加工提供原料。同时综合利用兰炭、白云石及焦炉煤气资源,发展铁合金、镁冶炼及镁合金产业,实现兰炭、煤气资源的综合利用。形成"煤炭—兰炭/煤焦油/煤气"、"煤炭—兰炭/煤气—铁合金/镁合金"产业链，提高产品附加值。

5. 环县沙井子煤气电工业集中区

环县沙井子煤气电工业集中区的发展思路：利用丰富的煤炭资源，大力开发以煤代油技术及瓦斯发电技术。发展煤制油技术，实现煤炭液化制油，推动石油替代战略的实施，促进煤炭产业快速做大、做强，同时，开发瓦斯发电技术，实现瓦斯的综合利用，减少资源浪费。

环县沙井子煤气电工业集中区的发展重点：一是以煤炭为原料，采用先进的煤炭直接液化制油工艺和合成油工艺，生产柴油、石脑油等燃料油及石化产品，形成"煤炭—直接液化（煤制油）—柴油/LPG/石脑油/硫黄"产业链，实现煤炭就地转化、增加煤炭附加值的目的。二是以煤炭开采为基础，发展煤电产业，并综合利用瓦斯资源，发展瓦斯发电项目。同时围绕火电厂项目，发展粉煤灰、脱硫石膏、煤矸石生产粉煤灰烧结砖、粉煤灰陶粒、煤矸石烧结砖、粉煤灰水泥等新型建材产业，实现废渣资源化利用，形成"煤炭开采—煤炭/瓦斯—发电/化工—建材"产业链。

6. 庆城西川工业集中区

庆城西川工业集中区发展思路是：紧紧围绕优势资源大开发工矿区、区域中心城市建设和城乡一体化发展，加大扶持力度，重点发展现代物流业、生产性服务业、生活性服务业三大服务业及精细化工产业，形成现代服务业发展新格局。

庆城西川工业集中区的发展重点是：①现代物流业。依托产业优势，集聚与整合物流资源与工业资源优势，构建工业产业集群与现代物流产业联动发展模式。②生产性服务业。重点发展基地服务业，即重点发展钻井服务、煤炭开采技术、油田技术服务、物探勘察服务。③生活性服务业。重点发展商贸服务业、文化服务业、社区服务业，提升基地现代服务业的层次和质量。④精细化工。依托周边石油化工、煤化工项目产品，大力发展工程塑料、农药、日化产品、合成染料、石油添加剂及炼制助剂等精细化工产品，提高产品附加值。

7. 平凉工业园区

平凉工业园区的发展思路是：按照发展规划，重点发展煤化电冶产业链，高标准、高质量建设，要抓项目落地，引进技术，聚集人气，加快推进基础设施建设，着力提升园区的建设发展水平，同时要谋划战略性产业布局，努力做大、做强园区，全力打造承接产业转移的良好平台。

平凉工业园区的建设重点是：重点发展煤炭深加工循环经济产业，引进了陕西星王集团、甘肃利友集团、甘肃华能分公司、酒钢集团、平凉电厂等企业投资的五个过百亿元大项目，为打造千亿元煤化电冶产业提供了发展空间，奠定了科学基础。

8. 平凉煤化工业园区

平凉煤化工业园区的发展思路是：全力推进煤电化、煤电冶、煤电材一体化发展，能源综合开发步伐明显加快。以甲醇、二甲醚、醋酸、甲醛、烯烃、聚丙烯等为发展方向的煤化工产业全面启动。紧紧抓住国家进一步支持甘肃经济发展和建设国家循环经济发展示范区的重大历史机遇，创新机制，助推陇东国家级能源化工基地建设。

建设重点：陕西星王企业集团建设年产180万吨煤制甲醇、年产70万吨烯烃生产线，延长平凉陇东能源化工基地产业链。项目分两期完成建设：一期完成建设投资118亿元，建成年产70万吨烯烃生产线，同时完成年产500万吨煤原料资源开采生产线；二期完成建设投资100亿元，建成年产180万吨煤制甲醇生产线和聚丙烯、聚乙烯精细化产品生产线。至2015年，生产线全面实现竣工投产，整体项目完成建设总投资218亿元，生产线达产达效后年实现销售收入235亿元，可上缴税金约30亿元。

9. 华亭工业园区

华亭工业园区的发展思路是：按照高起点、高标准、能耗低、成本低、清洁化生产的发展理念，着眼煤炭产业的优化升级，以中煦煤制甲醇为依托，稳健推进聚丙烯、烯烃等甲醇下游产品产业链条的延伸，打造以煤化工下游产品开发为主导，冶金和装备制造业为辅助的工业园区。

华亭工业园区的建设重点：充分发挥政策和资源优势，以项目建设为载体，完善服务功能，延伸产业链条，完成总投资34.995亿元的60万吨煤制甲醇、1.2亿元的豫华冶金有限公司二期扩建。目前，2500万元的兰煤公司矿用机械加工制造项目已建成投产，总投资25亿元的20万吨聚丙烯项目已完成前期工作，投资1.5亿元的电熔锆刚玉项目正在做前期准备工作。

三 陇东传统能源基地建设的技术支撑

技术创新是产业发展的基础。陇东传统能源基地的发展必须依托于技术创新的支撑。从国家及甘肃省战略层面分析，陇东地区建设国家大型煤炭生产基地（陇东地区）和陇东战略性石化工业基地需要重点从煤炭生产和石油化工技术入手。

（一）煤炭生产技术

陇东传统能源基地，在煤炭生产中，正逐步淘汰落后的"巷退式"、"高落式"和以掘代采的采煤工艺，综合改造中小型煤矿，淘汰资源回收率低、安全隐患大的小煤矿。经过60年的发展，陇东的煤炭工业已经形成了煤田地质勘探、研究设计、建设、开采、洗选的开发体系。煤炭工业结构趋于合理，煤炭产量迅速增加，安全生产和资源开发利用水平进一步提高。陇东传统能源基地在煤炭方面的技术支撑主要表现在以下几个方面。

1. 现有煤炭开采技术

煤炭开采技术的进步和完善是陇东传统能源基地煤炭产业的主题。在发展现代采煤工艺，继续发展多层次、多样化的采煤工艺，建立具有中国特色的采煤工艺理论是陇东传统能源基地煤炭开发和转化的主题。目前，能源基地的采煤方法已趋成熟，可以分为露天开采和地下开采。露天开采主要适用于煤层厚度大、煤层裸露与地表或埋藏浅；而地下开采主要适用于煤田，矿区和井田，陇东传统能源基地主要使用的是地下开采的方法。

2. 未来煤炭开采技术发展方向

未来煤炭开采技术研发的主要方向是：研发大型矿井建设技术与装备，掌握千万吨级矿井快速建井技术；研发千万吨级回采工作面自动化关键技术与装备；研发复杂地质条件下煤与伴生资源的安全高效、资源节约、环境友好型开采技术与装备。

（1）煤炭地下气化技术

需要通过关键技术研发，促进示范工程建设，解决煤气质量、产气规模、环境保护等方面的问题，确定适合我国国情的煤炭地下气化发展路线。技术支撑是包括：有井式煤炭地下气化技术基础理论和工程技术；无井式煤炭地下气化基础理论和工程技术。

（2）大型矿井快速建井技术

需要掌握20—30平方米大断面特殊地层的斜井快速施工成套技术，使成井速度提高30%。研发直径10米以上的竖井井筒凿井技术，实现竖井月成井100米；研发大断面高效岩石巷道快速掘井技术，实现月成巷不低于150米。技术支撑主要包括：复杂地层条件下竖井、斜井冻结和注浆施工理论与工艺技术；大直径深井井筒建设及配套的工艺技术；井筒正、反钻井自动化施工技术；岩石巷道快速掘进技术，岩、煤巷道遥控掘进和支护技术；煤矿井下高效安全辅助运输技术。

（3）复杂地质条件下煤炭高效开采技术

需要掌握千米深井岩层控制及安全高效开采成套技术，使掘进速度提高30%，开采工效提高30%；掌握浅埋煤层、倾斜及急倾斜煤层高效开采成套技术，使产量提高50%，回收率提高10%—20%。主要技术支撑是：千米深井高地应力条件下岩层控制与煤炭开采技术，松软、破碎煤岩体支护与改性技术，复杂条件巷道快速掘进技术，倾斜及急倾斜煤层开采技术；浅埋煤层环境友好开采技术，边角地块、残留煤柱煤炭复采技术，保水开采技术，充填开采技术，开采损害评价和治理技术。

（4）煤矿灾害综合防治技术

需要攻克煤与瓦斯突出区域预测与抽采，煤尘爆炸与粉尘职业危害防治关键技术，形成千米深井瓦斯灾害、煤岩动力灾害、突水灾害、煤炭自燃火灾及热害等灾害防治技术，实现煤矿安全生产形势稳定好转。主要技术支撑包括：突出煤层突出危险性和冲击地压危险区域预测技术；突出煤层预抽瓦斯、卸除地应力的技术；煤矿职业危害及煤尘爆炸防治技术；煤炭自燃灾害防治技术；深部矿井热害综合治理技术；高压、超高压承压水突水灾害防治技术；资源整合矿区灾害综合防治技术；矿井灾变预警及应急救援技术。

（5）矿井数字化、工作面自动化技术

需要掌握全矿井综合自动化技术，实现矿井数字化和工作面自动化，减少井下作业人员30%，缩短设备故障停机时间。主要技术支撑是数字矿山基础信息平台；矿山辅助运输控制技术；矿井安全生产信息综合自动化监控技术；煤岩界面自动识别技术；基于三维定位的工作面水平控制及进程控制技术；工作面高可靠、高速、实时控制通信网络系统及宽带多媒体平台；智能化开采生产过程控制软件；基于传感网的矿压实时在线监测技术。

（6）煤炭高效自动化采掘成套装备

需要研制成功千万吨工作面高效自动化综采成套装备，国产化率达到80%以上；研制成功0.5—1.6米煤层全自动无人工作面高可靠性成套装备，国产化率达到75%以上；研发直径10米以上的竖井井筒凿井装备；

研发大断面高效岩石巷道与煤层巷道快速掘进装备；研发复杂地质条件下煤炭高效开采装备。主要技术支撑包括：具有煤岩识别功能的大功率高效采煤机；自动化刨煤机组；全自动控制液压支架；超长软启动工作面输送机；综合配套及自动化控制技术与装备；适用于煤巷快速掘进的高效掘锚一体化联合机组；适用于岩石抗压强度100MPa的掘进机；高效、大吨位、多功能无轨辅助运输装备；井筒正、反钻井自动化施工装备；复杂条件倾斜及急倾斜煤层一次采全厚开采装备；急倾斜特厚煤层综放开采装备。

(二) 石油化工技术

1. 现有石油化工相关技术

在石油开采环节，长庆油田低渗透油田的工艺技术主要通过"大井组—增压点—联合站"的二级布站模式完成，省略了接转站，缩短了集输流程；采用大井组组合，优化了井场布局；采用注、供、集一体化的"小站布局"，优化了站场布局；改进井口保温设施，合并污油污水池，简化了井场相关设施；采用油水管线同沟敷设，井组间串接和站间枝状串接，有效减少油水管网长度，实现了油水系统优化；通过水源直供注水泵，简化喂水和缓冲环节，应用变频技术，实现了平稳供水；采用简易实用的清污水处理技术，满足了注水指标要求。在石油炼制中，主要以石油炼制、石油助剂和石油化工为主，主要产品有90JHJ、93JHJ、97JHJ国Ⅲ汽油、航空煤油、0JHJ、-10JHJ、-20JHJ国Ⅲ柴油、石油液化气、聚丙烯、MTBE、苯、丙烯、丙烷、硫黄等。

2. 未来石油化工技术发展方向

为了充分利用石油资源，满足能源高效转换、多种供给、洁净环保及远途输送的需求，提升石油化工产品综合利用价值，需要开发先进的生产、加工与转化技术。

(1) 复杂地质油气资源勘探技术

需要提高复杂地质油气资源勘探技术，使岩性地层油气藏目的层有效识别和评价厚度达5—10米，储层预测精度提高到85%—90%，圈闭落实成功率提高15%—20%，探明页岩气地质储量17亿立方米；将碳酸盐岩储层地震预测精度提高到15—25米，目标识别与预测符合率提高到85%—90%，气藏评价符合率提高到85%。技术支撑包括：岩性地层油气藏勘探技术研究与集成应用，包括高分辨率地震复杂储层预测技术、岩性地层圈闭识别技术和油气检测与目标评价技术；碳酸盐岩油气藏勘探技术与集成应用，包括海相碳酸盐岩精细沉积相分析技术、高分辨率层序地层分析技术、礁滩体及缝洞型储层地震预测技术以及油气层识别与评价技术；页岩气勘探技术与集成应用，包括页岩气资源评价技术、页岩气有利目标优选评价方法、页岩储层地球物理评价技术和页岩气水平井钻完井技术。

（2）石油物探、测井装备专业技术

需要实现大型地震数据采集记录仪器系统的国产化，使该系统具有20000道（2ms采样）以上带道能力，国内产品替代率达到30%；低频极限频率小于3Hz的新型大吨位可控震源达到国际领先水平，垂直地震剖面仪器实现80级能力；研制新一代测井装备，使国产装备替换率达到80%。技术支撑包括：全数字七道地震数据采集记录仪器系统；大吨位电磁可控震源；80级VSP仪器；多维成像测井技术与装备；随钻测井技术与装备；套管井地层评价及监测测井系列装备。

（3）石油钻井装备

需要研制成功随钻测量控制技术与装备、控压钻井技术与装备、连续循环钻井系统、连续管钻井系统、特种陆地钻机样机；形成高效井下动力与破岩系统，提高钻井工具使用寿命，缩短钻井周期。技术支撑包括：旋转导向系统；地质导向系统；自动垂直钻井系统；NDS无风险钻井系统；连续管钻井系统；控压钻井技术与装备；特种陆地钻机；高效井下动力与破岩系统；智能钻杆；高强度、高抗挤、耐腐蚀HFW油井管。

（4）劣质原油加工技术

要求使劣质原油能在常规炼厂加工，产品液收率增加3%以上，实现劣质原油加工技术的工业推广应用。技术支撑包括：高效劣质原油预处理技术（脱盐、脱水、破乳）技术；高效劣质渣油加氢技术、劣质渣油催化裂化技术、溶剂脱沥青技术、焦化技术及其组合优化技术；低成本和大规模（200万立方米/天）制氢技术；焦化技术和石油焦IGCC技术；车用燃料质量升级技术。

（5）清洁汽油成套生产技术

开发满足国内排放要求的清洁汽油成套技术，争取满足欧盟排放要求。技术支撑包括：降低催化汽油硫含量的各种有效脱硫技术，包括催化裂化原料加氢脱硫技术、催化裂化过程脱硫技术，减少辛烷值损失的催化裂化汽油加氢脱硫、吸附脱硫、氧化脱硫等技术；降低汽油烯烃并增产轻质烯烃或芳烃的催化裂化技术；生产高辛烷值的汽油组分技术，包括辛烷值收率最大化的催化重整成套技术、C5/C6 或 C7/C8 烷烃异极化成套技术、环境友好的烷基化技术；超低硫汽油调和及储运技术。起止日期为2011—2016年。

（6）石油炼制技术研发平台

未来需要建设具有国际先进水平的石油炼制技术研发平台，为我国炼油工业提高资源利用率、优化产品结极、实现低成本清洁汽柴油质量升级、节能减碳、节水环保提供技术支撑。技术支撑包括：渣油转化与零渣油炼厂新技术；清洁燃料生产与工艺集成优化技术；炼油节能降耗技术；分子表征实验室配套装备；信息技术在炼油中应用。

（三）天然气、煤层气生产技术

1. 现有天然气、煤层气相关技术

目前，天然气气藏按 SY/T 6168—1995 标准的分类，分成四种类型：中、高渗砂岩气藏；低渗致密砂岩气藏；凝析气藏和碳酸盐岩气藏。随着天然气开发节奏的不断加快，气田新区地质条件越来越复杂，中石化（陇东天然气主要生产商）初步形成了低渗透储层改造、排液采气技术、增压开采技术、复杂结构井技术、气井防砂、防堵、防腐等新技术，为气田开发提供了强有力的支持，提高了气田开发水平。但也暴露出一些技术方面的问题是：低渗低压气藏开采配套技术不完善，措施有效率低；凝析气藏的开发技术不完善；缺少高含硫碳酸盐岩气藏的开发技术；中浅层气藏稳产难度大。

2. 未来天然气、煤层气技术发展方向

需要根据我国天然气和煤层气的发展方向，在天然气与煤层气加工层面，需要重点研究天然气和煤层气的净化、物理液化、化学液化以及制合成气技术。在油气输运技术方面，需要研发天然气长输管道站场用关键设备、大型天然气液化处理及储运技术与装备等储运技术。此外，还需要西峰油田的特征，做好低/特低渗透油气田开采技术示范工程。

（1）天然气中硫脱除技术

需要掌握高酸气天然气中有机硫脱除新技术，增强硫脱除能力，降低脱硫能耗。技术支撑包括：高效配方型脱有机硫溶剂实验室试验研究；高效配方型脱硫剂和相应的添加剂；天然气中硫脱除新技术与工艺。

(2) 天然气加工利用技术研发平台

需要建设天然气加工与处理技术的创新平台；集成天然气开发的相关技术，成为天然气开发的人才培养基地。技术支撑包括：根据天然气中硫化物的含量、形态和天然气的规模，开发相应的脱除硫化物和硫回收技术；开发天然气脱除二氧化碳技术与装备；针对不同的脱水要求，开发分子筛脱水、硅胶脱水和 TEG 脱水技术与装备；开发天然气液化技术与装置；开发 LNG 冷能利用技术与装备。

(3) 煤层气加工利用技术研发平台

需要掌握煤层气加工利用的关键技术与关键工艺，为提高我国矿区煤层气抽采率和利用率提供技术支撑，实现低浓度煤层气加工成非常规天然气的工业化生产，在安全性和经济性得到保障的同时大幅度提高矿区低浓度煤层气的利用率，缓解我国天然气供需不平衡的矛盾。技术支撑主要包括：矿区低浓度煤层气利用工程示范；低浓度煤层气安全燃烧技术；矿井防瓦斯氧化利用技术；低浓度煤层气深冷液化提纯技术；煤层气发电技术集成；工业规模的低浓度煤层气（含乏风瓦斯）安全输送、除氧、变压吸附浓缩和深冷液化集成的成套技术与装备。

(4) 天然气长输管道技术装备研发平台

需要建成天然气长输管道关键设备国产化工业先导性试验平台；完成国产化关键设备及技术的示范与推广，推动行业科技进步。主要技术支撑包括：电驱机组、燃压机组和阀门的自动化控制技术；故障诊断与维修技术；驱动用燃气轮机的设计技术、高温部件技术和工业性试验技术；燃机工况下性能与 ISO 下性能转换技术；机组性能衰减影响研究；燃机低 NOX 排放及异型燃机替代技术。

(5) 大型透平/压缩机组研发平台

需要掌握大型透平压缩机组设计与装备制造的关键技术，建立具有世界先进水平的大型透平压缩机组研发试验基地，实现大型透平压缩机重大装备的国产化。主要技术支撑包括：大型 LNG 装置用离心压缩机组研制；大型长输管线压缩机组研制；100 万吨/年精对苯事甲酸（PTA）装置用压缩机组研制；6 万 Nm3/h 及以上空分装置用压缩机研制；百万吨级以上乙烯装置用"三机"研制。

(6) 低/特低渗透油气田开采技术示范工程

需要建立低/特低渗透油气藏有效开发配套技术体系，使单井产量提高 30%—50%，采收率提高 3%—5%。主要技术支撑包括：特低、低渗透油层高产区识别技术；特低渗透油藏有效补充能量技术；低渗、特低渗透油藏的井网优化技术；低渗、特低渗油气储层低伤害大型水力压裂技术，包括活性水大型压裂技术和低伤害复合压裂技术；水平井水力喷射压裂技术；连续油管压裂技术；低渗透油藏中高含水期综合调整技术；低/特低渗透油田水平井/分支井开发技术；低渗透油藏监测技术。

四 陇东传统能源基地建设的产业配套

产业配套能力和关联产业的发展是一个地区吸引外资大规模进入、发挥产业基地集聚效应最重要的条件之一。陇东传统能源基地发展前景喜人，加强电网建设、优化交通枢纽和保障水资源供给等产业配套能够大幅度降低陇东传统能源基地建设的生产成本，提高产业集中度，延长产业链条，促进相互关联冶金产业、建材产业和装备制造业的发展，培育形成陇东煤炭生产和石油化工产业集群，加快陇东传统能源基地的发展。

1. 电力配套方面

坚持电源与电网紧密关联，统一规划，适度超前，紧盯省内外市场，优化升级内部电网，协调发展输配电网，努力建成结构清晰、安全可靠、运行灵活、经济合理的智能化输变电网络。优化电源点建设规模和布局，鼓励建设 100 万千瓦及以上超临界和超临界火电机组，优先建成陇东传统能源基地中心集中供热的大型热电厂，发展以中煤、煤泥、煤矸石为燃料的资源综合利用电厂，引导和支持利用工业余热发电。

电源建设方面，庆阳市积极争取新建 750 座变电站和输电线路工程，先期使正宁煤电通过兰（州）平（凉）乾（县）750 千伏线路外送；环县煤电通过宁夏 750 千伏线路外送，同时积极落实受电市场，争取新建 ±800 千伏直流输变电工程。平凉市加快实施华能平凉发电公司三期 2×100 万千瓦机组、华亭发电公司二期 2×60 万千瓦机组和崇信发电公司二期 2×100 万千瓦机组项目，新建酒钢灵台煤矸石综合利用电厂 4×30 万千瓦机组等火电项目；全面建成平凉海螺水泥、祁连山水泥、华亭中煦公司煤制甲醇 3 个工业余热发电项目；全力做好庄浪韩店电厂等项目前期工作，不断扩大发电能力。

电网建设方面，以"加强甘肃省内省际 750 千伏网架，建设西北电网中心枢纽"为契机，庆阳市尽快开工建设良平和环县 330 千伏输变电工程，并加快完善 110 千伏输变电网络，确保重大产业开发用电负荷增长的需求。平凉市论证建设平凉—江西 ±800 直流输变电工程，新建平凉—庆阳 750KV 输变电工程，扩建 750KV 平凉开关站变电站工程。电网采用地下电缆环网方式沿道路敷设，构建联通内外、运行顺畅、保障有力的智能电网，保障基地电力供应。

2. 交通优化方面

围绕构建高等级公路、铁路、民航立体网络框架，大力改善对外交通条件，拓展通达深度，提高运输能力。庆阳市加快建设雷西高速公路、银西铁路、平凉—西峰接黄韩侯线等重大交通项目的开工建设，建设甜水堡—庆城—正宁罗儿沟圈、榆林子—正宁等 3 条高速公路，积极促进运煤通道及一系列二级公路的建设。平凉市加快建设平凉机场高速、平天高速、静庄高速、华崇灵高速、平宝高速和平庆高速等六条高速公路；加快建设高邵、平庄、西静秦等一级公路的建设。

3. 保障水资源供给方面

在给水方面，按照建立节水型基地的要求，坚持开源与节流并重、节水优先、治污为本、综合利用的原则，科学规划基地给排水管网体系，合理开发利用水资源。基地用水要遵循先地表水、后地下水的基本原则，实行水资源统一管理，用地表水水源逐步替代现有的地下水水源，严格控制各单位的自备水源，逐步建立完善的供水系统，为基地建设与发展提供有力保障。一是主干管给水主干管沿道路环形地埋敷设，同时合理敷设中水给水主干管。二是选择合适地点，根据缺水类型，建立自来水厂和咸水淡化工程、大型水利工程，以解决水质性缺水和工程性缺水的问题。三是在排水方面，规划城区排水体制均采用分流制。

五 陇东传统能源基地关联产业的发展

随着陇东传统能源基地建设的进一步推进，加大本地能源消纳将会给冶金产业的发展带来更多的机遇，加大对化工产品直接利用和废弃物的再利用将会有利于建材产业的快速发展，以及加快配套装备制造业的发展将会进一步促进陇东传统能源基地的产业集群。发展冶金行业、建材行业和装备制造业是延伸产业链的需要，也是实现资源优势向经济优势转变的要求。

（一）冶金产业

1. 发展思路

按照"合理引导、高端定位、重点突破、梯次培育"的原则，依托煤电产业，以电力本地消纳为主要途径，发展铁合金、铝、镁合金材料，打造"煤电—电能—铁合金"、"煤电—电能—电解铝—铝合金"、"煤电/煤焦化—电能/煤气—镁冶炼—镁合金"三条产业链，壮大冶金产业。

2. 发展重点

陇东传统能源基地以高铝粉煤灰为原料发展氧化铝及电解铝项目，及以煤气为燃料发展镁冶炼项目，既能实现资源的综合利用，又能实现电力资源的转化。

铁合金产品重点面向国内需求，以开拓国内市场为主，建立稳定的产品供销关系；铁合金重点发展硅铁、高纯硅铁项目、硅锰合金项目、中低碳锰铁项目、工业硅项目四个产品方向，形成铁合金产业集群；并为电解铝、镁铝合金产业链的延伸创造条件。

镁合金重点发展镁合金板材、型材、棒材、管材产品，培育镁合金方向盘、镁合金离合器壳和变速器壳、镁合金踏板、铝合金油底壳产品。重点发展铝板带、铝型材、铝铸件等工业用铝材，构建"铝土矿—氧化铝—铝锭—铝合金材料"产业链。

（二）建材产业

1. 发展思路

充分利用煤化工、石油化工、冶金等产业的产品及废弃物，积极发展建材产业，增强产业关联度，延伸建材产业链，提高产品的科技含量和附加值，重点发展水泥及水泥制品、新型装饰材料、新型墙体材料三大产业方向，使建材产业向规模化、集约化、新型化、品牌化发展，形成以"循环型、生态型、环保型"为主要特征的新型建材产业集群。

2. 发展重点

一是绿色水泥及相关制品。大力推进以节能、节地、利废为重点、配套余热发电及日产5000吨以上新型干法水泥熟料生产项目的实施，大幅度提高熟料质量，生产优质高标号散装水泥和特种水泥，推广散装水泥和建设商品混凝土搅拌站，有计划的发展混凝土等水泥下游产品，构建"石灰石/脱硫石膏/工业废渣—水泥/特种水泥—商品混凝土"、"粉煤灰—陶粒及制品"产业链条。

二是新型墙体材料。综合利用粉煤灰及其他工业废渣，取代黏土重点生产墙体材料，加快轻质、高强、利废的新型墙体材料发展。构建"粉煤灰/煤矸石/矿渣/秸秆及其他工业废渣—免烧砖/夹芯板/无机涂料—新型墙体材料"产业链，打造粉煤灰综合利用生产新型墙体材料的系列产品。

三是新型装饰材料。以石灰石和石化下游产品为基础，不断提高电厂脱硫石膏资源的综合利用效率，构建"PVC/铝、镁/石膏—铝塑管/塑钢门、窗/PVC水暖管材/石膏板/地板砖—新型建筑装饰材料"产业链。

（三）装备制造产业

1. 发展思路

着眼于矿山机械、石油机械的全面配套，大力开发高性能智能化大功率电牵引采煤机、薄煤层采煤机、液压支架、煤机配件等为重点的矿用机械和电缆桥塞、减速机等石油配套机械，尽可能为煤炭开采、煤化工企业提供足够的消耗类零部件或装置产品，发展以矿山机械为主要产品的装备制造业。

2. 发展重点

一是石油、煤炭采输及配套设备制造。石油机械方面重点发展中高档钻机、泥浆泵、顶部驱动装置，及新型钻杆、钻铤产品等项目，形成能适应陆地、沙漠等不同油田和工况要求的多品种钻井设备系列产品；新型抽油机、钢管、修井机、连续油管作业机等产品；油气集输设备方面重点建设油气多相混输泵、天然气压缩机等项目。煤炭机械方面重点发展采煤机、采掘机、挖掘机、刨煤机、卷扬机、装药充填机械、液压支架、冲击钻孔设备。

二是煤化工机械零部件制造及配套设备。重点发展煤气化炉、合成气冷却器、输气导管、高压力容器、部分塔器、过滤设备、压缩机、加压气化炉、蒸发器以及烧嘴、煤粉阀、渣阀、灰阀等关键零部件的生产制造。

三是电力机械零部件制造及配套设备。重点发展发电锅炉，水轮发电机，汽轮发电机及其配套设备以及变压器、开关柜、配电器等输变电设备的生产、销售和维修，风电设备零部件加工制造（齿轮箱、发电机、塔筒、塔架、叶片、风机轴承）等。

四是节能环保装备。重点发展城市污水处理系统集成成套设备、燃煤电厂烟气脱硫成套设备、垃圾处理、收运系统、环保自动化控制系统及在线监测仪表、余热发电成套设备、智能化输变电设备、高炉炉顶余压发电设备、干熄焦设备、大型循环流化床锅炉、污水处理设备、汽车尾气净化及污染治理设备等。

六 陇东传统能源基地建设的制度创新

制度创新可以激发人们的创造性和积极性，促使不断创造出新的知识和社会资源，推动经济社会的进步。根据陇东传统能源基地的战略定位，即立足陇东传统能源的比较优势，按照有序开发和总量控制并举的思路，延伸煤电化冶材和石油化工产业链条，实现经济效益、社会效益和生态效应共赢。有必要在政策制度的框架内，进一步探索符合陇东传统能源基地发展的政策措施，做大做强陇东传统能源基地。

1. 加大政策支持扶持力度，加快基地建设转型跨越

陇东传统能源基地，在加大政策支持和扶持方面，主要做到以下几点：一是国家在传统能源重大项目布局上，对陇东地区优先安排，对传统能源专业基地内的项目，在符合产业政策和项目相关管理程序的情况下，加大支持力度。二是优先支持基地内的庆阳石化、煤炭、建材等优势产业结构调整，推进工业结构优化升级，并对传统能源产业链项目适当放宽产业规模。三是省上对陇东传统能源基地的建设设施、水利、交通、生态环保、社会事业等公益性项目，加大支持力度，并逐年取消县及县以下地方配套资金。四是结合建立石油及矿山环境治理恢复保证金制度试点，研究建立可持续发展准备金制度，由资源型企业在税前按一定比例提取可持续发展准备金和生态补偿金，专门用于支持资源循环利用产业、发展接续替代产业、恢复生态建设和解决企业开发转移的善后问题等。五是省级财政在实施支持节能减排、新能源开发、环境保护等方面的政策中，重点向陇东地区倾斜。六是按照省政府把陇东传统能源基地建设成全省重要的能源基地经济增长极的目标定位，建议对国家支持甘肃发展传统能源的各项政策，省级相关部门在政策落实过程中向陇东地区倾斜。

2. 优化区域性金融政策体系，加快投融资平台建设

以开发性金融理念和方法为指导，以市场建设为核心，构建有效的金融合作组织和合作机制，有效破解加快陇东传统能源基地建设过程中的

"资金短板困境"。

一是充分发挥政府组织优势，建立金融合作组织。充分发挥省、市政府对陇东传统能源基地引导和宏观调控作用，注重利用政府的组织协调优势。建立金融高层联系会商制度，形成分行与政府深度合作的战略伙伴关系，研究解决金融合作中出现的问题。领导协调小组下设金融合作办公室作为常设办公机构。主要负责信用建设推动工作、投融资项目数据库和信息管理系统的建立和管理，以及与贷款有关的组织、协调和沟通工作。

二是建全金融合作机制，促进金融机构的联系与合作。通过当地金融办牵头，促进开发区内工、农、中、建及国开行、农发行、农信社和邮储机构等金融机构进行广泛、深入地联系、座谈，共同分析地方资金分布，寻求合作途径，统筹安排全社会资金供给。

三是健全"三台一会"金融合作平台体系，形成风险管理合力。通过组建或引入多家投资公司作为综合性融资平台，组建若干家担保公司作为担保平台，组建信用促进合作会，构建"三台一会"的金融合作平台体系，如图8-2所示。

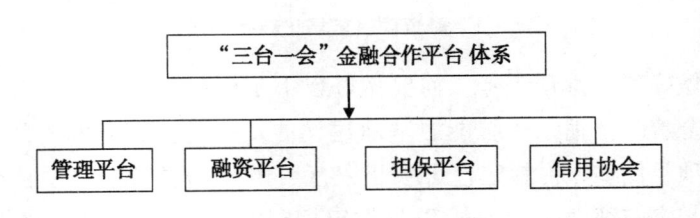

图8-2 "三台一会"融资合作平台体系的构架

3. 以项目建设和项目管理为抓手，做好招商引资和项目实施

项目建设和项目管理的中心任务是通过项目建设化解长期融资的困境，通过项目管理促进项目实施。为此，陇东传统能源基地需要积极推进项目建设、项目管理和资金到位等制度的落实。

一是做好项目建设工作。项目建设是指将准市场化条件项目和不具备市场化条件的项目向具备市场化条件的项目转换，这是开发性金融实践应用的核心。可用图8-3来表示这一过程。实现项目的顺利转化应建立如下三种机制：①制定合理的定价制度。思路是在不减少社会收益的情况下，实现经济效益的优化，相应的原则有：定价政策的目标应尽可能做到效率与公平的统一；应根据项目特性实行不同的价格形成原则；根据不同的服务标准或质量，实行不同的价格或收费标准。②制定合理公共领域收费制度。遵循"谁受益、谁负担","多受益、多负担"的原则制定公共领域收费制度,促进公共物品提供的效率。③制定合理的政府参与制度。如由政府资金牵头建立公共工程发展基金、政府偿债基金或签订政府回购协议,提供还款保障。此外,在项目转化中,也可通过项目组合的方式实现项目转化。

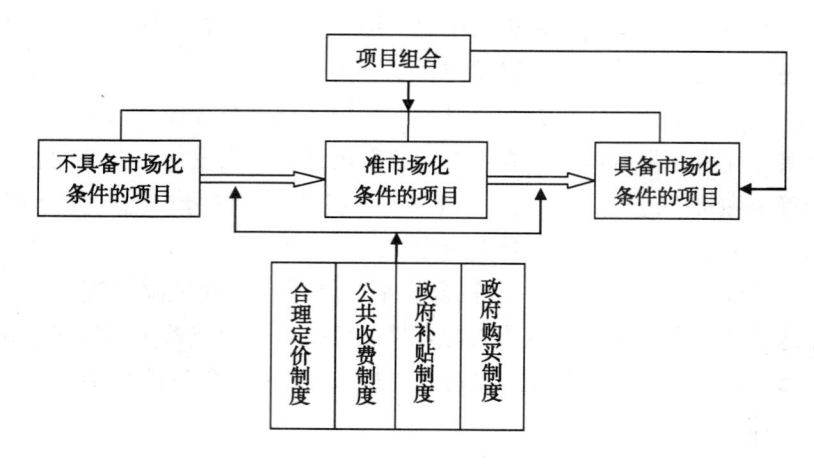

图 8-3 融资项目市场化转换手段

二是做好项目管理工作。需要做好以下工作:①项目入库与出库制度。金融合着眼于陇东传统能源基地建设的发展需求,提出项目建设指南,建立项目储备库,制定包含项目入库、出库、清库等"项目储备库管理办法与实施细则"。②项目开发评审机制的构建。金融合作办协调所属区域内的发改委、财政局、商务局、旅游局、交通局、科技局、质检局、环保局等部门的专业人才和具有一定公信力的人员组成评审专家库。通过制定和实施保密协议、工作守则、奖惩制度等专家管理制度,严格执行"项目开发评审管理办法与实施细则"培育孵化入库项目。③项目审批机制的构建。按照项目类别建立由独立委员会组成的贷款项目审议小组及审议小组办公室,制定"贷款项目路演规则"、"贷款项目审议管理办法"和"贷款项目审议规则和程序",由审议小组办公室在分行的协助和指导下组织独立委员会路演审议小组,采取地方民主审议和分行审批相结合的方式,更好地推动审批工作的开展。

三是做好资金保障工作。建立相应的资金保障措施是优化区域性金融政策体系的关键环节,为此要做到以下三点:第一,建立健全偿贷资金来源与管理办法。联系国开行,设立偿债专项资金。偿债资金在项目建设期间可以用于补充项目资本金,但不得挪作他用。第二,对部分公益项目签订回购协议。可以考虑在涉及教育、医疗、城市基础设施等领域与开发行签订《回购授信总协议》和《回购业务合同》,明确回购期限、回购价格、回购标准等,明确支付转让价款及转让费用。第三,政府差额增信。对于部分融资项目,当项目的现金流不足以或不能保证按时足额偿还开行本息,其差额部分,政府应做出差额增信安排,以便为部分项目获得开发性融资的扶持创造信用条件。

四是发挥组织、技术和人才优势,加快构建技术支撑平台。陇东传统能源基地的发展必须依托于技术创新的支撑。但是,仅从企业的角度进行技术创新,往往意味着高成本、低收益。为此,陇东传统能源基地需要构建技术支撑平台,以期用较小的投入,带来较大的收益。第一,建立健全技术支撑组织体系。通过行业协会设立技术中心,成为联系企业和科研单位、政府主管部门的纽带。技术中心的主要职责是与技术支撑单位建立有效的联系机制,对科研机构签订协议建立长效合作机制。第二,建立技术平台。鼓励和引导各企业研发机构、非营利研究机构、民营研究机构开展实用技术研究,追踪先进理论和科技,同时,建立一批资源节约型的科技示范工程,推广普及一批适用技术。第三,建立人才培养引进平台。加快科研和技术骨干人才的发现和培养,引进急需的高级管理人员和高级技术人员;适当拉开收入差距,提高人才的待遇,改善工作环境;鼓励企业组建自己的科研队伍,增加科学技术人员在职工中的比例。

五是加强传统能源行业管理,提升基地建设的品牌形象。加强陇东传统能源基地的行业管理,必须发挥行业组织协调指导、沟通维护职能,充分发挥行业协会、商会的桥梁和纽带作用,积极搭建传统能源发展平台,有效整合传统能源基地的公共资源,为传统能源基地实现可持续发展创造良好的发展环境。同时,要积极创造条件组建传统能源基地行业管理分管部门,提高为传统能源基地发展服务的能力和水平,引导传统能源基地企业健康发展,提升基地品牌形象。

六是建立完善机制保障体系,完善基地的发展环境,加强陇东传统能源基地的环境管理。第一,加强水资源管理。实行"开发与保护"、"兴利与除害"、"开源与节流"并重的方针,提倡节约用水,计划用水,加强需水管理,控制需水量的过速增长;加强取水管理,实施取水许可制度;征收水资源费,加强水价管理和水行政管理,对水资源实行有偿使用。第二，加强土地管理。完善土地征用程序和补偿机制，提高国土资源的综合利用效率。鼓励利用国有未利用土地进行传统能源建设，其用地最低标准按《全国工业用地出让价标准》执行。第三，建立统计评价考核体系。对重点流程、工序产生的污染进行定量监测，实行污染预测分析和评估。在全面分析方案全过程和生产全过程的基础上，对重要结点和生产岗位，不断完善考核指标体系。第四，建立污染防治监督管理体制。对企业生产过程存在的潜在危险进行分析评价，指导企业做好风险的预防和应急措施。对主要污染源的企业，进行定期的监测和常规化监督管理。加强对申请新进企业的环保审批力度，严格执行环境影响评价和"三同时"制度。

小　　结

本章从区域自我发展能力的角度，考察了陇东传统能源产业基地的发展问题。并从战略选择、技术支撑、关联产业、产业配套，以及制度创新等方面，分析了陇东传统能源基地的发展问题。

第九章 西部民族地区自我发展能力生成路径的探索：基于文化资源开发的层面

社会资本和人力资本构成了区域自我发展能力实现的主体，在一定程度上体现着区域自我发展能力。反映在自然资本、物质资本层面的"联结"能力是区域自我发展能力的表层结构，而侧重于人力资本、社会资本实现的"联结"则是区域自我发展能力的深层结构。总体而言，西部以空间价值的重新认识为前提，通过区域资源"联结"能力的提升，尤其是开始重视社会资本和人力资本的积累，从而带来空间结构的优化，实现生态、环境、经济、人文多个方面的综合配置，推动经济系统及其组成部分的演进。本研究提到的区域自我发展能力的内生路径就是在经济利益的直接诱导下形成产业分工，进而引致区域分工和区域的自我发展。其一是基于区域比较优势的区域自我发展研究；其二是基于区域潜在优势向现实优势转变，进而形成区域自我发展能力。第一个问题第七章和第八章已经有所体现。本章将基于第二个问题展开研究。

文化资源作为一类特殊的资源，它的展现是与地域文化紧密相连的。从内容上看，可以涉及吃、穿、住、用、行；从载体上看，可以涉及音乐、舞蹈、电影、动漫、戏剧、文学创作；从参与程度上看，可以涉及参观、欣赏、参与、融合等层次。那么，如何将这些零散的文化资源系统地整合起来，实现开发与保护并举，将是实践部门与学术界共同思考的一个重要问题。本书通过对文化价值取向的条件收敛性的分析，力图在一个更为深刻的层面对民族地区文化资源的开发路径展开实证分析。

文化资源的开发对经济绩效的促进作用，已成为一个不争的事实。2009年，国务院发布《文化产业振兴规划》以来，以文化创意、影视制作、出版发行、印刷复制、广告、演艺娱乐、文化会展、数字内容和动漫等产业为重点的文化产业得到了快速的发展。当年新闻出版产业总产值就增长了20%左右，网络出版、手机出版、动漫出版、网络游戏出版和数字印刷等数字出版产业总产值超过 750 亿元，比 2008 年增长 42%。[1] 文化产业的发展已逐步成为我国经济发展新的增长点。

关于区域潜在优势向现实优势的转换路径问题，作者认为，不能够单从模型的角度去衡量和分析。这是因为"为了突出重点，每一个模型都略去了其他模型强调的现实世界中的一些情形"（保罗·R. 克鲁格曼，2006）[2]。比如，李嘉图的模型虽突出解决了贸易条件中比较优势的问题，但是无法回答收入分配的问题；赫克歇尔－俄林模型通过资本密集或劳动力密集解释了各自贸易模式的选择，但是亦有很多学者并不相信资源差异就能解释世界贸易模式或世界要素价格（保罗·R. 克鲁格曼，2006）[3]。为此，作者基于相关研究，用图示的方式来表明区域优势的转化路径（见第三章），即将条件优势—生产优势—产品优势三者构成了区域优势的转换过程，可概括为：要素禀赋差异—市场结构—市场行为—质量和效益的提升。

第一节 文化资源开发的特质：基于文化价值取向的阐释性评述

我国作为一个多民族国家，民族地区文化资源的开发也应列入文化产业发展的重点，它必将是一个前景广阔、利润丰厚、风险较低、造福当地的朝阳产业。

一 文化资源和物质资源开发的差异

文化资源的开发是与物质资源的开发不同的，之所以做出这个判断是由文化资源的形态决定的。即文化资源本质上应是"无形"的，而文化资源的开发才是从"无形"向"有形"的转变。通过两个方面来佐证。一方面，从既往理论研究来看，其一，认为文化资源是无形的，如吴圣刚（2002）[4] 认为，文化资源指的是人类生存发展需要的，以一切文化产品

---

[1] 中投顾问产业研究中心：《2010—2015 年中国文化产业投资分析及前景预测报告》，中投顾问 2010 年。
[2] ［美］保罗·R. 克鲁格曼：《国际经济学》，中国人民大学 2006 年版，第 94 页。
[3] 同上书，第 87 页。
[4] 吴圣刚：《文化资源及其特征》，《河南师范大学学报》（哲学社会科学版）2002 年第 4 期。

和精神现象为指向的精神要素。其二，认为文化资源是有形的，基本观点是文化资源是人们从事文化生产或文化活动所利用或可资利用的各种资源，持此观点的有李建国（2000）① 等。作者认为，文化资源作为文化的派生物，是囿于文化"无形"形态之中的，是通过文化传统、习俗和惯例等赋予实物具体特征的，而不是指具体的亭台楼阁、瓶瓶罐罐。另一方面，从文化资源的开发实践来看，"开发与保护并重"、"保护性开发"等，都从侧面印证着文化资源"无形"的特征，否则从"有形"的特征是很难以解释文化资源开发—保护悖论的。

二 文化资源的识别

文化资源的开发是实现文化资源从无形向有形的转变，那么，无形的文化资源应该如何识别呢？作者认为，文化价值取向的条件收敛性有力地充当了识别文化资源的标准。所谓的文化价值取向条件收敛性是指在相关经济、政治和社会变量不变的情况下，文化价值取向差异逐步缩小的趋势。一方面，哥登卫舍（Godenweiser）"有限变异"原则（马林诺斯基，2002）② 可以体现这一点，即对于一种文化的需要，满足这种需要方法的变异是有限的，于是由这种需要而引起的文化结构是被决定于极少可能变异的程度之中的，各地区域间有些制度化活动的基本相同就是一个活例。另一方面，在一个文化所涵盖的领域，由于这种价值是一种判断的标准，那么文化自身的自我强化会使价值取向功能趋于条件收敛。对此的表述为：设 a_n 为一个民族可能采取的文化价值取向集，那么，对于任意 $n > N$ 时，都有 $|a_n - a| < \varepsilon$，就称文化价值取向条件收敛于 a。

进一步而言，从文化资源的供给上讲，由于文化价值取向功能的条件收敛性使得个体在参与经济社会的生产与生活中，受到一系列价值观念的影响，表现为一定的"稳定性"和"有限性"。其中，"稳定性"是针对社会规则的执行力而言；"有限性"是针对群体中个体行为表现的方式而言。这种"稳定性"和"有限性"的耦合，必然会反映出文化资源的稀缺性。从文化资源的需求上讲，由于个体对未知世界探求的本能，产生了消费者对文化资源认知的需求。从需求的层次上，可将这类需求进一步细分为刺激、休闲、信息、知识、思想和审美六类，其中，刺激和休闲反映

---

① 李建国：《城市文化产业发展研究》，《中共杭州市委党校学报》2000 年第 4 期。
② ［俄］B. 马林诺斯基：《文化论》，费孝通译，华夏出版社 2002 年版，第 12—16 页。

的是对文化资源的欲望关系，信息和知识表征的是研究关系，而思想和审美体现的是审美关系。上述分析表明，文化价值取向的条件收敛性构成了文化资源从"无形"向"有形"转变的必要条件。

第二节 民族地区文化资源开发路径的概念模型

民族文化资源开发是一种建立在资源基础上的新的区域分工，这种区域分工不是以往强调区域产业布局的分工，而是在对区域空间价值重新认识之后，根据国家发展的需要而确定的功能分工。其一是区域生产要素的价格不完全流动性。生产要素地理分布的差异性和生产要素在空间上的不完全流动性，构成了区域分工的差异，也成为限制区域自我发展能力发展的约束因素。土地资源作为非流动性生产要素，构成了区域自我发展能力实现的一个约束因素，将自我发展能力约束在了一个特定的区域。而对于可贸易的自然资本、物质资本、人力资本和社会资本却有着不完全流动性特征，这进一步决定了要素价格的不完全灵活性。[①] 这种价格不灵活性严重制约着空间结构的进一步优化。其二，区域分工的"黏联"特征，这也是需要强调的。土地作为一种完全不能流动的要素，通过提供生存或活动的范围具有了"黏性"，表现在对其他流动性要素的"黏联"上，如对资源和员工的配置都离不开企业所处区域的限制。并且，由于人在生存、生活过程中往往对所处区域具有一种"情感"式的路径依赖，进而使人们生活的习俗、惯例也和区域发生了关系，这是非正式制度的方面。由于区域分工的"黏联"特征，使发展具有了被区域化的倾向，这种倾向是有利于形成区域优势，把区域潜在优势转化为现实优势。

一 民族文化资源开发路径

根据文化价值取向的条件收敛性是识别文化资源的重要评判标准这一原

[①] 巴里·穆尔（Barry Moore）和约翰·罗兹（johhn Rhodes）认为，实际工资的灵活性很小，经济活动的地区配置将由绝对利益原则而不是比较利益原则来确定。相对于绝对不利的地区来说而具有绝对利益的地区，其经济将增长。厂商将向具有绝对利益的地区移动。现有的本地厂商将扩大生产，因为它们要利用自己的绝对利益，并排挤其他地区的竞争厂商。如果地区间的迁移相对容易，劳动力也将集中在那些地区以满足他们对劳动增长着的需求。如果地区间的迁移困难，这或许因为住房约束或工会的活动，优势地区的增长将受到供给约束，并且，劳动和其他资源的利用不足将在劣势地区继续存在。参见约翰·伊特韦尔、默里·米尔盖特、彼得·纽曼《新帕尔格雷夫经济学大词典》（4），经济科学出版社1996年版，第121页。

则，作者以文化价值取向的条件收敛性的强弱为基础，把民族地区的文化资源分为两类。第一类是强收敛特性的文化资源（a 值较小），表现出的是民族服饰、民族生活用品、民族的宗教祠堂或寺庙等；第二类是弱收敛特性的文化资源（a 值较大），表现出的是民族舞蹈、民族音乐、民族文字等。其中，这两类中表现文化资源，进而承载文化意义的媒介称为文化符号。

这样看来，文化资源的开发就成了文化符号的建构过程。而这一过程就是试图在注入了新的内涵的传统中实现对社区各种资源的重新整合。[①]为此，民族地区文化资源的开发路径就可以分为两种。第一种是指第一类文化资源的开发，路径为文化符号的加工生产，比如，苗绣、宁夏回族香包的开发就采用了此路径；第二种是指第二类文化资源的开发，路径为文化符号的解构与重构，即先解构出具有收敛性特征的本民族特色，然后在重构中实现经济效益，比如，哈尼族山寨箐口村文化资源的开发。

从收敛性特征进一步看出，第一种开发路径是以民族用品为主的，不涉及非物质文化遗产的保护，而第二种开发路径是以民族风俗和传统为主的，需要重点解决文化资源的开发与保护问题。用句话来说，前者可以通过市场化的开发模式来实现，而后者由于社会价值与经济价值的不一致，造成了文化资源保护与商业化开发的两难抉择，是需要重点解决的理论难点。为此，借鉴戈夫曼和马康纳的研究，假设在第二类文化资源的开发中，存在着"前台"与"后台"之分，前台是旅游地社区居民展示、表演的空间，目的是让顾客或游客了解当地文化，具有表演性质，体现的是文化资源开发的经济价值；后台是民族地区文化的"核心区"，反映的是东道主的真实生活，表征着文化资源开发的社会价值。

二 概念模型

如何进一步说明这一开发路径呢？作者以肃南裕固族自治县为例进行说明。选取肃南县作为调查对象的原因在于它是全国唯一的裕固族自治县，全县裕固族人口 0.99 万人，为全国裕固族总数的 71.8%。同时，该县对旅游业依赖性相对较大，文化资源开发突出了"前台"与"后台"的搭建。前台主要是马蹄寺风景名胜区，后台主要是文化传统和习俗的纵深腹地。根据第二类文化资源开发的特征，作者构建了如图 9-1 所示的

[①] 马翀炜：《文化符号的建构与解读——关于哈尼族民俗旅游开发的人类学考察》，《民族研究》2006 年第 5 期。

概念模型（主要证实实线箭头表示的关系）。作者认为，裕固族自治县文化资源开发"后台"的搭建主要以传统习俗为主，意在保护它的社会价值。而"前台"通过马蹄寺风景名胜区的展示，只要游客在满足旅游需求上得到认同，即从前台的开发中获知满足了他在肃南县旅游的目的，那么，就间接地证明这种开发路径的成功。

在实证分析中，考虑到如下因素：第一，少数民族地区特殊的历史文化、宗教文化、民族服饰、饮食、婚庆活动会引起游客的刺激、休闲、信息、知识、思想和审美等需求；第二，在特定的场所中，对民族事物的认识和评价是个体对少数民族居住区认知的一种表现形式。可通过该场所的美感度、奇特度和舒适度来反映；第三，井然有序的旅游环境可以激起游客心灵的愉悦，可以通过社区整体环境的生态条件、旅游设施、环境氛围和景区服务来体现；第四，由于少数民族居住地多处于交通不便利的地区，那么，交通情况和便捷程度将是吸引游客到访的重要制约因素。为此，作者提出以下四个假设。

假设1：马蹄寺风景名胜区的文化价值与游客的认同正相关。

假设2：马蹄寺风景名胜区的观赏价值与游客的认同正相关。

假设3：马蹄寺风景名胜区的环境质量与游客的认同正相关。

假设4：马蹄寺风景名胜区的区位优势与游客的认同正相关。

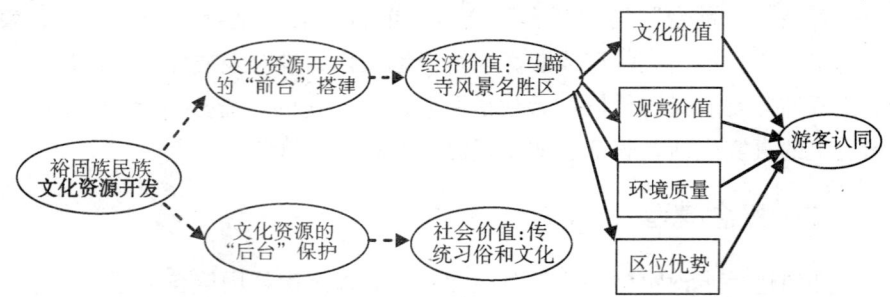

图9-1 文化资源开发的概念模型及实地调查的技术路线

第三节 民族地区文化资源开发的实证分析

根据上述概念模型，作者采用了主成分分析法和结构方程方法对上述4个假设进行了实证分析。

一 样本说明

在具体调查过程中,采用调查问卷和实地调研相结合的方式共访问了213位游客。其中,性别结构为男性69.26%,女性31.74%;年龄结构中,20—45岁的游客占总调查人数的82.36%;游客主要以甘肃为主,占总调查人数的77.32%。

二 变量的表征和样本统计

实证分析中的文化价值等4个隐变量具体表征如下:"文化价值"通过对历史文化、宗教文化、民族服饰文化、民族饮食文化和民族婚庆文化的五级Liketer范围标准打分来确定;"观赏价值"通过美感度、奇特度、舒适度的五级Liketer范围标准打分来确定。"环境质量"通过生态条件、旅游设施、环境氛围和景区服务的五级Liketer范围标准打分来确定。"区位条件"通过交通情况、便捷程度的五级Liketer范围标准打分来确定。

样本统计结果如表9-1所示。从一级指标的对比来看,观赏价值的均值(3.554)和文化价值的均值(3.220)较大,说明受调查群体来马蹄寺旅游的目的主要是从民族区和风景区这两个角度考虑的,符合文化资源"前台"开发的愿景。从文化价值调查结果的统计来看,受调查者对裕固族民族历史文化、宗教文化、民族饮食文化、民族服饰文化、民族婚庆文化呈逐次递减的需求,分别为3.42、3.35、3.32、3.07和2.93。从差异程度上看,对历史文化的需求的差异最大,为0.2779;对婚庆文化的需求的差异最小,为0.1451,表明在马蹄寺风景名胜区,历史文化的挖掘比民族婚庆文化的展现更能带来经济效益。

表9-1 调查结果统计表

一级指标	二级指标	均值	标准差	变异系数
文化价值	历史文化	3.4225	0.9511	0.2779
	宗教文化	3.3521	0.7578	0.2261
	民族服饰文化	3.0704	0.4877	0.1588
	民族饮食文化	3.3239	0.6041	0.1818
	民族婚庆文化	2.9296	0.4251	0.1451

续表

一级指标	二级指标	均值	标准差	变异系数
观赏价值	美感度	3.5915	0.6671	0.1858
	奇特度	3.4085	0.7087	0.2079
	舒适度	3.6620	0.5330	0.1456
环境质量	生态条件	4.0845	0.4705	0.1152
	旅游设施	2.9437	0.4436	0.1507
	环境氛围	3.1831	0.3895	0.1224
	景区服务	2.9155	0.4705	0.1614
区位条件	交通情况	2.9014	0.3838	0.1323
	便捷程度	3.0563	0.4101	0.1342

三 分析方法

主要采用结构方程模型（SEM）来分析变量间的路径关系。可表示为 $y = i + Xb + e$，其中，y 是因变量上包含观测得分的向量，i 是 y - 截距的单位向量，X 是连续分布或分类自变量的矩阵，B 是回归权重向量，e 表示残差向量。在实证分析中，对于具体参数的估计，作者选用了极大似然估计法，估计函数为：$F_{ML} = \log|\Sigma(\theta)| + tr(s\Sigma^{-1}(\theta)) - \log|s| - (p+q)$

四 实证结果

通过 SPSS 和 AMOS 软件，作者对调查问卷中的数据进行了主成分分析和结构方程模型分析，结果如表 9-2 所示。在主成分分析中，作者使用了 KMO 和 Bartlett 球体检验；在结构方程模型分析中，通过输出项的修正指数，进行调试，得到相关拟合指数如表 9-3 所示。从检验结果看，均取得了模型计量的预期目标。结果表明，从马蹄寺风景名胜区开发的成功之处可以看到，专门"前台"的搭建，不仅有效的开发了当地文化资源，也有效地保护了民族文化资源，实现了开发与保护的并举。

表 9-2　　　　　　　　　一级变量间的路径关系

因果关系	标准估计	S.E	C.R	P	对应假设	检验结果
文化价值→游客认同	0.673	0.271	4.875	***	假设1	支持
观赏价值→游客认同	0.836	0.338	2.781	***	假设2	支持
环境质量→游客认同	0.621	0.428	1.566	***	假设3	支持
区位优势→游客认同	0.476	0.103	3.254	***	假设4	支持

注：*** 表示 $p<0.005$。

表 9-3　　　　　　　　　结构方程模型拟合指数

拟合指标	模型估计	解释
χ^2/df（卡方值与自由度的比值）	2.010	$1<\chi^2/df<3$，较好
CFI（比较拟合指标）	0.933	大于0.90接近于1，较好
NFI（规范拟合指标）	0.914	大于0.90，较好
GFI（良性拟合指标）	0.932	大于0.90，较好
PNFI（简约规范拟合指标）	0.697	大于0.5，很好
PCFI（简约比较拟合指标）	0.662	大于0.5，很好
AGFI（调整的良性拟合指标）	0.873	大于0.80接近于0.90，很好

小　　结

本书通过对文化资源的形态、文化资源开发的内涵、文化资源开发的两种路径，以及文化资源"前台"、"后台"开发模式的分析，得出了如下三个方面的结论：第一，文化资源的形态应该是无形的，文化资源的开发是实现文化资源无形向有形的转变；第二，文化价值取向的条件收敛性构成了文化资源开发的必要条件，为此，可进一步细分出两种文化资源的开发路径。第三，对于第一种路径，主要以市场机制为主进行开发；对于第二种路径，通过实证分析，可以看出，通过构建文化资源开发的前台与后台，可以实现文化资源开发与保护的并举。

当然，民族地区文化资源的开发是一个系统工程，绝不可能在一朝一夕一蹴而就。本书旨在为民族地区文化资源的开发厘清一种思路，以期能够对具体的文化资源开发实践有所帮助。进一步来讲，在实践中，因涉及民族地区的区位条件、自然风貌、交通状况、人文环境等因素，在具体的文化资源开发实践中，需要因地制宜地展开资源的整合。这将是作者今后一段时间进一步研究的内容。

第十章　西部贫困地区自我发展能力的实践探索

西部是我国贫困人口的重要集中区，约占全国贫困人口的65%。加快西部地区扶贫攻坚对于到2020年与全国同步建成小康社会具有重要的现实意义。回顾西部反贫困战略的演变，不难看到，西部现阶段扶贫开发已由以解决温饱为主要任务的阶段转入巩固温饱成果，加快脱贫致富，改善生态环境，提高发展能力，缩小发展差距的新阶段。本研究针对西部贫困地区出现的新特征——区域性、民族性和脆弱性，着眼于贫困地区自我发展能力较弱的实际，分析了贫困地区自我发展能力不足产生的制约因素，进而在相关概念界定的基础上，阐释了西部贫困地区自我发展能力的内生路径和外生路径，并提出了西部贫困地区增强自我发展能力的相关建议。

在发展中消除贫困，是世界各国反贫困过程中形成的共识。中国西部地域广阔、资源丰富，但经济社会发展与东部相比实力悬殊。西部分布着全国27.4%的人口，但是贫困人口却占到了全国的65%。回顾西部扶贫开发战略的实施，不难看到，西部的发展有着自身的独特性，比如，甘肃定西在"陇中苦瘠甲于天下"的环境中，用"三苦"精神，走出了一条自然条件恶劣地区脱贫致富的成功路子。

第一节　中国西部贫困地区反贫困概述

贫困是一个涉及经济、社会、生态、文化、权利等多重因素的集合概念，是各个国家普遍存在的一种经济现象。由于导致贫困的成因非常错综复杂，从而决定了反贫困是一个长期而艰巨的系统工程。经过多年来持续不断的扶贫开发，我国西部扶贫开发工作取得了巨大的成就，但也存在着许多问题。

一　西部贫困地区反贫困战略的发展演变

1949年新中国成立之后，尽管西部地区贫困面貌发生了很大变化。

但是直到1978年，西部地区仍有1.6亿农村人口处于未得温饱的贫困状态，约占全国贫困人口的70%。改革开放以后，在经济快速增长的同时，国家开始实施了有组织、有计划、大规模的扶贫开发工作，从而使得我国西部反贫困问题取得了很大的成绩。迄今为止，大体经历了以下三个阶段：

1. 1978—1985年体制改革推动扶贫阶段

改革开放之后，我国反贫困的历史实际上是从西部开始的，这始于1983年的"三西"农业建设。当时，国务院针对1982年"三西"地区的大旱带来的饥荒，提出这些地区不能只靠救济过日子，要有长远打算，进行科学规划，采取以工代赈的办法，把救济同长远建设结合起来进行。继而把甘肃河西地区19个县（市、区）、甘肃中部以定西为代表的干旱地区20个县（区）和宁夏西海固地区8个县，列入"三西"建设范围，由单纯救济向经济开发转变，按照"兴河西之利，济中部之贫"的指导思想，进行区域性重点开发建设，重点解决了一些最贫困地区农村"食不果腹、住不遮风雨"的绝对贫困问题。这拉开了中国专项扶贫的序幕。在这一阶段的反贫困路径设计上，国家宏观层面，针对农村实行了以家庭承包经营为基础的双层经营体制，同时，国家大幅度提高了粮食和棉花等农产品的价格，调动了农民的积极性，大大解放和发展了农村生产力，使得农村人口收入明显增加，西部农村贫困问题得到大面积缓解。在微观层面，通过以工代赈，要求贫困人口以出工投劳获得救济，为贫困地区的经济发展创造了一定的条件；通过"三西"农业建设，为我国区域性的扶贫项目提供了"有水走水路，无水走旱路，水旱不通另找出路"的反贫困经验。到1985年，农民人均纯收入增长了2.6倍。就个案而言，以陕西为例，农村贫困县贫困人口由1978年的1200万人减少到1985年的605万人，贫困发生率从50.7%下降到24.6%。

2. 1986—2007年专项计划推动扶贫阶段

从1986年起，针对农村发展不平衡、部分地区发展滞后、贫困现象严重的实际情况，国家实施了开发式扶贫。2003年之后，在科学发展观的指导下，国家更强调统筹城乡发展，制定了"多予、少取、放活"和"以工促农，以城带乡"的方针，使得扶贫工作环境发生了深刻变化。这一阶段的主要措施为：一是提出开发式扶贫方针，建立扶贫开发领导机构，实现了由道义扶贫向制度扶贫的转变和救济性扶贫向开发式扶贫的转变。二是制定国家贫困标准，以县级行政单元为扶贫着力点，确定国家重点扶持的贫困县。当时，全国认定了331个国家直接扶持的贫困县，并将农民人均纯收入200元以下的作为国家的扶贫对象。三是完善扶贫资金的筹集和使用办法，在资金筹措方面，主要包括中央转移支付，财税优惠政策，以及扶贫贴息贷款；在资金使用方面，强调扶贫资金必须全部用于国家重点扶持的贫困县，对于零星分布的贫困乡、村，由地方政府自行筹措资金进行扶持。四是制定了反贫困行动的纲领性文件。在这一阶段，国家颁布了《国家八七扶贫攻坚计划》（1994年）和《中国农村扶贫开发纲要（2001—2010年）》。其中，《国家八七扶贫攻坚计划》是世界历史上第一个国家减贫计划。在此基础上，各省也按照中央精神，颁布了相应的扶贫攻坚计划和农村扶贫开发规划。

3. 2008至今两轮驱动推动扶贫阶段

这一阶段，扶贫工作已从以解决温饱为主要任务的阶段，转入以巩固温饱成果、加快脱贫致富、改善生态环境、提高发展能力、缩小发展差距为主要任务的新阶段，国家扶贫开发工作进入了以"开发"与"救助"为基础的"两轮驱动"阶段，即建立了强调低保维持生存、扶贫解决发展的工作机制和制度保障。2007年，党中央、国务院决定在全国农村建立最低生活保障制度，对农村贫困人口的基本生存问题做了兜底性的制度安排。2008年10月，十七届三中全会《决定》明确提出，实行新的扶贫标准，对低收入人口全面实施扶贫政策。新的扶贫标准提高到人均1196元，扶贫对象覆盖4007万人。2011年之后，国家和各省又制定了新十年扶贫开发纲要。2012年又将扶贫标准调整到2300元，全国共有扶贫对象1.28亿人，贫困县592个，其中西部省份375县。

总体而言，"八七"计划之后，贫困地区贫困人口的生存和温饱问题已基本解决，贫困人口收入水平稳步提高，贫困人口得以大幅度减少为世界减贫事业做出了积极贡献。西部作为扶贫开发的重点区域，在反贫困问题上，已经由单纯的救济，以及扶贫开发，向更强调自我发展能力的方向转变。

二　西部贫困地区贫困现状

目前，西部地区仍然是我国出现贫困人口的主要集中地，贫困面广、程度深、返贫率高等问题依然很突出。一方面，西部已整体上解决了温饱

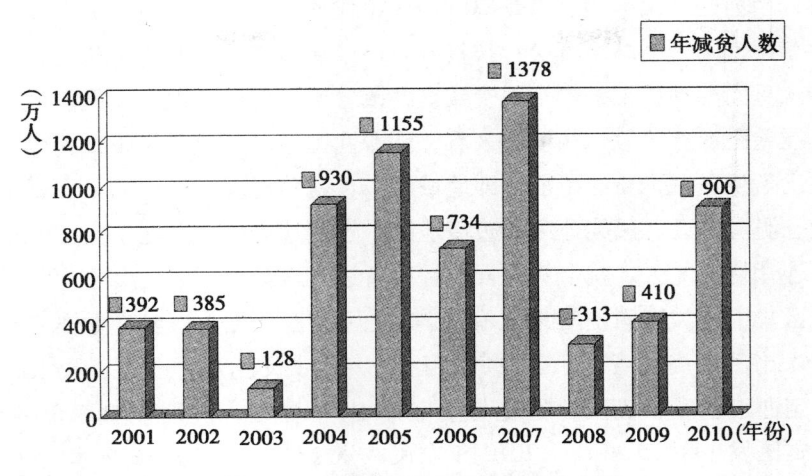

第十章　西部贫困地区自我发展能力的实践探索

图10-1　2001—2010年全国减贫人数

问题，但还留有尾巴，农村贫困人口的地域分布已由几乎遍布绝大地区，变为基本集中在青藏高原、黄土高原和秦巴山区西部的交汇地带，成为扶贫的"硬骨头"。另一方面，已经基本解决温饱的标准很低，稳定性很差，极易返贫。比如，根据甘肃扶贫办的统计，甘肃省每年脱贫的人口中约有2/3处于脱贫不稳定状态，他们中的多数基本上无财产积累，家境极其脆弱。自然灾害、家庭健康、市场物价、金融危机和劳务就业状况及婚丧嫁娶等，都可导致他们中的一大部分户立刻出现返贫现象。农村正常年景返贫率约为15%—20%，灾年约达30%—40%，而遭特大灾年等则基本全返贫。而在返贫因素中，因学致贫返贫约达24%，因病致贫返贫约达18%。

根据国家扶贫办2010年的统计，西部地区农村贫困人口1751万人，约占全国的65%[①]。从地域特征上讲，贫困人口主要分布在革命老区、边疆地区和民族地区；从地理特征上看，贫困人口主要分布在青藏高原地区、西北干旱及荒漠地区、溶岩地区和秦巴山区等贫困集中连片地区；从地形特征上看，贫困人口主要分布在山区和丘陵地区，分别约占贫困人口的54%和25%，平原地区的贫困人口仅占21%。

总体而言，当前西部贫困地区扶贫开发形势已发生深刻变化。从纵向

---

① 此外，东部地区农村贫困人口124万人，约占全国5%；中部地区农村贫困人口813万人，约占全国30%。

来看，当前的贫困问题已不是20世80年代的只关注温饱型，贫困人口的生存和温饱问题已基本解决；扶贫开发已经从以解决温饱为主要任务的阶段转入巩固温饱成果，加快脱贫致富，改善生态环境，提高发展能力，缩小发展差距的新阶段。从横向来看，随着我国经济的快速扩张，西部贫困问题已衍生出一个新的特征，即地域性。也就是说现今贫困人口主要集中在生态脆弱地区、民族地区和边境地区，这些地区也大多处于国家颁布的集中连片特困地区。就个例而言，甘肃省进入六盘山片区、秦巴片区、甘肃藏区集中连片特殊困难地区有58个县区，占全国片区县总数的10%，为进入比例最高的省份。其中，六盘山片区涉及兰州、白银、天水、武威、定西、平凉、庆阳、临夏8个市州40个县区，贫困人口206.40万人，贫困发生率15.49%。2010年农民收入2874元，比全省平均水平低551元。秦巴山片区涉及陇南全市9县区，贫困人口61.45万人，贫困发生率24.98%。2010年农民人均纯收入2299元，比全省平均水平低1126元。藏区片区涉及甘南州8县市和武威市天祝县，贫困人口18.97万人，贫困发生率26.13%。2010年农民人均纯收入2704元，比全省平均水平低721元。

因此，尽快解决西部贫困地区的发展问题是西部扶贫开发中非常艰巨的任务，也是实现贫困地区与全国同步建成小康社会的一块"硬骨头"。尽管从国家范围来看，国家实行了"四减免、四补贴"（取消农业特产税、牧业税、农业税和屠宰税，出台粮食直补、综合直补，扩大粮种补贴范围和增加农机具购置补贴）和最低收购价制度政策；从各省份来看，采取了多种扶贫开发方式（产业扶贫、贫困地区劳动力转移培训、异地扶贫搬迁、以工代赈、科技扶贫、整村推进等）；从社会角度看，有甘肃的"联村联户、为民富民"行动等帮扶活动[①]；但是就西部贫困地区的减贫而言，目前西部的贫困已不能够通过简单的输血式救助所能完成，必须从贫困地区的软性约束（如人力资本的挖掘问题），以及硬性约束（如生态环境、交通条件等）入手，通过自我发展能力的提升来完成西部贫困地区发展的"造血"功能。

---

① 此外，还有陕西省级机关、企事业单位"两联一包"扶贫，以及千企千村扶助行动；共青团中央倡导实施扶贫志愿者；全国妇联的母亲水窖、春蕾计划；中国青少年基金会的希望工程；中国人口福利基金会的幸福工程；全国工商联的光彩事业；中国扶贫基金会的小额信贷、新长城自强项目等扶贫活动。

三 当前西部贫困地区提升自我发展能力面临的问题

从1983年的专项扶贫，1986年的定点扶贫，1996年的东西扶贫协作，到2002年的行业扶贫，国家在经济快速增长的同时，实施了更多的普惠性政策，使贫困人口得以更好地分享经济发展的成果，提高了经济增长对西部贫困人口的包容性。西部贫困地区的扶贫工作已由"输血"向"造血"转变，开始更强调贫困地区的自我发展能力。但与东部发达地区相比，西部扶贫开发工作中的"边际收益递减"现象依然很突出，仍然是制约西部贫困地区经济社会发展的拦路虎。就目前的情况来看，交通基础设施落后、水资源短缺和生态环境脆弱的瓶颈制约仍然存在，经济结构不合理、自我发展能力不强的状况仍然没有根本改变，贫困面广量大、基本公共服务能力薄弱的问题仍然突出，这些问题都使得西部贫困地区自我发展能力的提升仍是我国全面建设小康社会的难点和重点。基于西部贫困地区自我发展能力硬性和软性约束的分析，可以从以下方面进行认识。

1. 西部贫困地区自我发展能力提升的起点低：与全国的差距仍在进一步扩大

与东中部地区相比，西部地区经济发展整体水平较低。从人均GDP来看，西部人均GDP仅为2.76万元，远低于全国3.5万元的平均水平，见表10-1，进而使得地方财政困难而导致地方扶贫开发的投入能力有限，难以靠自身力量解决如此大规模贫困人口的脱贫问题，表现为"整体滞后中的大面积贫困"。就人均收入而言，2011年西部平均人均总收入为7854.70元，远远低于东部人均12495.33元的平均收入；就贫富差距而言，见表10-2，西部农村居民家庭的恩格尔系数为0.42，而东部为0.38，说明西部农村居民家庭中基本支出占总支出的比例较大，如表10-2所示。就个例而言，从农民人均收入看，2010年，甘肃贫困地区农民人均纯收入仅相当于全省平均水平的75.9%，相当于全国扶贫工作重点县平均水平的79.4%，农民人均收入与全国的差距呈持续拉大的趋势。

表10-1   人均GDP比较

年份	2006	2007	2008	2009	2010	2011
全国GDP（亿元）	216314.4	265810.3	314045.4	340902.8	401202.0	472881.6
全国总人口（万人）	131448	132129	132802	133450	134091	134735

续表

年份	2006	2007	2008	2009	2010	2011
西部 GDP（亿元）	39495.78	49182.48	60447.77	66973.48	81408.49	100235
西部总人口（万人）	36015	36086	36239	36385	36069	36221
全国人均（万元）	1.6456	2.0117	2.3648	2.5545	2.9920	3.5097
西部人均（万元）	1.0966	1.3629	1.6680	1.8406	2.2570	2.7672

数据来源：《中国统计年鉴》（2007—2012）。

表 10-2　东、中、西部及东北地区农村居民家庭基本情况（2011 年）

地区	东部	中部	西部	东北
平均每人总收入（元）	12495.33	8790.86	7854.70	13996.22
平均每人总支出（元）	10338.40	7558.32	7279.29	12707.13
消费支出（元）	6856.34	4785.99	4187.94	5348.61
食品	2667.06	1955.37	1780.30	2028.64
衣着	440.34	302.07	270.16	443.07
居住	1250.33	922.90	771.29	872.57
家庭设备及用品	403.08	314.97	244.07	221.16
交通通信	802.33	430.12	422.42	573.28
文教娱乐	580.51	341.05	269.30	489.38
医疗保健	544.61	400.06	349.29	573.68
其他	168.08	119.45	81.11	146.84
恩格尔系数	0.3890	0.40853	0.42513	0.3793

数据来源：《中国统计年鉴》（2012）。

2. 制约西部贫困地区自我发展能力提升的硬性约束：生态环境薄弱

西部的贫困人口与东中部地区的"产业型贫困"不同，他们多表现为"生态环境型贫困"，因资源性缺水、水土流失及高寒阴湿引发的生态性贫困问题突出，脆弱的自然条件、恶劣的生态环境严重制约着稳定解决贫困地区群众温饱的进程。如青藏高原缺氧、缺温现象比较明显，黄土高原缺水现象比较明显，沙漠化地区缺水现象比较明显，石漠化地区缺土现象比较明显，这些都会制约当地居民自我发展能力的提高。再比如，甘肃山地占到全省总面积的 70%，贫困地区可利用耕地 80% 以上都是山地。风沙、冰雹、洪涝、泥石流等自然灾害频繁发生，十年九旱，是全国最典型的干旱省份之一。甘肃省 75% 以上的农村低保户、80% 以上的扶贫对象、每年80%以上的自然灾害均集中在58个片区县,扶贫工作成本比西部其他省的扶贫工作重点县约高出25%—35%。

3. 制约西部贫困地区自我发展能力提升的软性约束:贫困人口整体素质偏低

西部贫困地区人均教育、卫生支出,分别是全国平均水平的67%和28%。农村劳动力平均受教育不足6年、文盲半文盲率在10%上下,15岁及15岁以上文盲人口比例大约高于全国2个百分比(见表10-3),每万人中仅有专业技术人员103人,民族地区更突出。而这种状态在一些极偏边远乡村还在代际传递或延续,深深影响着农村脱贫进程。

表10-3　　　　西部15岁及15岁以上文盲人口比例比较

年份	2006	2007	2008	2009	2011
全国(%)	9.31	8.4	7.77	7.1	5.21
西部(%)	12.76	11.32	10.39	9.56	7.07

数据来源:《中国统计年鉴》(2012)。

4. 西部贫困地区自我发展能力提升的路径不畅:产业发展后劲不足

随着西部扶贫工作进入新阶段,扶贫范围和领域不断扩大,改善基础条件、培育增收"造血"产业、缩小区域间差距,资金需求成倍增加,工作难度也越来越大。西部贫困地区70%的劳动力分布在第一产业,贫困地区农民依靠二、三产业得到的收入所占比重较小,见表10-4。贫困地区兴办的特色增收产业普遍规模小、品质低、商品转化率不高、竞争力弱,极易受各类市场风险的冲击。一些扶贫龙头企业多数也是粗加工水平,产业链条短、附加值低、抗风险能力差。

表10-4　　　　　　　西部第三产业发展状况

年份	2008	2009	2010	2011
全国GDP(亿元)	314045.4	340902.8	401202.0	472881.6
全国第三产业增加值(亿元)	131340.0	148038.0	173596.0	204982.5
环比增长率(%)	20%	10%	20%	20%
西部GDP	60447.77	66973.48	81408.49	100235
西部第三产业增加值(亿元)	21172.86	25992.29	30013.27	36424.54
环比增长率(%)		22.76%	15.47%	21.36%

数据来源:《中国统计年鉴》(2012)。

第二节　西部贫困地区自我发展能力分析

邓小平指出，贫穷不是社会主义！胡锦涛进一步提出，消除贫困，改善民生、实现共同富裕，是社会主义的本质要求，是改革开放和社会主义现代化建设的重大任务，是全党全国各族人民始终不渝的奋斗目标。在中国后发大国背景下，树立以人为本，全面、协调、可持续的科学发展观对于指导贫困地区的自我发展问题具有重要意义。

一　理论分析

1. 相关概念

首先，贫困是经济范畴的贫困，即物质生活贫困，是个人或家庭生活水平达不到社会可以接受的最低标准。其次，它又是一个社会范畴，还包括社会服务，如教育、卫生、文化活动等。即贫困不只是收入低下，还包括能力不足，特别是发展能力的匮乏。反贫困就是要提高穷人的自我发展能力。

在贫困地区的界定方面，我国官方对贫困地区并没有作严格的界定，只是制定了贫困县的标准。1985年后，我国共确定并公布了三批国家级贫困县，最近的一次是2012年3月，国务院扶贫开发领导小组办公室公布了592个国家扶贫开发工作重点县。涉及西部的共有375个，约占全国的63.3%。其中，重庆14个、四川36个、贵州50个、云南73个、陕西50个、甘肃43个、青海15个、宁夏回族自治区8个、新疆维吾尔自治区27个、内蒙古自治区31个、广西壮族自治区28个。

关于贫困地区自我发展能力的界定，从实践意义上讲，它解决的是"一方水土、一方人口与一方经济"的结构优化问题，而非经济产出最大化问题。它是一个地区在国家战略的指导下，利用本区域自然资源、人力资源和社会资源，通过有价值活动而实现区域发展的各种组合。具体而言，定西地区在区域交通不便、自然条件恶劣的环境下，通过弘扬"领导苦抓、部门苦帮、群众苦干"的"三苦"精神②，用一种信念增强了区域经济资源的创生能力，初步走出了一条自然条件恶劣地区脱贫致富的成功路子。从中可以看到区域自我发展能力界定的三个方面，即区域自我发展能力是与区域自身的资源优势、区位优势相区别的；区域自我发展能力的增强并未使原有恶劣的生态环境雪上加霜；区域自我发展能力是一个相对抽象的概念，重在对区域资源"联结"能力的认识。①

2. 西部贫困地区自我发展能力培育路径研析

目前我国的反贫困问题已不再是解决少数人的温饱问题，而是要解决区域性贫困的问题。② 即区域贫困地区自我发展能力的研究不仅是一个人力资本的问题，更多的是区域经济的问题。传统区域分工理论以区域资源的自然禀赋为依据，形成了以"区域资源—区域分工—利益激励"为主要内容的研究路线，但是随着中国区域发展实践的深入推进，这种思路已不能适应发展实践的需要。这是因为，从资源角度而言，区域资源构成了区域自我发展能力的基础。西部虽然自然资本和物质资本较为丰富，但是人力资本和社会资本却很薄弱。而自然资本、物质资本层面的"联结"只能体现西部的外在发展水平，人力资本和社会资本的"联结"却是区域发展的真正动力。

从区域利益角度看，区域利益协调作为区域自我发展能力的根本。西部的区域利益主要来源于两个方面，一是通过产业分工得到的直接利益，主要来自西部产业的经济效益，二是由于国家空间功能的分工而带来的间接利益，主要来自提供生态产品和救助贫困人口。为此，解决西部贫困地区的自我发展能力不足的问题，需要依赖两条路径，其中，内生路径是由区域主体受产业分工的利益激励产生的"自生"资源联结能力，可通过西部发展特色优势产业、提升企业技术能力、倡导企业家创新精神来实现；外生路径是着眼于国家对空间结构的优化，是由国家转移支付间接激励的"外生"资源联结能力，可通过区域合作、完善税赋结构、优化生态补偿机制来实现。③

二 实证分析：以甘肃贫困地区为例

本部分将以甘肃国家重点扶贫县为分析样本，利用主成分分析法分析贫困地区贫困人口自我发展能力的状况与影响因素。制约因子主要有要素

---

① 闫磊：《区域自我发展能力的内涵和实现基础》，《甘肃社会科学》2010 年第 3 期。
② 王科：《中国贫困地区自我发展能力解构与培育——基于主体功能区的新视角》，《甘肃社会科学》2008 年第 3 期。
③ 闫磊：《中国西部区域自我发展能力研究》，博士学位论文，兰州大学，2011 年，第 23 页。

集聚因子、外部支持因子、发展潜力因子、发展支撑因子、约束因子和初始条件因子。

1. 样本确定及数据来源

样本的确定、数据的采集和处理是本章进行贫困地区自我发展能力实证研究的前提和基础。

(1) 贫困地区样本的确定

本书对于贫困地区的样本选定主要依据国家扶贫办公室制定的 592 个国家重点贫困县，并以甘肃省 43 个国家贫困县作为分析的对象。

(2) 数据来源

本书的截面数据的年份确定为 2010 年。

本章使用的数据主要来源于：

《甘肃省 2010 年第六次全国人口普查数据》；

《2011 甘肃省统计年鉴》；

《甘肃省扶贫开发资料汇编》（2011 年）；

《中国扶贫开发报告 2011》；

中国扶贫开发网（网址：http://www.cpad.gov.cn/）。

2. 甘肃省贫困地区自我发展能力总体评价

(1) 原始数据库的建立

考虑到数据收集的限制，本书选取甘肃省下辖的 43 个贫困县作为样本，并针对贫困地区的特殊性，对贫困地区自我发展能力指标体系进行了调整（见表 10-5）。依据贫困地区自我发展能力指标体系，查询相关统计数据资料，建立原始数据库。

(2) 原始数据逆指标的转换

为保证评价体系中指标的同趋势，需要对指标体系中的部分逆指标进行处理，主要有 X1、X4、X5、X19、X21 的数据。

表 10-5 甘肃省贫困地区自我发展能力指标体系

	子系统	指 标	单 位	
贫困地区自我发展能力指标体系	自然资本	海拔	米	X1
		无霜期	天	X2
		年均降雨量	天	X3
		受灾率	%	X4
		成灾人口比率	%	X5
		人均耕地面积	亩/人	X6
	社会资本	耕地有效灌溉率	%	X7
		通电村比率	%	X8
		通路村比率	%	X9
		通电话村比率	%	X10
		通电视村比率	%	X11
		通自来水村比率	%	X12
		平均万人拥有医生数	人	X13
		平均万人拥有教师数	人	X14
		农业机械化率（机耕地占总耕地面积）	%	X15
		离区域经济中心的距离①	千米	X16
		扶贫资金投入	万元	X17
	人力资本	总人口	万人	X18
		人口自然增长率	%	X19
		人口密度	人/万平方千米	X20
		农村文盲半文盲率	%	X21
		城镇化率	%	X22
		劳动力资源比重	%	X23

① 在研究的过程中，我们对指标离区域经济中心的距离进行了赋值，依据某县离区域中心城市的距离分为五个等级：200 千米以内、200—500 千米、500—800 千米、800—1000 千米、1000 千米以上、得分分别为 5、4、3、2、1。

续表

子系统	指标	单位	
贫困地区自我发展能力指标体系 / 经济社会	人均 GDP	元	X24
	农民人均纯收入	元	X25
	固定资产投入	元	X26
	经济密度	元/平方千米	X27
	限额以上工业总产值	万元	X28
	农业总产值	万元	X29
	乡镇企业总产值	万元	X30
	人均全社会消费品零售额	元	X31
	财政自给率	%	X32
	第三产业产值占 GDP 比重	%	X33
	人均城乡居民储蓄存款额	元	X34

（3）原始数据的标准化

由于贫困地区自我发展能力指标通常都是有度量单位的，由这些指标的观测数据所计算的协方差矩阵或相关矩阵必然要受到指标量纲的影响，不同的量纲和数量级将得到不同的协方差矩阵或相关矩阵。所以，为了避免计算结果受指标量纲和数量级的影响，保证其客观性和科学性，在进行其他运算之前，必须对原始数据进行标准化处理。其标准化计算公式为：

$$x_{ij} = \frac{X_{ij} - X_i}{S_j}$$

式中：x_{ij} 为标准化后的数据；

X_{ij} 为原始数据；

X_i 为第 i 个指标的平均数；

S_j 为标准差。

（4）分别按照不同的子系统提取主因子

（1）自然子系统

经 SPSS13 计算，得到样本相关系数矩阵、提取因子、因子载荷分析、因子旋转和方差极大化旋转后的因子载荷矩阵，因篇幅限制，数据可见本报告原提交稿，其中旋转后的因子载荷矩阵如表 10-6 所示。第一个主因子主要由变量 X1 和 X2，即海拔和无霜期等指标决定，它们作用在第一主因子上的载荷分别为 0.923、0.917，用 Y1 表示。第二个主因子主要变量由 X4 和 X5，即受灾率和受灾人口比率等指标决定，它们作用在第二主因子上的载荷分别为 0.896、0.824，用 Y2 表示。第三个主因子主要变量由 X6、X7、X3，即人均耕地面积、耕地有效灌溉率、年均降雨量等指标决定，它们作用在第三主因子上的载荷分别为 0.912、0.685、0.521，用 Y3 表示。

表 10-6　　　　　方差极大化旋转后因子载荷矩阵

	Component		
	1	2	3
X1	.923	.005	-.018
X2	.917	-.085	.142
X5	.125	.896	-.056
X4	-.221	.824	.322
X6	.085	-.023	-.912
X7	-.054	-.525	.685
X3	.074	.185	.521

Extraction Method: Principal Component Analysis.
Rotation Method: Varimax with Kaiser Normalization.

(2) 社会子系统

同样方法，社会子系统旋转后的因子载荷矩阵见表 10-7。其中，第一个主因子主要由变量 X11、X8、X10，即通电视村比率、通电村比率、通电话村比率等指标决定，它们作用在第一主因子上的载荷分别为 0.862、0.834、0.791，用 Y4 表示。第二个主因子主要变量由 X12 和 X9，即通自来水村比率和通路村比率等指标决定，它们作用在第二主因子上的载荷分别为 0.947、0.196，用 Y5 表示。第三个主因子主要由变量 X14、X13、X15，即平均万人拥有的教师数、平均万人拥有的医生数、农业机械化率等指标决定，它们作用在第一主因子上的载荷分别为 0.729、0.726、-0.708，用 Y6 表示。第四个主因子主要变量由 X17 和 X16，即扶贫资金投入和离区域经济中心的距离等指标决定，载荷分别为 0.868、0.822，用 Y7 表示。

表 10-7　　　　　　方差极大化旋转后因子载荷矩阵

	Component	
	1	2
X11	0.862	0.186
X8	0.834	0.360
X10	0.791	-0.335
X12	-0.088	0.947
X9	0.135	0.196
X14	0.729	-0.075
X13	0.726	-0.180
X15	-0.708	-0.180
X17	0.127	0.868
X16	-0.197	0.822

Extraction Method: Principal Component Analysis.

Rotation Method: Varimax with Kaiser Normalization.

（3）人力资本子系统

人力资本子系统方差极大化旋转后因子载荷矩阵如表 10-8 所示。第一个主因子主要由变量 X18、X20、X21、X19，即总人口、人口密度、农村文盲半文盲率、人口自然增长率等指标决定，它们作用在第一主因子上的载荷分别为 0.785、0.721、0.622、-0.621，用 Y8 表示。第二个主因子主要变量由 X22 和 X23，即城镇化率和劳动力资源比重等指标决定，它们作用在第二主因子上的载荷分别为 -0.934、0.919，用 Y9 表示。

表 10-8　　　　　　方差极大化旋转后因子载荷矩阵

	Component	
	1	2
X18	0.785	0.072
X20	0.721	0.231
X21	0.622	0.311
X19	-0.621	0.101
X22	-0.005	-0.934
X23	0.220	0.919

Extraction Method: Principal Component Analysis.

Rotation Method: Varimax with Kaiser Normalization.

(4) 经济子系统

人力资本子系统方差极大化旋转后因子载荷矩阵见表 10-9。第一个主因子主要由变量 X29、X34、X26、X32，即农业总产值、人均城乡居民储蓄存款额、固定资产投入、财政自给率等指标决定，它们作用在第一主因子上的载荷分别为 0.970、0.914、0.571、0.428，用 Y10 表示。第二个主因子主要变量由 X33、X31、X30、X25，即第三产业产值占 GDP 的比重、人均全社会消费品零售总额、乡镇企业总产值、农民人均纯收入等指标决定，它们作用在第二主因子上的载荷分别为 0.992、0.962、0.730、0.647，用 Y11 表示。第三个主因子主要变量由 X27、X24、X28，即经济密度、人均 GDP、限额以上工业总产值等指标决定，它们作用在第三主因子上的载荷分别为 0.921、0.895、-0.729，用 Y12 表示。

表 10-9　　　　　　　　方差极大化旋转后因子载荷矩阵

	Component		
	1	2	3
X29	0.970	0.106	0.139
X34	0.914	0.195	0.125
X26	0.571	0.623	0.135
X32	0.428	0.119	-0.020
X33	0.190	0.992	0.005
X31	-0.017	0.962	-0.015
X30	0.491	0.730	0.425
X25	0.366	0.647	0.254
X27	0.089	0.066	0.921
X24	0.399	-0.049	0.895
X28	0.427	-0.442	-0.729

Extraction Method: Principal Component Analysis.
Rotation Method: Varimax with Kaiser Normalization.

(5) 样本因子得分计算

根据各个子系统的方差极大化后的样本初始值，计算出样本因子得分（略）。

(6) 从各个主因子得分中提取主因子

根据各主因子得分表的指标值,再次运用因子分析法提取主因子,处理后相关系数特征值为0.875,比较显著。利用方差最大化旋转得到因子载荷矩阵(见表10-10),解释各个主因子。第一个主因子变量主要由Y9和Y10,即人力资本结构和要素投入两个指标决定,载荷值分别为-0.956和0.955,把这个主因子称为要素集聚主因子。第二个主因子变量主要由Y7和Y11,即政策主因子和经济结构主因子两个指标决定,载荷值分别为0.917和0.871,把这个主因子称为外部支持主因子。第三个主因子变量主要由Y4、Y8、Y6,即社会文明主因子、人力资本总特征主因子、科技教育主因子等指标决定,载荷值分别为0.838、0.606、-0.582,把这个主因子称为发展潜力主因子。第四个主因子变量主要由Y5和Y3,即基础主因子和资源主因子两个指标决定,载荷值分别为0.870和-0.850,把这个主因子称为发展支撑主因子。第五个主因子变量主要由Y2,即脆弱性(自然灾害)因子决定,载荷值为0.833,把这个主因子称为约束主因子。第六个主因子变量主要由Y12和Y1,即经济总量和自然条件两个指标决定,载荷值分别为0.895和0.618,把这个主因子称为初始条件主因子。

表10-10　　　　　　　方差最大化旋转后因子载荷矩阵

	Component					
	1	2	3	4	5	6
Y9	-0.956	-0.007	0.061	0.057	-0.135	-0.048
Y10	0.955	0.025	-0.062	0.042	0.088	-0.027
Y7	0.025	0.917	0.067	-0.132	-0.011	-0.050
Y11	0.022	0.871	0.216	-0.155	-0.227	0.007
Y4	0.011	0.122	0.838	0.125	0.014	0.048
Y8	-0.115	0.334	0.606	-0.055	0.434	0.028
Y6	0.296	-0.049	-0.582	-0.041	0.466	-0.018
Y5	0.142	-0.224	-0.101	0.870	-0.080	-0.081
Y3	-0.153	-0.059	0.224	0.850	0.049	-0.066
Y2	0.182	-0.204	0.029	-0.008	0.833	-0.030
Y12	0.116	-0.152	0.180	-0.235	-0.111	0.895
Y1	-0.296	0.353	-0.448	0.213	0.233	0.618

Extraction Method: Principal Component Analysis.

Rotation Method: Varimax with Kaiser Normalization.

(7) 样本得分及排序

计算各样本主因子得分，得到个样本得分（表略）。从要素集聚主因子来看，居前列的是榆中县、麦积区、武都区、秦安县、临洮县。榆中县和临洮县紧邻兰州，受益于区域经济中心的辐射效果较为明显，经济要素集聚能力明显较强；麦积区和武都区分别是天水市和陇南市的地级市所在地，分别是各市要素集聚中心；秦安县是甘肃省小商品集散地，要素集聚能力较强。排名后五位的县分别是合作市、卓尼县、临潭县、夏河县、华池县。从外部支持主因子来看，临夏县、和政县和积石山县享受的扶贫政策支持最多，其中临夏县、和政县和积石山县都隶属于临夏市，是甘肃省回族的主要聚居地，各县的贸易比较发达，第三产业所占比重较高。文县、康县、环县和两当县排在后面。从发展潜力主因子来看，武都区、广河县、临夏县、文县和东乡县排在前五位，会宁县、安定区、夏河县、通渭县和环县排在后五位。这说明武都区、临夏县、文县、广河县和东乡县无论是在人力资本积累，还是现代文明的普及程度方面，都领先于其他各县，已经具有了快速发展的起飞准备。从发展支撑主因子来看，合作市、天祝县、麦积区、安定区和夏河县分别排在前五位，康县、张川县、礼县、环县、和宕昌县分别排在后五位。这说明合作市、麦积区、天祝县、安定区和夏河县不仅具有得天独厚的资源优势，而且具有较好的基础设施，经济发展的支撑条件较好。从约束主因子来看，秦安县、武都区、清水县、张川县和西和县分别排在前五位，榆中县、东乡县、渭源县、古浪县和天祝县分别排在后五位。从初始条件主因子来看，华池县、文县、永靖县、麦积区和武都区分别排在前五位，天祝县、卓尼县、夏河县、合作市和临潭县分别排在后五位。

(8) 各县地区自我发展能力综合得分分析

各贫困县地区自我发展能力受到6个因子的共同影响，为了能对各个地区的可持续发展能力进行比较，采用各因子正交旋转后的方差贡献率归一后作为权重，计算各个地区的综合因子得分，并进行地区排序。见表10-11，甘肃省43个国家贫困县中，地区自我发展能力较强的前五个县分别是麦积区、榆中县、武都区、秦安县和临洮县。这五个县各有优势：麦积区是天水市的主城区之一，是区域经济文化中心，是西陇海线的交通要道；榆中县和临洮县距离甘肃省省会城市兰州的距离非常近，是兰州城市经济文化扩展的主要受益区；武都区是陇南市的中心城市，生产生活的自然条件较为优越;秦安县位于天水市,虽然县域规模不大,交通条件不是非常便利,但是秦安县的商业意识却独具优势,是甘肃省乃至西北地区小商品的重要集散地。临潭县、康县、夏河县、两当县和环县是地区自我发展能力最弱的五个县,其中临潭和夏河隶属于甘南藏族自治州,区内人口较多,区内产业主要以农业为主,但是海拔较高、无霜期较短、降雨量较少,农业生产效率较低;康县和两当县隶属于陇南市,虽然生产生活的自然气候较好,但是区内人口稀少,自然条件较差,大都是高山深沟,可供耕作的土地较少,交通不便,发展能力弱;环县隶属于庆阳市,三面都与陕西省和宁夏回族自治区接壤,与甘肃省中心城市兰州市、天水市距离较远,所受经济辐射最小,县辖区面积较大,但是大部分都是戈壁沙漠分布地带,可供耕地较少,另外,县内是自然灾害频发的地带,因此,自我发展能力最弱。

表 10-11　各贫困县地区自我发展能力综合得分及排序

地区	综合因子得分	名次	地区	综合因子得分	名次
麦积	1.313	1	张家川	0.005	23
榆中	1.095	2	镇原	-0.003	24
秦安	0.600	3	通渭	-0.055	25
武都	0.524	4	合水	-0.086	26
临洮	0.333	5	积石山	-0.112	27
广河	0.308	6	康乐	-0.120	28
甘谷	0.300	7	舟曲	-0.185	29
武山	0.289	8	卓尼	-0.188	30
临夏	0.258	9	天祝	-0.190	31
宁县	0.258	10	东乡	-0.196	32
陇西	0.215	11	古浪	-0.249	33
岷县	0.160	12	宕昌	-0.254	34
安定	0.142	13	礼县	-0.262	35
文县	0.115	14	渭源	-0.287	36
庄浪	0.115	15	漳县	-0.315	37
永靖	0.114	16	会宁	-0.325	38
静宁	0.085	17	临潭	-0.370	39
合作	0.060	18	康县	-0.399	40

续表

地区	综合因子得分	名次	地区	综合因子得分	名次
西和	0.054	19	夏河	-0.784	41
和政	0.049	20	两当	-0.799	42
清水	0.047	21	环县	-1.279	43
华池	0.021	22			

第三节　中国西部贫困地区自我发展能力的培育

基于上述分析，需要从西部贫困地区自我发展能力内生路径和外生路径两个方面进行提升。

一　内生路径建设方面

1. 因地制宜，发展特色产业

结合当地资源禀赋，有选择地扶持和培育特色优势产业，促进产业和产品结构的换代升级。同时，大力发展特色农业，推进农业产业化，促进农业向二、三产业转移，形成当地经济的比较优势和竞争能力。

2. 大力发展劳务产业

发展劳务经济是贫困人口提高自身能力，增加收入的主要途径。要加大培训资金投入，开展多形式、多技能农民工培训，输出技能型劳务；同时，强化劳务输出组织管理服务，建立一批相对稳定的劳务输转基地。

3. 加强农村义务教育和职业教育

要把提供更多的教育资源作为提升自我发展能力的一项重要的支持措施。要做好需要以下几点：一是认真落实农村贫困家庭学生"两免一补"政策，通过免费甚至补贴的形式保证农村适龄儿童上得起学、念得起书，保证家庭经济困难的学生不失学、不辍学，提高贫困儿童的入学率，保证全体学龄儿童都能接受九年制义务教育；二是要加强师资培训，提高学校图书、课桌椅及其他基本设施的拥有率，提高学校的教育质量；三是对贫困地区接受高中和高等教育学生实施补贴，确保他们能够进一步深造；四是开展多样化的成人教育和继续教育，如农业专业技能培训、农民转移就业技能培训和务工农民岗位技能培训等。①

4. 加快农村公共基础设施建设

要坚持政府资源与社会资源、中央投资与地方投资相结合的原则，积极发动各类经济主体参与到基础设施项目建设当中，解决道路建设、农田水利设施、自来水设施建设和电力基础设施滞后的问题。

二　外生路径建设方面

1. 完善生态补偿机制

设立专门的生态效益补偿基金，用于生态脆弱的贫困地区生态修复和维护。完善有利于区域生态保护的税费制度，并加快建立按照生态环境资源开发利用量征收的生态环境补偿费征收机制。

2. 促进规范性财政转移支付的形成

将贫困地区的经常性生态环境建设资金纳入中央政府预算科目。积极探索建立健全财政转移支付机制，明确针对限制开发区域贫困地区的财政转移支付政策，以激励贫困地区的生态环境保护工作。

3. 深入贯彻实施帮扶政策

深入推进扶贫帮扶行动，全面落实对帮扶到乡、工作到村的定点扶贫全覆盖机制。支持建立贫困地区人才交流互动机制，通过党政干部、专业技术人才交流任职促进片区协同发展。鼓励各类企业和社会组织积极支持片区县（区、市）发展，加大扶持力度。深入开展"村企共建扶贫工程"，支持企业到重点贫困村兴建基地、联办企业，拓宽农民增收渠道，带动贫困农户增收致富，建立互惠互利、合作共赢的社会扶贫机制。

4. 积极落实救助政策

在农村低保、新型农村合作医疗、大病救助、养老保险、贫困学生救助、农村危房改造、扶贫开发等政策方面，应优先支持，努力解决扶贫对象入学、就医、养老、住房、生产发展等困难。也有专家提出根据现有城乡社会保障制度中存在的问题，建议整合城乡社会保障体系②。

---

① 王科：《中国贫困地区自我发展能力解构与培育——基于主体功能区的新视角》，《甘肃社会科学》2008年第3期。

② 魏后凯、邬晓霞：《中国的反贫困政策：评价与展望》，《上海行政学院学报》2009年第3期。

小　　结

本研究基于中国西部贫困地区的发展实践，通过阐释西部贫困地区自我发展能力的内生路径和外生路径，进而提出贫困地区增强自我发展能力的建议。

第十一章 政策建议

区域发展是一个过程而不是目的，GDP 是留给外人看的，体味发展的幸福则是来自无数当地百姓。作为一个后发转型大国，中国区域经济的发展是迅速的，而西部以全国 56% 的土地、27% 的人口，仅生产了全国 GDP 总量的 19.8%。追忆往昔，西部就是一部开发史，区位、资源禀赋、人力资本、基础设施和科学技术都为此作了精彩的注解；仰望苍穹，西部就是一处生态家园，青藏高原、三江源头、黄土高原让我们扪心自问——"西部价值几何"？

面对广袤无垠的西部，考虑到各种复杂的经济环境和自然条件，很难用一种大而化之的方式来处理西部的具体问题。在区域功能分区思想的主导下，解决西部的发展问题，需要从宏观和微观方面考虑具体的发展对策。西部区域自我发展能力的研究为我们提供了这样一个主题，即以空间价值的深化来彰显区域主体功能，以区域自我发展能力的生成来看待发展。本章将围绕这一问题，从政策方面做一探讨。

第一节 区域空间价值的认识：区域政策制定的基石

改革开放之后，在 GDP 增长为核心的激励下，各地域都在演绎着跨越式发展的经济增长路径。有高产能代表发展的工业城市，有各县市争相上演的工业园区，有以大开采为标榜的资源型城市。这种开发秩序为何混乱呢？这是当时的贫穷逼的，不是某个人所能造成的，而是由当时特定的中国国情和背景决定的。时至今日，中国经济总量已居世界第二位。但是我们的天然草原 90% 以上的在退化，全国荒漠化土地面积已超过 262.37 万平方千米，已超过了国土面积的 27%，沙化土地达 173.11 万平方千米，占全国国土总面积的 18% 以上①。此外，长江、黄河上游的水土流失、工业经济密集区的酸雨、"三河三湖"②地区的水体污染等生态问题都影响着我国经济的持续健康发展。

这些现象反映了我国在空间开发方面还存在两个问题：一是改革开放之后所遵循的"特定地区优先原则"③在让渡到"特定产业的优先④"并未将两者有机结合在一起，即对鼓励类和限制类产业并未落实到具体的空间范围内，而这对空间的有序开发来说则是比较重要的⑤；二是国土开发规划、区域开发规划和城市开发规划三者之间并未形成系统的开发体系，这是因为三者之间虽然构成了权重递减的关系，但是在具体的实践操作上，关系衔接并不顺畅，甚至在有些地方还存在着冲突。

解决这两个问题，就需要对空间价值有一个系统的认识，即对全国土地资源的生态承载能力、发展潜力有一个系统的研究，并将结果作为今后国土开发、区域开发、城市化推进的依据。在此基础上，再根据当地的资源状况、人口分布和交通状况进行产业布局指导，形成符合当地的产业指导手册，其中，对限制性产业要进行明确的规定。

第二节　区域发展的能力导向：地方政府工作的核心

上述问题是一个实证型问题，可通过经验基础进行说明；而区域发展的导向问题，是一个规范问题，需要通过逻辑上的推理来说明。先举一个

---

① 根据国家林业局组织开展了第四次全国荒漠化和沙化监测工作，截至 2009 年底，全国荒漠化土地面积 262.37 万平方千米，沙化土地面积 173.11 万平方千米，分别占国土总面积的 27.33% 和 18.03%。与 2005 年相比，全国荒漠化土地面积年均减少 2491 平方千米，沙化土地面积年均减少 1717 平方千米。监测表明，我国土地荒漠化和沙化整体得到初步遏制，荒漠化、沙化土地持续净减少，局部地区仍在扩展的局面。参见 2011 年 1 月 4 日新华报业网讯（http://news.xhby.net/system/2011/01/04/010868628.shtml）。

② 指淮河、海河、辽河、太湖、巢湖、滇池。

③ 改革开放初期我国形成了"经济特区—沿海开放城市—沿海经济开放区—沿江经济区—内地中心城市—铁路公路交通沿线和沿边地带"这样一个多层次、有重点的、全方位的区域开发格局。

④ 世纪之初，我国对产业投资采取的分类指导原则。包括鼓励类、允许类、限制类和禁止类项目。

⑤ 关于这一问题，"十二五"规划纲要提出："修改完善现行产业指导目录，明确不同主体功能区的鼓励、限制和禁止类产业。"

简单的例子来说明。假设甲地的资源储备价值为 100 亿元，而乙地的资源储备价值为 50 亿元，甲乙两地每年产出的利润均为 5 亿元，那么，乙地的发展能力应该强于甲地。在中国经济转型的过程中，评价和认识地方政府工作绩效的一个突出表现就是区域自我发展能力，相对应的，地方政府的工作核心也应该是提升区域的自我发展能力，而不是简单地提升区域的经济总量①。对此阐述的论证如下。

（1）界定经济环境

在我国的西部，在改革开放之后，尤其是西部大开发之后，虽然经济增长也取得了长足进步，但是在计划经济向市场经济转型的过程中，西部的市场化进程显得相对缓慢一些②。同时，地方政府的财政预算采取的是财政包干体系，而地方政府领导班子的考核是与 GDP 相挂钩的。

（2）假设

①在改革开放之后，西部建立了完善的市场经济体制；②地方政府出于公心，积极公开相关市场信息，使投资者能够获取相关所用信息。

（3）制度安排

根据阿罗—德布鲁一般均衡模型，市场机制将与 GDP 产出没有关系，市场机制的配置功能达到了最优。

（4）选定均衡结果

通过假定，可以做出三种选择：①在市场机制完备、信息服务对称的假设下，资源配置实现最大化，政府税收增加，地方政府领导班子考核政绩突出；②在市场机制完备、信息服务不对称的假设下，地方政府领导班子处于政绩考核的需要，会像一个"经济人"一样行事，通过权力、税收等手段，与先入为主的企业达成合谋，增加产出，实现 GDP 的快速增加；③在市场机制不完备、信息服务不对称的假设下，地方政府不仅会与先入为主的企业"私下"结盟，而且还会动用手中权力，通过市场准入等方式增加企业进入壁垒，帮助该企业构成获得更大的利益，从而本地 GDP 增加，地方政府领导班子考核优异。

---

① 这一观点也是旨在解决西部区域发展中的"能力缺口"问题，在具体的说明上可参见本书第四章第三节的相关说明。

② 相关资料可查看樊纲、王小鲁《中国市场化指数——各地区市场化相对进程 2000 年度报告》，经济科学出版社 2001 年版，以及樊纲、王小鲁《中国市场化指数——各地区市场化相对进程 2004 年度报告》，经济科学出版社 2004 年版。

(5) 作出评估比较

基于上述的推断,可以看到,本逻辑分析中将欠发达地区市场的不完全性和市场不完备性视为了外生变量,将政府的自利行为视为内生变量,可以较好地反映在欠发达的地域特征下,地方政府在资源配置方面所采取的政策取向为第三类。

上述分析,较好地描述了地方政府在西部区域市场不完全和信息不对称条件下的"理性"政策取向了,他们追求利益最大化的内驱力将会有利于解释具体行为的特征。为此,为了规避这一问题,需要将废弃 GDP 作为考核条件,而要将区域自我发展能力作为考核的要点,即把区域主体对资源的联结能力产生的匹配效率作为考核依据。

第三节 西部区域自我发展能力培育的政策建议:基于公共服务均等化的认识

如何基于西部"能力缺口"的认识,来定位西部制度安排中的"能力导向"呢?作者认为,早期的区域政策制定中由于强调了效率优先这一目标,所以在"区域增长"目标转向"区域发展"时,需要从公共服务均等化的角度入手,从西部空间价值的深化和西部区域自我发展能力的培育两个方面来制定相关政策。

从我国现阶段的公共服务均等化的实践来看,我国虽倡导从基本公共服务均等化着手,但在具体执行上则强调了地方政府提供公共服务的能力。那么,如何来建立一个以弥补"能力缺口"为主线的公共服务均等化体系呢?作者认为,第一,建立以弥补"能力缺口"为主线的公共服务均等化体系必须在体系构成上是简洁明了的,对整个均等化的含义具有统领的功能;第二,在具体的目标制定上必须重点集中于"区域能力"的培育,具体目标仅限于有限的几个方面,而不是一个泛泛的目标;第三,该体系的建立必须依赖与国家财政转移支付,地方政府在此过程中,仅仅担当一个具体实施的角色。根据区域能力的动态发展,在各个阶段,可能对国家转移支付的公共服务内容不一样,但总体原则是与整个国家发展目标相一致。比如,在现阶段,在转移资金相对紧缺的状态下,应着重做好教育、卫生、社会保障和公共基础设施方面的公共服务。第四,建立全国范围的公共评价体系,通过公共服务的可比较性,确定转移支付的标准，规范转移支付的方式，以此实现公共服务的均等化。第五，建立合理的财政转移制度，进一步完善分税制下的赋税结构，促进西部地区发展。

一　加强与区域协调、功能分区相适应的法律法规

借鉴国外成功经验，制定国土开发相关法律。比如借鉴韩国的《国家均衡发展法》(2004)、《有关国土计划及利用法律》(2002)、《地方分权特别法》[①]，美国的《地区在开发法》(1961)、《联邦受援区与受援社区法》(1993)，日本的《北海道开发法》、德国的《联邦空间布局法》[②]等法律，重点解决这三个问题。一是在国土开发、区域开发、城市规划中如何选定合适的衔接点，以保障三者的有机结合和推行；二是如何根据国家区域发展战略和产业发展规划，把区域开发的次序、重点和产业指导目录有机结合在一起；三是为避免GDP崇拜和粗放型发展，需要借鉴如何把区域开发的成效与地方政府的绩效相结合。

同时，从区域自我发展能力内在生成的角度考虑，需要进一步完善与社会主义市场经济体制相适应的法规条文，并且要注重修订现行法律法规中与当前经济发展不一致的规定。此外，还需要通过建立信用评价法规，将信用体系纳入社会主义市场体系建设中。

二　推动资源税改革

从区域自我发展能力的培育角度上讲，需要构建一个起点公平、规则公平的发展平台，但是在具体的实践中，由于矿产资源、能源资源归国家所有，并非归某一个地区具体所有，造成了西部矿产资源、能源资源开采权的间接"剥夺"，为此，通过资源税补偿的方式来打造一个和东部同步的发展平台将是区域自我发展能力提升的基础。为此，应从资源税的征缴范围、征缴方式两个方面加以改进。

从资源税的征收范围看，1984年9月，财政部发布《资源税若干问题的规定》，对原油、天然气、煤炭等先行开征资源税，1994年1月之后，征收范围发生了改变，主要涉及了原油、煤炭、天然气、其他非金属矿原矿、黑色金属矿原矿、有色金属矿原矿、盐等七个税目。2007年8月，根据财政部、国家税务总局联合发出的通知，调整了铅锌矿石、铜矿

[①] 金钟范：《韩国区域发展政策》，上海财经大学出版社2005年版，第430—436页。
[②] 余明勤：《区域经济利益分析》，经济管理出版社2004年版，第188页。

石和钨矿石产品资源税适用税额标准。但是，这一计税范围仍然是不到位的。就拿西部而言，西部除了是矿产资源、能源资源的重要储备地之外，西部还是两大河流的重要发源地，森林资源、地热资源的重要供给地区，为此，在生态资源日益匮乏的现在，有必要对水资源、森林资源、地热资源开始逐步征收一些税款，以弥补区域自我发展能力在提升过程中，由发展条件的"剥夺"而带来的"能力缺口"。

从计税依据上看，1984 年实行了以实际销售收入为计税依据，即"从价征收"的方式。从 1994 年 1 月之后，资源税开始实行"从量定额征收"的办法。对开采应税矿产品和生产盐的单位，开始实行"普遍征收、级差调节"的新资源税制。① 计算办法是从量计征，应纳税额 = 课税数量 × 单位税额。但是，近年来，随着资源价格的暴涨，较低的税额导致了资源价高税低情形。价高税低的征税特征，导致了资源的掠夺性开采，这既不利于资源的节约利用，也不利于资源开采地的补偿。为此，需要改变"从量计征"为"从价计征"的方式，从而更有利于弥补西部在经济社会发展过程中出现的"能力缺口"问题。

三　完善生态补偿机制

生态补偿是对恢复、维持和增强生态系统服务功能作出直接贡献的个人和组织的正外部性行为给予经济和非经济形式补偿的一种管理制度。② 从我国现有的生态补偿方式看，我国的生态补偿模式是一种项目性补偿模式。根据本书的研究，作者认为，生态补偿的目的在于补偿区域自我发展能力中"生态资源使用能力"的限制，为此，应强调建立一套系统的动态补偿标准，具体应涉及生态成本估算、生态服务价值增加量、支付意愿、支付能力四个方面。③ 在具体动态改进上，要设立专门的评估机构，定期从生态效益、经济效益、社会效益三个方面进行评估，从而进一步优化转移支付，实现公共服务均等化。

四　明晰中央政府和地方政府的工作职能

未来政府职能的转变将是由无限政府、低效政府、高价政府向有限政

---

① 参见曹理达《资源税改革被提上议程，从量计征改革为从价征缴》（http://news.sohu.com/20090719/n265326421.shtml）。
② 王潇、张政民、姚桂蓉等：《生态补偿概念探析》，《环境科学与管理》2008 年第 8 期。
③ 郑海霞、张陆彪：《流域生态服务补偿定量标准研究》，《环境保护》2006 年第 1 期。

府、服务型政府的转变。区域自我发展能力的提升作为地方政府执政绩效考核的核心，应从内生路径和外生路径两个方面分别去考虑中央政府和地方政府的职能。从内生路径看，地方政府需要通过建设"服务型政府"来增强区域的自我发展能力，比如采取政府审批流程再造、电子政务、"政府超市"等方式，把需要分部门办理的事项，集中起来，采取一条龙服务、一站式收费等形式，让市民、企业能在短时间内把事情办好。从外生路径看，中央政府的职能是保障西部的限制开发区、禁止开发区能够得到合适的财政补贴，并且要将其中的一部分用来对当地居民的迁移和技能培训方面。

五　建立与区域差异相适应的财税体制

西部的发展问题杂、困难多，需要国家在财税方面给予大力支持，以促进东中西部间的公共服务均等化。具体而言，需要从三个方面去考虑，第一，增大对西部的生态治理转移支付，以重点解决水源涵养、水土流失、防风固沙、生物多样性保护、贫困地区人口发展问题；第二，优化税赋结构，对于西部的资源型城市，在增值税征收的分成方面要更多地倾向于西部；同时，加大奢侈品消费品征收比例；两者一支一出，两项相抵，既能支持西部发展，又能保持国家税收的基本稳定；第三，东西部地区的税率结构应该有所差别，以支持西部产业发展[①]。

六　加强西部基础保障工作

区域自我发展能力的提升是建立在资源基础上的，西部的区域自我发展能力也很难在一穷二白的基础上迅速提升，为此加强与西部自我发展能力相适应的基础保障工作，有助于提升西部的自我发展能力。具体而言，可从三个方面着手：一是利用西部大开发新的 10 年的有利时机，继续加强西部基础设施建设。在具体方式方面，要注重项目融资，充分发挥当地城市投资公司、开发性金融的作用。二是要将发展的实效落实在教育文化和科技方面，从而解决西部的长期永续发展问题。三是随着主体功能区战略的推进，西部会有很多地区定位为限制开发区，为此，解决这些地区人口的流动问题是大势所趋，为此，需要改革户籍制度，以及与户籍制度相

---

① 这一点借鉴的是美国的区域税收制度。参见彭浩熹《美国区域经济发展对中国的启示》，《湘潭师范学院学报》（社会科学版）2009 年第 6 期。

关联的福利制度。

小 结

在当前及今后的我国的区域发展实践中，无论是区域四大板块的"梯度分层推进"、还是综合配套试验区的"先行先试"，以及将来主体功能区建设的"四位一体"（区划、规划、政策和考核），都将涉及区域自我发展能力的生成问题，在具体政策的制定中应抓好"价值导向"和"发展导向"两个方面。在"价值导向"方面，需要考虑到空间价值的二重特性（"经济增长"和"生态保护"），这是我们制定区域政策的基石。尤其是对于一些生态高地，由于它提供了大量的生态品，并且它的开发利用是受到管制的，那么，在促进区域自我发展能力时，要给予它一定的政府转移支出，以补贴它对生态环境的贡献，实现"不开发的发展"。在"发展导向"方面，不能将缩小人均GDP视为发展的主要目标，而是要将缩小区域间居民收入和生活水平的差距、公共服务均等化视为发展的主要目标，以此为目的来构建区域自我发展能力提升的平等或相近的"平台"，实现区域和谐发展。具体而言，就要以公共服务均等化为基础，加快制定与区域协调相关的法律法规；建立生态补偿机制；推进资源税改革；促进地方政府工作方式转变；建立与区域差异相适应的财政体制；加强西部基础保障工作。

参 考 文 献

[1] [俄] B. 马林诺斯基:《文化论》,费孝通译,华夏出版社2002年版。

[2] [美] 阿玛蒂亚·森:《以自由看待发展》,中国人民大学出版社,2002年版。

[3] [美] 保罗·R. 克鲁格曼:《国际经济学》,中国人民大学2006年版。

[4] [美] 保罗·克鲁格曼:《地理和贸易》,北京大学出版社、中国人民大学出版社2000年版。

[5] [美] 保罗·克鲁格曼:《发展、地理学与经济理论》,北京大学出版社2000年版。

[6] [美] 查尔斯·沃尔夫:《市场或政府》,中国发展出版社1994年版。

[7] [美] 道格拉斯·C. 诺思:《理解经济变迁的过程》,胡志敏译,经济社会体制比较2004年第1期。

[8] [美] 尼古拉斯·亨利:《公共行政与公共事务》,中国人民大学出版社2002年版。

[9] [美] 约瑟夫·斯蒂格利茨:《走向一种新的发展范式》,王燕燕译,《经济社会体制比较》2005年第1期。

[10] Amit, R., and Paul Shoemaker, 1993. Strategic Assets and organizational Rent, Strategic Management Journal, 14 (1): 33—46.

[11] Grant. RM. 1991. The resource—based theory of competitive advantage. California Review, 33 (3): 114 – 135.

[12] Gwartney, J., Lawson, R., & Block, W. Economic Freedom Of The World. Washington, D. C.: Cato Institute, 1996.

[13] Yeoh, P., Roth, K. An empirieal analysis of sustained advantage in the U. S. Pharmaceutical industry: Impact of firm resources and capabilities. Strategic Management Journal, 1999, 20 (7): 637 – 653.

[14] 陈栋生:《区域经济的实证研究》,内蒙古文化出版社1993年版。

[15] 陈涛:《多指标综合评价方法的分析与研究》,《科技信息》2008年第9期。

[16] 陈秀山、徐瑛:《中国区域差距影响因素的实证研究》,《中国社会科学》2004年第5期。

[17] 陈作成、龚新蜀:《西部地区自我发展能力的测度与实证分析》,《西北人口》2013年第2期。

[18] 成学真:《区域发展自生能力界定与评价指标体系构建》,《内蒙古社会科学(汉文版)》2010年第1期。

[19] 邓小平:《邓小平文选(第3

卷)》，人民出版社1993年版。

[20] 邓志平：《转型时期贫富差距扩大的现状、成因及其对策分》，《生产力研究》2009年第20期。

[21] 杜黎明：《推进形成主体功能区研究》，博士学位论文，四川大学，2007年。

[22] 杜黎明：《在推进主体功能区建设中增强区域可持续发展能力》，《生态经济》2007年第11期。

[23] 杜青华、窦国林：《青海东部干旱山区扶贫对策研究——基于乐都县李家乡自我发展能力视角的实证分析》，《青海社会科学》2011年第1期。

[24] 樊纲：《两种改革成本与两种改革方式》，《经济研究》1993年第1期。

[25] 高国力：《如何认识我国主体功能区划及其内涵特征》，《中国发展观察》2007年第3期。

[26] 高国力：《我国主体功能区规划的特征、原则和基本思路》，《中国农业资源与区划》2007年第6期。

[27] 高进田：《增长极理论与国家综合配套改革试验区建设》，《财经问题研究》2008年第2期。

[28] 高新才、童长凤：《从匹配的视角分析区域创新能力提高》，《科技管理研究》2009年第8期。

[29] 高新才、童长凤：《企业创新决策：一个社会资本的视角》，《中国科技论坛》2008年第3期。

[30] 高新才：《与时俱进，中国区域发展战略的嬗变》，《兰州大学学报（社会科学版）》2008年第5期。

[31] 高新才：《中国经济体制：变革与挑战》，兰州大学出版社2008年版。

[32] 管卫华、林振山、顾朝林：《中国区域经济发展差异及其原因的分析》，《经济研究》2006年第7期。

[33] 郭将：《中国区域差距扩大与公平问题研究——基于比较优势的思考》，《经济问题探索》2009年第10期。

[34] 国家发展改革委宏观经济研究院国土地区研究所课题组：《我国主体功能区划分及其分类政策初步研究》，《宏观经济研究》2007年第4期。

[35] 国家发展改革委宏观经济研究院课题组：《促进我国的基本公共服务均等化》，《宏观经济研究》2008年第5期。

[36] 郝寿义：《区域经济学原理》，上海人民出版社2007年版。

[37] 宏观经济研究院国土地区所课题组：《我国主体功能区划分理论与实践的初步思考》，《宏观经济管理》2006年第10期。

[38] 黄桂田、张启春：《有限理性与制度变迁的渐进逻辑——对中国改革路径的一种理论认识》，《学习与探索》1999年第4期。

[39] 姜安印、谢先树：《空间价值二元化：区域发展的空间演进特征》，《西北师范大学学报（社会科学

版)》2010年第1期。

[40] 姜安印：《转型成长中区域突破现象的制度解释》，人民出版社2008年版。

[41] 杰夫雷·萨克斯、胡永泰、杨小凯：《经济改革与宪政转型》，《开放时代》2000年。

[42] 金钟范：《韩国区域发展政策》，上海财经大学出版社2005年版。

[43] 孔朋、李英梅：《基于农村自我发展能力的新农村建设研究》，《河南机电高等专科学校学报》2009年第4期。

[44] 李建国：《城市文化产业发展研究》，《中共杭州市委党校学报》2000年第4期。

[45] 李林：《论信息服务与增强西部地区自我发展能力》，《经济体制改革》2008年第2期。

[46] 李庆春：《基于区域自生能力的中部崛起战略》，《特区经济》2007年第2期。

[47] 李盛刚、畅向丽：《西部民族地区农村自我发展问题研究》，《甘肃社会科学》2006年第6期。

[48] 李盛刚：《西部民族地区农村发展：基于自我发展能力研究》，博士学位论文，兰州大学，2007年。

[49] 李晓红、郭蓉：《"区域自我发展能力"的经济学界定及经验含义》，《经济问题》2013年第7期。

[50] 林涛、谭文柱：《区域产业升级理论评价和升级目标层次论建构》，《地域研究与开发》2007年第10期。

[51] 林毅夫、蔡昉、李周：《论中国经济改革的渐进式道路》，《经济研究》1993年第9期。

[52] 林毅夫、蔡昉、沈明高：《我国经济改革与发展战略抉择》，《经济研究》1989年第3期。

[53] 林毅夫、刘培林：《中国经济发展战略与地区收入差距》，《经济研究》2003年第3期。

[54] 林毅夫：《中国的奇迹：发展战略与经济改革》，上海人民出版社1999年版。

[55] 林毅夫：《自生能力、发展战略与转型经济》，北京大学出版社2008年版。

[56] 刘伟、蔡志洲：《我国地区发展差异与经济高速增长持续能力——地区发展差异是提高反周期能力和保持持续增长的重要资源》，《经济学动态》2009年第4期。

[57] 刘颖琦、李学伟：《西部区域竞争优势分析》，《中国软科学》2003年第1期。

[58] 卢洪友、郑法川、贾莎：《前沿技术进步、技术效率和区域经济差距》，《中国人口·资源与环境》2012年第5期。

[59] 罗必良：《经济组织的制度逻辑——理论框架及其对中国农民经济组织的应用研究》，山西经济出版社2000年版。

[60] 罗晓梅、何关银、陈纯柱：《从生存方式变革看待发展——西部生

存方式变革与自我发展能力研究》，重庆出版社 2007 年版。

[61] 罗晓梅、何关银：《西部自我发展能力的经济哲学理性视域：运用反对经济边缘化的理论与实践》，《重庆社会科学》2005 年第 11 期。

[62] 罗晓梅：《论生存方式的变革与西部自我发展能力的提升》，《探索》2007 年第 4 期。

[63] 罗晓梅：《西部自我发展能力的载体：主体功能区的构建》，《公共论坛》2012 年 10 期。

[64] 马翀炜：《文化符号的建构与解读——关于哈尼族民俗旅游开发的人类学考察》，《民族研究》2006 年第 5 期。

[65] 马昌博：《中央"亮剑"严查官员超编》，《南方周末》2007 年 3 月 29 日，时政版。

[66] 苗壮：《改革变迁中的改革战略选择问题》，盛洪：《中国的过渡经济学》，格致出版社、上海三联出版社、上海人民出版社（新 2 版）2009 年版。

[67] 钱颖一：《政府与法治》，《新华文摘》2003 年第 6 期。

[68] 邵建平、苏小敏、张永：《西部自我发展能力提升对策研究——基于比较优势承接东部产业转移的视角》，《科技进步与对策》2012 年第 3 期。

[69] 邵明：《区域经济学经典理论回顾与评述》，《世界经济研究》2007 年第 4 期。

[70] 邵帅、齐中英：《西部地区的能源开发与经济增长——基于"资源诅咒"假说的实证分析》，《经济研究》2008 年第 4 期。

[71] 沈坤荣、耿强：《外商直接投资、技术外溢与内生经济增长——中国数据的计量检验与实证分析》，《中国社会科学》2001 年第 5 期。

[72] 沈茂英：《试论农村贫困人口自我发展能力建设》，《安徽农业科学》2006 年第 10 期。

[73] 孙久文：《现代区域经济学主要流派和区域经济学在中国的发展》，《经济问题》2003 年。

[74] 孙美璆：《少数民族自我发展能力和乡村文化建设——以云南省乡村文化业为例》，《黑龙江民族丛刊》2009 年第 3 期。

[75] 唐奇甜：《增强民族地区自我发展能力的若干思考》，《中南民族学院学报（哲学社会科学版）》1990 年第 2 期。

[76] 藤田昌久、保罗·克罗格曼、安东尼·J. 维娜布尔斯：《空间经济学——城市、区域与国际贸易》中国人民大学出版社 2005 年版。

[77] 田官平、张登巧：《增强民族地区自我发展能力的探讨——兼对湘鄂渝黔边民族地区发展的思考》，《吉首大学学报（社会科学版）》2001 年第 2 期。

[78] 王春超、余静文、胡继亮：《中国的地区经济发展差距（1987—2007）：政府理念诱发制度变迁的

视角》,《当代经济科学》2009年第11期。

[79] 王芳：《援助与增强新疆自我发展能力的辩证思考》,《哈尔滨学院学报》2012年第6期。

[80] 王家庭、张换兆：《设立国家综合配套改革试验区的理论基础与准入条件探索》,《河北经贸大学学报》2008年第1期。

[81] 王家庭：《国家综合配套改革试验区制度创新空间扩散的效应、形态与机理探索》,《学习与实践》2007年第6期。

[82] 王科：《中国贫困地区自我发展能力解构与培育——基于主体功能区的新视角》,《甘肃社会科学》2008年第3期。

[83] 王科：《中国贫困地区自我发展能力研究》,博士学位论文,兰州大学,2008年。

[84] 王绍光、胡鞍钢：《中国国家能力报告》,辽宁人民出版社1993年第1版。

[85] 王亭喜、苏旦：《我国区域收入差距与经济增长关系的实证研究——基于东、中、西部面板数据的协整分析》,《经济问题》2012年第3期。

[86] 王文长、李曦辉、李俊峰：《西部特色经济开发》,民族出版社2001年版。

[87] 王潇、张政民、姚桂蓉等：《生态补偿概念探析》,《环境科学与管理》2008年第8期。

[88] 王小鲁、樊纲：《中国地区差距的变动趋势和影响因素》,《经济研究》2004年第1期。

[89] 魏后凯、邬晓霞：《我国区域政策的科学基础与基本导向》,《经济学动态》2010年第2期。

[90] 吴传钧：《增强我国西部地区自我发展能力是根本》,《学会月刊》1997年第11期。

[91] 吴殿廷、王旭、肖敏等：《产业地位变化与区域开发的产业模式研究》,《地域研究与开发》2006年第4期。

[92] 吴敬链：《中国采取了"渐进改革"战略吗?》,《经济学动态》1994年第9期。

[93] 吴圣刚：《文化资源及其特征》,《河南师范大学学报（哲学社会科学版）》2002年第4期。

[94] 吴泗宗、汪岩桥：《企业家功能、能力与企业家精神》,《江苏社会科学》2001年第12期。

[95] 徐康宁、韩剑：《中国区域经济的"资源诅咒"效应：地区差距的另一种解释》,《经济学家》2005年第6期。

[96] 许召元、李善同：《近年来中国地区差距的变化趋势》,《经济研究》2006年第7期。

[97] 闫磊：《区域自我发展能力的内涵和实现基础》,《甘肃社会科学》2010年第3期。

[98] 闫磊：《中国西部区域自我发展能力研究》,博士学位论文,兰州大学,2011年。

[99] 严汉平、郭海阳：《国家综合配套

改革试验区发展模式选择》,《经济学家》2008年第4期。

[100] 杨彬:《西北欠发达地区自我发展能力研究——以甘肃省定西市为例》,博士学位论文,兰州大学,2009年。

[101] 杨帆:《发展与改革的收益主要为谁所得》,2003年7月20日,(EB/OL) http://haisea.4y.com.cn/chaijinshiy。

[102] 杨科:《论农村贫困人口的自我发展能力》,《湖北社会科学》2009年第4期。

[103] 杨瑞龙:《"中间扩散"的制度变迁方式与地方政府的创新行为》,2003年7月20日,(EB/OL) http://www.unirule.org.cn。

[104] 杨瑞龙:《以改革的思维调整宏观经济治理原则》,《科学发展》2010年第2期。

[105] 杨先明等:《能力结构与东西部区域经济合作》,中国社会科学出版社2007年版。

[106] 杨小凯、李利明:《震荡疗法和渐进主义》,《经济学动态》2001年第7期。

[107] 杨晓光、樊杰、赵燕霞:《20世纪90年代中国区域经济增长的要素分析》,《地理学报》2002年第6期。

[108] 余军华、金荣学:《我国地区经济差异的变化过程及其成因(1978—2004)》,《改革》2006年第9期。

[109] 余明勤:《区域经济利益分析》,经济管理出版社2004年版。

[110] 鱼小强:《对增强西部地区自我发展能力的思考》,《商洛师范专科学校学报》2002年第3期。

[111] 虞晓芬、傅玳:《多指标综合评价方法综述》,《统计与决策》2004年第11期。

[112] 张红芳:《西部地区竞争优势刍议》,《陕西经贸学院学报》,2000年第4期。

[113] 张军:《制度与经济发展:中国的经验贡献了什么?》,上海人民出版社.2008,55—70.

[114] 张军扩、侯永志:《协调区域发展——30年区域政策与发展回顾》,中国发展出版社2008年版。

[115] 张瑞华、阴慧、徐志耀:《落后区域自我发展能力提升研究——从承接产业转移、优势产业培植的视角》,《广西经济管理干部学院学报》2008年第3期。

[116] 张天舒、黄俊:《区域经济集中、经济增长与收入差距》,《金融研究》2013年第2期。

[117] 张维迎:《市场的逻辑与中国的变革》,《探索与争鸣》2011年第2期。

[118] 张文斌:《农村自我发展能力与新农村建设研究》,研究出版社2008版。

[119] 赵兵、王丹:《加快西部地区特色经济发展的区域优势分析》,《电子科技大学学报》2006年第3期。

[120] 赵惠强、洪增林:《西部人文资

源开发研究》，兰州：甘肃人民出版社。

[121] 赵建吉、王艳华、苗长虹：《基于区域自生能力的胶新铁路经济带构建》，《河南科学》2007年第6期。

[122] 赵祥：《趋同还是趋异？——一个关于区域经济差距变动的新视角》，《江淮论坛》2012年第4期。

[123] 赵雪雁、巴建军：《牧民自我发展能力评价与培育——以甘南牧区为例》，《干旱区地理》2009年第1期。

[124] 郑长德：《中国民族地区自我发展能力构建研究》，《民族研究》2011年第11期。

[125] 郑海霞、张陆彪：《流域生态服务补偿定量标准研究》，《环境保护》2006年第1期。

[126] 中国国际金融有限公司：《俄罗斯经济研究报告》，研究报告. 2010年4月6日。

[127] 中投顾问产业研究中心：《2010—2015年中国文化产业投资分析及前景预测报告》，中投顾问2010年。

[128] 周密、盛玉雪、刘秉镰：《非均质后发大国中区域差距、空间互动与协调发展的关系研究》，《财经研究》2012年第4期。

[129] 周瑞金：《何以解忧，唯有改革》，《财经》2012年第1期。

[130] 周亚成、兰彩萍：《新疆牧区少数民族自我发展能力浅析》，《新疆大学学报（社会科学版）》2003年第2期。

[131] 朱凯、姚驿虹：《对自我发展能力理论的规范性研究》，《成都理工大学学报（社会科学版）》2012年第1期。

后　记

"不积跬步无以至千里，不积小流无以成江海"。中国西部区域自我发展能力的研究既是一个振奋人心的研究领域，也是一个创新而富有挑战的尝试。本书以"一方水土、一方人口与一方经济"的空间结构优化为核心，以国家主体功能区战略的实施为前提，通过对四大能力理论和区域要素理论的回溯，揭示了区域自我发展能力研究的主题应该是发展，而不是单纯的能力，构建了"空间价值—区域功能分工—区域自我发展能力—区域利益"的分析框架，阐述了西部区域自我发展能力的内生路径和外生路径，据此提出区域空间价值的认识是区域政策制定的基石，区域发展的能力导向是地方政府工作的核心，并细化出六条相关的具体政策建议。

本研究的成果主要体现在以下六个方面：一是通过对四大能力理论的分析可以看出，区域自我发展能力研究的主题应该是"发展"，而不是单纯的能力。对区域自我发展能力的评价应更侧重于"公平"尺度，最为关键的是建立机会公平的激励机制。在影响区域自我发展能力的诸多要素（如权利、资源、经验、知识等）中，权利设计应该是后发转型大国增强区域自我发展能力的重要内生变量。二是基于区域要素的分析较好地解释了区域发展中出现的极化现象，但难于解决区域利益的协调问题；而基于区域功能分区的研究虽较好地解释了区域利益的协调问题，但是对于区域经济增长问题却难以解释。对此问题，基于功能分区的区域自我发展能力研究将是一个现实而富有挑战的尝试。需要我们进一步研究其前提假设、生成机理、模型构建、评价体系、配套措施等问题。三是需要根据生产要素的不完全流动性、区域价值的二重性和"区域主体"异质假定，构建以"区域要素—区域功能—区域自我发展能力"为研究路线的分析框架，以分析空间结构的优化问题。四是区域自我发展能力的内生路径是由经济资源决定的联结能力。在"资源—分工—能力"的内生成长路径中，需要分拆出两步来说明生成路径。其一，在"资源—分工"过程中，需要强化基于资源禀赋的比较优势，发展特色优势产业；在"分工—能力"

过程中，需要从企业入手，抓好企业技术能力的提升和企业家精神的培育。五是西部空间价值的二元化特征是认识西部区域自我发展能力外在生成的基础，由于功能分区，"能力缺口"弥补需要两个方面才能完成，即直接激励和间接激励问题。同时，中央政府的职能的介入是保障间接激励能够完成的重要因素。六是在理论与实践相结合的基础上，市场化和政府治理两个角度，对西部新能源产业、传统能源、文化产业、贫困地区进行了考察，提出区域空间价值的认识是区域政策制定的基石，区域发展的能力导向是地方政府工作的核心；并着眼于公共服务均等化，提出了加快制定与区域协调相关的法律法规；建立生态补偿机制；推进资源税改革；明晰中央政府和地方政府职能；建立与区域差异相适应的财政体制；加强西部基础保障工作等六条政策建议。

当然，中国区域经济发展的实践，亟须区域经济理论的创新。本书着眼于中国西部区域自我发展能力的研究，虽然对主体功能区战略下，西部空间结构的优化和西部自我发展能力的提升有了一个初步的结论。但是，要想形成一个完备的区域能力理论研究体系，还需要解决新兴区域产业分工下区域自我发展能力的生成问题，企业转移过程中区域自我发展能力的生成问题，中央区域政策如何落实到区域自我发展能力上等问题。

艰辛的努力换来刻骨铭心的记忆，本书是闫磊、闫述乾两位作者辛苦劳作结晶。全书共31.6万字，其中，闫磊完成16万字左右，闫述乾完成15万字左右。今后，我们将再接再厉，进一步传承和弘扬严谨的求学态度和扎实的求学作风，不断提高自身科研能力和学术修养。在著作完成过程中，尚存诸多不完善之处，恳请广大读者批评指正。

闫磊　闫述乾
2015年2月16日